CB075617

A DANÇA CÓSMICA DAS FEITICEIRAS

Starhawk

A DANÇA CÓSMICA DAS FEITICEIRAS

O Renascimento da Consciência Espiritual Feminista e da
Religião da Grande Deusa

Tradução
Denise de Carvalho Rocha

Editora
Pensamento
SÃO PAULO

Título do original: *The Spiral Dance*.

Copyright © 1979, 1989, 1999 Miriam Simos.

Publicado mediante acordo com HarperOne, um selo da Harper Collins Publishers.

Copyright da edição brasileira © 2021 Editora Pensamento-Cultrix Ltda.

1ª edição 2021.

Todos os direitos reservados. Nenhuma parte desta obra pode ser reproduzida ou usada de qualquer forma ou por qualquer meio, eletrônico ou mecânico, inclusive fotocópias, gravações ou sistema de armazenamento em banco de dados, sem permissão por escrito, exceto nos casos de trechos curtos citados em resenhas críticas ou artigos de revistas.

A Editora Pensamento não se responsabiliza por eventuais mudanças ocorridas nos endereços convencionais ou eletrônicos citados neste livro.

Editor: Adilson Silva Ramachandra
Gerente editorial: Roseli de S. Ferraz
Gerente de produção editorial: Indiara Faria Kayo
Editoração eletrônica: Join Bureau
Revisão: Luciana Soares da Silva

Dados Internacionais de Catalogação na Publicação (CIP)
(Câmara Brasileira do Livro, SP, Brasil)

Starhawk
 A dança cósmica das feiticeiras: o renascimento da consciência espiritual feminwista e da religião da grande deusa / Starhawk; tradução Denise de Carvalho Rocha. – 1. ed. – São Paulo: Editora Pensamento, 2021.

 Título original: The spiral dance
 ISBN 978-85-315-2149-2

 1. Feitiçaria 2. Bruxaria 3. Religião da Deusa I. Título.

21-75223   CDD-133.43

Índices para catálogo sistemático:
1. Bruxaria: Ocultismo 133.43
Cibele Maria Dias – Bibliotecária – CRB-8/9427

Direitos de tradução para o Brasil adquiridos com exclusividade
pela EDITORA PENSAMENTO-CULTRIX LTDA., que se reserva a
propriedade literária desta tradução.
Rua Dr. Mário Vicente, 368 – 04270-000 – São Paulo, SP – Fone: (11) 2066-9000
http://www.editorapensamento.com.br
E-mail: atendimento@editorapensamento.com.br
Foi feito o depósito legal.

Sumário

Agradecimentos 9

Prefácio 13

Introdução à Edição do Aniversário de 20 anos 17

Introdução à Edição do Aniversário de 10 anos 31

1. A Bruxaria como Religião da Deusa 47
2. A Visão de Mundo da Bruxaria 66
3. O Coven 86
4. A Criação de um Espaço Sagrado 111
5. A Deusa 135
6. O Deus 155
7. Símbolos Mágicos 173
8. Energia: O Cone de Poder 195
9. O Transe 208
10. A Iniciação 231
11. Os Rituais da Lua 238
12. A Roda do Ano 242
13. Criando Religião: Rumo ao Futuro 261

Dez Anos Depois: Comentário sobre os Capítulos de 1 a 13 281

Vinte Anos Depois: Comentário sobre os Capítulos de 1 a 13 319

Tabela de Correspondências 343

Bibliografia Selecionada 357

Leituras Recomendadas 363

Recursos 373

Sobre a Prefaciadora 375

Exercícios

1. O Jogo das Sombras 69
2. A Brincadeira dos Ritmos 70
3. Para Sentir a Energia do Grupo 96
4. Respiração em Grupo 97
5. Ancoramento: A Árvore da Vida 98
6. Cântico de Poder 98
7. Poder de Aterramento 99
8. Transe por Associação de Palavras 101
9. Relaxamento 103
10. Ancoramento e Centramento 104
11. Visualizações Simples 105
12. A Maçã 105
13. O Pentáculo 105
14. O Nó 106
15. Olhar Fixamente uma Vela 107
16. O Diamante 107
17. Espelho, Espelho Meu 107
18. A Pedra 108
19. O Martelo 108
20. Purificação com Água Salgada 116
21. Purificação em Grupo com Água Salgada 116
22. Banimento 117
23. Meditação do Ar 120
24. Meditação com o Athame ou a Espada 120
25. Meditação do Fogo 120
26. Meditação com a Varinha 121
27. Meditação da Água 121
28. Meditação do Cálice 121
29. Meditação da Terra 122
30. Meditação com o Pentáculo – Os Cinco Estágios da Vida 122
31. O Pentagrama de Ferro 123
32. O Pentagrama de Pérola 124
33. Meditação da Transformação 125
34. Meditação do Caldeirão 126
35. Exercício da Visualização do Círculo 126
36. Consagração de um Instrumento 128
37. O Círculo de Proteção 133
38. O Círculo de Proteção Permanente 133
39. Meditação da Lua Crescente 138
40. Meditação da Lua Cheia 138
41. Meditação da Lua Minguante 138
42. A Dupla Espiral 141
43. Amarração de um Feitiço 180
44. Filtro de Proteção 182
45. O Cone de Poder 201
46. O Cântico do Útero 202
47. Ancoramento Formal 202
48. Exercício do Pêndulo 204
49. Percepção da Aura: o Método do Pêndulo 205
50. Percepção da Aura: o Método Direto 205
51. Reduzir e Projetar a Energia 206
52. Visão da Aura 206
53. Advertências 220
54. O Arco-Íris – Indução do Transe 221
55. O Lugar de Poder 221
56. O Arco-íris – Saindo do Transe 222
57. Escriação 223
58. Sugestão 224
59. Lembranças 224
60. O Transe para o Sonho 225
61. Indução Ritual 227

Invocações, Cânticos e Bênçãos

O Lançamento do Círculo 111
Círculo de Cura para Lançar Durante a Tribulação (Alan Acacia) 129
Invocações de Valerie com Rimas para as Quatro Direções 131
Invocações do Ritual de Solstício de Verão 132
"O Chamado da Deusa" 135
Cânticos Repetidos (à Deusa) 146
Ciclo Repetido "Broto de Folha Verde" 146
Cântico Sumeriano 147
Invocação à Lua Úmida de Orvalho 147
Homenagem à Deusa, Senhora de Muitos Nomes à Deméter, a Incansável, e à donzela (Karen Lynd Cushen) 148
Cântico a Coré: Equinócio de Primavera e Equinócio de Outono 150
Invocação à Deusa Como Mãe (Susan Stern) 150
Mãelua (Laurel) 151
Invocação à Rainha do Verão 153
Invocação ao Deus 155
Cânticos Repetidos (ao Deus) 166
Ciclo Repetido (Sol Brilha Dia) 167
Invocação do Equinócio do Aspecto Masculino (Alan Acacia) 167
Invocação ao Deus do Verão 168
Invocação à Deusa e ao Deus (Valerie) 168
Invocação à Base do Ser 169
Cântico a Pan (Mark Simos) 169
Bênção dos Bolos e do Vinho 228
Despedida à Deusa e ao Deus 229
Abertura do Círculo 229

Feitiços

Feitiço da Raiva 182
Feitiço da Ingestão da Bebida 183
Feitiço para a Solidão 184
Feitiço para Períodos de Plantio 185
Feitiço para Criar um Espaço Seguro 187
Feitiço para Conhecer a Criança Interior 187
Feitiço para Fazer Amizade com seu Útero 188

Amuletos de Ervas

Para Atrair Dinheiro 189
Para Atrair o Amor 189
Para Curar um Coração Partido 190
Para Proteção 190
Para Encontrar Trabalho 190
Para Aumentar o Poder Interior 190

Para Ter Mais Eloquência 191
Para Ganhar na Justiça 191
Para Carregar um Amuleto de Ervas 191

Feitiço da Imagem de Cura 192
Para Amarrar um Inimigo 193

Mitos

A Criação 66
A Roda do Ano 79, 287 e 312

A Deusa no Reino da Morte 231

Princípios

Princípios da Unidade do Reclaiming 23

Agradecimentos

Este livro não seria possível sem o amor e o apoio do meu ex-marido, Ed Rahsman, e da minha mãe, a dra. Bertha Simos.

Pela oportunidade de estudar os Mistérios e pelo esforço para entendê-los, agradeço aos membros dos meus covens: no Compost, Guidot, Quest, Diane, Beth, Arden, Mother Moth, Amber, Valerie e Paul; no Honeysuckle, Laurel, Brook, Susan, Zenobia, Diane e, especialmente, Kevyn, pela inspiração adicional dos seus desenhos.

Eu também gostaria de agradecer àqueles que me ensinaram a Arte: Victor e Cora Anderson, Ruth, Z. Budapest e os demais.

Também sou grata pelo apoio e pelo incentivo da Comunidade Pagã da Baía de São Francisco e das bruxas do Covenant of the Goddess, e dos muitos amigos e companheiros, numerosos demais para serem enumerados aqui. Em particular, quero agradecer ao meu irmão em espírito, Alan Acacia, e ao meu irmão da carne, Mark Simos, por suas contribuições; a Patty e Nada, por estarem ao meu lado no princípio; a Ann, por sua inspiração; e a Carol Christ e Naomi Goldenberg, pela ajuda para conseguirmos uma comunidade mais ampla.

Por fim, gostaria de expressar minha gratidão à minha editora, Marie Cantlon, por sua sensibilidade e coragem ao abordar este tema, e a Sarah Rush, por toda sua ajuda.

Para todos vocês, para Aquela que Canta no Coração e para Aquele que Dança, este livro é dedicado.

Agradecimentos à 2ª edição

Além das pessoas mencionadas anteriormente, quero agradecer aos membros do Wind Hags, Matrix e, especialmente, ao coletivo Reclaiming, da Baía de São Francisco. Os rituais que fizemos juntos, o trabalho que realizamos ensinando, escrevendo e organizando e nossos conflitos, piadas e discussões ao longo dos anos formam a matriz a partir da qual brotaram minhas próprias mudanças.

Tenho sido extremamente afortunada em minhas associações, no mundo editorial. Marie Cantlon, responsável pela primeira edição, continua sendo uma boa amiga e editora ao longo desta década e em todos os meus livros subsequentes. Ela também editou muitos dos livros mencionados na bibliografia, sendo uma verdadeira mãe deste movimento. Jan Johnson e Yvonne Keller, da Harper & Row, foram as editoras solidárias e compreensivas desta edição. Minha agente, Ken Sherman, tem feito o melhor possível nos últimos dez anos para me manter financeiramente estável. Pleides Akasha me ajudou a preparar este manuscrito com grande alegria. Raven Moonshadow revisou as Tabelas de Correspondências.

Os Black Cats, membros da minha família coletiva, suportaram as minhas reclamações e me convidaram para jantar. E quero agradecer à minha amiga Kate Kaufman, por sugerir a ideia de fazer esta edição.

Enquanto eu fazia estas revisões, dois membros do antigo coven Honeysuckle fizeram a transição para a Mãe num sentido literal, dando à luz duas lindas filhas: Nora e Vivian Sarah. A todos vocês, quero agradecer e desejar muito amor.

Agradecimentos à 3ª edição

Quero agradecer à minha editora, Liz Perle, e a toda a equipe da Harper San Francisco por seu caloroso apoio a esta nova edição. Também sou profundamente grata pela amizade contínua, pela inspiração e pela orientação de Marie Cantlon, que editou a primeira edição deste livro. Minha agente, Ken Sherman, também se manteve firme ao meu lado por esse longo período.

Tenho a sorte de ter o amor e o apoio de muitas pessoas ao meu redor. Meu marido, David, me mantém sempre sorridente. Meus companheiros de casa e de magia me mantêm em movimento, e Madrone e Jodi Selene, de diferentes maneiras, tentam me manter organizada. Mary Ellen Donald me ensinou a arte mágica de tocar tambor. Mas, acima de tudo, quero agradecer à inspiração de trabalhar com a extensa rede de professores, organizadores e membros da comunidade que compõem o Reclaiming, enquanto fazíamos magia juntos.

E comunico com tristeza o falecimento de minha mãe, Bertha Simos; de Raven Moonshadow; e de Mother Moth. Todas elas deixaram um legado de contribuições para esta obra.

– STARHAWK
Cazadero, março de 1999

Prefácio

Eu me sinto muito honrada em escrever o prefácio da nova edição deste que é um dos livros mais influentes na história da minha vida, por ter aberto portas e me oferecido tantos *insights* e possibilidades nos meus estudos sobre a Deusa. Esta nova edição é um marco não apenas pelo seu novo projeto gráfico e por sua encadernação em capa dura, mas também por ser uma parte importante da minha história e da própria Editora Pensamento, pois foi seu o pioneirismo de lançar, ainda no início do século XX, as primeiras obras sobre magia de que se tem notícia em terras brasileiras. E, claro, essa é uma editora que fez diferença não só na história do nosso país, como também na minha vida de autora, porque foi na Pensamento que alguns dos meus livros viram a luz do dia. E, por coincidência, o meu último livro, *As Faces de Luz e de Sombra da Grande Mãe*, enfoca também a trajetória do culto à Deusa em reuniões e círculos de mulheres do mundo todo e as diferentes formas de celebrá-la e reverenciá-la. Portanto, o fato de eu ter sido convidada para escrever este prefácio é um acontecimento muito significativo na minha vida... até porque não me considero uma escritora. Sou uma sacerdotisa da Deusa, levada a escrever, por intimações vindas do espaço-tempo, sobre o resgate da sacralidade feminina nos dias de hoje.

Eu sempre senti essa voz interior ressoando na minha cabeça e, mesmo com alguns impedimentos físicos ou materiais, percebi que, enquanto não a seguisse verdadeiramente, eu não teria paz de espírito. Se não ouvisse essa voz, que nos impele a escrever um livro, e, por meio da escrita, sentir que tudo está se resolvendo dentro de nós, eu não conseguiria ter a sensação de dever cumprido com relação à Deusa. E só sentimos tudo resolvido dentro de nós quando percebemos que cumprimos esse dever. Com base nessa minha experiência pessoal, imagino a importância que este livro tem para a autora e sinto que ele está na editora certa, e recebeu a devida importância por meio dessa edição tão especial.

Minha história com *A Dança Cósmica das Feiticeiras* teve início de uma forma um tanto peculiar, porque inicialmente eu tinha certa antipatia pelo termo "feiticeira" – palavra contida apenas no título da edição brasileira por ter se tornado um clássico em nosso país com este nome –, mas, quando folheei o livro em inglês, cujo nome é *The Spiral Dance*, minha impressão foi diferente. Em primeiro lugar, porque a espiral sempre foi o movimento cósmico perfeito... Serpentinas de areia, espirais de nuvens... A vida se desenvolve em forma de espiral.

Comprei este livro numa pequena livraria em 1993, quando estive na pequena cidade de Glastonbury, na Inglaterra. E foi assim que surgiu o meu interesse inato pelas práticas apresentadas por Starhawk nesta obra-prima. Depois de ver o alcance do conteúdo, procurei me inteirar mais sobre os assuntos de que tudo aquilo tratava. Desse modo nasceu o meu interesse pelas práticas de magia nativa, que eram denominadas como "bruxaria". E foi somente depois de ler este livro que elas tomaram vulto na minha vida.

Por todos esses motivos, *A Dança Cósmica das Feiticeiras* me guiou em minhas atividades espirituais a serviço da Deusa, porque, antes de conhecer o trabalho da Starhawk, eu fazia tudo de forma muito intuitiva. Organizava reuniões na lua cheia, na varanda da minha casa em Brasília, sem ter nenhuma referência histórica, até porque havia pouquíssimas informações em Brasília sobre o ecofeminismo. E as práticas e os rituais ligados à Deusa eram ainda tachados de bruxaria ou feminismo político, e não eram compreendidos pela vibração espiritual que eles realmente têm. Por isso fui atrás dessas informações, procurando expandir as que obtive por meio do livro da Starhawk. Busquei outras fontes, não só livros escritos por mulheres, principalmente americanas e inglesas, mas por muitos outros autores, que me trouxeram informações práticas sobre como fazer uma reunião de mulheres e de que maneira elas podem canalizar suas energias, tanto para si mesmas como para sua casa e o seu próprio habitat geopolítico. Porque, quando pensamos "vou irradiar uma energia positiva para a minha cidade", precisamos lembrar que qualquer cidade, por maior que seja, numericamente falando em termos de um determinado grupo de pessoas, é sempre apenas um pontinho minúsculo no mapa-múndi. Por isso, é importante lembrar que toda emanação positiva deve ser pensada como um serviço à Deusa e visar o bem não só das pessoas e dos ambientes, ou a expansão da consciência política de forma positiva, ou algo ainda maior, seja em benefício das florestas, da fauna, da saúde dos homens, mulheres e crianças. É muito importante que não se restrinja ao seu pequeno habitat, mas que se irradie para o mundo todo.

Assim, a mensagem que Starhawk transmite neste livro poderá ser ampliada, se corporificar, por meio do que é feito nos círculos das mulheres: abrir o coração para se conectar com o coração de outras mulheres, das que estão ao nosso lado, e formar uma corrente de irradiação positiva para o mundo, pois, nos meus encontros femininos e nos rituais, sempre faço questão de irradiar essa energia para o planeta, não me restringir ao micro, mas pensar no macro, em me conectar com a Mãe Terra e irradiar amor e cura para todo o planeta, em nome da Deusa. Temos que fazer algo sempre em benefício dos outros, do planeta, e livros inspirados como este, da Starhawk, ao nos oferecer outra visão da espiritualidade, nos ajudam a enxergar isso. Daí a importância de este livro ganhar uma nova edição no Brasil, neste momento que estamos vivendo.

Acho que as coisas nunca devem ser feitas apenas por dever. Não "devemos" ler este livro nem executar esta prática ou aquela. Até porque o termo "dever" nos remete a uma ideia de prisão. O que nos leva a ler um livro deve ser mais um chamado interior do que qualquer outra coisa. E obras como esta nos ajudam a despertar. Nos fazem sentir que estamos contribuindo com uma grande corrente cósmica, universal e global. Elas nos ajudam a ter uma nova maneira de mostrar o nosso apreço, nossa gratidão pela vida; pela maneira que temos de nos aproximar de uma mata, de um campo florido, de uma árvore carregada de frutas e como expressamos naquele momento os nossos pensamentos. Em momentos como esses, eu agradeço à minha "irmã-árvore", por me dar seus frutos tão maravilhosos. E sinto o mesmo com relação a este livro tão importante. Pois ele é o fruto dos esforços e das conquistas da autora, pelo seu empenho, durante tantos anos, numa época tão difícil, tão agreste, tão árida da história dos Estados Unidos, quando ela conseguiu reunir mulheres em lugares em que as pessoas nunca tinham ouvido falar de espiritualidade feminina ou de magia da Lua. Ou seja, nunca tinham ouvido falar de NADA daquilo que torna este livro tão atual nos dias de hoje, que é o OUVIR sobre a ideia da magia, da força da energia da Lua, do amor feminino e da espiritualidade planetária – e dessa forma, com palavras, já criar uma imagem, uma onda de vibração positiva. Essa reverberação é resultado de séculos de empenho das mulheres, mesmo daquele feito apenas nos recessos do seu coração, de sustentar a família, de irradiar amor, tanto para os seres humanos quanto para a vida inanimada do planeta. Essa é a essência dos ensinamentos contidos no livro da Starhawk, assim como também dos que seguiram seus passos.

Portanto, fazer algo em benefício do outro é a coisa mais importante para termos na mente e no coração, seja apenas um gesto, um olhar de gratidão para um objeto que temos, um carinho, um olhar, uma lição, um ensinamento, um abraço ou simplesmente o ato de tomar conhecimento da existência do outro, seja um gato, um cachorro, sejam os tão massacrados animais silvestres, como os que morrem em incêndios ao redor do mundo e cada vez mais frequentes aqui no Brasil, no Pantanal e na Amazônia, e em outras partes do planeta, como na Austrália. Infelizmente é só em momentos como esses que nos damos conta da existência dessas criaturas. E o movimento planetário em benefício dos animais, por exemplo, é algo que surge justamente por causa desse amor dos seres humanos pelos animais.

A meu ver, nos círculos de mulheres, nessas reuniões em que relembramos antigas deusas, antigos momentos históricos e arquétipos ao longo da nossa caminhada, podemos ajudar as pessoas a se lembrar de que existe algo que nos une, e não apenas nas palavras, que somos todos irmãos, algo tão óbvio que nem deveríamos mais precisar mencionar. E esse sentimento que nos une é o AMOR! De uma pantera pelo seu filhote, de uma mulher da África, continente tão espoliado, que tem seu filho em condições tão precárias e que muitas vezes nem pode ficar com a mãe, porque é retirado dela. É em momentos de reflexão como esses que despertamos para uma outra dimensão da espiritualidade feminina, que não está apenas nas teorias dos livros, na literatura, nas fábulas, nas antigas lendas, mas sim na realidade! E a realidade às vezes é muito dolorosa, muito crua.

Por isso, precisamos prestar muita atenção às mensagens deste livro, que nos chama para vermos a vida de forma mais ampla, para olharmos a Deusa como um todo e nos percebermos como parte de algo maior. Ele nos mostra que podemos, sim, fazer algo pelo planeta com a nossa energia vibrante, nutriz e amorosa, que são qualidades que existem não só nas mulheres, mas são uma expressão maior do Feminino Universal presente em todas as pessoas.

Então, leia este livro e desperte essa força latente que existe dentro de você e a irradie para o mundo, com todo AMOR que puder. Porque isso, a longo prazo, vai curar a Terra, salvar o nosso planeta e nos elevar como espécie, para seguirmos a nossa caminhada nessa dança em espiral chamada VIDA.

Boa leitura.

– Mirella Faur, outono de 2021

Introdução à Edição do Aniversário de 20 Anos

Os movimentos são como as plantas. Alguns, como as plantas anuais, surgem numa estação, invadem o jardim, florescem e morrem na chegada do inverno. Outros, e o movimento da Deusa é um deles, crescem como as árvores perenes. Nos primeiros anos, a maior parte do progresso ocorre no subterrâneo. Somente quando desenvolveram raízes fortes é que germinam, num crescimento selvagem e exuberante. As plantas perenes se desenvolvem lentamente, mas são resistentes. Quando o inverno termina, elas voltam a brotar. Suas raízes profundas permitem que suportem a seca. Elas vivem muito tempo e se reproduzem a partir das raízes e dos ramos rasteiros, assim como das sementes.

A Dança Cósmica das Feiticeiras é uma semente que foi plantada há vinte anos. Nas últimas duas décadas, o movimento da Deusa cresceu a partir de muitas sementes, como um jardim de flores longevas e ervas medicinais. Ele é um grande jardim; cuidei apenas de um canteiro dele. Mas vinte anos é tempo suficiente para as plantas perenes florescerem em toda sua plenitude e os frutos amadurecerem. Podemos olhar para trás agora e ver os resultados do nosso plantio, da nossa capinagem e da adubagem da terra.

Em 1979, terminei este livro com um capítulo chamado "Criando Religião: Rumo ao Futuro". Uma das coisas desconcertantes sobre a vida é que o futuro tem o seu jeito todo particular de chegar até nós. Escrevi este livro numa máquina de escrever elétrica quando *White-Out* era a mais nova tecnologia de processamento de texto. Redigi as notas da edição de comemoração do aniversário de dez anos num computador doméstico de modelo antigo, com uma tela minúscula e sem disco rígido, e agora estou escrevendo esta Introdução num laptop Mac que, embora só tenha cinco anos, já está ultrapassado. Minha fonte de energia são os painéis solares do telhado da minha casa e, quando faço uma pausa no trabalho, entro numa reunião *online* com professores e organizadores de eventos de Bruxaria, pertencentes a diferentes regiões dos Estados Unidos, Canadá e Europa, ou possivelmente atualizo o meu site na internet. O futuro já chegou.

Além das mudanças tecnológicas, as mudanças políticas remodelaram o mundo nas últimas duas décadas. Este livro foi concebido durante a era do presidente Jimmy Carter. Desde então, vimos as idas e vindas de Reagan e Bush, o crescimento e a decadência dos movimentos revolucionários na América Central, a queda da União Soviética, o final do *apartheid* e o *impeachment* de um presidente muito popular, num drama tão desprezível e bizarro que ninguém em 1979 poderia ter imaginado.

Ao me debruçar sobre esta nova edição, me perguntei se este livro ainda faria sentido às portas de um novo milênio e à luz das mudanças mundiais e do imenso crescimento do movimento da Deusa nas últimas duas décadas. Dez anos atrás, ainda estávamos criando raízes, crescendo continuamente, mas não com tanta visibilidade. Hoje estamos naquele momento importante do crescimento perene em que as raízes se estendem em direção às profundezas e buscam águas subterrâneas, e os ramos começam a se multiplicar e a se espalhar.

Em 1979, eu tinha 20 e poucos anos e a maioria dos meus irmãos e irmãs de coven eram jovens também. Eu ainda estava inventando minha própria vida e descobrindo algumas coisas básicas, como o que eu queria ser quando crescer e como lavar a louça antes que acabassem os pratos limpos. Estou impressionada com o modo como essa pessoa, esse mero recorte da garota que me lembro de ter sido, sabia algumas coisas escritas neste livro e por que, se ela as conhecia, não as aplicou de forma mais clara e consistente em sua própria vida.

Agora estou na meia-idade. Sou mais sábia, mais organizada e menos crítica, embora muito mais irritável. Não enxergo nem ouço tão bem, embora provavelmente seja mais forte e esteja em melhor forma (ainda que com a cintura mais larga) do que em meus 20 anos. Já sou o que queria ser quando crescesse. Agora penso em quem vai continuar este trabalho quando eu me for e o que eu quero ser na minha próxima vida. Nesta, é tarde demais para eu me tornar surfista, dançarina de flamenco profissional ou mãe biológica. Essas são decisões que agora tenho que aceitar. A meia-idade é uma época para viver em paz com as decisões e escolhas que fizemos na vida. Os canteiros estão construídos e as plantas perenes já tiveram tempo para se firmar. Ou você continua a cuidar delas ou joga tudo fora e começa tudo de novo, num momento da vida em que a escavação dupla acaba com as suas costas. O tempo transcorre de um jeito diferente. Este ano nós plantamos um campo de oliveiras. Eu vou estar com 50 e poucos anos quando elas derem frutos e uma anciã quando atingirem a maturidade plena. Pouco tempo atrás, uma amiga que eu acreditava ser minha contemporânea me disse que ela tinha "crescido com a Dança em Espiral". Não muito tempo depois, uma jovem que se informava sobre um curso perguntou a uma amiga minha se ela conhecia o trabalho de uma mulher chamada Starhawk. "Ah, sim, conheço bem", respondeu minha amiga. "Trabalho muito próxima a ela." "Puxa, ela ainda está viva?", perguntou a interlocutora.

Ainda estou viva e espero continuar assim por um bom tempo. Este livro também. Estou satisfeita por ainda querer trabalhar neste jardim. O solo ainda é fértil e a estrutura, a teologia, a ética, a política, o treinamento mágico e os exercícios são robustos.

As reflexões deste livro formam o arcabouço de conhecimento que me sustentou durante toda a minha vida adulta. As plantas perenes que criaram raízes vinte anos atrás ainda me alimentam. Eu sei mais sobre magia, ritual, energia e grupos do que sabia vinte anos atrás. Mas, quanto mais eu sei, mais simples a magia se torna. Eu ainda pratico e ensino os exercícios apresentados neste livro, e, se os modifiquei, não é porque sejam ineficazes, mas porque senti uma necessidade pessoal de fazer algo novo.

Há alguns aspectos desta obra que eu gostaria que fossem irrelevantes. Um impulso importante deste trabalho é o seu desafio à supremacia espiritual dos homens patriarcais e das imagens masculinas. Eu esperava que, a esta altura, esses temas já estivessem desatualizados, mas não estão. Gosto de pensar que a introdução à edição de aniversário de 50 anos deste livro possa ser assim:

> *"Esta obra clássica do milênio passado nos leva de volta a uma época em que os mestres religiosos, os líderes e as divindades eram, quase todos, homens. Como é difícil imaginar aquela época agora, em que há tantas mulheres nos postos decisórios mais elevados de todas as principais religiões, em que o estupro, o incesto e a violência doméstica são tão pouco frequentes e inconcebíveis quanto o canibalismo, em que a linguagem religiosa inclui de maneira universal ambos os sexos e as crianças aprendem os cânticos de Solstício junto com as canções de Natal, as canções de Hanukka e as orações a Kwanza, além das novas tradições da Deusa que surgem anualmente".*

Também há plantas que não cresceram e outras que provavelmente não deveriam ter sido introduzidas no jardim. Na introdução de 1989, escrevi extensivamente sobre meu distanciamento de uma visão polarizada do mundo como uma dança de qualidades e energias "femininas" e "masculinas" e meu avanço em direção a uma visão muito mais complexa e inclusiva de gênero e energia. Essa mudança continua a se aprofundar à medida que amadureço e ainda é a principal mudança que eu gostaria de fazer neste livro. Comentei outras nas notas.

Também observo que, ao longo deste livro, critico as tradições orientais. Nos anos 1970, elas eram a alternativa que as pessoas frequentemente procuravam quando as religiões deixavam um vazio. Surgiam novos gurus todos os meses, e eu vi muitas mulheres que eu conhecia entrando em situações que me pareciam opressivas. Agora tenho muito mais humildade ao julgar algo a que não pertenço. Eu também passei a apreciar a profunda sabedoria e a grande diversidade que existe dentro dessas tradições.

Por último, se eu estivesse escrevendo hoje, provavelmente seria mais cautelosa com respeito à história que apresento. Ao pesquisar um filme sobre a arqueóloga Marija Gimbutas, tomei conhecimento da controvérsia que se desencadeou nos círculos acadêmicos em torno da história da Deusa. Quando escrevi este livro, não estava tentando fazer um estudo histórico nem arqueologia. Escrevendo como bruxa, eu me sentia livre para usar minha imaginação numa reconstrução do passado. Na verdade, até o mais "objetivo" dos historiadores faz o mesmo; ele só não é tão óbvio ao fazer isso. Hoje eu talvez demonstrasse uma cautela mais própria da meia-idade, mas, ao fazer isso, poderia minar o verdadeiro poder dessa história, que reside no despertar da imaginação e de um senso de possibilidades. O que eu e muitas outras pessoas estamos dizendo é simplesmente: "Ei, nem sempre foi assim. Não tem por que ser sempre assim! Então, em que cultura queremos viver? Vamos criá-la!".

Essa declaração poderia ser lida como a Versão Resumida da História da Origem do Culto Contemporâneo à Deusa. Os ataques mais recentes à tradição da Deusa têm tentado desacreditar nossa história, muitas vezes com estudos descaradamente tendenciosos e imprecisos. A ideia por trás disso parece ser a de que, se podem desacreditar a história das nossas origens, podem invalidar nossa espiritualidade. Isso é estranho, porque ninguém aplica os mesmos critérios aos mitos de origem de outras religiões. O Budismo é invalidado pelo fato de não podermos encontrar provas arqueológicas da existência de Buda? Os ensinamentos de Cristo são menos importantes porque não conseguimos encontrar sua certidão de nascimento ou seu atestado de óbito?

As bruxas, de modo geral, estão interessadas nas discussões sobre a nossa história. Existem agora conferências, revistas, artigos e painéis sobre o tema na Academia Americana de Religião. Mas esse interesse está separado de qualquer sentimento de que a validade das nossas escolhas espirituais depende de documentos sobre suas origens, sua antiguidade ou sua procedência. Isso às vezes é interpretado erroneamente como "não se importar com a verdade". Na realidade, simplesmente estamos dizendo que a verdade da nossa experiência é válida tanto se tiver raízes de milhares de anos ou de trinta minutos, que existe uma verdade mítica cuja prova não se demonstra por meio de referências e notas de rodapé, mas porque envolve emoções fortes, mobiliza energias vitais profundas e nos dá um senso de história, propósito e lugar neste mundo. O que dá validade à tradição da Deusa é o modo como ela funciona para nós agora, neste momento, não o fato de outra pessoa ter cultuado ou não essa imagem específica no passado.

Nos últimos vinte anos, nossos rituais ganharam vida própria, independentemente de qualquer questão sobre as nossas origens. Este ano, no Solstício de Inverno, a temperatura de repente caiu abaixo de zero na véspera do Solstício. No entanto, mais de duzentas pessoas se reuniram na praia e a maioria tirou a roupa e correu para o mar, pronta para realizar o nosso agora tradicional ritual de purificação. A euforia provocada pelo frio, o vento, a beleza da noite, a loucura selvagem do mergulho e nossa dança extática, desnudos ao redor da fogueira, criaram um ritual pagão arquetípico que parecia ter milhares de anos. Eu sei que essa tradição em particular nasceu há menos de vinte anos por um capricho, não por um Decreto Divino perdido em eras passadas. Num dos primeiros Solstícios que celebrei com meu primeiro coven de mulheres, fomos à praia assistir ao pôr do sol antes do nosso ritual noturno. Uma das mulheres propôs: "Vamos tirar a roupa e pular na água? Vamos, eu desafio vocês!". "Você está maluca!", eu me lembro de ter dito, mas mesmo assim aceitamos o desafio. Depois de alguns anos, nos ocorreu acender uma fogueira, para evitar a hipotermia, e então uma tradição nasceu. (Se fizer algo uma vez, é um experimento. Se fizer duas vezes, é uma tradição.) Meu conhecimento da inspiração não muito celestial desse rito não diminui o poder do ritual para mim, pelo menos. "Qual é a origem desse antigo costume?" não é algo que os pagãos provavelmente vão dizer, embora possamos perguntar: "A propósito, de quem foi a ideia?".

Na história do despertar da Deusa, o ano 1979 foi crucial. O solo tinha sido fertilizado por muitas pessoas: bruxas que se reuniam secretamente em pequenos covens, muito poucos grupos abertos de pagãos, os hippies dos anos 1960 e as feministas do início dos anos 1970. Z. Budapest ensinava Wicca feminista no sul da Califórnia havia muitos anos. As mulheres estavam começando a olhar para a religião e a espiritualidade como uma questão feminista. O livro *When God Was a Woman,* de Merlin Stone, foi publicado em 1976. Em 1979, três obras importantes foram publicadas. Uma delas foi este livro. *Drawing Down the Moon*, de Margot Adler, narrava o crescimento da Bruxaria e do paganismo nos anos 1970. E *Womanspirit Rising*, organizado por Carol Christ e Judith Plaskow, apresentava ao mundo os desafios que as mulheres estavam apresentando à religião patriarcal, tanto dentro como fora das igrejas e sinagogas.

O ano 1979 também foi aquele em que minhas amigas e eu organizamos um grande ritual público. Como parte da celebração da publicação deste livro, reunimos artistas, músicos e dançarinos e escrevemos poesias e músicas para um ritual de Halloween que chamamos de "Ritual da Dança em Espiral". Como na jardinagem, algumas coisas que você planta persistem e assumem vida própria. A Dança em Espiral agora se tornou uma tradição anual em São Francisco (EUA), com seu próprio corpo musical e litúrgico (consulte a seção Recursos). Em 1998, 1.500 pessoas dançaram a dupla espiral.

O grupo que realizou a primeira Dança em Espiral evoluiu para um coletivo que chamamos de Reclaiming. Muitas de nós participamos de ações diretas não violentas em toda a década de 1980, e as lições que aprendemos sobre empoderamento, organização participativa e os processos de consenso influenciaram muito nossa organização e a maneira como planejávamos, ensinávamos e criávamos rituais. Com o passar dos anos, o Reclaiming também evoluiu. Além de ensinar, treinar e oferecer rituais na área da Baía de São Francisco, nós começamos a oferecer intensivos de verão de uma semana, os "Acampamentos de Bruxas", em outras partes da América do Norte e, posteriormente, na Europa. Cada acampamento, por sua vez, tornou-se um núcleo de ensino e organização em outras comunidades. Nosso boletim informativo local cresceu e se tornou uma revista de âmbito nacional. Sua última edição relata cursos e rituais em quinze ou dezesseis comunidades dos Estados Unidos, do Canadá e da Europa.

O Reclaiming se tornou muito mais do que um coletivo local. Somos uma tradição da Arte. Em meados dos anos 1990, iniciamos um período de reorganização e reestruturação, lutando com a questão de como nos expandirmos sem nos tornarmos uma hierarquia ou uma burocracia. Em 1997, chegamos a um consenso sobre a seguinte declaração dos nossos valores fundamentais:

PRINCÍPIOS DA UNIDADE DO RECLAIMING
"Minha lei é amar todos os seres..."
"O Chamado da Deusa"

Os valores da tradição do Reclaiming derivam do nosso entendimento de que a Terra está viva e toda a vida é sagrada e está interconectada. Vemos a Deusa como algo inerente aos ciclos de nascimento, crescimento, morte, decadência e regeneração da Terra. Nossa prática surge de um compromisso espiritual profundo com a Terra, com a cura e com a ligação da magia com a ação política.

Cada um de nós encarna o divino. Nossa autoridade espiritual fundamental está dentro de nós e não precisamos de nenhuma outra pessoa para interpretar o sagrado para nós. Nós fomentamos a atitude de questionamento e honramos a liberdade intelectual, espiritual e criativa.

Somos uma tradição dinâmica, em evolução, e temos orgulho de sermos chamadas de bruxas. Honrando tanto a Deusa quanto o Deus, trabalhamos com imagens femininas e masculinas da divindade, sempre lembrando que a essência Deles é um mistério que vai além da forma. Nossos rituais comunitários são participativos e extasiantes e celebram os ciclos das estações e da nossa vida, gerando energia para a cura pessoal, coletiva e da Terra.

Sabemos que qualquer pessoa pode fazer esse trabalho transformador, de renovação do mundo, que é a magia: a arte de mudar a consciência de acordo com a própria vontade. Nós nos esforçamos para ensinar e praticar de maneiras que promovam o empoderamento pessoal e coletivo, para ser um modelo de poder compartilhado e para deixar os papéis de liderança ao alcance de todos. Tomamos decisões por consenso e equilibramos autonomia individual com responsabilidade social.

Nossa tradição honra a natureza e faz um chamado para o serviço à Terra e à comunidade. Valorizamos a paz e praticamos a não violência, em sintonia com a Rede: "Não prejudiques ninguém e faças o que quiser". Trabalhamos por todas as formas de justiça: ambiental, social, política, racial, de gênero e econômica. Nosso feminismo inclui uma análise radical do poder, considerando que todos os sistemas de opressão estão inter-relacionados, enraizados em estruturas de dominação e controle.

Damos as boas-vindas a todos os gêneros, todas as raças, todas as idades e orientações sexuais, e todas aquelas diferenças de situação de vida, história e habilidades, que aumentam nossa diversidade. Nós nos empenhamos para tornar nossos rituais e eventos públicos acessíveis e seguros. Procuramos equilibrar a necessidade de sermos compensados justamente por nosso trabalho com nosso compromisso de tornar nosso trabalho disponível para pessoas de todos os níveis econômicos.

Todos os seres vivos são dignos de respeito. Todos são amparados pelos elementos sagrados do Ar, do Fogo, da Água e da Terra. Trabalhamos para criar e manter comunidades e culturas que incorporem nossos valores, que possam ajudar a curar as feridas da Terra e dos seus povos e que possam sustentar e nutrir as gerações futuras.

O amadurecimento do Reclaiming reflete um crescimento semelhante que está ocorrendo entre muitos grupos pagãos. Os anos 1990 viram grupos wiccanos e pagãos continuarem a se expandir. Mais pessoas começaram a ensinar e oferecer rituais públicos abertamente. A internet proporcionou um ponto de encontro seguro que os Pagãos e as Bruxas não tiveram durante séculos. Quando as pessoas tiveram uma maneira de fazer conexões sem risco, o movimento cresceu rapidamente. Agora, muitos grupos estão enfrentando essas mesmas questões de crescimento e continuidade, à medida que entramos neste novo século.

Amory Lovins diz que o principal critério de *design* que ele usa é a pergunta "Como amamos todas as crianças?". Não apenas nossos filhos, não apenas aqueles que se parecem conosco ou que têm recursos, não apenas as crianças humanas, mas os filhotes dos pássaros e dos salmões e os brotos das sequoias-vermelhas. Quando amamos todas as crianças, quando esse amor é verdadeiramente sagrado para nós, no sentido de ser extremamente importante, então temos que atuar no mundo para concretizar esse amor. Somos chamados a fazer da Terra um lugar onde todas as crianças podem crescer saudáveis e felizes.

A Dança Cósmica das Feiticeiras vinculou a espiritualidade da Deusa ao ativismo político durante décadas. Apesar dos temores de algumas feministas políticas de que o interesse pela Deusa desviasse a energia do trabalho político, os pagãos e as bruxas acumularam um orgulhoso registro de implicações em questões ligadas ao feminismo, à libertação *gay* e a campanhas antinucleares, antiguerras e ambientais. Pessoalmente, parei de contar minhas prisões em ação direta quando elas se aproximaram de vinte. Na introdução à edição do décimo aniversário deste livro, relatei alguns dos trabalhos que realizamos em ações diretas não violentas. Nos últimos dez anos, o trabalho político da nossa comunidade se ampliou. Nos últimos meses, por exemplo, fui até o acampamento florestal Headwaters para oferecer apoio ao bloqueio em protesto contra o corte raso de antigas sequoias; falei em manifestações; fiz circular petições e piquetes no GAP, como parte de um boicote contra as atividades madeireiras no condado de Mendocino; visitei um acampamento de ação em Minneapolis, onde uma forte presença pagã tem sido parte integrante da organização para oferecer apoio em forma de rituais; ajudei a fundar uma organização em nossa comunidade para tratar de questões do uso de terras; atuei como facilitadora em reuniões; iniciei um diálogo com proprietários de vinhedos sobre o uso de pesticidas; viajei a El Salvador para visitar as comunidades irmãs que a Reclaiming apoia; espalhei uma quantidade infinita de folhetos; escrevi a representantes estaduais, municipais e federais e ao Departamento Florestal da Califórnia; sem contar as petições virtuais que assinei ou o trabalho como professora e escritora, que considero altamente político, ou o de jardinagem orgânica prática e permacultura que faço em minhas próprias terras. (E há também as aulas para aprender a trepar em árvores, mas não falaremos sobre isso. Vamos todos rezar para que a sobrevivência das sequoias nunca dependa da minha habilidade para trepar numa árvore com mais de quatro metros de altura.) Sou mais pública do que a maioria dos pagãos, mas não atípica. Nossa comunidade tem estado profundamente envolvida na ação direta em torno da questão da energia nuclear e das armas nucleares, da solidariedade com a América Central e do antimilitarismo. Nós atualmente participamos de um programa de apoio a um grupo de El Salvador que ensina sustentabilidade. Estamos envolvidas também em questões ligadas ao feminismo, à libertação *gay* e ao ativismo contra a aids. A última edição da revista *Reclaiming Quarterly* informa sobre questões que vão desde a reserva florestal de Headwaters até ao apoio a uma cozinha comunitária local, passando por protestos contra a School of Americas até uma entrevista com o diretor da Rainforest Action Network.

Nem todos os pagãos ou "Deusas" são ativistas políticos, assim como acontece com qualquer cristão, judeu ou humanista secular. Mas, num perfil da comunidade pagã, você encontrará mais ativistas do que em qualquer outra tradição espiritual, exceto os unitaristas e os quacres, que cultivam o ativismo há séculos. E, entre o primeiro grupo de jovens criados na tradição novamente emergente da Deusa, alguns são pagãos de segunda geração.

As novas áreas que estou explorando surgiram das mudanças na minha própria vida. Alguns anos atrás, enquanto eu meditava no meu jardim (onde mais?), recebi esta mensagem: "Você está ensinando muita meditação e pouca observação". Como bruxa, terapeuta, escritora e romancista, passei anos imersa em minhas próprias imagens interiores e nas de outras pessoas. Eu amava a natureza: eu a reverenciava e muitas vezes tinha sido presa por defendê-la, mas, em muitos aspectos, eu de fato sabia muito pouco sobre ela. Minha educação tinha se concentrado nas artes, na psicologia e no cinema, não na biologia, na silvicultura ou na horticultura. Eu plantava ervas e fazia adubo e longas caminhadas pelas montanhas, mas muitas vezes o jardim, a floresta e o oceano eram simplesmente paisagens de fundo para os meus próprios pensamentos.

Mudei minha prática pessoal para passar algum tempo todos os dias em meio à natureza, observando o que estava acontecendo ao meu redor, estivesse eu na floresta ou num quintal na cidade. Comecei a ler e estudar, assistir a conferências; fiz um curso de permacultura que oferecia treinamento em leitura da terra, trabalho com a natureza e *design* ecológico. O jardim começou a falar cada vez mais alto. "Cultive alimentos", o jardim disse. "Você percebe o quanto eu viajo?" "Não me importo, apenas cultive alimentos. Porque, quando você come alimentos cultivados na terra, você se torna a própria terra."

Cultivar pelo menos um pouco de alimento para mim e para meus amigos e familiares tornou-se parte da minha prática espiritual pessoal. Comecei a olhar de outro jeito não apenas os alimentos, mas também as ervas e plantas que usamos na prática de magia. Elas não eram mais apenas nomes coletados em livros antigos, mas personagens reais, com os quais eu tinha um relacionamento contínuo. No livro *The Spell of the Sensuous*, David Abram escreve: "Acabei concluindo que o xamã tradicional ou tribal atua como um intermediário entre a comunidade humana e o campo ecológico maior" (p. 7). Comecei a me perguntar como esse papel seria no mundo de alta tecnologia dos anos 1990.

Essas mudanças coincidiram com outras mudanças pessoais. À certa altura eu me apaixonei e me casei com um homem doce, solidário e divertido que também é bruxo. David trouxe consigo quatro enteadas maravilhosas. Se você telefonar para a mais jovem, a secretária eletrônica vai convidar você a "deixar uma mensagem para qualquer uma destas mulheres bonitas, poderosas e independentes...", o que descreve todas elas. Tenho dois netos (logo serão três) que elas me deram e uma tribo de filhas da Deusa.

Minha mãe morreu no mesmo verão em que me casei pela segunda vez. Alguns anos depois, o meu coven se dissolveu, após dezesseis anos de trabalho conjunto. Os covens, assim como qualquer organismo, têm uma vida útil, e a nossa havia chegado ao fim. Ao mesmo tempo, as atividades do Reclaiming estavam se expandindo. Descobri que, depois de ministrar cinco ou seis intensivos por verão, o que eu precisava, para compensar, era de natureza e solidão. Comecei a passar cada vez mais tempo em nossas terras, nas colinas costeiras do norte da Califórnia, vivendo como uma bruxa que se preze deve viver: numa pequena cabana na floresta, cheia de claraboias e painéis solares.

A natureza deixou de ser uma abstração e se tornou uma realidade diária. Os elementos não eram mais teóricos: o fogo significava o perigo real de um incêndio florestal no verão, e alguém sempre tinha que cortar lenha para acender o fogão a lenha. A água significava a chuva abundante que tínhamos num inverno chuvoso, a erosão que podia provocar, a nascente que nos proporcionava água para beber e irrigar a terra, a tubulação que a transportava, com sua irritante tendência para se romper, os tanques que a armazenavam e o sistema de distribuição. A imagem e o simbolismo com que trabalhei por décadas finalmente se tornavam reais.

Minha atual paixão é integrar mais estreitamente o culto à natureza ao conhecimento que vem da observação da natureza e infundir ciência, *design* ecológico e ativismo ambiental com a profunda conexão que vem com o reconhecimento do sagrado.

Olhar para o passado nos leva inevitavelmente a olhar para o futuro, especialmente quando estamos às portas de um novo milênio. Num ritual de Brigit, eu estava sentada com Allison, uma criança que conheço e amo desde seu nascimento e que morou conosco nos seus dois primeiros anos de vida. Estávamos perto do caldeirão, observando as pessoas que se aproximavam do fogo para fazer uma promessa. A boneca de Brigit, feita de trigo e capim e vestida de branco, estava especialmente bonita naquele ano, e Allison estava assistindo tudo com uma expressão de deslumbramento no rosto. Depois de um tempo, ela reuniu coragem e foi até o fogo para fazer sua primeira promessa. Percebi que aquele ritual era tão importante para o universo dela quanto os feriados judaicos eram para mim quando criança. Eu me lembrei das origens de cada peça do ritual: eu poderia dizer "Ah, sim, naquele ano começamos as promessas, naquele ano nós fizemos uma boneca pela primeira vez". Mas, para ela, aquele era simplesmente um marco central de todos os anos da sua vida. (Ela, afinal, é a criança que aos 2 anos de idade encontrou as multidões selvagens que encheram as ruas de São Francisco depois que os 49ers venceram o Super Bowl e achou que eles estavam animados porque a Lua tinha voltado a aparecer no céu.)

Eu me dei conta de que nós, que iniciamos essas tradições, agora tínhamos uma responsabilidade sagrada. Não poderíamos abandoná-las se, em algum ano, simplesmente não estivéssemos com disposição ou tivéssemos outros compromissos. Ou melhor, precisávamos de um sistema de apoio e estrutura suficiente para que, se uma pessoa recusasse, outras estivessem dispostas a continuar.

Na meia-idade, não vivo mais sob a ilusão da imortalidade que sustenta os jovens. Eu sei que não estarei aqui para sempre. Minha preocupação mudou de

"Como aprendo a fazer isso?" para "Como transmito esses conhecimentos?" ou "Como me certifico de que outros continuarão o trabalho, não apenas cuidando do jardim, mas também o cultivando, o expandindo, adubando as plantas que não crescem mais e nutrindo aquelas que têm raízes profundas e podem viver mil anos?".

Espero que, nas próximas duas décadas, nossas tradições desenvolvam mais recursos para crianças e jovens. Ainda não fomos capazes de amar todas as crianças, porque não somos livres para educar abertamente as nossas. Até o presente, o preconceito virulento contra os pagãos na cultura em geral tornou problemático, e até perigoso, qualquer tipo de trabalho com crianças ou jovens.

Essa situação está mudando lentamente. Mais e mais, os pagãos estão exigindo ser vistos como uma tradição religiosa tão válida quanto qualquer outra. A capacidade de praticar abertamente a própria fé, sem medo, é uma liberdade religiosa básica. Aos 28, eu não me importava em ser uma rebelde. A necessidade de praticar a Bruxaria em sigilo acabava por lhe dar ainda mais charme. Mas, aos 48 anos, quando vejo as crianças que crescem ao nosso redor, acho intolerável a necessidade de temer e fazer sigilo em torno da nossa tradição. Não podemos transmitir uma tradição à próxima geração, se não pudermos ser abertos, sinceros e livres de qualquer temor. Não podemos continuar nos vendo obrigados a dizer aos nossos filhos: "Isso é lindo, sagrado e significativo, mas não contem nada a respeito a ninguém!". A liberdade religiosa é uma questão política tanto quanto qualquer outra. Sou profundamente grata às muitas organizações pagãs que têm enfatizado a educação, ao alcance da mídia e ao trabalho interreligioso na tentativa de corrigir esse problema.

Espero também que, nos próximos anos, nós, como movimento, possamos nos tornar cada vez mais inclusivos, diversificados e acessíveis, que pessoas de todas as origens e ascendências possam encontrar uma recepção calorosa em nossas comunidades e um profundo entendimento das questões complexas de raça e classe que existem em nossa sociedade. Vinte anos atrás, muitas vezes tínhamos discussões extenuantes sobre se os homossexuais de ambos os sexos e os heterossexuais um dia conseguiriam trabalhar juntos. Hoje, nas comunidades com as quais trabalho, acreditamos que muitas orientações sexuais diferentes não só podem trabalhar e celebrar juntas, como também podem enriquecer a compreensão umas das outras e ampliar suas perspectivas. Existem muitos outros tipos de diversidade, no entanto, que ainda não são bem representados em nossas comunidades, e esse é um dos maiores desafios que enfrentaremos nos próximos anos.

Há alguns anos, participei de um ritual público em homenagem a El Día de los Muertos, organizado pela comunidade latina de São Francisco e calorosamente apoiado pelo Reclaiming. Naquele ano, ficamos de luto pelos jovens que tinham morrido de forma violenta em nossas ruas naquele mesmo ano, clamamos seus nomes e lamentamos a maneira como suas mortes tinham diminuído nossa comunidade. Quando o ritual acabou, uma mulher se aproximou de mim. Ela era obviamente uma pessoa em situação de rua, seu rosto estava devastado por anos de dor e uma vida difícil. "Obrigada por esse ritual", disse ela. "Eu precisava disso. Um dos meus filhos morreu de overdose e o outro cometeu suicídio, e eu realmente precisava desse ritual."

O comentário dela permaneceu comigo como o desafio que levamos conosco para o próximo século – como levar o ritual e a cura, como levar os frutos que cultivamos para aqueles que mais precisam deles?

Atualmente, quando os jovens me pedem conselhos, eu geralmente digo: "Decida o que é sagrado para você e coloque toda a sua energia a serviço disso. Faça disso o foco dos seus estudos, do seu trabalho, o teste para seus prazeres e relacionamentos. Nunca deixe que o medo ou o desejo por segurança desviem você do seu caminho". Quando você serve à sua paixão, quando tem disposição para se arriscar por algo, as suas maiores energias criativas são liberadas. É necessário trabalhar duro, mas nada dá mais alegria do que o trabalho inspirado pelo amor.

Minha mãe sempre teve esperança de que a Bruxaria fosse apenas uma fase pela qual eu estava passando. Depois de vinte anos, parece ser mais o trabalho de uma vida inteira. O que significa ter vivido uma vida inteira a serviço da Deusa? Apesar de todo o preconceito antibruxaria, geralmente isso não significa um grande sacrifício ou perigo pessoal, embora essa possibilidade sempre exista. O que a Deusa pediu de mim foi mais uma certa falta de vergonha, uma vontade de defender as ideias que outras pessoas acham estranhas, esquisitas ou tolas, parecer tola, recusar-me a ser moldada pelos julgamentos das outras pessoas. Novas ideias sempre encontram resistência, e aquilo que aos olhos de uma geração pode parecer estranho pode ser a descoberta brilhante de outra geração (com muita frequência convertendo-se na rígida ortodoxia de outra era).

Dizem da Deusa Ísis que "O serviço a Ela é a liberdade perfeita". A liberdade é uma das grandes recompensas que recebi nesta vida – junto com o amor, a amizade, o bom trabalho com boas companheiras e a satisfação de sentir que meus dons são bem utilizados. Sempre tive o que precisava. Não sou rica, mas também não sou pobre. Eu me considero um dos seres humanos mais afortunados deste planeta e, se trabalho duro, é pelo desejo de retribuir uma pequena parte do que tenho.

Vinte anos atrás, terminei este livro com uma visão do futuro. Não avançamos tanto rumo a esse futuro quanto eu imaginava, mas demos alguns passos. Celebramos os primeiros rituais de sangue para as nossas filhas e rituais de entrada na maioridade para os nossos filhos. No Solstício de Inverno e na lua cheia, muitos grupos se reúnem e comemoram, em São Francisco e em todo o mundo. Existem muitas bruxas trabalhando para amar todas as crianças, para curar a terra, para defender o que ainda existe de terras virgens, para socorrer os sem-teto, para confortar os moribundos, para alimentar os pobres, para nutrir o poder e a visão das mulheres e dos homens de boa vontade.

Mas não, ainda não podemos dizer que na nossa cidade ninguém passa fome, que ninguém morre sozinho, que podemos andar pelas ruas escuras sem temer a violência, que o ar é puro, que os peixes voltaram às águas da Baía, que estamos em paz.

A Deusa continua a despertar em formas infinitas e em mil disfarces. Nós cultivamos o canteiro do jardim, plantamos sementes e cuidamos do crescimento lento e inicial. Mas muito trabalho ainda resta.

– STARHAWK
Cazadero, fevereiro de 1999

Introdução à Edição do Aniversário de 10 Anos

Esta nova edição de *A Dança Cósmica das Feiticeiras* me ofereceu a oportunidade de ter uma conversa comigo mesma, na qual espero que você, leitor, se sinta incluído. Uma das coisas que me fascinam ao escrever é o modo como a escrita supera o tempo. Ao reler este livro, ouço a minha própria voz de uma década atrás, me lembro de ideias que tinha esquecido e de percepções que já haviam se desvanecido.

A princípio, a ideia de voltar a examinar meu próprio material de dez anos atrás me pareceu uma tarefa alarmante. Por um lado, eu temia descobrir que muitas coisas que me pareciam certezas absolutas na época tinham mudado tanto que meus sentimentos anteriores me pareceriam imaturos ou constrangedores. Por outro lado, talvez o meu maior receio fosse o pensamento de que nada havia mudado, de que minhas crenças, meus pensamentos e práticas tinham se mantido estáticos durante todo esse tempo.

Descobri que reler este livro foi tranquilizador. Sim, algumas coisas de fato mudaram, pois o mundo mudou. Mas a maior parte do que escrevi ainda se sustenta. Na verdade, há muitas coisas de que havia me esquecido, pois fazia quase uma década que eu não lia este livro, ainda que eu o usasse como uma obra de consulta. Eu achava que, depois de escrever vários rascunhos de um livro, de datilografar três vezes seguidas esses rascunhos (sim, este livro foi escrito antes da época dos computadores domésticos) e de revisar a primeira e a segunda provas, francamente, não queria voltar a vê-las por muito tempo.

Porém, fui agradavelmente tomada de surpresa. Eu me recordo de que *A Dança Cósmica das Feiticeiras* era um simples livro de exercícios, uma introdução à Bruxaria, de leitura acessível, para principiantes. Quando voltei a lê-lo, eu me dei conta de que, na realidade, esta é uma obra de tealogia poética, ainda que uma boa introdução para iniciantes, mas mais complexa do que eu acreditava. Na realidade, estou muito surpresa de tê-lo escrito quando tinha 20 e poucos anos e com um tom de tanta autoridade, quando me recordo de que, naquela época, eu sentia uma certa insegurança na vida.

Na realidade, este livro nasceu quando eu tinha 17 anos, no verão de 1968. Passei a maior parte dele viajando de carona, para cima e para baixo, na costa da Califórnia e acampando nas praias. Pela primeira vez, vivia em contato direto com a natureza, dia e noite. Comecei a me sentir conectada com o mundo de uma maneira diferente, a ver tudo muito vivo, erótico, envolvido numa dança contínua de prazer mútuo, e eu mesma como uma parte especial de tudo isso. Mas eu ainda não tinha como dar um nome à minha experiência.

Voltei para casa e iniciei meus estudos universitários na Universidade da Califórnia (UCLA). Um amigo e eu começamos a dar aula de Bruxaria como um projeto independente para a nossa aula de Antropologia. Na realidade, quando começamos a ensinar, não sabíamos nada sobre Bruxaria, mas isso não nos impediu de oferecer o curso, que realizamos como uma espécie de seminário, incentivando cada um de nossos colegas a pesquisar algum aspecto do assunto e fazer um relatório. Assim, aprendemos muito e até formamos um coven, apesar de não saber exatamente o que era um coven ou o que deveríamos fazer. Improvisávamos rituais, que, pelo que me lembro, envolviam muita percussão e massagens em grupo.

Quando finalmente conhecemos bruxas wiccanas de verdade, elas foram à sede da fraternidade convertida em casa na qual vários de nós morávamos de forma comunal e lemos juntos "O Chamado da Deusa". Ao ouvir as palavras, tive uma forte sensação, não de ouvir algo novo, mas de encontrar nomes e uma estrutura para compreender as experiências que eu já tinha vivido.

O conceito de uma religião que cultuava uma deusa era incrível e empoderador. Criada numa família judia, eu era muito religiosa quando criança e mantive a minha educação judaica até um nível avançado. Mas, quando cheguei à juventude, no final dos anos 1960, algo parecia faltar. O movimento feminista não tinha entrado ainda em seu período de ressurgimento e eu nunca tinha ouvido a palavra "patriarcado", mas percebia que a tradição, tal como existia na época, carecia de modelos para mim como mulher e em vias de desenvolver o poder espiritual feminino. (Nos anos subsequentes, certos ramos do Judaísmo abriram caminhos para o empoderamento das mulheres e para maneiras mais amplas de vivenciar Deus, mas naquela época esse processo ainda não havia começado.)

A tradição da Deusa abriu novas possibilidades. Agora meu corpo, em toda a sua feminilidade, com seios, vulva, útero e fluxo menstrual, era sagrado. O poder selvagem da natureza e o prazer intenso da intimidade sexual ocuparam o centro do palco como caminhos para o sagrado, em vez de serem negados, denegridos ou vistos como algo periférico.

Começamos a treinar com as bruxas que conhecemos, mas elas queriam certas coisas que eu era incapaz de fazer na época: principalmente, uma disciplina regular de meditação, estudo e exercício. Eu me afastei, mas continuei a valorizar a introdução que tive à religião da Deusa.

No início dos anos 1970, morei em Venice, uma região de Los Angeles que na época era uma grande comunidade de muitos artistas, escritores, ativistas políticos e personagens excêntricos em geral. Eu tinha me envolvido profundamente com o movimento feminista e me identificava como tal. Para mim, parecia haver uma conexão natural entre um movimento para empoderar as mulheres e uma tradição espiritual baseada na Deusa.

Embora a maioria das feministas da época suspeitasse de qualquer tendência para a espiritualidade e a criticasse, identificando-a como um controle patriarcal ou escapismo apolítico, outras estavam começando a entrar em contato com a história e o simbolismo da Deusa. Em Venice, Z. Budapest, uma bruxa hereditária da Hungria, começou a ensinar e treinar muitas mulheres numa tradição feminista da Wicca. Eu a conheci num dia próximo ao Equinócio de Primavera, em sua loja, numa rua movimentada, e ela me convidou para o primeiro grande ritual exclusivamente feminino de que participei. Caminhamos até uma linda encosta nas montanhas de Santa Monica, onde cantamos, dançamos e fizemos libações à Deusa. Eu pedi cura para uma amiga que estava passando por uma intensa crise emocional, e Z. olhou para mim nos olhos e disse: "Peça algo para você". "Não", pensei, "isso é cruel, egoísta e, além disso, não preciso de nada", mas ela foi, sabiamente, inflexível. "Na nossa tradição, é bom ter necessidades e desejos", disse ela. "Não somos uma religião de autoabnegação."

Não consigo me lembrar exatamente o que pedi (o que mostra o quanto eu estava relutante em assumir as minhas próprias necessidades), mas o ritual iniciou um processo de mudança e transformação em mim, funcionando da maneira como costuma acontecer com a magia: fazendo tudo desmoronar. Meu relacionamento se rompeu, meu trabalho acabou e decidi deixar a cidade.

Comecei a escrever na semana em que fiz 21 anos. Minha mãe me deu uma máquina de escrever elétrica como presente de aniversário e formatura. Eu estava começando a pós-graduação em cinema na UCLA e fazia um curso de verão para aprender a escrever. Eu me sentei à máquina de escrever e um pressentimento tomou conta de mim. Algo me disse: "Você vai passar uma grande parte da sua vida aqui".

Então, naquele verão e no outono, escrevi um romance que ganhou o prêmio de Narrativa Samuel Goldwyn da UCLA, o que me conferiu o que me pareceu na época uma soma impressionante de dinheiro e expectativas ilusórias de sucesso imediato. Escrevi um segundo romance. Nenhum deles foi publicado, o que é bom. Eles serviram ao seu verdadeiro propósito, que era me ensinar a arte e a disciplina da redação de textos.

Mas, claro, ninguém se senta e escreve um romance inteiro com a ideia de que isso é apenas um exercício. Então, no verão em que fiz 23 anos, deprimida pela rejeição, sem saber o que queria fazer da vida e ansiosa por desafios físicos e contato com a natureza, saí de bicicleta para viajar por um ano.

Aquele foi um ano formativo para *A Dança em Espiral*, embora eu não pudesse ter imaginado isso na época. Tornou-se um tipo estranho de busca da visão. Enquanto eu pedalava seguindo as trilhas dos índios Winnebagos, acampando numa barraca gotejante na chuva e desenvolvendo meu conhecimento sobre como ser acolhida por estranhos, visto que passava todos os dias ao ar livre, testava os limites do meu corpo e conhecia os lugares intrincados e selvagens da costa oeste, novas dimensões de mim mesma começaram a se abrir. O ano foi uma iniciação durante a qual aprendi a confiar na minha intuição e a deixá-la ser minha guia.

No inverno, minha intuição me levou a Nova York, onde tentei sem sucesso encontrar uma editora para os meus romances. Eu queria ser escritora, o que na época parecia significar, em parte, viver em Nova York e encontrar as pessoas certas, mas eu não sabia como fazer para conhecer as pessoas certas ou o que dizer a elas se as conhecesse. Eu fazia faxina na casa de uma senhora idosa para ganhar algum dinheiro e aproveitava a hospitalidade de algumas pessoas muito simpáticas que me deixavam ficar em seus apartamentos por muito mais tempo do que o necessário. (Eu era, nessa fase da minha vida, o tipo horrível de pessoa que aparece para ficar um fim de semana e acaba morando com você durante três meses. Tudo o que posso dizer a meu favor é que, desde então, tenho quitado minhas dívidas kármicas com relação a esse assunto.)

Eu vivia com frio, me sentia sozinha, não estava conseguindo coisa alguma e parecia que todo mundo de repente estava indo para a faculdade de Direito. Então tive uma série de sonhos muito poderosos. Um deles me dizia para voltar para a Costa Oeste. Nesse sonho eu estava de pé à beira-mar, olhando para um rochedo. De repente, percebia que ele estava cheio de animais maravilhosos: leões marinhos, pinguins, pássaros. "Eu não sabia que todas essas coisas maravilhosas estavam aqui", eu pensei no sonho.

Em outro sonho, eu olhava para cima e via um falcão voando no céu. Havia um sentimento no sonho que não consigo traduzir em palavras, como se o universo tremeluzisse e se abrisse para revelar algum padrão brilhante de coisas subjacentes. O falcão mergulhava para baixo e se transformava numa anciã. Senti que estava sob a proteção dela.

Voltei para a Costa Oeste (de carro, não de bicicleta) e me mudei para São Francisco com minha amiga Nada, onde comecei a ler cartas de tarô e a mão das pessoas, numa série de feiras esotéricas, e fazer outras formas estranhas de trabalhos temporários. Uma das agentes literárias que conheci em Nova York sugeriu que eu tentasse escrever um livro de não ficção. Ela alegava que seria mais fácil publicá-lo do que uma ficção.

Decidi que queria escrever algo sobre mulheres, feminismo e espiritualidade, então comecei a pesquisar a história e as tradições da Deusa. A princípio, minha amiga Nada colaborou, mas depois de um curto espaço de tempo ela passou a se dedicar a outras atividades. Ao mesmo tempo, comecei a dar aulas de rituais e habilidades relacionadas, e foi a partir delas que o coven Compost se formou. Para ensinar, comecei a usar o nome Starhawk [Falcão das Estrelas], que tirei do meu sonho com o falcão e da carta da Estrela do tarô, que representa o Eu Profundo. E comecei a praticar algumas das disciplinas de treinamento mágico que haviam me sugerido sete anos antes.

A área da Baía de São Francisco tinha uma comunidade pagã próspera, e logo conheci pessoas de muitos outros covens e tradições, incluindo Victor e Cora Anderson, que me treinaram na Tradição das Fadas. As bruxas da área da Baía de São Francisco formaram o Covenant of the Goddess, que se incorporou a uma igreja reconhecida por lei. Eu fui eleita primeira oficiante em 1976 e tornei-me porta-voz ativa da Arte.

Durante todo esse tempo, eu estava escrevendo o rascunho de *A Dança em Espiral*, enviando propostas e capítulos de amostra e recebendo cartas de rejeição em resposta. Uma que nunca me esqueço dizia: "Não acho que esta autora saiba o que está dizendo e eu duvido que tenha inteligência para dizê-lo".

No outono de 1977, eu terminei um manuscrito inteiro do livro e, numa onda de entusiasmo, me casei três meses depois. Esse manuscrito, como as propostas anteriores, ficou passando de editora em editora por um ano ou dois, sem despertar nenhum interesse da parte delas.

Eu ainda estava dando aulas, escrevendo, me reunindo com os meus covens e envolvida na pequena mas crescente comunidade de pessoas interessadas no ritual e na religião da Deusa. Para conseguir dinheiro, fazia trabalho temporário como secretária ou escrevia roteiros para filmes técnicos. Mas essa foi, para dizer o mínimo, uma época bem desanimadora da minha vida. Continuei escrevendo com afinco por cinco ou seis anos sem sucesso, pelo que me lembro. Por desespero, me inscrevi no programa de Redação Criativa da Universidade Estadual de São Francisco. Eles não me aceitaram no curso.

(Talvez você, leitor, esteja numa fase semelhante em sua vida. Se estiver, boa sorte!)

Por fim, a minha sorte mudou. Carol Christ, coeditora da *Womanspirit Rising*, aceitou um artigo que escrevi sobre Bruxaria e a religião da Deusa e me convidou para apresentá-lo na reunião anual da Academia Americana de Religião. Lá ela me apresentou a Marie Cantlon, sua editora na Harper & Row, em São Francisco. Marie estava interessada em ver meu livro e eu o enviei a ela.

Meses se passaram. Então, por fim, recebi a notícia que esperava: eles queriam publicar o meu livro. Nesse ponto, sentei-me para revisar o manuscrito e escrevi a versão que você lê aqui.

Nos últimos dez anos assistimos a enormes mudanças, na minha própria vida, na Arte e nas comunidades pagãs, e no mundo como um todo. O interesse pela espiritualidade feminista, pelo paganismo, pelas religiões da Terra e pela Bruxaria cresceu enormemente. Ninguém faz recenseamento das bruxas ou mantém estatísticas oficiais de pagãos, mas alguma indicação desse crescimento pode ser vista no número de livros sobre a Deusa publicados desde 1979. Muitas, mas muitas pessoas mesmo participaram de círculos e rituais. *A Dança Cósmica das Feiticeiras* vendeu mais de cem mil cópias e foi traduzido para o alemão e o dinamarquês. Tenho dado palestras e aulas em comunidades em todo os Estados Unidos, no Canadá e na Europa. Publicações pagãs, boletins informativos e até mesmo quadros de avisos virtuais são abundantes.

A espiritualidade feminista, o paganismo e a Bruxaria se sobrepõem, mas não são comunidades idênticas. Muitas feministas exploram sua espiritualidade no contexto do Cristianismo ou do Judaísmo e, nessas tradições, novos caminhos se abriram para as mulheres, embora, é claro, ainda haja muitas lutas a serem travadas. Outras se inspiram nas tradições da Deusa de muitas culturas ou preferem criar os seus próprios rituais, sem se identificar com nenhuma tradição em particular.

Os pagãos, inclusive as bruxas, podem ou não ser feministas. Muitas pessoas são atraídas para as tradições espirituais baseadas na Terra, para a celebração dos ciclos sazonais e para o despertar das dimensões mais amplas da consciência, sem uma análise da interação entre poder e gêneros. Mas a Bruxaria feminista também cresceu muito, incluindo muitos homens e mulheres e participando de muitas arenas de luta social e política.

Minha própria vida se tornou muito mais focada na política nos últimos dez anos. *A Dança Cósmica das Feiticeiras* foi escrita durante a era Carter, uma época politicamente mais otimista, antes da reação da direita dos anos Reagan. Muitos de nós que foram politicamente ativos nos anos 1960 sentimos que poderíamos talvez relaxar um pouco. É verdade que a sociedade ainda estava cheia de desigualdades, que o processo de libertação da mulher mal tinha começado e que não havia nenhuma grande mudança na organização social, mas talvez o caminho para essas mudanças necessárias precisasse passar pelo terreno da espiritualidade e transformar o nosso imaginário cultural, bem como o sistema econômico e político nacional. Talvez, de fato, uma transformação profunda da sociedade só pudesse surgir de uma transformação básica na cultura.

Para mim, *A Dança Cósmica das Feiticeiras* era um livro político, no sentido de que questionava as suposições fundamentais em que se baseavam os sistemas de dominação, e eu ainda o vejo dessa maneira. Mas, na última década, um engajamento político mais ativo começou a parecer necessário, à medida que a diferença entre ricos e pobres aumentava, nossos arsenais nucleares eram reconstruídos, os desabrigados começavam a morrer nas ruas e os desempregados lotavam as filas de pão; enquanto os Estados Unidos travavam guerras secretas e abertas na América Latina e o vírus da aids se espalhava; ao mesmo tempo que os legisladores pareciam não ter pressa para liberar verbas para a educação e a saúde, o meio ambiente se deteriorava, a dívida nacional quadruplicava e o buraco na camada de ozônio crescia ameaçadoramente.

Um dos princípios centrais da tealogia apresentada aqui é que a Terra é sagrada. Como era nisso que eu acreditava, senti que era necessária uma ação para preservar e proteger o planeta. Portanto, nosso compromisso com a Deusa nos levou, a mim e a outras pessoas da nossa comunidade, a participar de ações diretas não violentas para protestar contra a energia nuclear, para interferir na produção e no teste de armas nucleares, para combater a interferência militar na América Central e para preservar o meio ambiente. Isso me levou até a Nicarágua e a um trabalho contínuo para construir alianças com pessoas negras e povos nativos cujas religiões baseadas na Terra e em suas regiões tradicionais estão sendo ameaçadas ou destruídas. Isso me fez sair de um casamento pouco sólido para viver numa coletividade.

Muitas dessas lutas são narradas em meus livros posteriores, *Dreaming the Dark* e *Truth or Dare*. Se eu estivesse escrevendo *A Dança Cósmica das Feiticeiras* hoje, talvez ele tivesse um foco mais abertamente político. No entanto, de certo modo, estou satisfeita com o enfoque do livro, tal como está. A consciência política pode se tornar uma tirania por si só, até porque nos aprisiona nas questões e perspectivas de uma determinada época. Mas, quando estamos olhando para as questões do sagrado, vamos além do tempo. Para criar as mudanças na consciência necessárias para transformar a sociedade num nível profundo, precisamos de uma compreensão mais ampla do que aquelas que as questões do momento podem oferecer.

A espiritualidade e a política envolvem mudança de consciência. Na verdade, a definição de magia dada por Dion Fortune – "a arte de mudar a consciência de acordo com a própria vontade" – poderia servir a ambos. No entanto, existem diferenças. A ação política eficaz, de qualquer tipo, precisa oferecer direções e, pelo menos, propor soluções para os problemas atuais. Mas a verdadeira espiritualidade também deve nos levar além da vontade, para os reinos do mistério, do deixar ir, das perguntas que ecoam em vez das respostas sonoras. Portanto, estou feliz por ter escrito este livro num momento em que me dei o luxo de ponderar sobre os mistérios.

O ativismo político, no entanto, aumenta nossa consciência em muitos aspectos e, para mim, isso aconteceu especialmente em torno de questões de inclusão e sensibilidade àqueles que são diferentes de mim. Nos últimos dez anos, tenho trabalhado para construir alianças entre mulheres negras e brancas e trabalhado em grupos com mulheres e homens de diferentes orientações sexuais, classes, origens e opções de vida. Aprendi que os pontos de vista que surgem de diferentes situações de vida são vitais para completar nossa imagem da realidade, e o esforço para incluí-los, para tirar nossas vendas e ver através dos olhos dos outros, pode ser tremendamente enriquecedor.

Portanto, minha principal crítica a este trabalho agora se concentra em questões de inclusão.

A inclusão é especialmente importante quando consideramos os mistérios, quando fazemos as perguntas mais profundas da nossa vida. Pois essas perguntas não têm a pretensão de gerar dogmas, mas de nos impulsionar em nossa jornada. Quando perguntamos "O que é a realidade?" não estamos tanto procurando uma definição definitiva, mas declarando nossa vontade de sermos levados a algum lugar além das fronteiras das nossas experiências. Mas essa jornada só pode ser rica e variada se estivermos dispostos a deixar de ver a nossa própria experiência, as nossas próprias respostas, nossos estilos e percepções, como uma maneira de definir a realidade para todos. Não precisamos negar nossa experiência, mas devemos reconhecer que ela é uma faceta dos dons que existem para nós em outras perspectivas. Se eu fosse escrever *A Dança Cósmica das Feiticeiras* hoje, incluiria mais material sobre as várias raças, culturas e tradições, especialmente nas seções históricas.

Quando fazemos as perguntas: "O que é feminilidade?, "O que é masculinidade?", estamos declarando a nossa vontade de mudar de maneiras que podem parecer assustadoras, pois o nosso condicionamento para vivenciar nosso gênero de maneiras culturalmente determinadas é muito profundo e determina de uma forma primária como vivenciamos a nós mesmos. Mas as bruxas têm um ditado: "Onde há medo, há poder". Ao trazer essas questões a baila, podemos encontrar novos aspectos de nós mesmos que liberam nosso poder interior.

O movimento feminista levou a cultura como um todo a reexaminar questões de masculinidade e feminilidade, pois as definições não estão mais funcionando. Elas são opressivas para as mulheres e limitadoras para os homens.

Nesse processo de transformação, a Deusa e os Antigos Deuses podem nos abrir portas para novas dimensões das nossas próprias possibilidades, pois Eles não são meros símbolos, são também canais de poder. No entanto, devemos também estar dispostos a examinar o modo como nossas próprias interpretações foram moldadas pelas limitações da nossa visão. E essa é, talvez, a mudança mais central que eu faria neste livro e a questão em que muitos dos meus comentários se concentram.

A princípio, quando escrevi este livro, vi a feminilidade e a masculinidade como qualidades concretas, como líquidos que poderiam nos preencher. Eu acreditava, assim como Jung, que cada mulher tinha dentro de si um eu masculino e cada homem, um eu feminino. Agora esses conceitos me parecem inúteis e enganosos.

Hoje não uso os termos "energia feminina" e "energia masculina". Não identifico a feminilidade ou a masculinidade com grupos específicos de qualidades ou predisposições. Ainda que eu tenha descoberto que as imagens da Deusa me dão poder como mulher, não recorro às Deusas e aos Deuses para que definam para mim o que deve ser um homem ou uma mulher. Pois qualquer qualidade que tenha sido atribuída a um gênero divino pode ser encontrada em qualquer outro lugar em seu oposto. Se dissermos, por exemplo, que "A energia masculina é agressiva", posso encontrar facilmente cinco deusas agressivas sem nem mesmo pensar muito. Se dissermos "A energia feminina é terna", também podemos encontrar deuses masculinos que demonstram ternura.

Toda a nossa tendência moderna para ver os mitos e divindades como modelos a seguir pode ser uma apropriação equivocada do poder dessas imagens, surgida do nosso desespero por não saber como viver no mundo e na cultura em que nos encontramos. Nós estamos procurando permissão para ser mais do que nossa sociedade nos diz que somos. Mas as Deusas e os Deuses não são figuras que devemos imitar, eles são mais como vassouras: agarre uma e ela levará você a algum lugar além dos limites da sua vida comum.

Por que existem dois sexos? Pela mesma razão que cortamos o baralho ao meio antes de embaralhar as cartas. A reprodução sexual é um método elegante de garantir a máxima diversidade biológica. No entanto, eu não descreveria a qualidade essencial do fluxo da energia erótica que sustenta o universo como uma polaridade feminina/masculina. Isso consagraria as relações humanas heterossexuais como o padrão básico de todo ser, relegando outros tipos de atração e desejo à categoria do desvio. Essa descrição não apenas torna invisível a realidade de homossexuais e bissexuais como também isola todos nós, qualquer que seja nossa orientação sexual, da intrincada dança de energia e atração que podemos compartilhar com árvores, flores, pedras, o oceano, um bom livro ou uma pintura, um soneto ou uma sonata, um amigo próximo ou uma estrela distante. Pois a energia erótica, inerente, gera e celebra a diversidade. E a religião da Deusa, em seu cerne, trata precisamente da dança erótica da vida, encenada em toda natureza e cultura.

Num mundo em que o poder e o status são atribuídos com base no gênero da pessoa, nós nos identificamos necessariamente com nosso gênero de uma maneira primária. Num mundo em que a orientação sexual é motivo de privilégio ou opressão, nos identificamos necessariamente com a nossa orientação sexual. Mas tomar uma determinada forma de união sexual como modelo para o todo é nos limitarmos injustamente. Se, em vez disso, pudéssemos tomar o todo como o modelo para a parte, qualquer coisa ou pessoa que escolhêssemos amar, mesmo que fosse apenas a nós mesmos em nossa solidão, todos os nossos atos de amor e prazer poderiam refletir a união da folha e do sol, a dança rodopiante das galáxias ou o lento crescimento do botão até chegar ao fruto.

A Dança Cósmica das Feiticeiras foi escrito antes da epidemia da aids. Atualmente é mais difícil, mas talvez ainda mais necessário, afirmar a sacralidade do erótico. Porque dizer que algo é sagrado é afirmar que valorizamos isso profundamente. E a aids, que é uma doença do sistema imunológico transmitida de várias maneiras, só algumas das quais sexuais, tornou-se uma desculpa para um ataque ao erótico, especialmente para aquelas formas que não têm a aprovação da sociedade. Por medo de ambos, da doença e do estigma associado a ela, negamos opções para nós e para as outras pessoas.

Se a sociedade valorizasse o erótico como algo sagrado, as pesquisas sobre a aids seriam uma prioridade, pois se investigariam formas seguras de controle da natalidade. Seria oferecido apoio àqueles que vivem com aids, sem fazê-los pagar na forma de humilhação ou culpa.

A aids pode nos ensinar muito. Ao nos confrontarmos com a morte, um dos grandes mistérios, somos desafiados a responder com coragem, carinho e compaixão. Por causa da aids, temos que falar abertamente, com sinceridade e em público sobre sexualidade. E como uma das muitas doenças do sistema imunológico que vemos surgindo nesta época, ela serve como um alerta de que o próprio sistema imunológico da Terra está sob o ataque de substâncias tóxicas e da poluição. Por isso, a aids nos desafia em muitos níveis a nos tornarmos agentes de cura para nós mesmos, para nossas comunidades e para a Terra.

Outro desafio de cura que a comunidade pagã começou a enfrentar durante a última década é a necessidade de confrontarmos os nossos vícios. Muitos pagãos estão participando de programas de Doze Passos, como os Alcoólicos Anônimos, e descobriram que seu enfoque espiritual da recuperação pode aprofundar sua prática da Arte. A Deusa pode ser um Poder Superior, ou talvez possamos dizer um Poder Mais Profundo. É possível que a linguagem dos Doze Passos e as formas tradicionais de reunião nem sempre funcionem para os pagãos, mas suas revelações são extremamente valiosas para qualquer pessoa que esteja lutando contra vícios ou a codependência e podem ser adaptadas para atender às nossas necessidades.

A consciência desses problemas se reflete numa das mudanças básicas que fiz nesta edição do livro: a substituição do vinho por outras bebidas em rituais e a mudança do que costumávamos chamar de Bolos e Vinho para Festejos. Eu não fiz essa modificação porque ache que ninguém deva beber, mas para que o ritual se torne um espaço seguro para aqueles que estão lutando para se recuperar de vícios. Aqueles que desejarem ainda podem beber vinho, mas, como reconhecemos que, para algumas pessoas do círculo, isso pode ser destrutivo, não o passamos mais no cálice ritual.

Outra mudança geral foi a eliminação dos termos "Alta Sacerdotisa" e "Sumo Sacerdote". Hoje, trabalhamos de forma não hierárquica. Qualquer participante pode assumir os papéis antes designados para os "líderes". Agora que temos um grupo central de realizadores de rituais muito experientes, o poder, a inspiração e o reconhecimento podem ser compartilhados de modo mais equitativo. (O que não quer dizer que sempre alcancemos essa meta, mas desejamos alcançá-la.)

Os três princípios fundamentais da religião da Deusa são a imanência, a interconexão e a comunidade. A imanência significa que a Deusa e os Deuses estão encarnados, que cada um de nós é uma manifestação do ser vivente da Terra, que a natureza, a cultura e a vida em toda a sua diversidade são sagradas. A imanência nos chama a viver a nossa espiritualidade aqui neste mundo, a agir para preservar a vida na Terra e a viver com integridade e responsabilidade.

A interconexão é o entendimento de que todos os seres estão inter-relacionados, que estamos ligados a todo o Cosmos como partes de um organismo vivo. O que afeta um de nós afeta a todos. A derrubada de florestas tropicais interfere nos nossos padrões climáticos e destrói os pássaros canoros da América do Norte. A tortura de um prisioneiro em El Salvador ou o choro de uma criança de rua no centro de São Francisco não interfere menos no nosso bem-estar. Portanto, a interconexão exige de nós compaixão, a capacidade de sentir o que os outros sentem com tamanha força que nossa paixão pela justiça seja despertada.

A religião da Deusa é vivida em comunidade. Seu foco principal não é a salvação ou a iluminação ou o enriquecimento individual, mas o crescimento e a transformação que vêm por meio das interações íntimas e das lutas cotidianas. A comunidade inclui não apenas as pessoas, mas também os animais, as plantas, o solo, o ar e os sistemas de água e energia que sustentam a nossa vida. A comunidade é pessoal (os amigos mais próximos, os parentes e os parceiros, aqueles por quem temos certa responsabiidade). Mas, numa época de comunicações globais, de catástrofes e de violência potencial, a comunidade também deve ser vista como algo que abrange toda a Terra.

A saúde da Terra se deteriorou de forma alarmante nos últimos dez anos, e é possível que a próxima década nos veja dar uma guinada irrevogável, seja em direção à destruição ou à regeneração. Estamos começando a sofrer as consequências da exploração do meio ambiente e da insensibilidade a ele. A camada de ozônio está se reduzindo. Vemos a rápida destruição das florestas tropicais, os pulmões da Terra. Em todos os lugares encontramos desmatamento e envenenamento de rios, lagos, aquíferos e oceanos. A cada dia alguma espécie é extinta. As terras sagradas dos povos nativos são minadas ou tomadas como terreno para bases militares e testes nucleares. Se víssemos a Terra como a continuação do nosso corpo, talvez a tratássemos melhor. Ou, considerando quantos de nós maltratam e prejudicam o próprio corpo, talvez precisássemos de um programa de Doze Passos global para combater nosso vício coletivo para a destruição ecológica.

Os problemas são absolutamente claros, mas, para resolvê-los, precisamos tanto de ferramentas quanto de uma visão. Eu vejo este livro como uma caixa de ferramentas para visionários, contendo muitos processos para utilizarmos nossa imaginação coletiva e desenvolvermos rituais, comunidades de apoio, espaços onde criar e realizar algo novo.

Em última análise, o ressurgimento da religião da Deusa é uma tentativa consciente de remodelar a cultura. No passado, a cultura foi remodelada pela força. As perseguições às bruxas dos séculos XVI e XVII são um exemplo em si mesmas. Elas podem ser vistas como uma lavagem cerebral em massa, uma conversão por meio do terror à ideia de que o poder das mulheres, e qualquer poder não aprovado pelas autoridades, é perigoso, sujo e pecaminoso.

Mas *nós* não podemos remodelar a consciência pela força ou pelo medo, porque fazer isso só iria reforçar o que estamos tentando mudar. Temos de provocar a mudança por meio da não violência, física e espiritual. Estamos sendo chamados a dar um salto radical de fé, a acreditar que as pessoas, quando puderem sonhar com novas possibilidades, quando tiverem ferramentas e visões, criarão um futuro vivo.

Uma vez que a adivinhação é uma parte tradicional da Arte, decidi consultar o tarô para que as cartas me dessem uma indicação do que esperar dos próximos dez anos. A carta que tirei foi a Sacerdotisa, a Deusa da Lua, que se senta entre os pilares da dualidade, guardando o véu dos mistérios. Eu tomo isso como uma indicação de que, na próxima década, iremos nos aprofundar na magia e no mistério, nas explorações do espírito e em formas de conhecimento que vão além do racional. Mas como os mistérios da religião da Terra não estão separados deste mundo e desta vida, esse conhecimento mais profundo deve nos conduzir ao trabalho ativo de mudança.

A renovação da religião da Deusa e de outras tradições espirituais baseadas na Terra continuará crescendo na próxima década. À medida que a comunidade cresce, nossa espiritualidade se torna mais integrada a todos os aspectos da nossa vida. À medida que mais crianças nascerem e crescerem na tradição da Deusa, mais vamos desenvolver materiais para elas e rituais baseados nos ciclos e nas transições da vida. E certamente a inspiração da Deusa nos move continuamente para criar música, arte, teatro e dança, bem como ações criativas para nos opor à destruição da Terra e dos seus povos, e para tornar manifestas nossas visões de como o mundo poderia ser.

Também existe a possibilidade de vivenciarmos uma repressão maior à medida que nos tornamos mais visíveis. Mas nunca devemos deixar que o medo nos silencie; caso contrário, faremos o trabalho dos nossos opressores. Pessoalmente, ao me tornar uma figura mais pública e mais visível, às vezes me deparo com reações negativas, mas que são superadas com um apoio positivo.

Os tempos que enfrentamos são eletrizantes, mas alarmantes. A próxima década verá decisões cruciais tomadas sobre o futuro do meio ambiente, a estrutura social e a saúde do mundo que deixamos para as gerações seguintes. Com coragem, visão, humor e criatividade, podemos usar nossa magia, nossa capacidade de mudar nossa consciência, nossa visão de mundo e nossos valores para restabelecer a rede de toda vida interconectada, como medida pela qual julguemos todas as nossas decisões.

Exceto em alguns casos, não mudei o texto original deste livro. Em vez disso, acrescentei comentários atuais, que você encontrará no final do livro, organizados pelo número das páginas e pelas frases do texto. Ao longo do texto, asteriscos marcam os trechos para os quais foram acrescentados novos comentários, começando na página 48. Um asterisco único marca as notas da edição do aniversário de dez anos; asteriscos duplos marcam as notas da edição do aniversário de 20 anos. Eu sugiro que você leia cada capítulo e, em seguida, consulte as notas para descobrir o que mudou em meu modo de pensar. Claro que alguns de vocês podem querer ler as notas primeiro e depois os capítulos. E, se você já estiver familiarizado com o conteúdo da edição original, a leitura das notas como um todo lhe dará uma imagem dos meus pensamentos atuais.

Em alguns lugares, ofereci novas versões de antigos mitos ou novas interpretações do material. Você, é claro, é livre para preferir a versão nova ou a antiga e usá-la como base para seus próprios rituais e meditações. Em geral, todo o conteúdo deste livro é apresentado de modo que você possa absorvê-lo e torná-lo seu, adaptá-lo ou mudá-lo se necessário, para se adequar melhor às suas necessidades e circunstâncias, adotando o que funciona e descartando o restante. Eu considero este um livro de ferramentas, não de dogmas.

Eu mesma uso esses instrumentos há muitos anos e descobri que eles funcionam em minha própria vida e na minha comunidade. Certamente, como você verá, alguns passaram por mudanças. Outros continuam a ser desenvolvidos, pois uma tradição viva não é estática ou fixa. Ela muda e responde às necessidades e a estes tempos de mudanças.

Muitos anos atrás, eu tive uma visão da Deusa, ainda que na ocasião eu não soubesse o que era, e a tenho seguido desde então. Não me arrependo. A Deusa está continuamente nos oferecendo desafios, mas, sabendo que ela está dentro de nós assim como ao nosso redor, encontramos forças para enfrentá-los, para transformar o medo em poder interior; para criar comunidades nas quais possamos crescer, lutar e mudar; para chorar nossas perdas e celebrar nossos avanços; para gerar os atos de amor e prazer que são seus rituais. Pois ela não está mais dormindo, mas acordada e se levantando, estendendo as mãos para nos tocar novamente. Quando a alcançamos, ela se revela a nós, nas pedras e no solo sob os nossos pés, nas corredeiras e nos poços cristalinos da imaginação, nas lágrimas e nos risos, no êxtase e na tristeza, na coragem costumeira e na luta diária, no vento e no fogo. Depois que nos permitimos olhar em seus olhos abertos, nunca mais conseguimos perdê-la de vista outra vez. Pois ela nos encara no espelho e seus passos ressoam cada vez que colocamos os pés na terra. Tente saltar para longe e ela puxa você de volta. Não é possível se afastar dela, não há nenhum lugar onde ela não esteja.

E por isso não é por acaso que este é o momento da história em que a Deusa volta a surgir e se ampliar. Por maiores que sejam os poderes de destruição, maiores ainda são os poderes de cura. Chame-A de a Resiliente, pois Ela é o círculo de nascimento, crescimento, morte e regeneração. Nós, como células do Seu corpo, se ouvirmos o nosso coração, lá no fundo, não poderemos deixar de servir aos ciclos da renovação. Que nossos sonhos e visões nos guiem e possamos encontrar forças para torná-los realidade.

Capítulo 1

A Bruxaria como Religião da Deusa

Entre os Mundos

A lua está cheia. Nos encontramos no topo de uma colina, com vista para a Baía. Abaixo de nós, luzes se espalham como um campo de joias e arranha-céus distantes perfuram a névoa rodopiante como as espirais das torres dos contos de fadas. A noite está encantada.

Nossas velas foram apagadas e nosso altar improvisado mal consegue se sustentar sob a força do vento, que sopra entre os galhos dos frondosos eucaliptos. Estamos de braços dados e deixamos que ele açoite o nosso rosto. Estamos alegres, cabelos ao vento e os olhos cheios de lágrimas. Os instrumentos não são importantes; temos tudo de que precisamos para fazer magia: nosso corpo, nossa respiração, nossa voz, nossos companheiros de culto.

O círculo foi lançado. As invocações se iniciam:

> *Lua cheia, úmida de orvalho, que navega no céu*
> *E brilha para todos,*
> *E brilha em todas as coisas...*
> *Arcádia, Diana, Cybele, Mah...*

> *Marinheiro do último mar,*
> *Guardião do portão,*

Resplendor que morre e vive eternamente...
Dioniso, Osíris, Pan, Arthur, Hu...

A lua clareia a copa das árvores e brilha sobre o círculo. Nós chegamos mais perto uns dos outros para nos aquecer. Uma mulher se aproxima do centro do círculo. Começamos a entoar o nome dela:

"Diana..."
"Dee-ah-nah..."
"Aaaah..."

O cântico se avoluma, espiralando para cima. As vozes se fundem numa harmonia de modulação infinita. O círculo é envolvido por um cone de luz. Então, num sopro... silêncio.
"Você é a Deusa", *dizemos a Diana, e a beijamos enquanto ela volta para o anel exterior. Ela está sorrindo.*
Ela se lembra de quem é.

Um por um, vamos para o centro do círculo. Vamos ouvir nossos nomes entoados num cântico, sentir o Cone subindo ao nosso redor. Receberemos a dádiva e nos lembraremos:
"Eu sou Deusa. Tu é Deus, Deusa. Tudo o que vive, respira, ama, canta na eterna harmonia do ser é divino."

No círculo, damos as mãos e dançamos sob a lua.

"Não acreditar na Bruxaria é a maior de todas as heresias."
MALLEUS MALEFICARUM (1486)

Em cada lua cheia, rituais como o descrito anteriormente acontecem no topo das colinas, nas praias, em campos abertos e na casa de pessoas comuns. Escritores, professores, enfermeiras, programadores de computador, artistas, advogados, poetas, encanadores e mecânicos de automóvel, mulheres e homens de várias origens se reúnem para celebrar os mistérios da Deusa Tríplice do nascimento, do amor e da morte; e do seu Consorte, o Caçador, que é o Senhor da Dança da Vida. A religião que praticam é a chamada *Bruxaria*.*

"Bruxaria" é uma palavra que assusta muitas pessoas e confunde muitas outras. Na imaginação popular, as bruxas são velhas feias e enrugadas que montam vassouras, ou satanistas malvadas, que realizam ritos obscenos. As bruxas modernas são consideradas membros de um culto estranho, que se preocupa principalmente em lançar maldições nos seus desafetos, espetando alfinetes em imagens de cera, e carentes de profundidade, dignidade e a seriedade de propósito de uma verdadeira religião.

Mas a Bruxaria é uma religião, talvez a religião mais antiga ainda viva no Ocidente. Suas origens são anteriores ao Cristianismo, ao Judaísmo e ao Islamismo (anteriores até ao Budismo e ao Hinduísmo), e ela é muito diferente de todas as chamadas grandes religiões. A Antiga Religião, como a chamamos, está mais próxima em espírito das tradições nativo-americanas ou do xamanismo do Ártico. Ela não se baseia em dogmas ou num conjunto de crenças, nem nas escrituras ou num livro sagrado revelado por um grande homem. A Bruxaria extrai seus ensinamentos da natureza e busca inspiração no movimento do sol, da lua e das estrelas, no voo dos pássaros, no crescimento lento das árvores e nos ciclos das estações.* e **

De acordo com as nossas lendas, a Bruxaria começou há mais de 35 mil anos, quando a temperatura da Europa começou a cair e as grandes camadas de gelo se propagaram lentamente para o sul, em seu último avanço. Na rica tundra, repleta de vida animal, pequenos grupos de caçadores seguiram as renas que corriam soltas e os estrepitosos bisões. Eles estavam armados apenas com as armas mais primitivas, mas alguns membros dos clãs eram talentosos, podiam "chamar" os rebanhos para se jogar de um penhasco ou num poço, onde alguns animais, em sacrifício voluntário, se deixavam emboscar. Esses xamãs talentosos podiam entrar em sintonia com o espírito dos rebanhos e, portanto, tinham consciência do ritmo pulsante que infunde toda a vida, a dança da dupla espiral, de girar para dentro e voltar a girar para fora. Eles não expressavam essa compreensão intelectualmente, mas em imagens: a Deusa Mãe, doadora de vida, que traz à existência toda a vida; e o Deus Cornífero, caçador e caça, que eternamente passa pelos portões da morte para que a nova vida possa continuar.

Xamãs do sexo masculino se vestiam com peles e chifres, identificando-se com o Deus e os rebanhos; mas as sacerdotisas presidiam nuas, incorporando a fertilidade da Deusa.[1] A vida e a morte eram um fluxo contínuo; os mortos eram enterrados como se estivessem dormindo num útero, rodeados por seus instrumentos e ornamentos, para que pudessem despertar para uma nova vida.[2]

Nas cavernas dos Alpes, colocavam-se crânios de grandes ursos em nichos, onde se pronunciavam oráculos que orientavam os clãs no jogo.[3] Nos poços das planícies, renas fêmeas, com a barriga cheia de pedras, que representavam as almas dos cervos, eram submersas nas águas do ventre da Mãe, para que as vítimas da caça renascessem.[4]

No Leste (na Sibéria e na Ucrânia), a Deusa era a Senhora dos Mamutes; ela era esculpida em pedra, com um corpo curvilíneo, que incorporava seus dons da abundância.[5] No Ocidente, nos grandes templos das cavernas do sul da França e da Espanha, seus ritos eram realizados nas profundezas dos ventres secretos da Terra, onde suas grandes forças polares eram pintadas como bisões e cavalos, em imagens sobrepostas, emergindo das paredes de cavernas como espíritos de um sonho.[6]

A dança em espiral também era vista no céu: na lua, que mensalmente morre e renasce; no sol, cuja luz crescente traz o calor do verão e cujo enfraquecimento traz o frio do inverno. Registros da passagem da lua eram riscados no osso,[7] e a Deusa era mostrada segurando os chifres de um bisão, que também representa a lua crescente.[8]

O gelo se retirou. Alguns clãs seguiram os bisões e as renas para o norte longínquo. Alguns atravessaram a ponte terrestre do Alasca em direção às Américas. Aqueles que permaneceram na Europa dedicaram-se à pesca e à coleta de plantas silvestres e mariscos. Os cães guardavam seus acampamentos e novas ferramentas foram aperfeiçoadas. Aqueles que tinham poder interior aprenderam que ele aumentava quando trabalhavam juntos. À medida que assentamentos isolados cresceram e se tornaram vilas, xamãs e sacerdotisas uniram forças e compartilharam conhecimento. Os primeiros covens foram formados. Profundamente sintonizados com a vida vegetal e animal, eles domesticaram animais que antes eram caçados e passaram a criar ovelhas, cabras, vacas e porcos, a partir dos seus primos selvagens. As sementes não eram mais apenas colhidas; elas eram plantadas, para crescer onde eram colocadas. O Caçador tornou-se o Senhor dos Grãos, sacrificado quando era cortado no outono, enterrado no útero da Deusa e renascido na primavera. A Senhora das Coisas Selvagens tornou-se a Mãe da Cevada, e os ciclos lunar e solar marcavam os tempos da semeadura e da colheita e a época de deixar os animais saírem para pastar.

As aldeias cresceram e se tornaram as primeiras vilas e cidades. A Deusa era pintada nas paredes rebocadas dos santuários, dando à luz a Criança Divina; seu consorte, filho e semente.[9] O comércio extenso possibilitou o contato com os mistérios da África e da Ásia Ocidental.

Nas terras antes cobertas de gelo, um novo poder foi descoberto, uma força que corre como nos mananciais, através da própria Terra. As sacerdotisas descalças localizavam as linhas *ley* na grama recém-crescida.* Descobriram que certas pedras aumentavam o fluxo de poder e elas eram colocadas nos pontos adequados, em grandes linhas e círculos que assinalavam os ciclos do tempo. O ano se tornou uma grande roda dividida em oito partes: os solstícios e equinócios e os dias entre ambos, quando se celebravam grandes festas e se acendiam fogueiras. A cada ritual, a cada raio solar e de luar que atingia as pedras nas épocas de poder, a força aumentava. Elas se tornavam grandes reservatórios de energia sutil, portais entre os mundos visível e invisível. Dentro dos círculos, junto dos menires, dólmens e túmulos de passagem, as sacerdotisas podiam sondar os segredos do tempo e a estrutura oculta do Cosmos. A matemática, a astronomia, a poesia, a música, a medicina e a compreensão do funcionamento da mente humana se desenvolveram lado a lado, junto com a tradição dos mistérios mais profundos.[10]

Numa época posterior, porém, desenvolveram-se culturas que se dedicaram às artes da guerra. Onda após a onda de invasões indo-europeias varreram a Europa desde a Idade do Bronze. Os Deuses Guerreiros expulsaram os povos da Deusa das planícies férteis e dos bons templos, obrigando-os a subir as colinas e as altas montanhas, onde se tornaram conhecidos como Sidhe, Pictos, Duendes, o Povo das Fadas ou simplesmente Fadas.[11] O ciclo mitológico de Deusa e seu Consorte, Mãe e Criança Divina, que haviam dominado durante trinta mil anos, foi alterado para se moldar aos valores dos conquistadores patriarcais. Na Grécia, a Deusa, em seus muitos disfarces, "casou-se" com os novos deuses: o resultado foi o Panteão Olímpico. Nas Ilhas Britânicas, os vitoriosos celtas adotaram muitas características da Antiga Religião, incorporando-as aos mistérios druidas.

As Fadas, criando gado nas colinas pedregosas e vivendo em cabanas redondas, cobertas de turfa, preservaram a Antiga Religião. As mães do clã, chamadas de "Rainhas de Elfame", que significa Terra dos Elfos, lideravam os covens, junto com o sacerdote, o Rei Sagrado, que encarnava o Deus Moribundo e passava por uma falsa morte ritualizada, no final do seu período de reinado. Eles celebravam as oito festas da Roda com procissões selvagens a cavalo, cantando, recitando versos e acendendo fogueiras rituais. Os invasores muitas vezes se juntavam a eles; havia uniões e casamentos entre eles, e havia rumores de que muitas famílias rurais tinham "sangue de fada". Os Colégios dos Druidas e os Colégios de Poesia da Irlanda e do País de Gales, preservaram muitos dos antigos mistérios.

A princípio, o Cristianismo trouxe poucas mudanças. Os camponeses viam na história de Cristo apenas uma nova versão dos seus próprios contos antigos da Deusa Mãe e do seu Filho Divino, que é sacrificado e volta a nascer. Os sacerdotes do campo muitas vezes lideravam a dança nos Sabás, ou grandes festivais.[12] Os covens, que preservavam o conhecimento das forças sutis, eram chamados de *Wicca* ou *Wicce*, do radical anglo-saxão que significava "torcer ou dar forma". Havia aqueles que podiam dar forma ao invisível de acordo com a própria vontade. Curandeiros, professores, poetas e parteiras eram figuras centrais em todas as comunidades.

A perseguição começou devagar. Os séculos XII e XIII viram o renascimento de aspectos da Antiga Religião por meio dos trovadores, que escreviam poemas de amor para a Deusa sob o disfarce de senhoras nobres da época. Magníficas catedrais foram construídas em homenagem a Maria, que assumiu muitos dos aspectos da antiga Deusa. A Bruxaria foi declarada uma heresia e, em 1324, um coven irlandês liderado pela Dama Alice Kyteler foi julgado pelo bispo de Ossory por adorar um deus não cristão. A Dama Kyteler foi salva graças à sua posição, mas suas seguidoras foram queimadas na fogueira.

Guerras, cruzadas, pragas e revoltas camponesas assolaram a Europa nos séculos seguintes. Joana d'Arc, a "Donzela de Orléans", liderou os exércitos da França para a vitória, mas foi queimada como bruxa pelos ingleses. "Donzela" é um termo de grande respeito na Bruxaria e havia insinuações de que o campesinato francês amava Joana porque ela era, na verdade, uma líder da Antiga Religião.[13] A estabilidade da Igreja medieval foi abalada e o sistema feudal começou a vir abaixo. O mundo cristão foi assolado por movimentos messiânicos e revoltas religiosas, e a Igreja já não podia mais tolerar com parcimônia seus rivais.

Em 1484, a Bula Papal de Inocêncio VIII desencadeou o poder da Inquisição contra a Religião Antiga. Com a publicação do *Malleus Maleficarum* [O Martelo das Bruxas], pelos padres dominicanos Kramer e Sprenger, em 1486, foram estabelecidas as bases para um reinado de terror que se manteria em toda a Europa até meados do século XVII. A perseguição era mais forte contra as mulheres: dos cerca de nove milhões de "bruxas" executadas*, oitenta por cento eram mulheres, incluindo crianças e adolescentes, que supostamente tinham herdado o "mal" da mãe. Em algumas seções da Igreja, o ascetismo do Cristianismo inicial, que deu as costas ao mundo da carne, degenerou em ódio por aqueles que deram vida a essa carne. A misoginia, o ódio pelas mulheres, tornou-se um elemento forte no Cristianismo medieval. As mulheres, que menstruam e dão à luz, eram identificadas com a sexualidade e, portanto, com o mal. "Toda feitiçaria vem da luxúria carnal, que nas mulheres é insaciável", afirmava o *Malleus Maleficarum*.

O terror era indescritível. Uma vez denunciada por qualquer pessoa, desde um vizinho rancoroso até uma criança irritada, a pessoa suspeita de Bruxaria era presa repentinamente, sem aviso, e não tinha permissão para voltar para casa. Ela era considerada culpada até provar ser inocente. A prática comum era despir a suspeita, depilá-la completamente na tentativa de encontrar as "marcas" do Diabo, que podiam ser pintas ou sardas. As acusadas[†] muitas vezes eram picadas por todo o corpo com agulhas longas e afiadas, pois dizia-se que os lugares tocados pelo Diabo não eram sensíveis à dor. Na Inglaterra, a dita "tortura autorizada por lei" não era uma prática permitida, mas as suspeitas de Bruxaria eram privadas de sono e deixadas para morrer de fome lentamente, antes de serem enforcadas. No continente, praticavam-se todas as atrocidades imagináveis (a roda, o parafuso de dedo, as "botas", que quebravam os ossos das pernas, os espancamentos cruéis), a lista completa de horrores da Inquisição. As acusadas eram torturadas até que assinassem confissões preparadas pelos Inquisidores, admitindo sua associação com Satanás e a realização de práticas sombrias e obscenas, que nunca fizeram parte da verdadeira Bruxaria. Da maneira mais cruel, elas eram torturadas até que denunciassem outras pessoas, dando os nomes de um coven completo de treze bruxas. A confissão garantia à pessoa uma morte misericordiosa: o estrangulamento antes de ser fincada numa estaca. Suspeitas recalcitrantes, que insistiam na sua inocência, eram queimadas vivas.

Os caçadores de bruxas e os informantes eram pagos por condenação, e muitos descobriram que essa era uma profissão bem lucrativa. A classe médica emergente, composta apenas de homens, dava as boas-vindas à chance de eliminar as parteiras e herbalistas das aldeias, suas principais concorrentes. Para outros, os julgamentos das bruxas ofereciam oportunidades para se livrarem de "mulheres arrogantes" e vizinhas antipáticas. As bruxas propriamente ditas diziam que poucas das que foram julgadas nos tempos da Queima pertenciam realmente a covens ou eram membros da Arte. As vítimas eram as anciãs, as senis, as doentes mentais, mulheres cuja aparência não era agradável ou que

---

[†] Embora as pessoas perseguidas por bruxaria fossem, em sua maioria, mulheres, os homens não eram excluídos.

sofriam de alguma deficiência, as mais belas da aldeia, que feriam os egos errados ao rejeitar avanços ou que tinham despertado a luxúria de um padre celibatário ou de um homem casado. Homossexuais e livres-pensadores eram apanhados na mesma rede. Às vezes, centenas de vítimas eram executadas no mesmo dia. Em duas aldeias do Bispado de Trier, na Alemanha, só restou uma moradora solteira viva em cada uma delas, após os julgamentos de 1585.

As bruxas e as Fadas que conseguiram escapar foram para terras onde a Inquisição não chegava. Algumas podem ter ido para os Estados Unidos. É possível que um coven genuíno estivesse se reunindo na floresta de Salem antes dos julgamentos, que na verdade marcaram o fim da perseguição ativa nesse país. Alguns estudiosos acreditam que a família de Samuel e John Quincy Adams eram membros do megalítico culto do "Dragão", que mantinha vivo o conhecimento do poder dos círculos de pedra.[14] Certamente, o espírito independente da Bruxaria é muito semelhante a muitos dos ideais dos "Pais Fundadores"[†]: por exemplo, a liberdade de expressão e de culto, o governo descentralizado e os direitos do indivíduo, em vez do direito divino dos reis.

Esse período também foi a época em que o comércio de escravos africanos atingiu seu apogeu e ocorreu a conquista das Américas. As mesmas acusações dirigidas contra as bruxas (acusações de selvageria e adoração ao Demônio) foram usadas para justificar a escravidão dos africanos (que foram trazidos para o Novo Mundo, supostamente, para serem cristianizados) e a destruição de culturas e o genocídio em massa dos índios nativos norte-americanos. As religiões africanas assumiram um manto protetor de nomenclatura católica, chamando seus orixás de santos, e sobreviveram como as tradições da Umbanda e do Candomblé, da Santeria, do Lucumi e do Vodu, religiões que têm sido tão injustamente difamadas, assim como a Arte.

A tradição oral nos diz que alguns pagãos europeus, trazidos como servos aprendizes ou como prisioneiros para realizar trabalhos forçados, fugiram e se juntaram aos indígenas, cujas tradições eram semelhantes as deles. Em algumas áreas, como o sul dos Estados Unidos, mesclaram-se elementos negros, brancos pagãos e nativo-americanos.

[†] Os Pais Fundadores dos Estados Unidos são os líderes políticos que assinaram a Declaração de Independência ou participaram da Revolução Americana como líderes dos Patriotas, ou que participaram da redação da Constituição dos Estados Unidos onze anos mais tarde. (Fonte: Wikipédia) [N. da T.]

Nos Estados Unidos, assim como na Europa, a Arte era praticada na clandestinidade e se tornou a mais secreta das religiões. As tradições eram transmitidas apenas para as pessoas de absoluta confiança, geralmente membros da mesma família. As comunicações entre os covens foram interrompidas; eles não podiam mais se encontrar nos Grandes Festivais para compartilhar conhecimentos e trocar experiências em relação aos feitiços ou rituais. Partes da tradição foram perdidas ou esquecidas. No entanto, de alguma forma, em segredo, em silêncio, em torno de brasas incandescentes, por trás de venezianas fechadas, codificada como contos de fadas e canções folclóricas, ou ocultas em memórias subconscientes, a semente foi transmitida para as gerações seguintes.

Com o fim das perseguições, no século XVIII, chegou a era da descrença. A lembrança da verdadeira Arte havia se desvanecido e os estereótipos horríveis que restavam pareciam ridículos, hilários ou trágicos. Somente no século XX as bruxas foram capazes de "sair do armário de vassouras", por assim dizer, e contra-atacar as imagens do mal com a verdade. A palavra *bruxa* carrega tantas conotações negativas que muitas pessoas se perguntam por que ainda a utilizamos. Porém, reivindicar a palavra *bruxa* é reivindicar um direito nosso, como mulheres, de sermos poderosas; como homens, de reconhecer o feminino interior como divino. Ser uma bruxa é se identificar com nove milhões de vítimas de intolerância e ódio e assumir a responsabilidade por dar forma a um mundo em que o preconceito não exija mais vítimas. A bruxa é alguém que "dá forma" às coisas, uma criadora que transforma o invisível em algo visível e assim torna-se um dos Sábios, aqueles cuja vida é infundida de magia.**

A Bruxaria sempre foi uma religião de poesia, não de teologia. Os mitos, as lendas e os ensinamentos são reconhecidos como metáforas para "Aquilo-que-não-pode-ser-pronunciado", a realidade absoluta que nossa mente limitada nunca poderá conhecer completamente. Os mistérios do absoluto nunca podem ser explicados, apenas sentidos ou intuídos. Os símbolos e os atos rituais são usados para desencadear estados alterados de consciência, nos quais se revelam coisas que vão além das palavras. Quando falamos "dos segredos que não podem ser pronunciados", não queremos dizer apenas que as regras nos impedem de falar de modo aberto. Queremos dizer que o conhecimento interior literalmente *não pode* ser expresso em palavras. Só pode ser transmitido pela experiência, e ninguém pode determinar a percepção que outra pessoa pode ter de uma experiência, qualquer que seja. Por exemplo, após o ritual descrito na abertura deste capítulo, uma mulher disse: "Enquanto cantávamos, senti que nos fundimos uns com os outros e nos tornamos uma só voz. Senti a unidade entre todas as pessoas". Outra mulher disse: "Percebi que o cântico soava diferente para cada um de nós, que cada pessoa é única". Um homem disse simplesmente: "Eu me senti amado". Para uma bruxa, todas essas afirmações são igualmente verdadeiras e válidas. Elas não são mais contraditórias do que dizer "Seus olhos são tão brilhantes quanto as estrelas" e "Seus olhos são tão azuis quanto o mar".

O símbolo principal para "Aquilo-que-não-pode-ser-pronunciado" é a Deusa. Ela tem aspectos infinitos e milhares de nomes; ela é a realidade por trás de muitas metáforas. Ela é a realidade, a divindade manifesta, onipresente em toda a vida, em cada um de nós. A Deusa não está separada do mundo; Ela é o mundo e todas as coisas nele: a lua, o sol, a terra, a estrela, a pedra, a semente, o rio que flui, o vento, a onda, a folha e o ramo, o botão e a flor, a presa e a garra, a mulher e o homem. Na Bruxaria, a carne e o espírito são uma coisa só.

Como já vimos, a religião da Deusa é inimaginavelmente antiga, mas a Bruxaria contemporânea também poderia ser chamada, acertadamente, de a Nova Religião. Nos dias de hoje, a Arte está passando por mais do que um ressurgimento; trata-se de um renascimento, uma recriação. As mulheres estão estimulando essa renovação e despertando ativamente a Deusa, a imagem da "legitimidade e beneficência do poder feminino".[15]

Desde o declínio das religiões da Deusa, as mulheres não têm modelos religiosos e sistemas espirituais que falem às necessidades e experiências femininas. As imagens masculinas da divindade caracterizam tanto as religiões ocidentais quanto as orientais.** Independentemente de quão abstrato o conceito subjacente de Deus possa ser, os símbolos, avatares, pregadores, profetas, gurus e budas são predominantemente masculinos. As mulheres não são incentivadas a explorar seus próprios pontos fortes e percepções, elas são ensinadas a se submeter à autoridade masculina, a identificar as percepções masculinas como seus ideais espirituais, a negar o próprio corpo e sua sexualidade, a encaixar suas percepções num molde masculino.

Mary Daly, autora de *Beyond God the Father*, aponta que o modelo do universo em que um Deus masculino rege o Cosmos a partir de fora serve para legitimar o controle masculino das instituições sociais. "O símbolo do Deus Pai, gerado na imaginação humana e sustentada como algo plausível pelo patriarcado, prestou serviço a esse tipo de sociedade, fazendo seus mecanismos para a opressão das mulheres parecerem corretos e apropriados".[16] O modelo inconsciente continua a moldar as percepções mesmo daqueles que rejeitaram conscientemente os ensinamentos religiosos. Os detalhes de um dogma são rejeitados, mas a estrutura subjacente à crença é absorvida num nível tão profundo que raramente é questionada. Em vez disso, um novo dogma, uma estrutura paralela, substitui o antigo. Por exemplo, muitas pessoas rejeitaram a "verdade revelada" do Cristianismo, sem nunca questionar o conceito subjacente de que a verdade é um conjunto de crenças reveladas por um "Grande Homem", dotado de poderes ou de uma inteligência além do alcance do ser humano comum. Cristo, como o "Grande Homem", pode ser substituído por Buda, Freud, Marx, Jung, Werner Erhard ou o Maharaj Ji em sua teologia, mas a verdade é sempre vista como se viesse de outra pessoa, como se só pudéssemos conhecer uma verdade de segunda mão. Como aponta a estudiosa feminista Carol Christ: "Os sistemas de símbolos não podem ser simplesmente rejeitados, eles precisam ser substituídos. Se não ocorrer uma substituição, nos momentos de crise, confusão ou derrota, a mente regressará para estruturas conhecidas".[17]

O simbolismo da Deusa não é uma estrutura paralela ao simbolismo do Deus Pai. A Deusa não governa o mundo. Ela é o mundo. Manifesta em cada um de nós, Ela pode ser conhecida interiormente por todo indivíduo, em toda a sua magnífica diversidade. Ela não legitima o governo de um dos sexos em detrimento do outro e não dá autoridade aos governantes das hierarquias temporais. Na Bruxaria, cada um de nós deve revelar sua própria verdade. A divindade é vista em nossas próprias formas, sejam femininas ou masculinas, porque a Deusa tem seu aspecto masculino. A sexualidade é um sacramento. Religião é uma questão de reconexão, com o divino interior e com as manifestações exteriores Dela em todo o mundo humano e natural.

O símbolo da Deusa é *poemagógico*, um termo cunhado por Anton Ehrenzweig para "descrever sua função especial de induzir e simbolizar a criatividade do ego".[18] Ele tem uma qualidade onírica, meio "deslizante". Um aspecto desliza para outro. A Deusa está constantemente mudando de forma e de rosto. Suas imagens não definem nem fixam um conjunto de atributos; elas estimulam a inspiração, a criação, a fertilidade da mente e o espírito: "Uma coisa se transforma na outra/Na Mãe... Na Mãe..." (cântico ritual para o Solstício de Inverno).

A importância do símbolo da Deusa para as mulheres não pode ser superestimada. A imagem da Deusa inspira as mulheres a se verem como seres divinos, nosso corpo como algo sagrado, as fases de mudança da nossa vida como algo sagrado, nossa agressão como algo saudável, nossa raiva como algo purificador e nosso poder de nutrir e criar (mas também de limitar e destruir, quando necessário) como a própria força que sustenta toda a vida. Por meio da

Deusa, podemos descobrir nossa força, iluminar nossa mente, possuir nosso corpo e comemorar nossas emoções. Podemos ir além de papéis estreitos e restritivos e nos tornarmos inteiras.

A Deusa também é importante para os homens. A opressão dos homens no patriarcado governado pelo Deus talvez seja menos óbvia, mas não menos trágica do que a das mulheres. Os homens são incentivados a se identificar com um modelo que nenhum ser humano pode emular com sucesso: ser pequenos governantes de universos estreitos, divididos internamente num eu "espiritual", que supostamente conquista sua natureza animal e emocional mais básica. Eles estão em guerra consigo mesmos: no Ocidente, para "conquistar" o pecado; no Oriente, para "conquistar" o desejo ou ego. Poucos escapam dessas guerras ilesos. Os homens perdem contato com seus sentimentos e com o próprio corpo, tornando-se "zumbis masculinos de sucesso", como descritos por Herb Goldberg, em *The Hazards of Being Male*: "Oprimido pelas pressões culturais que lhe negaram seus sentimentos, pela mitologia da mulher e da forma distorcida e autodestrutiva como ele a vê e se relaciona com ela, pela urgência de 'agir como um homem', que bloqueia sua capacidade de responder aos seus impulsos internos, tanto emocional quanto fisiologicamente, e por um ódio generalizado por si mesmo, que o faz se sentir confortável apenas quando está indo bem no trabalho, não quando vive por alegria e para o crescimento pessoal".[19]

Como são as mulheres que dão à luz os homens* *e* ** os alimentam no peito, e em nossa cultura são as principais responsáveis pelos seus cuidados quando são crianças, "todos os homens criados num lar tradicional desenvolvem uma intensa identificação precoce com a mãe e, portanto, carregam dentro de si uma forte marca feminina.[20] "O símbolo da Deusa permite que os homens vivenciem e integrem o lado feminino da sua natureza, que muitas vezes é sentido como o aspecto mais profundo e mais sensível do eu. A Deusa não exclui o masculino. Ela o contém, como uma gestante pode carregar uma criança do sexo masculino. Seu próprio aspecto masculino incorpora tanto a luz solar do intelecto quanto a energia animal selvagem e indomada.

Nossa relação com a terra e com as outras espécies que a compartilham também tem sido condicionada pelos nossos modelos religiosos. A imagem de Deus como algo fora da natureza nos deu uma justificativa para a nossa própria destruição da ordem natural e justificou nossa pilhagem dos recursos da Terra. Temos tentado "conquistar" a natureza assim como tentamos conquistar o pecado. Somente quando os resultados da poluição e da destruição ecológica ficarem sérios o suficiente para ameaçar até mesmo a adaptabilidade urbana dos seres humanos, vamos reconhecer a importância do equilíbrio ecológico e da interdependência de toda a vida. O modelo da Deusa, que é imanente à natureza, promove o respeito pela sacralidade de todas as coisas vivas. A Bruxaria pode ser vista como uma religião ecológica.** Seu objetivo é a harmonia com a natureza, para que a vida não apenas sobreviva, mas também prospere.

O desenvolvimento da religião da Deusa deixa algumas feministas politicamente ativas meio inquietas.** Elas temem que isso desvie a energia da ação para pomover mudanças sociais. Mas em áreas tão profundamente enraizadas como as relações entre os sexos, a verdadeira mudança social só pode acontecer quando os mitos e símbolos da nossa cultura também mudarem. O símbolo da Deusa transmite poder espiritual tanto para desafiar os sistemas de opressão quanto para criar novas culturas voltadas para a vida.

A Bruxaria moderna* é um rico caleidoscópio de tradições e orientações. Os covens, os grupos pequenos e unidos que formam as congregações de Bruxaria, são autônomos. Não há nenhuma autoridade central que determine a liturgia ou os ritos. Alguns covens seguem práticas que foram transmitidas numa linha ininterrupta desde antes da época da Queima. Outros derivam seus rituais de líderes do ressurgimento moderno da Arte (cujos seguidores mais conhecidos são Gerald Gardner e Alex Sanders, ambos britânicos). Os covens feministas são provavelmente o ramo de crescimento mais rápido da Arte. Muitos são diânicos: uma facção da Bruxaria que dá muito mais destaque ao princípio feminino do que ao masculino. Outros covens são abertamente ecléticos, criando suas próprias tradições com base em muitas fontes. Meus próprios covens são baseados na Tradição das Fadas,** que remonta à Gente Pequena da Grã--Bretanha da Idade da Pedra, mas acreditamos na criação dos nossos próprios rituais, que refletem nossas necessidades e percepções de hoje.

Neste livro, os mitos subjacentes à filosofia e à *tealogia* (uma palavra cunhada pela erudita religiosa Naomi Goldenberg a partir de *thea*, a palavra grega que significa "Deusa") são baseados na Tradição das Fadas. Outras bruxas podem discordar dos detalhes, mas os valores e as atitudes gerais expressos são comuns a toda a Arte. Muito do material das Fadas ainda é mantido em segredo, de maneira que muitos rituais, cânticos e invocações provêm da nossa tradição criativa. Na Bruxaria, um cântico não é necessariamente melhor porque é mais antigo. A Deusa está continuamente se revelando, e cada um de nós tem potencial para escrever sua própria liturgia.

Apesar da diversidade, existem éticas e valores que são comuns a todas as tradições de Bruxaria. Eles são baseados no conceito da Deusa como imanente no mundo e em todas as formas de vida, incluindo os seres humanos.

Teólogos familiarizados com os conceitos judaico-cristãos às vezes têm dificuldade para compreender como uma religião como a Bruxaria pode desenvolver um sistema de ética e um conceito de justiça.** Se não há uma divisão entre espírito e natureza, nenhum conceito de pecado, nenhuma aliança ou mandamento contra o qual se possa pecar, como as pessoas podem ser éticas? Segundo quais critérios elas podem julgar seus próprios atos, se o juiz externo foi retirado de seu lugar como regente do Cosmos? E se a Deusa é imanente no mundo, por que lutar pela mudança ou por um ideal? Por que não desfrutar a perfeição da divindade?

O amor pela vida em todas as suas formas é a ética básica da Bruxaria. As bruxas devem honrar e respeitar todas as coisas vivas e servir à força vital. Embora a Arte reconheça que a vida se alimenta da vida e que precisamos matar para sobreviver, a vida nunca é tirada caso não seja necessário, nunca é desperdiçada ou mal utilizada. Servir à força vital significa trabalhar para preservar a diversidade da vida natural, para prevenir o envenenamento do meio ambiente e a destruição das espécies.

O mundo é a manifestação da Deusa, mas nada nesse conceito precisa fomentar a passividade. Muitas religiões orientais encorajam a mansidão, não porque acreditem que o divino seja verdadeiramente imanente, mas porque acreditam que Ela/Ele não é. Para essas religiões, o mundo é Maia, Ilusão, mascarando a perfeição da Realidade Divina. O que acontece num mundo assim não é realmente importante; é apenas um jogo de sombras que obscurece a Luz Infinita. Na Bruxaria, porém, o que acontece no mundo é de vital importância. A Deusa é imanente, mas ela precisa da ajuda humana para perceber sua beleza plena. O equilíbrio harmonioso da consciência vegetal/animal/humana/divina não é automático; deve ser constantemente renovado, e essa é a verdadeira função dos rituais da Arte. O trabalho interior, o trabalho espiritual, é mais eficaz quando avança de mãos dadas com o trabalho exterior. A meditação sobre o equilíbrio da natureza pode ser considerada um ato espiritual na Bruxaria, mas não tanto quanto limpar o lixo deixado num acampamento ou participar de uma manifestação para protestar contra uma usina nuclear pouco segura.

As bruxas não veem a justiça como algo administrado por uma autoridade externa, com base num código escrito ou num conjunto de regras impostas de fora. A justiça é, em vez disso, um sentido interior de que cada ato traz consequências que devem ser enfrentadas com responsabilidade. A Arte não fomenta a culpa, essa voz interior severa, admoestadora e que odeia a si mesmo e paralisa a ação. Em vez disso, ela exige responsabilidade. Como se diz, "O que você envia, retorna para você triplicado" – uma versão ampliada de "Trate os outros como você gostaria de ser tratado". Por exemplo, a bruxa não rouba, não por causa de uma advertência num livro sagrado, mas porque o dano triplicado supera em muito qualquer pequeno ganho material. Roubar diminui o respeito do ladrão por si mesmo e o seu sentimento de honra; é admitir que ele é incapaz de satisfazer honestamente suas próprias necessidades e seus desejos. Roubar cria um clima de suspeita e medo no qual os ladrões têm que viver. E, como estamos todos ligados ao mesmo tecido social, quem rouba também paga preços mais altos por mantimentos, seguros, impostos. A Bruxaria defende veementemente a visão de que todas as coisas são interdependentes e estão inter-relacionadas e, portanto, são mutuamente responsáveis. Um ato que prejudique uma pessoa prejudica todos nós.

A honra é um princípio orientador na Arte. Não se trata da necessidade de se ofender com insultos imaginários contra a própria virilidade; trata-se de um sentimento interior de orgulho e respeito por si mesmo. A Deusa é honrada em si mesma e nos outros. As mulheres, que personificam a Deusa, são respeitadas, não colocadas em pedestais ou consideradas etéreas, mas valorizadas por todas as suas qualidades humanas. O eu, a nossa própria individualidade e a nossa forma única de estar no mundo, é altamente valorizado. A Deusa, assim como a natureza, ama a diversidade. A unidade não se atinge perdendo o eu, mas realizando-se plenamente. "Honre a Deusa que existe em você, celebre a si mesmo e você verá que o Eu está em todos os lugares", diz Victor Anderson, sacerdote das Fadas.

Na Bruxaria, "Todos os atos de amor e prazer são Meus rituais". A sexualidade, como uma expressão direta da força vital, é vista como algo espiritual e sagrado. Podemos nos expressar livremente, desde que o princípio norteador seja o amor. O casamento é um compromisso profundo, um vínculo mágico, espiritual e psíquico. Mas é apenas uma possibilidade de muitas da expressão amorosa e sexual.

O uso indevido da sexualidade, entretanto, é nefasto. O estupro, por exemplo, é um crime intolerável, porque desonra a força vital ao transformar a sexualidade em expressão de violência e hostilidade, em vez de amor. A mulher tem o direito sagrado de controlar seu próprio corpo, assim como o homem. Ninguém tem o direito de forçar ou coagir outra pessoa.

A vida é valorizada na Bruxaria, e deve ser abordada com uma atitude de alegria e admiração, bem como um senso de humor. A vida é vista como um presente da Deusa. Se o sofrimento existe, nossa tarefa não é nos reconciliarmos com ele, mas nos empenhar para que haja uma mudança.

A magia, a arte de perceber e moldar as forças sutis e invisíveis que fluem pelo mundo, de despertar níveis de consciência mais profundos e além do racional, é um elemento comum a todas as tradições da Bruxaria. Os rituais da Arte são ritos mágicos, eles estimulam uma consciência do lado oculto da realidade e despertam os poderes da mente humana.

O elemento mágico da Bruxaria é desconcertante para muitas pessoas. Grande parte deste livro é dedicado a uma exploração profunda do verdadeiro significado da magia, mas aqui eu gostaria de falar sobre o medo, que ouvi expressarem, de que a Bruxaria e o ocultismo abrigassem tendências fascistas ou estivessem ligados ao Nazismo.** Parece haver evidências de que Hitler e outros nazistas eram ocultistas, isto é, que praticassem algumas das mesmas técnicas que outras pessoas que buscavam expandir os horizontes da mente. A magia, assim como a química, consiste num conjunto de técnicas que pode ser posto a serviço de qualquer filosofia. A ascensão do Terceiro Reich contribuiu para a desilusão dos alemães civilizados com relação ao racionalismo e despertou um profundo desejo de recuperar modos de experiência que a cultura ocidental há muito tempo ignorava. É como se nós tivéssemos sido treinados, desde a infância, a nunca usar o braço esquerdo: os músculos estavam parcialmente atrofiados, mas clamavam para ser exercitados. Mas Hitler perverteu esse desejo e transformou-o em crueldade e horror. Os nazistas não eram adoradores da Deusa; eles denegriam as mulheres, relegando-as à posição de animais reprodutores cujo papel era produzir mais guerreiros arianos. Eles eram o perfeito patriarcado, o culto supremo ao guerreiro; não servidores da força vital. A Bruxaria não tem nenhum ideal de um "super-homem", que deva ser criado às custas de raças inferiores. Na Arte, todas as pessoas são consideradas deuses manifestos e as diferenças de cor, raça e costumes são bem-vindas, pois representam sinais da beleza diversificada da Deusa. Equiparar as bruxas aos nazistas porque nenhum dos dois grupos é judeu-cristão e ambos compartilham elementos mágicos é como dizer que os cisnes são, na realidade, escorpiões, porque nenhum dos dois é um cavalo e porque ambos têm cauda.

A Bruxaria não é uma religião de massa – de nenhum tipo.* Sua estrutura é celular, baseada em covens, pequenos grupos de até treze membros que permitem tanto a partilha quanto a independência individual. As "bruxas solitárias", aquelas que preferem prestar culto sozinhas, são exceções.** Os covens são autônomos, livres para usar quaisquer rituais, cânticos e invocações de sua preferência. Não existe um livro de orações ou liturgia estabelecido.

Os elementos podem mudar, mas os rituais da Arte seguem os mesmos padrões subjacentes. As técnicas de magia, que foi denominada pela ocultista Dion Fortune como "a arte de mudar a consciência de acordo com a própria vontade", são usadas para criar estados de êxtase, de união com o divino. Elas também podem ser usadas para se conseguir resultados materiais, como curas, uma vez que, na Arte, não existe uma divisão entre espírito e matéria.

Cada ritual começa com a criação de um espaço sagrado, o "lançamento de um círculo", que edifica um templo no coração da floresta ou no centro da sala de estar de um membro do coven. A Deusa e o Deus são então invocados ou despertados dentro de cada participante e são considerados fisicamente presentes dentro do círculo e do corpo dos cultuadores. O poder, a força sutil que molda a realidade, é gerado por meio do canto ou da dança e pode ser dirigido por meio de um símbolo ou uma visualização. Com a elevação do Cone de Poder, vem o êxtase, que logo pode conduzir a um estado de transe em que é possível a ocorrência de visões e revelações. Comida e bebidas são compartilhadas, e os membros do coven "ancoram o poder" e relaxam, desfrutando de um momento de socialização. No final, os poderes invocados são dispensados, o círculo é aberto e se realiza um retorno formal à consciência do dia a dia.**

A entrada num coven se faz por meio de uma iniciação, uma experiência ritual na qual os ensinamentos são transmitidos e ocorre um crescimento pessoal. Cada iniciado é considerado uma sacerdotisa ou um sacerdote; a Bruxaria é uma religião de clérigos.

Este livro está estruturado em torno dos elementos que considero presentes em todas as variadas tradições da Arte. O interesse pela Bruxaria está crescendo rapidamente. Algumas faculdades e universidades estão começando a oferecer cursos sobre a Arte em seus departamentos de estudos religiosos. Cada vez mais mulheres estão se voltando para a Deusa. Existe uma necessidade desesperada de material que explique de forma inteligente o que é a Bruxaria para quem não é bruxo, com profundidade suficiente para que se possam entender tanto as suas práticas quanto a sua filosofia. Visto que a entrada num coven é lenta e o processo delicado, existem muito mais pessoas que querem praticar a Arte do que covens para recebê-las. Portanto, este livro também contém exercícios e sugestões práticas que podem levar a uma prática pessoal da Arte. Uma pessoa dotada de imaginação, e uma certa dose de ousadia, pode utilizá-lo como um manual para começar seu próprio coven.** Não se deve segui-lo ao pé da letra, entretanto; ele é mais como a partitura de uma música, sobre a qual você pode improvisar.

A Deusa Mãe está voltando a despertar e podemos começar a recuperar nosso direito nato: a alegria pura e inebriante de estar vivo. Podemos abrir novos olhos e ver que não há nada *do que* precisamos ser salvos, nenhuma luta de vida *contra* o universo, nenhum Deus fora do mundo que deva ser temido e obedecido; apenas a Deusa, a Mãe, a espiral que gira e nos faz entrar e sair da existência, cujo olho piscante é a pulsação do ser (nascimento, morte, renascimento), cujo riso borbulha e percorre todas as coisas que encontramos apenas por meio do amor: o amor pelas árvores, pelas pedras, pelo céu e pelas nuvens; o amor pelas flores perfumadas e pelas ondas estrondosas, por tudo que corre e voa, nada e rasteja sobre o rosto Dela; o amor por nós mesmos; o amor orgástico, criador do mundo, que sentimos uns pelos outros; cada um de nós sendo único e natural como um floco de neve, cada um de nós sendo nossa própria estrela, Seu filho, Seu amante, Seu amado, Ela própria.

Notas

1. Na arte paleolítica, a figura feminina é quase sempre representada nua. Os exemplos incluem: baixos-relevos de Laussel, Dordogne, França – ver Johannes Maringer e Hans-Georg Bandi, *Art in the Ice Age* (Nova York: Frederick A. Praeger, 1953), pp. 84-85, para fotografias; figuras nuas em La Magdeleine e Angles-Sur-Anglin, Dordogne, França, descritas por Philip Van Doren Stern em *Prehistoric Europe: From Stone Age Man to Early Greeks* (Nova York: WW Norton, 1969), p. 162; figuras gravadas no santuário subterrâneo de Pech Merle, França, descritas por Stern, pp. 174-175; e as "Vênus obesas" esculpidas de Aurignacian, como a de Willendorf, mostradas por Maringer e Bandi na p. 28 e Lespugue, ver Maringey Bendi, p. 29.

    Na caverna de Les Trois Freres, Dordogne, França, há exemplos de homens "feiticeiros" (Stern, p. 115) e as figuras com cabeça de camurça de Abu Mege, Teyjat, França (Stern, p. 166), entre muitos outros exemplos.

As referências são fornecidas com o propósito de indicar descrições e ilustrações de descobertas arqueológicas e antropológicas que corroboram a tradição oral da Arte. As interpretações aqui oferecidas dos significados dos achados e costumes ilustram as tradições da Arte em nossa história e não devem ser tomadas, de forma alguma, como algo aceito ou demonstrado no mundo acadêmico. Se existe um consenso entre os especialistas é o de que não se sabe o que significam muitas dessas figuras ou como eram utilizadas.

2. Ver descrições de La Ferassie, Dordogne, France, em Stern, pp. 85, 95; também La Bama Grande, França, em Grahame Clark e Stuart Piggot, *Prehistoric Societies* (Londres; Hutchinson & Co., 1967) pp. 77-79; e Grimaldi, Calábria, Itália, em Clark and Piggot, pp. 77-79.
3. Como em Drachenloch, Suíça, descrito por Stern, p. 89.
4. Em Meindorf e Stellmoor, Alemanha; ver Alberto C. Blanc, "Some Evidence for the Ideologies of Early Man", em Sherwood L. Washburn, org., *The Social Life of Early Man* (Chicago: Aldine Publications, 1961), p. 124.
5. As descobertas da Deusa Mamute perto do rio Desna, na Ucrânia, são descritas por Joseph Campbell, *The Mask of God: Primitive Mythology* (Nova York: Penguin Books, 1976), p. 327.
6. Annette Lamming, *Lascaux*, traduzido por Eleanor Frances Armstrong (Harmondsworth, Middlesex: Penguin Books, 1959); André Leroi-Gourhan, "The Evolution of Paleolithic Art", em *Scientific American* 218, n. 17 (1968): pp. 58-68.
7. Gerald S. Hawkins, *Beyond Stonehenge* (Nova York: Harper & Row, 1973), ver descrições de presas de mamute gravadas (15000 a.C.) de Gontzi, na Ucrânia, Rússia, pp. 263-67; marcações em ocre vermelho em Abri de las Viñas, Espanha (8000-6000 a.C.), pp. 232-33; e pinturas rupestres em Canchal de Mahoma, Espanha (7000 a.C.), pp. 230-31.
8. Laussel, Dordogne, França; ver Maringer e Bandi, pp. 84-85.
9. James Mellaart, *Catal Hüyük, a Neolithic Town in Anatolia* (Nova York: McGraw-Hill, 1967).
10. Alexander Thom, "Megalithic and Mathematics", *Antiquity* 40 (1966): pp. 121-28.
11. Margaret A. Murray, *The Witch-Cult in Western Europe* (Nova York: Oxford University Press, 1971), pp. 238-46.
12. Murray, p. 49.
13. Murray, pp. 270-76.
14. Andrew E. Rothovius, "The Adams Family and the Graal Tradition: The Untold Story of the Dragon Persecution", *East-West* 7, n. 5 (1977): pp. 24-30; Andrew E. Rothovius, "The Dragon Tradition in the New World", *East-West* 7, n. 8 (1977): pp. 42-54.
15. Carol P. Christ, "Why Women Need the Goddess", em Carol P. Christ e Judith Plaskow, orgs. *Womanspirit Rising: A Feminist Reader in Religion* (São Francisco: Harper & Row, 1979), p. 278.
16. Mary Daly, *Beyond God the Father* (Boston: Beacon Press, 1973), p. 13.
17. Chirst, p. 275.
18. Anton Ehrenzweig, *The Hidden Order of Art* (Londres: Paladin, 1967), p. 190.
19. Herb Goldberg, *The Hazards of Being Male* (Nova York: Signet, 1977), p. 4.
20. Goldberg, p. 39.

Capítulo 2

A Visão de Mundo da Bruxaria

Entre os Mundos

A CRIAÇÃO[1]

Sozinha, impressionante, completa em Si mesma, a Deusa, Ela cujo nome não pode ser pronunciado, flutuava no abismo das trevas exteriores, antes do início de todas as coisas. E, quando Ela olhou para o espelho curvo do espaço negro, viu à sua própria luz seu reflexo radiante e se apaixonou por ele. Ela o atraiu por meio do poder que estava Nela e fez amor consigo mesma, e a chamou de "Miria, a Maravilhosa".

Seu êxtase irrompeu na única canção de tudo o que é, foi ou sempre será, e com a canção veio o movimento, ondas que se derramaram e se tornaram todas as esferas e círculos dos mundos. A Deusa encheu-se de amor, preencheu-se de amor, e deu à luz uma chuva de espíritos brilhantes que encheu os mundos e se tornou todos os seres.

Mas, nesse grande movimento, Miria foi arrebatada e, conforme ela se afastava da Deusa, tornou-se mais masculina. Primeiro, Ela se tornou o Deus Azul, o gentil, chamado Deus do Amor. Depois se tornou o Deus Verde, coberto de videiras, enraizado na terra, o espírito de todas as coisas que crescem. Por fim, Ela se tornou o Deus Cornífero, o Caçador, cujo rosto é o Sol vermelho, mas escuro como a Morte. Mas o desejo sempre o atrai de volta para a Deusa, para que Ele a circunde eternamente, tentando voltar a amar.

Tudo começou com o amor; todos buscam voltar para o amor. O amor é a lei, o mestre da sabedoria e o grande revelador dos mistérios.

> *"A ideia que têm os sioux dos seres vivos é que as árvores, os búfalos e os homens são redemoinhos passageiros de energia, padrões de turbulência... o que é um reconhecimento intuitivo inicial de que energia é uma qualidade da matéria. Mas, veja, essa é uma percepção muito antiga: provavelmente a compreensão do xamã paleolítico. Encontramos essa percepção registrada de várias maneiras no amor arcaico e primitivo. Eu diria que é provavelmente a percepção mais básica da natureza das coisas, e que nossa visão ocidental mais habitual e recente do Universo, segundo a qual ele consiste de coisas fixas, não faz parte da corrente principal; é um afastamento da percepção humana básica."*
>
> GARY SNYDER[2]

A mitologia e a cosmologia da Bruxaria têm sua origem naquele "entendimento do xamã paleolítico", segundo o qual todas as coisas são redemoinhos de energia, vórtices de forças em movimento, correntes num mar em constante mutação. Sob a aparência de separação, de objetos fixos dentro de um fluxo de tempo linear, a realidade é um campo de energias que temporariamente se fundem em formas. Com o tempo, todas as coisas "fixas" se dissolvem, apenas para se reorganizar em novas formas, novos veículos.

Essa visão do universo como uma interação de forças em movimento (que, aliás, corresponde a um grau surpreendente às visões da física moderna) é resultado de um modo muito especial de percepção. A consciência desperta comum vê o mundo como algo fixo; ela se concentra numa coisa de cada vez, isolando-a de seus arredores, como se visse uma floresta escura com uma pequena lanterna iluminando uma folha ou pedra solitária. A consciência extraordinária, o outro modo de percepção que é amplo, holístico e indiferenciado, vê padrões e relacionamentos em vez de objetos fixos. É o modo da luz das estrelas: turva e prateada, revelando o jogo dos ramos entrelaçados e a dança das sombras, percebendo os caminhos como espaços no todo.

Os aspectos mágicos e psíquicos da Arte têm a ver com despertar a visão da luz das estrelas, como gosto de chamá-la, e treiná-la para ser uma ferramenta útil. A magia não é um assunto sobrenatural; é, de acordo com a definição de Dion Fortune: "a arte de mudar a consciência de acordo com a própria vontade", de ligar e desligar a lanterna, distinguir detalhes, ver à luz das estrelas.

A consciência comum é altamente valorizada pela Arte, mas as bruxas estão cientes de suas limitações. Ela é, em certo sentido, uma rede por meio da qual vemos o mundo, um sistema de classificação transmitido culturalmente. Existem infinitas maneiras de ver o mundo; a "outra visão" nos liberta dos limites da nossa cultura.

"Nossos semelhantes são os magos negros", disse Don Juan, o xamã yaqui, a seu aluno Carlos Castañeda, em *Tales of Power*.* Pense um pouco. Você pode se desviar do caminho que eles traçaram para você? Não. Seus pensamentos e ações estão fixados para sempre nos termos deles. Eu, por outro lado, dei-lhe liberdade. A liberdade custa caro, mas o preço não é inacessível. Portanto, tema seus captores, seus amos. Não perca seu tempo e poder temendo a mim".[3]

Na Bruxaria, o "preço da liberdade" é, antes de mais nada, a disciplina e a responsabilidade. A visão da luz das estrelas é um potencial natural inerente a cada um de nós, mas é preciso muito trabalho para desenvolvê-la e treiná-la. Os poderes e habilidades obtidos por meio da percepção elevada também devem ser usados de maneira responsável; caso contrário, como o Anel de Sauron (no *Senhor dos Anéis*, de Tolkien), eles destruirão quem os possui. Aqueles que desejam ser livres também devem estar dispostos a se afastar um pouco da corrente principal da sociedade, se necessário. Na cultura ocidental moderna, artistas, poetas e visionários, sem falar nas bruxas, nos místicos e xamãs, muitas vezes são, até certo ponto, alienados da sua cultura, o que tende a desvalorizar o intangível em favor de frutos sólidos e monetários do sucesso.

Mas o preço final da liberdade é a disposição para enfrentar o mais terrível de todos os seres: você mesmo. A visão da luz das estrelas, a "outra maneira de saber", é o modo de percepção do inconsciente, e não da mente consciente. As profundezas do nosso próprio ser não são iluminadas pelo sol; para ver com clareza, precisamos estar dispostos a mergulhar no abismo escuro interior e reconhecer as criaturas que podemos encontrar ali. Pois, como explica a analista junguiana M. Esther Harding, em *Woman's Mysteries*: "Esses fatores subjetivos... são entidades psíquicas poderosas; eles pertencem à totalidade do nosso ser e não podem ser destruídos. Enquanto estiverem marginalizados da nossa vida consciente e não forem reconhecidos, ficarão entre nós e todos os objetos que vemos, e todo o nosso mundo ficará ou distorcido ou iluminado".[4]

Talvez a maneira mais convincente de apresentar a ideia que a Arte tem do eu seja examinar algumas das recentes descobertas experimentais de biólogos e psicólogos.* ᵉ ** Robert Ornstein, em *The Psychology of Consciousness*, descreve experimentos com sujeitos com lesões cerebrais e epilepsia, mostrando que os dois hemisférios do cérebro parecem se especializar precisamente nos dois modos de consciência que discutimos. "O hemisfério esquerdo (conectado ao lado direito do corpo) lida predominantemente com o pensamento analítico, lógico, especialmente nas funções verbais e matemáticas. Seu modo de operação é principalmente linear. Esse hemisfério parece processar informações de forma sequencial".[5] Como o feixe de luz da nossa lanterna, ele focaliza um assunto por vez, excluindo outros. Percebe o mundo como feito de coisas separadas, que podemos temer ou desejar, e que podem ser manipuladas para atender aos nossos propósitos. "Parece ter evoluído com o objetivo principal de garantir a sobrevivência biológica."[6]

"O hemisfério direito (de novo, lembre-se de que ele está conectado ao lado esquerdo do corpo) parece especializado no pensamento holístico. Sua habilidade com a linguagem é bastante limitada. Esse hemisfério é o principal responsável pela nossa orientação espacial, pelas iniciativas artísticas, pelos trabalhos manuais, pela imagem do corpo e pelo reconhecimento dos rostos. Ele processa a informação de forma mais difusa que o hemisfério esquerdo e suas responsabilidades exigem uma integração imediata de muitas coisas ao mesmo tempo"[7]. Essa é a visão da luz das estrelas, que vê o universo como uma dança de vórtices de energias, que "não postula duração, um futuro ou um passado, uma causa ou um efeito, mas um todo feito de padrões, 'atemporais'".[8]

Esse modo de consciência é vital para a criatividade. Como afirma Anton Ehrenzweig em *The Hidden Order of Art*: "A complexidade de qualquer obra de arte, por mais simples que seja, excede em muito os poderes da atenção consciente, que com sua concentração seletiva pode atender apenas uma coisa de cada vez. Somente a extrema indiferenciação da visão inconsciente pode registrar essas complexidades. Ela pode contê-los num único olhar não concentrado e tratar a figura e o terreno com a mesma imparcialidade".[9]

O exercício a seguir, usado para treinar artistas, é muito útil para aprender a experimentar o modo de percepção que acabamos de descrever.

EXERCÍCIO 1: O Jogo das Sombras**

Providencie uma folha de papel em branco e um lápis de grafite macio ou um pedaço de carvão. Sente-se e assista a uma cena do seu interesse. Esquecendo objetos, nomes e coisas, observe apenas o jogo de luz e sombra nas suas várias formas. Esboce as sombras, não com linhas, mas com áreas de tracejado largo. Não se distraia com as cores; não se preocupe em reproduzir "coisas". Deixe as áreas de sombra criarem formas. Passe pelo menos dez minutos fazendo esse exercício. Lembre-se de que a ideia não é criar um desenho "bom" ou demonstrar seu talento artístico (ou a falta dele); a ideia é experimentar outra forma de ver, em que os objetos separados desaparecem e apenas a estrutura permanece.

Pessoas menos "visuais" podem se sentir mais confortáveis com o exercício a seguir.

EXERCÍCIO 2: A Brincadeira dos Ritmos

Feche os olhos. Ouça os sons ao seu redor, esquecendo o que eles representam. Esteja ciente apenas do vasto ritmo que eles criam. Até na cidade, esqueça que os barulhos são carros passando, bate-estacas, passos, pardais, caminhões e portas batendo; ouça apenas o padrão intrincado e orgânico em que cada um é uma batida separada.

Como dissemos, ambos os modos de percepção são valorizados na Arte, mas a visão holística do hemisfério direito é considerada mais em contato com a realidade subjacente do que a visão linear do hemisfério esquerdo. Essa visão é corroborada por experimentos com *biofeedback*, que fornece às pessoas informações visuais sobre seus processos corporais involuntários, possibilitando que observem e, a longo prazo, controlem funções como os batimentos cardíacos ou as ondas cerebrais. Barbara Brown, em *New Mind, New Body*, descreve experimentos que mostram que, "muito antes do reconhecimento consciente, o corpo e sua base subconsciente reconhecem e fazem julgamentos sobre o que está acontecendo no ambiente".[10] Os sujeitos foram observados enquanto palavras "atrevidas" eram projetadas rapidamente na tela não por tempo suficiente para serem reconhecidas conscientemente. A pele, o ritmo do batimento cardíaco, as ondas cerebrais e os músculos dos sujeitos mostraram reações às palavras "invisíveis". O subconsciente pode responder corretamente à realidade, mesmo quando a mente consciente lhe dá informações incorretas. Num experimento, as pessoas foram informadas de que receberiam uma série de choques de intensidade variável. Conscientemente, perceberam que as descargas estavam ficando mais fracas; na realidade, eram sempre com a mesma intensidade. As reações cutâneas mostraram que o subconsciente não havia sido enganado; os monitores registravam exatamente a mesma resposta da pele a cada choque, mesmo quando a reação consciente era diferente.[11]

Na tradição bruxa das Fadas, a mente inconsciente é chamada de Eu Mais Jovem; a mente consciente é o Eu que Fala.** Visto que funcionam por meio de diferentes modos de percepção, a comunicação entre as duas é difícil. É como se elas falassem línguas diferentes.*

É o Eu Mais Jovem que vivencia diretamente o mundo, por meio da percepção holística do hemisfério direito. Sensações, emoções, impulsos básicos, memória de imagens, intuição e percepção difusa são funções do Eu Mais Jovem. Sua compreensão verbal é limitada; ela se comunica por meio de imagens, emoções, sensações, sonhos, visões e sintomas físicos. A psicanálise clássica se desenvolveu por meio de tentativas de interpretar o discurso do Eu Mais Jovem. A Bruxaria não apenas interpreta, mas também ensina a nos comunicar com o Eu Mais Jovem.

O Eu que Fala organiza as impressões do Eu Mais Jovem, nomeia essas impressões e as classifica em sistemas. Como o próprio nome sugere, ele funciona por meio da percepção verbal e analítica do hemisfério esquerdo. Também inclui a série de preceitos compreendidos verbalmente que nos encorajam a emitir julgamentos sobre o que é certo e o que é errado. O Eu Que Fala se comunica por meio de palavras, conceitos abstratos e números.

Na Tradição das Fadas, um terceiro "eu" é reconhecido: o Eu Profundo ou Eu Divino, que não corresponde muito bem a nenhum conceito psicológico. O Eu Profundo é o Deus interior, a essência fundamental e original, o espírito que existe além do tempo, do espaço e da matéria. É o nosso nível mais profundo de sabedoria e compaixão e é concebido como masculino e feminino, dois átomos de consciência unidos como um só. Geralmente é simbolizado por duas espirais unidas, ou pelo sinal do infinito, o 8 na horizontal. Na Tradição das Fadas, ele é chamado de Dian Y Glas, o Deus Azul. O azul simboliza o espírito, e dizia-se que o Eu Profundo parecia azul quando "visto" fisicamente. De acordo com as nossas tradições, para se identificar com o Eu Profundo, os pictos se pintavam de azul usando pastel-dos-tintureiros (a planta *Isatis tinctoria L.*). "Dian" está relacionado a Diana e Tana, o nome pelo qual as Fadas chamam a Deusa, e a Janicot, o nome basco do Deus Cornífero, e com os nomes cristãos Jean, Joan e Jonet (na língua inglesa), que Margaret Murray documenta como populares nas famílias das bruxas.[12]

No Judaísmo esotérico da Cabala, o Eu Profundo é chamado de Neshamah, da raiz *Shmh*, "ouvir ou escutar". O Neshamah é Aquele que Escuta, a alma que nos inspira e nos orienta. No ocultismo moderno, o Eu Profundo muitas vezes aparece como o "espírito-guia" ou "guia espiritual", às vezes numa forma dual, como no relato de John C. Lilly sobre suas experiências com LSD no tanque de isolamento, onde ele afirma ter encontrado dois seres benignos: "Dizem que são meus tutores, que estiveram comigo antes, em momentos críticos, e que na realidade estão sempre comigo, mas que normalmente não estou no estado propício para percebê-los. Estou em condições de percebê-los quando estou perto da morte do corpo. Nesse estado, o tempo não existe. Há uma percepção imediata do passado, do presente e do futuro, como se estivessem no momento presente".[13]

Lilly está descrevendo a percepção holística, do hemisfério direito, ligada ao Eu Mais Jovem. A Tradição das Fadas ensina que o Eu Profundo está conectado ao Eu Mais Jovem e não está diretamente ligado ao Eu Que Fala. Felizmente, não precisamos estar próximos da morte para sermos capazes de perceber o Eu Profundo, uma vez que aprendemos o truque da comunicação. Não é a mente consciente, com seus conceitos abstratos, que, na realidade, se comunica com Deus; é a mente inconsciente, o Eu Mais Jovem, que é sensível apenas a imagens, figuras, sensações, coisas tangíveis.** Para nos comunicarmos com o Eu Profundo, a Deusa/Deus Interior, recorremos a símbolos, arte, poesia, música, mitos e atos rituais que traduzem conceitos abstratos para a linguagem do inconsciente.

O Eu Mais Jovem (que pode ser tão teimoso e obstinado quanto uma criança de 3 anos bem mal-humorada) não se impressiona com palavras. Como um nativo do Missouri (EUA), ele quer que lhe *mostrem* as coisas. Para despertar seu interesse, devemos seduzi-lo com belas imagens e sensações agradáveis: levá-lo para jantar e dançar, por assim dizer. Só assim podemos alcançar o Eu Profundo. Por essa razão, as verdades religiosas não foram expressas ao longo do tempo como fórmulas matemáticas, mas na forma de arte, música, dança, drama, poesia, histórias e rituais ativos. Como diz Robert Graves: "A moralidade religiosa, numa sociedade saudável, é mais bem reforçada com tambores, luar, jejum, dança, máscaras, flores e possessão divina".[14]

A Bruxaria não tem um livro sagrado. Sua fidelidade não é para com o "Mundo" do Evangelho de São João, mas com o poder da ação simbólica que abre a percepção da luz das estrelas do Eu Mais Jovem e o fluxo livre da comunicação simultânea entre os três Eus. Os mitos e histórias que chegaram até nós não são um dogma que deva ser interpretado literalmente, assim como não devemos interpretar literalmente uma afirmação do tipo: "Meu amor é uma rosa vermelha". Trata-se de poesia, não de teologia, e sua única intenção é falar ao

Eu Mais Jovem; nas palavras de Joseph Campbell: "Tocando e estimulando os centros da vida além do alcance dos vocabulários da razão e da coerção".[15]

Às vezes, alguns aspectos dos rituais de Bruxaria podem parecer tolos para pessoas muito circunspectas, que não percebem que o ritual é direcionado ao Eu Mais Jovem. O senso de humor, a espirituosidade, costuma ser a chave para abrir os estados mais profundos de consciência. Parte do "preço da liberdade", portanto, é a disposição para brincar, para abrir mão da nossa dignidade adulta e parecer maluco, rir de coisa alguma. Uma garota finge ser uma rainha, sua cadeira se transforma num trono. Uma bruxa finge que sua varinha mágica tem poder e se torna um canal para a energia.

O equilíbrio é certamente necessário. Há uma diferença entre magia e psicose, e essa diferença está em conservar a capacidade de dar um passo para trás, segundo nossa vontade, em direção à consciência comum, para voltar à percepção de que, como meu professor de educação física escolar costumava dizer no auge da era psicodélica: "A realidade é quando você pula de um telhado e quebra a perna". As drogas podem abrir a percepção holística do Eu Mais Jovem, mas muitas vezes às custas do julgamento do Eu Que Fala com relação à sobrevivência. Se "brincarmos" de voar enquanto estamos no corpo físico, podemos destroçar nosso fêmur. Mas uma percepção treinada não trava nenhuma disputa com a realidade comum; ela voa mais longe, no espírito, e obtém percepções e revelações que posteriormente serão verificadas pelo Eu Que Fala.

O senso de humor e as brincadeiras despertam o sentimento de assombro, a atitude básica que a Bruxaria traz ao mundo. Ontem à noite, por exemplo, meu coven realizou um ritual de véspera de 1º de maio, cuja ação central incluía dar voltas em torno de um "Mastro de Maio" e trançar nele aquilo que gostaríamos de tecer em nossa vida.** Em vez de um mastro, usamos uma corda central e, em vez de laços, usamos fios coloridos amarrados a um gancho central, no teto da sala de reuniões. Além disso, tínhamos só onze pessoas no círculo. Sabíamos perfeitamente que é impossível enrolar um mastro com um número ímpar de pessoas, mas não queríamos deixar ninguém de fora. Assim, com total desprezo pela realidade comum, seguimos em frente.

No começo, o resultado foi completo caos e confusão. Todos ríamos enquanto nos afastávamos e nos aproximávamos do mastro, criando um emaranhado de fios. Não foi uma cena de poder místico; um mago cerimonialista teria ficado aturdido e entregado sua varinha no local. Mas algo estranho começou a acontecer conforme continuávamos. O riso começou a criar uma atmosfera estranha, como se a realidade estivesse desaparecendo. Nada existia, exceto a interação dos cordões coloridos e dos corpos em movimento. Os sorrisos nos rostos, que apareciam e desapareciam da minha vista, começaram a se assemelhar aos sorrisos secretos das estátuas gregas arcaicas, alusivas aos mistérios mais elevados e festivos. Começamos a cantar, movemo-nos no mesmo ritmo e num padrão que se tornou uma dança: algo que nunca poderíamos ter desenhado ou traçado racionalmente; era um padrão com um elemento adicional que sempre e inevitavelmente desafiaria qualquer explicação. O emaranhado de fios acabou se resolvendo numa corda intrincadamente tecida. A canção se tornou um cântico; a sala brilhava e a corda pulsava com força como um ser vivo, como um cordão umbilical que nos conectava a tudo que está dentro e além. Por fim, a música atingiu seu ponto mais alto e se extinguiu; caímos em transe. Quando acordamos, todos juntos, no mesmo instante, olhamos uns para os outros, maravilhados.

O mito da Criação do início deste capítulo expressa claramente a atitude de admiração para com o mundo, que é divino, e para com o divino, que é o mundo.* e **

No início, a Deusa é o Todo, virgem, o que significa completa em si mesma. Embora seja chamada de *Deusa*, ela poderia ser chamada, com a mesma facilidade, de *Deus*: o sexo ainda não surgiu. Ainda não há separação, não há divisão, não há nada além da unidade original. No entanto, a natureza feminina da base do ser é enfatizada, porque o processo de criação que está prestes a ocorrer é um processo de *nascimento*. O mundo nasce, não é criado e não segue nenhum comando para existir.

A Deusa vê seu reflexo no espelho curvo do espaço, o que poderia ser uma compreensão mágica da forma do universo, o espaço curvo da física moderna. De acordo com Robert Graves, o espelho é um antigo atributo da Deusa, em seu aspecto "Marian, a antiga Deusa do Mar pagã... Miriam, Mariamne (Cordeiro Marinho), Myrrhine, Myrtea, Myrrha, Maria ou Marina, padroeira dos poetas e amantes e mãe orgulhosa do Arqueiro do Amor (...) Um disfarce conhecido dessa mesma Marian é a *merry-maid* ['alegre donzela'], ou *mermaid* ['sereia'], como esse termo passou a ser grafado. A figura convencional da sereia (uma bela mulher com um espelho redondo, um pente dourado e um rabo de peixe) expressa 'a Deusa do Amor que surge do Mar'. Todos os iniciados nos mistérios de Elêusis, que eram de origem pelasgiana (povos indígenas matrifocais da Grécia), passavam por um rito de amor com sua representante, após um banho no caldeirão... o espelho também fazia parte do mobiliário sagrado dos Mistérios e provavelmente representava o 'Conhece-te a ti mesmo'".[16] A mesma sereia/mãe oceânica é chamada de Yemaya, na África Ocidental, e Iemanjá, no Brasil.

A água é o espelho original; a imagem transmitida é também a da lua flutuando sobre o mar escuro, contemplando seu reflexo nas ondas. Um eco fraco disso pode ser ouvido na abertura do Gênesis: "A Terra estava informe e vazia, e o espírito de Deus pairava sobre as águas".

Há, porém, outro aspecto do espelho: uma imagem refletida é uma imagem invertida; a mesma imagem, mas contrária; a polaridade inversa. A imagem expressa o paradoxo: todas as coisas são uma só, mas cada coisa é separada, individual, única. As religiões ocidentais enfatizam a individualidade e tendem a ver o mundo como algo composto de coisas separadas e fixas. A visão ocidental tende a estimular o esforço individual e o envolvimento individual no mundo; a visão oriental incentiva o retiro, a contemplação e a compaixão. A Bruxaria se atem à verdade do paradoxo e considera cada ponto de vista igualmente válido. Ambas se refletem e se complementam; elas não se contradizem. O mundo das coisas separadas é o reflexo do Uno; o Uno é o reflexo da miríade de coisas separadas que existem no mundo. Somos todos "redemoinhos" da mesma energia, mas cada redemoinho é único em sua própria forma e seu padrão.

A Deusa se apaixona por Si mesma, causando sua própria emanação, que adquire vida própria. O amor do eu por si mesmo é a força criativa do universo. O desejo é a energia principal, e essa energia é erótica; a atração do amante pelo ser amado, do planeta pela estrela, o desejo do elétron pelo próton. O amor é a cola que mantém o mundo coeso.

O *eros* cego, no entanto, torna-se o *amor*,[17] um amor que, na terminologia de Joseph Campbell, é pessoal, dirigido a um indivíduo, em vez de ser a abnegação universal, assexuada, de ágape, ou um desejo sexual indiscriminado. O reflexo da Deusa assume seu próprio ser e recebe um nome. O amor não é apenas a força energizadora, mas também uma força individualizadora. Ele elimina a separação, mas cria a individualidade. Trata-se, mais uma vez, do paradoxo original.

Miria, "A Maravilhosa", é, claro, Marian-Miriam-Mariamne, que também é Mari, o aspecto de lua cheia da Deusa, na Tradição das Fadas. A sensação de assombro, alegria e deleite no mundo natural é a essência da Bruxaria. O mundo não é uma criação imperfeita, não é algo de que devemos fugir, de que precisemos salvação ou rendenção. À medida que se mostra no dia a dia, pela natureza do seu ser mais profundo, ele nos enche de admiração.

O êxtase divino se torna a fonte da criação, e a criação é um processo orgástico. O êxtase está no cerne da Bruxaria: no ritual, invertemos o paradoxo e nos tornamos a Deusa, participando da vibrante bem-aventurança original da união. De acordo com Mircea Eliade "A característica fundamental do xamanismo é o êxtase", e, embora interprete esse estado de um modo um tanto estreito como "a alma renunciando ao corpo", ele admite que "a experiência extática provavelmente coexiste, em muitos aspectos, com a condição humana, no sentido de que é parte integrante do que se denomina o homem tomando consciência de seu modo específico de ser no mundo. O xamanismo não é apenas uma técnica de êxtase; sua teologia e filosofia dependem, em última análise, do valor espiritual atribuído ao êxtase".[18] A Bruxaria é uma religião xamânica, e o valor espiritual atribuído ao êxtase é muito alto. Ele é fonte de união, cura, inspiração criativa e comunhão com o divino, esteja você no centro do círculo de um coven, na cama com a pessoa amada ou no meio da floresta, em total assombro pela beleza do mundo natural.

O êxtase produz harmonia, a "música das esferas". A música é uma expressão simbólica da vibração, que é uma qualidade de todos os seres. Os físicos nos informam que os átomos e moléculas de todas as coisas, desde um gás instável até o Rochedo de Gibraltar, estão em constante movimento. Na base desse movimento existe uma ordem, uma harmonia inerente ao ser. A matéria canta, por sua própria natureza.

A música é transportada em ondas que se transformam em esferas. Essas são as ondas do orgasmo, as ondas de luz, as ondas do mar, os elétrons pulsantes, as ondas sonoras. As ondas formam esferas assim como gases rodopiantes formam estrelas. Uma percepção básica da Bruxaria é a de que a energia, seja ela física, psíquica ou emocional, se move em ondas, em ciclos que são espirais. (Uma maneira fácil de visualizar isso é pegar emprestado de uma criança aquele brinquedo conhecido como "mola maluca", uma espiral feita de um metal muito fino e flexível. Quando esticadas e vistas de lado, essas molas parecem claramente formas ondulatórias).

A Deusa se enche de amor e dá à luz uma chuva de espíritos brilhantes, uma chuva que desperta as consciências no mundo como a umidade desperta o crescimento das plantas na terra. A chuva é o sangue menstrual fecundo, o sangue da lua que nutre a vida, assim como as águas que correm anunciando o nascimento, o parto extático da vida.

O movimento, a vibração, torna-se tão grande que Miria é arrastada para longe. À medida que Ela se afasta cada vez mais do ponto de união, torna-se mais polarizada, mais diferenciada, mais masculina. A Deusa se projetou; seu Eu projetado torna-se o Outro, seu oposto, ansiando eternamente pelo reencontro. A diferença desperta o desejo, que puxa na direção oposta à força centrífuga da projeção. O campo de energia do Cosmos é polarizado; ele se torna um condutor de forças exercidas em direções opostas.

A visão do Todo como um campo de energia polarizado por duas grandes forças, o Feminino e o Masculino, a Deusa e o Deus, que, em seu ser fundamental, são um aspecto um do outro, é comum a praticamente todas as tradições da Arte.** A Tradição Diânica, entretanto, embora reconheça o Princípio Masculino, atribui muito menos importância a ele do que ao Princípio Feminino. Algumas tradições modernas que criaram a si mesmas, especialmente aquelas derivadas de uma orientação política feminista/separatista, não reconhecem o Princípio Masculino de forma alguma. Se você trabalha com a polaridade, visualiza ambas as forças contidas no feminino. Essa é uma linha de experimentação de grande valor para muitas mulheres, particularmente como um antídoto para milhares de anos de concentração exclusiva no Princípio Masculino, pela cultura ocidental. No entanto, nunca foi a visão dominante da Arte. Eu, pessoalmente, acredito que, no longo prazo, um modelo exclusivamente feminino do universo se mostraria tão limitador e opressor, tanto para mulheres quanto para homens, quanto o modelo patriarcal tem sido. Uma das tarefas da religião é nos orientar em relação ao que é semelhante a nós e o que é diferente de nós. O sexo é a diferença mais básica; não podemos nos tornar inteiros fingindo que a diferença não existe, ou negando o masculino ou o feminino.

No entanto, é importante separar o conceito de polaridade das nossas imagens culturalmente condicionadas de masculino e feminino. As forças masculina e feminina representam uma diferença, mas não são diferentes em essência: são a mesma força fluindo em direções opostas, mas não são forças opostas.** O conceito chinês de Yin e Yang é um tanto semelhante, mas na Bruxaria a descrição das forças é muito diferente. Nenhuma é "ativa" ou "passiva", escura ou clara, seca ou úmida; em vez disso, cada uma delas participa de todas essas qualidades. O Feminino é visto como a força que dá vida, o poder de manifestação, a energia que flui para o mundo, para se tornar forma. O Masculino é visto como a força da morte, num sentido positivo, não negativo; a força da limitação que é o equilíbrio necessário para a criação desenfreada, a força da dissolução, para retornar ao estado sem forma. Um princípio contém o outro: a vida gera a morte, se alimenta dela; a morte sustenta a vida, torna possível a evolução e a nova criação. Eles fazem parte de um ciclo, um dependendo do outro.

A existência é sustentada por uma pulsação a intervalos, que alterna a corrente das duas forças em perfeito equilíbrio. Sem restrições, a força vital se torna um câncer; desenfreada, a força da morte é a guerra e o genocídio. As duas forças juntas se mantêm na harmonia que sustenta a vida, na órbita perfeita que pode ser vista na mudança do ciclo das estações, no equilíbrio ecológico do mundo natural e na progressão da vida humana, desde o nascimento até a plenitude, para decair e morrer, e então renascer.

A morte não é o fim; é uma etapa do ciclo que leva ao renascimento. Após a morte, dizem que a alma humana repousa em Summerland ["Terra do Verão"], a Terra da Juventude Eterna, onde a alma é renovada, rejuvenescida e preparada para renascer. O renascimento não é visto como uma condenação a uma roda de sofrimento interminável e monótona, como pregam algumas religiões orientais. Em vez disso, é visto como o grande presente da Deusa, que se manifesta no mundo físico. A vida e o mundo não estão separados da Divindade; eles são a divindade imanente.

A Bruxaria não afirma, como a Primeira Verdade do Budismo, que "Toda vida é sofrimento". Pelo contrário, a vida é algo para se maravilhar. Dizem que Buda obteve essa revelação após um encontro com a velhice, a doença e a morte. Na Arte, a maturidade é uma parte natural e altamente valorizada do ciclo da vida, o momento de maior sabedoria e compreensão. A doença, sem dúvida, produz infelicidade, mas não é algo que deva causar um sofrimento inevitável: a prática da Arte sempre esteve ligada às artes da cura, da herbologia e da obstetrícia. Nem é algo que se deva temer: é simplesmente uma dissolução da forma física, que permite ao espírito se preparar para uma nova vida. O sofrimento certamente existe na vida, faz parte do aprendizado. Mas escapar da Roda do Nascimento e da Morte não é a cura ideal, assim como o *hara-kiri* não é a melhor cura para as cólicas menstruais. Quando o sofrimento é resultado da ordem social ou da injustiça humana, a Arte incentiva o trabalho ativo para aliviá-lo. Quando o sofrimento é uma parte natural do ciclo de nascimento e decadência, ele é aliviado pela compreensão e aceitação, por uma rendição voluntária tanto à escuridão quanto à luz.

A polaridade dos Princípios Feminino e Masculino não deve ser tomada como uma diretriz geral para mulheres e seres humanos individualmente. Cada um de nós contém ambos os princípios; todos nós somos femininos e masculinos.** Ser completo é estar em contato com ambas as forças: criação e dissolução, crescimento e limitação. A energia criada pelo impulsão e retração das forças flui dentro de cada um de nós. É possível acessá-la individualmente em rituais ou meditações e podemos harmonizada para ressoar com a energia das outras pessoas. O sexo, por exemplo, é muito mais do que um ato físico; é um fluxo polarizado de energia entre duas pessoas.

O Princípio Masculino é visto pela primeira vez como uma figura praticamente andrógina: A Criança, o Deus Azul do amor que toca flauta.** Sua imagem está conectada com a do Deus Azul pessoal, o Eu Profundo, que também é andrógino. Um filho gentil, jovem e amado, Ele nunca é sacrificado.

O Aspecto Verde é o Deus da vegetação: o espírito do milho, o grão que é cortado e depois plantado novamente; a semente que morre a cada colheita e renasce eternamente a cada primavera.

O Deus Cornífero, a projeção da Deusa mais "masculina" no sentido convencional, é o eterno Caçador e também o animal caçado. É a besta que se sacrifica para que a vida humana continue, assim como aquele que sacrifica, que derrama o sangue. Ele também é visto como o Sol, perseguindo eternamente a lua no céu. O aumento e a diminuição da intensidade do calor e da luz do Sol, ao longo das estações, manifesta o ciclo de nascimento e morte, criação e dissolução, separação e retorno.

Deusa e Deus, Feminino e Masculino, Lua e Sol, Nascimento e Morte, movem-se em suas órbitas, eternos, mas sempre em mutação. A polaridade, a força que mantém o Cosmos unido, é o amor, é erótica, transcendente e individual. A criação não ocorreu uma vez num momento fixo de tempo; ela continua eternamente, ocorrendo a cada momento, revelado no ciclo do ano:

A Roda do Ano[19] * e **

Enamorado, o Deus Cornífero, mudando de forma e mudando de rosto, busca eternamente a Deusa. Neste mundo, a busca e a procura aparecem na Roda do Ano.

Ela é a Grande Mãe que dá à luz o Deus, no aspecto Criança Divina Solar, no Solstício de Inverno. Na primavera, Ele é o semeador e a semente que cresce com a luz crescente, verde como os novos brotos. Ela é a iniciadora, que lhe ensina os mistérios. Ele é o jovem touro; Ela é a ninfa, a sedutora. No verão, quando os dias são mais longos, eles se unem, e a força de sua paixão sustenta o mundo. Mas a face do Deus escurece à medida que o Sol enfraquece, até que finalmente, quando o grão é ceifado na época da colheita, Ele também sacrifica a Si mesmo para que tudo possa ser nutrido. Ela é aquela que coleta, a sepultura terrena para a qual todos devemos retornar. Durante as longas noites e os dias, que vão ficando mais escuros, Ele dorme no ventre Dela. Nos sonhos,

Ele é o Senhor da Morte que rege a Terra da Juventude, além dos portões da noite e do dia. Seu túmulo escuro se torna o útero do renascimento, porque no inverno Ela dá à luz o Deus novamente. O ciclo termina e começa novamente, e a Roda do Ano continua a girar.

Os rituais dos oito festivais solares, os Sabás, derivam do mito da Roda do Ano. A Deusa revela seus aspectos tríplices: Como Donzela, Ela é a virgem, patrona do nascimento e da iniciação; como Ninfa, Ela é a tentação sexual, a amante, a sereia, a sedutora; Como a Anciã, Ela é o lado escuro da vida, exigindo morte e sacrifício. O Deus é o filho, o irmão, o amante, que se torna seu próprio pai: o sacrifício eterno renasce eternamente para uma nova vida.

Sir James Frazer, em *The Golden Bough*, apresenta muitas variações desse mito. A maioria deles, como a versão discutida por Robert Graves, em *The White Goddess*, mostra o Deus como alguém dividido em dois gêmeos rivais, que representam seus dois aspectos. O Filho das Estrelas, o Senhor do Ano Crescente, compete com seu irmão, a Serpente, pelo amor da Deusa. Eles lutam durante o Solstício de Verão, e a Serpente Negra derrota a Luz e a suplanta em favor da Deusa, apenas para ser derrotada no Solstício de Inverno, quando o ano Crescente renasce.

Essa variação não é, em essência, diferente da que apresentamos, desde que se entenda que os gêmeos Escuridão e Luz são aspectos da mesma divindade. Mas, quando vemos o Deus como alguém dividido, corremos o risco de viver uma divisão dentro de nós mesmos: identificamo-nos totalmente com a Luz e atribuímos a Escuridão a um agente do mal. O Filho das Estrelas e a Serpente tornam-se, muito facilmente, as figuras de Cristo e Satanás. Na Bruxaria, o aspecto sombrio e minguante do Deus não é ruim; é uma parte vital do ciclo natural.

O ensinamento essencial do mito está relacionado com o conceito de sacrifício. Para as bruxas, bem como para outras pessoas que vivem perto da natureza, todas as coisas (plantas, animais, pedras e estrelas) estão vivas e são, até certo ponto, seres sencientes. Todas as coisas são divinas, são manifestações da Deusa. A morte do grão na colheita ou a morte de um cervo na caça eram consideradas um sacrifício divino, realizado livremente por amor. A identificação ritualística e mítica com o Deus que se sacrifica honra a centelha da vida, mesmo na morte, e nos prepara para abrir caminho com graça para uma nova vida, na hora de morrer. Ascensão e queda, nascimento e morte ocorrem dentro da psique humana e do ciclo de vida. Tudo deve ser acolhido na hora certa, pois a vida é um processo de constantes mudanças.

O Deus escolhe se sacrificar para permanecer dentro da órbita da Deusa, dentro do ciclo do mundo natural e dentro da união extática e original que cria o mundo. Se Ele se agarrasse a qualquer ponto da roda e se recusasse a ceder à mudança, o ciclo cessaria; Ele sairia de órbita e perderia tudo. A harmonia seria destruída e a união seria rompida. Ele não estaria se preservando; estaria negando seu verdadeiro eu, sua paixão mais profunda, sua própria natureza.

É de vital importância não confundir esse conceito de sacrifício com o autossacrifício masoquista, que tantas vezes é pregado como o ideal das religiões patriarcais. Na Arte, o sacrifício da própria natureza ou da individualidade nunca é exigido. Em vez disso, a pessoa se sacrifica à natureza. Na Bruxaria, não há conflito entre o espiritual e o material; não temos que abrir mão de uma coisa para ganhar a outra. O espírito se manifesta na matéria: A Deusa é vista como alguém que nos dá abundância. Mas o verão mais abundante é seguido pelo inverno, assim como o dia mais longo termina à noite. Só quando um dá lugar ao outro, a vida pode continuar.

Na Bruxaria, é muito claro que sacrifício não é submissão ao poder externo de outra pessoa ou instituição. Tampouco significa abrir mão da própria vontade ou do respeito por si. Seu tom emocional não é de autopiedade, mas de orgulho; é o sacrifício do jovem Mettus Curtius, que, ao saber que o buraco sem fundo que se abrira repentinamente no Fórum Romano era um sinal de que os Deuses exigiam o sacrifício do que havia de melhor em Roma, saltou sem hesitação no abismo, a cavalo, salvando Roma. Ele não duvidou do seu próprio valor nem por um instante; sabia que deveria ser "o que havia de melhor de Roma" e agiu de acordo com isso, movido por um senso de dever.

A Bruxaria não exige pobreza, castidade ou obediência, mas também não é uma filosofia em que se "busca o Número Um". Ela se desenvolveu numa sociedade de clãs muito unida, na qual os recursos eram compartilhados e a terra era de todos. O conceito de "caridade" era desconhecido, porque compartilhar era uma parte integrante da sociedade, uma expectativa básica. O "Número Um" existia apenas dentro da estrutura da sociedade e da teia de toda a vida. A Bruxaria reconhece que somos todos interdependentes e que mesmo o membro mais ávido da "geração eu", mais cedo ou mais tarde, deve servir à vida, mesmo que seja apenas como adubo, para fertilizar a terra.**

O sacrifício do Deus era representado na sociedade humana pelo "Rei Sagrado" ou sacerdote, que servia como consorte da Grande Sacerdotisa, por um líder religioso e, ocasionalmente, pelo líder de guerra do clã. Em geral, desde que Frazer compilou *The Golden Bough*, sua obra clássica de folclore e antropologia, publicada pela primeira vez em 1900, escritores especializados no assunto das religiões "primitivas", especialmente aquelas orientadas para uma Deusa, aceitaram sua tese de que o sacrifício humano era uma instituição vital e regular na cultura matrifocal. Mesmo homens bem-intencionados, sensíveis e atenciosos (incluindo Robert Graves,* que provavelmente foi o principal colaborador do interesse renovado pela Deusa, no século XX) perpetuam esses mitos. Joseph Campbell, autor da excelente série *The Masks of God*, chega ao ponto de dizer que "o sacrifício humano... é característico, em toda parte, do culto à Deusa".[20]

A tradição da Arte e as evidências arqueológicas não apoiam essa imagem do culto à Deusa como algo sangrento e bárbaro. Os vários sítios arqueológicos paleolíticos associados a figuras da Deusa (Laussel, Angles-Sur-Anglin, Cogul, La Magdaleine, Malta, para citar alguns) não mostram nenhuma evidência de sacrifício humano. No período Neolítico, Catal Hüyük é um dos sítios escavados mais antigos (cerca de 6500-5700 a.C) e um dos mais claramente matriarcais. Os vários santuários decorados com figuras da Deusa Mãe e seu filho amado não têm vestígios de sacrifício humano ou animal; não há altares, nem covas para coletar sangue, nem pilhas de ossos. Os templos da Deusa de Malta e da Sardenha, os túmulos de passagem e os círculos de pedra dos construtores megalíticos ou os locais escavados em Creta também não mostram evidências de que seres humanos fossem assassinados ritualmente. Em lugares onde o sacrifício humano é claramente evidente (por exemplo, nas Tumbas Reais da cidade suméria de Ur, onde cortes inteiras seguiram o rei até a morte), ele está associado a culturas que já tinham feito a passagem para o patriarcado.

Reconstruir uma cultura a partir de ossos e artefatos é certamente difícil, mas fazer essa reconstrução a partir de costumes folclóricos que sobreviveram, o que Frazer muitas vezes tenta fazer, é algo igualmente sujeito a erros. Se os camponeses queimam na fogueira bonecas de milho durante a colheita, isso não significa necessariamente que eles um dia tiveram o costume de queimar seres humanos vivos. Para o Eu Mais Jovem, uma boneca de milho é um símbolo perfeitamente eficaz do sacrifício do Deus; não é preciso uma vítima viva, de carne e osso.

Relatos históricos sobre culturas matrifocais muitas vezes provêm de seus adversários e conquistadores, e é provável que estes tenham criado uma imagem negativa dos costumes religiosos dos seus inimigos. Se nosso conhecimento do Judaísmo medieval se limitasse aos relatos históricos dos religiosos católicos, poderíamos concluir que o sangue dos cristãos era utilizado para cozinhar *matzohs*. Hoje, reconhecemos essa ficção pela calúnia que foi, mas a calúnia contra as religiões matrifocais está profundamente enraizada na religião e na mitologia e muitas vezes é difícil de identificar. Por exemplo, acreditava-se que o mito grego de Teseu e o Minotauro representasse o sacrifício cretense de cativos ao seu Deus touro. Mas os afrescos escavados no Palácio de Minos revelam a prática do salto em touros: certamente um esporte perigoso, mas que dificilmente poderia ser chamado de sacrifício humano, pelo menos não mais do que seu descendente moderno, a tourada.

Segundo ensinamentos orais da Tradição das Fadas, em tempos antigos, o Rei Sagrado, ou Sacerdote, exercia seu poder durante nove anos, após os quais ele passava por um ritual de simulação da morte, abdicava e se juntava ao Conselho dos Anciões.** A morte ritual simulada pode ser a origem de muitos costumes populares que incluíam sacrifícios simbólicos. Em momentos de grande necessidade ou catástrofe, um rei poderia se sacrificar, se seu ser interior o obrigasse a isso. A disposição de abrir mão da própria existência para servir ao povo era o verdadeiro teste para os indivíduos corruptos e egoístas. Originalmente, a monarquia não era uma oportunidade para fazer uma matança no mercado de bronze ou para coletar escravos pessoais. Era uma identificação ritual e mística com as forças subjacentes da morte e da vida.

As mulheres nunca foram sacrificadas na Bruxaria. Elas derramavam seu próprio sangue mensalmente e corriam o risco de morrer a serviço da vida, a cada gravidez e parto. Por essa razão, o corpo feminino era considerado sagrado e mantido inviolado.

Infelizmente, hoje, os jornais, os filmes e a TV continuam a perpetuar a associação da Bruxaria e da religião da Deusa com o horror e o sacrifício humano. Todo assassino no estilo Manson é chamado de "bruxo". Psicopatas inveterados afirmam praticar bruxaria com rituais degradantes e, às vezes, podem levar pessoas simples a acreditarem neles. A Bruxaria, como religião, pode não ter um credo universal ou uma liturgia estabelecida, mas em alguns pontos há unanimidade. Atualmente, nenhuma bruxa autêntica pratica sacrifício humano, tortura ou qualquer outra forma de assassinato ritualístico. Se uma pessoa fizer isso, não é uma bruxa, mas um psicopata.**

A visão de mundo da Bruxaria, acima de tudo, valoriza a vida. O Cosmos é um campo polarizado de forças que estão constantemente em processo de criar formas e se dissolver em energia pura. A polaridade, à qual nos referimos como Deusa e Deus, cria o ciclo que fundamenta os movimentos das estrelas e a mudança das estações, a harmonia do mundo natural e a evolução em nossa vida humana. Percebemos a interação de forças em dois sistemas básicos: o sistema holístico, intuitivo, da "luz das estrelas", do hemisfério direito e o inconsciente; e o sistema linear, analítico e consciente do hemisfério esquerdo. A comunicação consciente e inconsciente entre o Eu Que Fala e o Eu Mais Jovem e, por meio deste, com o Eu Profundo, o espírito, depende de uma abertura para ambos os sistemas de percepção. Os conceitos verbais devem ser traduzidos em símbolos e imagens; imagens inconscientes devem ser trazidas à luz da consciência. Por meio da comunicação aberta, podemos entrar em harmonia com os ciclos da natureza, com a união original e extática, que é a força da criação. A harmonização requer sacrifício, a vontade de mudar, de abrir mão de qualquer ponto da Roda e seguir em frente. Mas o sacrifício não é sofrimento, e a vida em todos os seus aspectos, clara e sombria, crescente e minguante, é uma grande dádiva. Num mundo no qual a dança erótica em constante transformação do Deus e da Deusa se entrelaça, radiante, com todas as coisas, nós, que buscamos entrar no seu ritmo, ficamos extasiados diante da maravilha e do mistério de ser.

Notas

1. Ensinamento oral da Tradição de Bruxaria das Fadas.
2. Lee Bartlett, "Interview-Gary Snyder", California Quarterly n. 9 (1975): pp. 43-50.
3. Carlos Castañeda, *Tales of Power* (Nova York: Simon & Schuster, 1974), pp. 28-29.
4. M. Esther Harding, *Woman's Mysteries, Ancient & Modern* (Nova York: Pantheon, 1955), p. 6.
5. Robert E. Ornstein, The Psychology of Conciousness (São Francisco: W. H. Freeman, 1972), pp. 51-52.
6. Ornstein, p. 17.
7. Orsntein, pp. 51-52.
8. Ornstein, p. 79.
9. Anton Ehrenzweig, *The Hidden Order of Art* (Londres: Paladin, 1967), p. 35.
10. Barbara Brown, *New Mind, New Body* (Nova York: Harper & Row, 1974), p. 75.
11. Brown, p. 75.
12. Margaret A. Murray, *The Witch-Cult in Western Europe* (Nova York: Oxford University Press, 1971), p. 255.
13. John C. Lilly, *The Center of the Cyclone* (Nova York: Julian Press, 1972), p. 27.
14. Robert Graves, *Food for Centaurs* (Nova York: Doubleday, 1960), p. 6.
15. Joseph Campbell, *The Masks of God: Creative Mythology* (Nova York: Viking Press, 1970), p. 4.
16. Robert Graves, *The White Goddess* (Nova York: Farrar, Straus & Giroux, 1966), p. 395.

17. Campbell, pp. 176-77.
18. Mircea Eliade, *Rites & Symbols of Initiation*, trad. William R. Trask (Nova York: Harper & Row, 1958), p. 101.
19. Ensinamento oral da Tradição das Fadas.
20. Joseph Campbell, *The Masks of God: Oriental Mythology* (Nova York: Penguin Books, 1970), p. 160.

Capítulo 3

O Coven

Entre os Mundos

LUA NOVA

"Hoje à noite nos encontramos no armazém alugado. Por muito tempo, apenas conversamos sobre nossos medos e nossas dúvidas em relação à magia e a nós mesmos: que se ela não for real, vai se acabar; que é uma viagem do ego; que estamos loucos; que o que realmente queremos é poder; que perderemos nosso senso de humor e ficaremos todo vaidosos por causa disso; que, se não formos capazes de levá-la a sério, não vai funcionar; que ela vai funcionar...

À certa altura, demos as mãos e começamos a respirar juntos. De repente, percebemos que um círculo tinha sido lançado. Passamos o óleo para nos ungir e nos beijamos. Alguém começou um suave murmúrio e Pat começou a tocar tambor. E todos começamos a cantar, entrelaçando vozes e melodias, como se palavras diferentes estivessem saindo de nós:

> *Isis... Astarte... Ishtar*
> *Amanhecer e escuridão... amanhecer e escuridão...*
> *Lu-u-aa crescente, Lu-u-a...*
> *Derrame sua luz e seu brilho em nós...*
> *Brilhe! Brilhe! Brilhe! Brilhe! Brilhe!*

e enquanto isso, atrás de nós, Beth soprava o seu kazoo, cujo som parecia o de um estranho alaúde árabe ou de um sax soluçando um jazz, mas nós sorríamos com o humor disso.

Em algum momento, ficamos em silêncio. Então, compartilhamos frutas, rimos e conversamos sobre humor. Estávamos pensando num nome para o coven e alguém sugeriu "Compost" [Adubo]. Era perfeito! Terroso, orgânico, nutritivo e não nos deixaria todo vaidosos.

Agora somos o coven Compost!

O ritual funcionou. Seja o que for que a magia traga, ela não tirará de nós a capacidade de rir de nós mesmos. E aqueles medos vão se tornando cada vez menores".

Do meu Livro das Sombras

O coven é o grupo de apoio da bruxa, um grupo de expansão da consciência, um centro de estudos psíquicos, um programa de treinamento, uma Escola de Mistérios, um substituto do clã e uma congregação religiosa, tudo numa coisa só. Por tradição, num coven forte, o vínculo é "mais próximo do que o de uma família"; compartilham-se espíritos, emoções e imaginações. "Amor perfeito e confiança perfeita" são o objetivo.

A estrutura do coven torna a organização da Bruxaria muito diferente da maioria das outras religiões.* A Arte não se baseia em grandes multidões amorfas, que se conhecem apenas superficialmente, nem em gurus, com seus devotos e discípulos. Não existe uma autoridade hierárquica, nem um Dalai Lama, nem um Papa. A estrutura da Bruxaria é celular, baseada em pequenos círculos, cujos membros compartilham um profundo compromisso entre si e com a Arte.

A Bruxaria tende a atrair pessoas que, por natureza, não gostam de pertencer a grupos. A estrutura do coven permite que individualistas raivosos vivenciem um profundo senso de comunidade sem perder seu espírito independente. O segredo do coven é seu tamanho pequeno. Por tradição, um coven nunca tem mais de treze membros. Num grupo tão pequeno, a presença ou ausência de cada pessoa afeta as demais. O grupo é colorido pelas predileções, aversões, crenças e pelos gostos de cada indivíduo.

Ao mesmo tempo, o coven torna-se uma entidade em si mesma, com personalidade própria. Ele gera uma forma *raith*,† um redemoinho de energia que

---

† Consulte a página 203 para uma discussão e explicação completa sobre *raith*.

fica acima e além dos seus membros. Num coven forte, existe uma sinergia. Ele é mais do que a soma de suas partes, é uma fonte de energia que seus membros podem acessar.

Para ser membro de um coven, a pessoa deve ser iniciada, submeter-se a um ritual de compromisso no qual recebe ensinamentos espirituais e são revelados segredos do grupo.** A iniciação ocorre após um período de treinamento no qual a confiança e a segurança do grupo são lentamente construídas. Quando o ritual é realizado no momento certo, também se torna um rito de passagem, que marca uma nova etapa no crescimento pessoal. A Bruxaria está crescendo lentamente. Nunca pode ser uma religião de massa, praticada nas esquinas ou entre voos no aeroporto. As bruxas não fazem proselitismo. Espera-se que as candidatas procurem os covens e mostrem profundo interesse. Considera-se que a força do coven está na qualidade, não na quantidade.

Originalmente, os membros de um coven eram professoras/professores e sacerdotisas/sacerdotes de uma grande população pagã de não iniciados.** Eles eram os conselhos de anciãos dentro de cada clã, as mulheres e os homens sábios que mergulhavam abaixo da superfície dos ritos e buscavam significados mais profundos. Nos grandes festivais solares, os Sabás, eles conduziam os rituais, organizavam as reuniões e explicavam o significado das cerimônias. Cada coven tinha seu próprio território, que, por tradição, se estendia por uma légua. Os covens vizinhos podiam se unir para os grandes Sabás, para trocar conhecimentos, ervas, feitiços e, evidentemente, para fofocar. Federações de covens às vezes se uniam sob a liderança de uma bruxa "Rainha" ou um Grande Mestre. Na lua cheia, as bruxas se reuniam sozinhas nos Esbás, estudavam os ensinamentos espirituais e praticavam magia.

Durante a época da Queima, os grandes festivais foram erradicados ou cristianizados. A perseguição foi dirigida com mais força contra os membros dos covens, porque as bruxas eram vistas como as verdadeiras perpetuadoras da religião antiga. Tornou-se necessário maior sigilo. Qualquer membro de um coven poderia trair suas companheiras, tornando-as vítimas de tortura e morte, de modo que a frase "amor perfeito e confiança perfeita" tornou-se mais do que palavras vazias. Os covens ficaram isolados uns dos outros, as tradições foram fragmentadas e os ensinamentos foram esquecidos.

Atualmente, há um esforço crescente em toda a Arte para restabelecer a comunicação entre os covens e a partilha de conhecimento. Mas muitas bruxas ainda não podem se dar ao luxo de "sair do armário de vassouras". O conhecimento público pode significar a perda de um emprego e do meio

de subsistência. Bruxas conhecidas são alvos fáceis de malucos violentos: um casal do sul da Califórnia teve que deixar sua residência quando uma bomba caseira foi atirada contra eles, depois que foram entrevistados num programa de televisão. Outras bruxas enfrentam o assédio das autoridades por realizar práticas tradicionais, como leitura da sorte, ou se tornam bodes expiatórios para crimes locais. Infelizmente, os preconceitos ainda são generalizados.**
Pessoas com mais sensibilidade nunca identificam ninguém como Bruxa antes de pedir a permissão dela. Neste livro, meus próprios amigos e membros dos meus covens são geralmente identificados com o nome que usam no coven, para que sua privacidade seja protegida.

Todo coven é autônomo. Cada um deles funciona como sua própria autoridade em questões de ritual, tealogia e treinamento. Os covens que seguem os mesmos ritos podem ser considerados parte da mesma tradição. Para que seus membros possam ser protegidos por lei, muitos covens se associam ou se incorporam a igrejas, mas os direitos do coven, como uma entidade separada, são sempre zelosamente guardados.

Os covens muitas vezes desenvolvem uma orientação e um foco específicos. Alguns se concentram na cura ou no ensino, outros podem pender mais para o trabalho psíquico, estados de transe, ação social ou criatividade e inspiração. Alguns simplesmente parecem dar ótimas festas; afinal, "todo ato de amor e prazer" é um ritual da Deusa. Os covens podem incluir homens e mulheres, ou se limitar apenas a mulheres. (Existem muito poucos compostos exclusivamente de homens, por razões que serão discutidas no Capítulo 6).*

Um coven é um grupo de pessoas de igual categoria, mas não é "um grupo sem liderança". No entanto, a autoridade e o poder baseiam-se num princípio muito diferente daquele que prevalece no mundo como um todo. O poder, num coven, nunca é um poder *sobre* outra pessoa. É o poder que vem de dentro.

Na Bruxaria, poder é outra palavra para definir energia, o fluxo sutil de forças que moldam a realidade. A pessoa poderosa é aquela que atrai energia para o grupo. A capacidade de canalizar poder depende da integridade pessoal, da coragem e da retidão. Não pode ser assumido, herdado, designado ou dado como certo e não concede o direito de controlar outras pessoas. O poder interior se desenvolve a partir da capacidade de autocontrole, da coragem para enfrentar os próprios medos e limitações, da disposição para cumprir compromissos assumidos e de ser honesto. As fontes de poder interior são ilimitadas. O poder de uma pessoa não reduz o de outra; pelo contrário, à medida que cada membro do coven assume seu próprio poder, o poder do grupo fica mais forte.**

O ideal é que um coven sirva como um campo de treinamento para que cada membro desenvolva seu próprio poder pessoal. O apoio e a segurança do grupo reforçam a crença de cada membro em si mesmo. O treinamento psíquico abre novas percepções e habilidades, e a interação com o grupo se torna o espelho sempre presente no qual "nos vemos como os outros nos veem". O objetivo de um coven não é acabar com os líderes, mas preparar cada bruxa para ser líder, sacerdotisa ou sacerdote.

A questão da liderança tem assombrado o movimento feminista e a Nova Esquerda. Infelizmente, faltam exemplos de poder interior na cena política em geral. O "poder sobre os outros" é corretamente visto como um poder opressor, mas com muita frequência o "ideal coletivo" é utilizado para destruir os fortes, em vez de fortalecer os fracos. Mulheres poderosas são atacadas, em vez de apoiadas: "Sou uma traidora? Deveriam me dar um tiro. Fizeram-me uma líder. Não deveríamos ter líderes. Serei executada em algum jornal *underground*; meu caráter assassinado num subsolo".[1]

O conceito de "poder interior" incentiva o orgulho saudável, não o anonimato humilde; alegria pela própria força, não vergonha e culpa. Na Bruxaria, autoridade significa responsabilidade. O líder do coven deve ter força interior e sensibilidade para canalizar a energia do grupo, iniciar e terminar cada fase do ritual, adaptando o ritmo de cada um deles ao clima do círculo. Um ritual, como uma produção teatral, precisa de um diretor.

Na prática, a liderança passa de um membro do coven para outro, num grupo totalmente desenvolvido. A varinha representa a autoridade do líder e pode ser passada para cada um dos membros. Cada parte dos rituais pode ser liderada por pessoas diferentes.

Nosso último ritual do Equinócio de Outono, por exemplo, foi inspirado por Alan, que é um aprendiz, mas ainda não um iniciado no coven Compost. Alan está muito envolvido com o movimento de libertação masculina e queria um ritual focado na mudança do condicionamento que cada um de nós recebeu, com relação aos papéis dos sexos. Oito de nós, do Compost, do Honeysuckle (meu coven de mulheres) e do grupo de homens de Alan planejamos o ritual juntos. Aqui está reu relato:

> Equinócio de Outono, 1978
> Uma noite quente. Dezessete pessoas do nosso grupo se encontraram na casa de Guidot: nove mulheres e oito homens. Depois de nos socializarmos um pouco, subimos para a sala de rituais.

Alan, auxiliado por Guidot e Paul, lança o círculo usando algumas belas invocações, que eu acho que ele improvisou na hora. Três ou quatro de nós explicaram o ritual aos demais, para que se preparassem. Eu conduzi a invocação à Deusa usando o Cântico a Coré. Comecei recitando-o e, quando comecei a entoá-lo, foi como se algo viesse por trás e me arrebatasse de mim mesma. Minha voz mudou fisicamente, tornou-se uma vibração baixa e profunda, com uma força que se derramou sobre o círculo e que, mais tarde, quando todos se juntaram ao cântico, se derramou sobre todos nós: o lamento sombrio e lamentoso da morte do verão, triste mas belo...

A mudança é... o toque é...
Toque-nos... mude-nos...

Alan, Paul e Guidot invocaram o Deus, Alan chamando-O de Irmão Gentil, Aquele que Combate a Violação. Ele escreveu uma invocação poderosa (incluída no Capítulo 6).

Começamos uma dança de banimento, *widdershins* [no sentido anti-horário], ao redor do círculo. Conforme nos movíamos, uma pessoa soltava uma frase, o grupo a pegava e a repetia, cantava ritmicamente, aumentando o volume, gritando e, então, deixando gradualmente que ela se desvanecesse até que seu poder de nos controlar desaparecesse com ela. Alan começou:

"Você tem de ser um sucesso!"

"Você tem ser um sucesso!", "Você tem de ser sucesso!", "Tem de ser! Tem de ser! Tem de ser! Tem!"

"Boas meninas não se comportam assim!", "Boas meninas não se comportam assim!", "Meninos crescidos não choram!", "Você não é uma mulher de verdade!" "Mariquinha! Mariquinha! Mariquinha!"

Dezesseis ecos uivantes absorviam cada grito, enlouquecidos, imitando vozes que se tornaram, na penumbra, as Fúrias da nossa mente, provocando, rindo, gritando e então desaparecendo como nuvens de fumaça. No final, acabamos golpeando o chão com os pés, gritando: dezessete adultos completamente nus, pulando para cima e para baixo, gritando: "Não! Não! Não! Não! Não!"

Sem dúvida, o Eu Mais Jovem tinha despertado em toda a sua glória original. Val adquiriu o seu próprio poder, como Anciã. Ela realizou o Mistério (que é secreto), auxiliada, eu acho, por Alan e Paul. Eu não vi. Laurel, Brook e eu dirigimos o transe; uma indução sussurrada de três vozes:

Seus dedos estão se dissolvendo...
Sonhe profundamente e durma o sono mágico...
Desbotando e virando água...
Seus dedos estão...

Valerie nos acordou. Formamos dois grupos, para os Mistérios masculino e feminino. Os homens demoraram muito; acho que eles se envolveram num debate histórico sobre os ritos de Dioniso. Quando terminaram, voltamos ao círculo, um por um, e nos sentamos, intercalando homens e mulheres. Cada um de nós, em torno do círculo, disse como nos tornamos fortes.

Me tornei forte ao enfrentar meus medos.
Me tornei forte contando com os meus amigos.
Me tornei forte cometendo erros.
Me tornei forte tomando uma posição.
Me tornei forte realizando meus sonhos.

Em seguida, cantamos, gerando poder para concretizar as visões que tivemos do nosso verdadeiro eu livre, durante o transe. O cântico continuou por um tempo considerável, pois era extremamente agradável fisicamente sentir o fluxo de poder, a ressonância profunda das graves vozes masculinas, as notas agudas das mulheres, como sinos; ele girava em torno de nós como uma grande e cálida onda.

Depois, Alan e eu abençoamos o vinho e os bolos. À medida que o cálice passava pelo círculo, cada um de nós dizia pelo que era grato. O cálice percorreu várias vezes o círculo. Depois, relaxamos, comemos, rimos e conversamos, como de costume. Alan terminou o ritual e abriu o círculo.

Mais tarde, fiquei surpresa ao ver que tudo tinha corrido bem, com todos desempenhando papéis diferentes. É bom ser capaz de dar um passo para trás e deixar outras pessoas assumirem o centro do palco, vê-las desenvolver seu poder.

Atualmente, tanto o Compost quanto o coven de mulheres, chamado Honeysuckle, são covens de anciãs.* e ** Todo iniciado é capaz de conduzir rituais, direcionar a energia e treinar recém-chegados. No entanto, o processo de desenvolvimento em cada grupo foi diferente.

O Compost foi um exemplo para muitos covens novos, adeptos da autoiniciação, que estão surgindo atualmente, sem o benefício do treinamento formal da Arte. Eu tinha aprendido com bruxas muitos anos antes, quando era uma estudante universitária, mas nunca tinha sido realmente iniciada. A maior parte do meu conhecimento tinha vindo de figuras oníricas e experiências de transe. Não tinha conseguido encontrar um coven que considerasse adequado para mim e durante muitos anos trabalhei sozinha. Por fim, decidi verificar se poderia iniciar meu próprio coven, estando ou não "autorizada" a fazer isso. Comecei a dar aulas de bruxaria no Bay Area Center for Alternative Education.

Em poucas semanas, um grupo de pessoas interessadas começou a se reunir semanalmente. Nossos rituais eram coletivos e espontâneos, como o que descrevi no início deste capítulo. Opunhamo-nos a formas e palavras estabelecidas.

Em poucos meses, um núcleo forte se desenvolveu no grupo e passamos por uma iniciação formal. Nossos rituais também adquiriram um padrão regular e decidimos estabelecer a estrutura dos ritos para que eles tivessem um esquema coletivo, a partir do qual pudéssemos ser espontâneos e abertos. Antes, o líder (geralmente eu) decidia o que iria acontecer em seguida e todos me seguiam.

Conhecemos muitas bruxas de outros covens e iniciei meus estudos com uma professora da Tradição das Fadas. Comecei a adquirir uma noção do meu próprio poder. Como grupo, também percebemos que as energias que estávamos gerando eram *reais*, não meramente simbólicas. O grupo sentiu a necessidade de reconhecer um líder e, ao mesmo tempo, eu senti a necessidade de ver reconhecido meu poder interior recém-descoberto. O coven me confirmou como Sacerdotisa.

Como acontece com a maioria das pessoas cujo senso de poder interior está se desenvolvendo rapidamente, havia ocasiões em que eu ia a extremos. Às vezes, eu deixava de ser uma coletivista contrária a lideranças para me tornar uma sacerdotisa de mão pesada. Houve dias em que meus relatos dos rituais eram bem diferentes dos dois apresentados neste capítulo: "Lancei o círculo... invoquei a Deusa... conduzi o cântico... conduzi o Cone de Poder...". Felizmente, os membros de coven eram tolerantes o suficiente para permitir que eu cometesse erros e sinceros o suficiente para me dizer quando não gostavam do que eu estava fazendo. Começamos a compartilhar responsabilidades: um membro do coven trazia o sal e a água e purificava o círculo, outro trazia o incenso e carregava o espaço. Os homens invocavam o Deus Cornífero, e nós nos revezamos para invocar a Deusa e dirigir o Cone de Poder. Eu me senti mais relaxada no meu papel de liderança.

À medida que os outros membros do coven desenvolviam seus próprios pontos fortes, decidimos "passar o bastão". Diane, uma pessoa extremamente calorosa, que irradia um sentimento de humanitarismo, foi nossa escolha unânime. Ela sempre gostou mais de nossos rituais simples e espontâneos e, sob sua liderança, abandonamos muitas estruturas e nos dedicamos à experimentação. "Esta noite não estou com vontade de lançar o círculo formalmente", ela poderia dizer. "Vamos dar tapinhas nas quatro paredes e cantar. Por que não entoamos os nossos próprios nomes? E então cantávamos, às vezes por horas, no processo de desenvolver um dos mais simples e belos rituais que usamos hoje.

Diane saiu de férias no verão e passamos o bastão para Amber, o membro mais jovem do nosso coven. Diane aqueceu o círculo com um calor contínuo; Amber o iluminou com busca-pés, fogos de artifício e chamas coloridas. Talentosa, charmosa, adorável e instável, ela era uma grande musicista, com uma voz operesca e um talento especial para atuar. Ela nos inspirou a criar mais rituais teatrais, como os apresentados no Capítulo 12. Mas Amber achou difícil dar conta do alto nível de responsabilidade que a liderança de um coven exige. Ela estava passando por um período estressante em sua vida pessoal e, embora geralmente fizesse o que prometia, isso lhe causava grande ansiedade e estresse. Olhando para trás, percebo que a prejudicamos ao não possibilitar que ela tivesse um período de treinamento mais longo.

O Honeysuckle passou por um processo de formação diferente. Ele começou com uma aula sobre a Grande Deusa, numa época em que eu era Sacerdotisa do Compost havia vários meses e já tinha passado pela iniciação na Tradição das Fadas. Comecei com uma posição muito mais forte como líder e demorou bem mais tempo para que alguém questionasse minha autoridade. Eu estava decidida a não apressar o treinamento desse grupo e quase um ano se passou antes que eu mencionasse a palavra "iniciação". Quando cada uma das mulheres se sentiu pronta para assumir mais responsabilidades, foi capaz de questionar minha autoridade e demonstrou diposição para deixar para trás o papel de aluna, eu fiz a iniciação. Um novo ritual foi criado para cada membro e cada rito cristalizou um período de crescimento.

Encontrar um coven onde ingressar pode ser difícil.* As bruxas não estão nos catálogos telefônicos, embora hoje em dia seja fácil encontrar alguns grupos na internet (consulte a seção Recursos). No entanto, elas geralmente ensinam em universidades abertas ou livrarias esotéricas. Algumas faculdades patrocinam grupos de estudantes pagãos. Ocasionalmente, as lojas esotéricas também têm iniciativas e as igrejas unitárias podem ter conselhos do Covenant of Unitarian Universalist Pagans ou CUUP (consulte a seção Recursos). O melhor caminho é, sem dúvida, por meio de contatos pessoais. As bruxas acreditam que, quando uma pessoa está preparada interiormente para ingressar na Arte, ela é atraída para as pessoas certas.

Infelizmente, muitas pessoas afirmam ser bruxas quando são meras figuras indesejáveis. Quando você encontrar alguém que se autointitular bruxa, preste atenção nas suas sensações e na sua intuição. Os rituais de muitos covens são secretos, mas é preciso que lhe contem ou lhe mostrem o suficiente para que você possa ter uma boa ideia do que acontece dentro deles. Um verdadeiro coven nunca pedirá que você faça algo que lhe pareça errado. Qualquer forma de compulsão, coerção ou tática de venda agressiva é contrária ao espírito da Bruxaria. As verdadeiras bruxas esperarão até que você tome a iniciativa de procurá-las.

A Bruxaria não é uma mercadoria à venda. Não há taxas de iniciação e consideramos antiético cobrar pelo treinamento recebido num coven. Claro, as bruxas que dão aulas públicas ou trabalham como conselheiras psíquicas podem cobrar um preço justo pelo seu tempo e por seu trabalho. No entanto, elas não pedirão que você entregue todas as suas economias para eliminar uma maldição. Essas são as manobras favoritas dos golpistas que atacam pessoas crédulas. O coven pode cobrar uma taxa para cobrir os gatos com velas, incenso e outras coisas, mas uma Sacerdotisa não vai sair por aí dirigindo um Mercedes comprado com as contribuições dos seus leais seguidores.**

Num coven forte, os membros se sentirão próximos uns dos outros e naturalmente apoiarão seus colegas da Arte em momentos de estresse. Eles geralmente passam tempo juntos socialmente, fora das reuniões do grupo, e gostam da companhia uns dos outros. Mas eles também têm outras amizades e outras atividades variadas e interessantes, e não vivem o tempo todo juntos. Um coven não deve representar um distanciamento do mundo, mas uma estrutura de apoio, que ajuda cada membro a viver mais plenamente.

Existem agora muito mais pessoas que desejam ingressar num coven do que grupos capazes de aceitar novos membros. Se você não conseguir encontrar um coven no qual se sinta bem, pode praticar a Arte sozinho ou iniciar seu próprio coven.

Trabalhar sozinho não é o ideal. Abrir sua visão espiritual é muito mais difícil sem o apoio de um grupo. Aqueles que caminham sozinhos, nos caminhos não mapeados da mente, correm um risco maior de cair nas armadilhas da subjetividade. Além disso, trabalhar com outras pessoas é muito mais divertido.

Porém, como diz uma Bruxa que pratica a Arte sozinha há muitos anos: "Trabalhar sozinha tem prós e contras. Seu treinamento é bastante irregular, mas, de qualquer maneira, acontece o mesmo em muitos covens. A vantagem é que você aprende a depender de si mesma e conhece suas limitações. Quando finalmente entra num coven, você sabe o que quer e o que funciona melhor para você".

A meditação solitária e a prática da visualização são, por si só, parte do treinamento de toda Bruxa. A maioria dos exercícios deste livro pode ser feita sem um coven, e até mesmo os rituais podem ser adaptados. É preferível praticar em solidão do que entrar no grupo errado.

Você não precisa ser uma bruxa hereditária ou ter passado por uma iniciação para começar seu próprio coven. Claro que treinar ajuda, mas o método da tentativa e erro também é muito bom.

Quando um grupo de pessoas interessadas, mas inexperientes, se reúne, a primeira tarefa é estabelecer um sentimento de segurança entre os membros. A franqueza e a confiança desenvolvem-se lentamente, por meio da comunicação verbal e não verbal. As pessoas precisam de tempo para se socializar, bem como para fazer magia. Costumo começar os grupos com um jantar informal, para que todos possam compartilhar uma forma de energia muito tangível: a comida. Técnicas para ampliar a consciência também podem ser muito eficazes. Podemos dar a volta no círculo, deixando que cada pessoa diga por que procurou o grupo e o que espera dele. Todos têm a possibilidade de falar por um período limitado de tempo, sem seres interrompidos, para que os mais introvertidos se sintam incentivados a se expressar e para que os mais falantes não dominem a conversa. As perguntas e os comentários começam depois que todos tiveram a chance de falar.

A comunicação não verbal também é importante para desenvolver confiança no grupo. Os exercícios a seguir ensinam como sentir e compartilhar energia, que é a base dos rituais da Arte. Eles podem ser executados isoladamente ou fluir numa sequência. Eu escrevi o que digo quando lidero um grupo durante um exercício. Ao liderar um grupo, as palavras que você diz são menos importantes do que o ritmo da sua voz e a duração das pausas. A única maneira de aprender isso é praticando. Leia todos os exercícios, familiarize-se com eles e então improvise, com seus próprios padrões naturais de fala.

EXERCÍCIO 3: Para Sentir a Energia do Grupo

"A energia de que falamos na Bruxaria é real, é uma força sutil que todos podemos aprender a perceber. Agora mesmo, enquanto estamos sentados no círculo, estamos conscientes do nível de energia do grupo. Você está se sentindo alerta? Animado? Calmo ou nervoso? Tenso ou relaxado? (Pausa)

"A energia corre ao longo da coluna vertebral, para cima e para baixo. Agora, sente-se ereto, o mais ereto possível, sem ficar tenso. Ótimo. Observe como o nível de energia mudou. Você está se sentindo mais alerta? Mais atento? (Pausa).

"Sua respiração move a energia para dentro e para fora do seu corpo. Desperta os centros de poder que existem nele. Então, inspire profundamente... Respire fundo... até encher os pulmões. Respire com o diafragma... com a barriga... com o útero. Sua barriga deve empurrar para dentro e para fora enquanto você respira... Abra o zíper da calça, se necessário. Encha a barriga de ar. Sinta como você relaxa, se recarrega. Agora, observe como a energia do grupo mudou. (Pausa)

"Agora, vamos dar as mãos, nos unindo em torno do círculo. Continue respirando profundamente. Sinta a energia se mover ao redor do círculo. Pode ser como um formigamento sutil, um leve calor ou até mesmo uma sensação de frio. Cada um de nós pode perceber isso de uma maneira diferente. Alguns podem ver: a energia dançando como faíscas no centro do círculo. (Longa pausa).

(Para finalizar): "Agora, respire fundo e absorva o poder, como se o sugasse por um canudo. Sinta como ele sobe pela sua coluna e flui para o solo. Apenas relaxe."

(Ou vá para o próximo exercício).

EXERCÍCIO 4: Respiração em Grupo

(Para começar, diga:) "Vamos dar as mãos ao redor do círculo e nos sentar (ou ficar de pé), com a coluna ereta."

"E agora, fechando os olhos, vamos respirar juntos, respirando com a barriga, com o útero. Inspire... (lentamente), expire... inspire... expire... inspire... expire... sinta-se relaxar enquanto respira. Sinta que você fica mais forte a cada respiração... você se renova... a cada respiração... sente suas preocupações se dissiparem... a cada respiração... você é revitalizado... conforme respiramos juntos... inspire... expire... inspire... expire...

"E sinta nossa respiração enquanto ela está no centro do círculo... enquanto respiramos como uma única respiração... inspire... expire, respirando num círculo... respirando como um único organismo vivo... a cada respiração... tornando-se um círculo... a cada respiração... tornando-se uma única respiração... "(longa pausa).

(Termine como no Exercício 3 ou continue.)

EXERCÍCIO 5: Ancoramento: A Árvore da Vida.*

(Esta é uma das meditações mais importantes, praticada tanto individualmente quanto em grupo. Na prática solitária, você começa se sentando ou ficando de pé e respirando de modo profundo e cadenciado.)

"E, enquanto respiramos, lembre-se de que você deve estar ereto e, conforme sua coluna se estende, sinta a energia subir... (pausa).

Agora imagine que a sua coluna vertebral é o tronco de uma árvore... e das raízes da sua base ela se estende para o interior da Terra... em direção ao centro da própria Terra... (pausa)

E você pode extrair o poder da Terra, fazendo-a subir a cada respiração... sinta a energia subir como a seiva que sobe pelo tronco de uma árvore...

E sinta o poder subindo pela sua coluna... sinta-se ganhando vida... a cada respiração...

E do topo da sua cabeça saem alguns ramos que se estendem para cima e descem novamente até tocar a Terra... e sinta o poder brotando do topo da sua cabeça... e sinta como ele se espalha pelos galhos até tocar o solo novamente, formando um círculo... fazendo um circuito... retornando à sua fonte...

(Em grupo) "E respirando fundo, sinta todos os seus galhos se entrelaçando... e o poder sendo tecido através deles... e dance entre eles, como o vento... sinta a árvore se movendo..." (longa pausa).

(Termine como no Exercício 3 ou continue.)

EXERCÍCIO 6: Cântico de Poder

(Este exercício deve sempre começar com uma respiração em grupo: Exercício 4).

"Agora deixe sua respiração se tornar um som... qualquer som que você quiser... um gemido... um suspiro... uma risada abafada... um murmúrio suave... um uivo... uma melodia... entoe os sons das vogais, sem palavras..."

(Espere. Num grupo novo, pode haver silêncio por um tempo. Lentamente, alguém começará a suspirar ou murmurar baixinho. Outras pessoas irão aos poucos se juntar à primeira. A música pode se transformar num murmúrio alto ou numa onda crescente de notas vocalizadas. Algumas pessoas podem começar a rir, latir ou uivar como animais, se tiverem vontade. O canto pode atingir repentinamente o seu ponto mais alto e depois desaparecer no silêncio ou pode subir e descer em várias ondas de poder. Deixe que ele prossiga sem interferir.

Quando todos estiverem em silêncio, permita um momento tranquilo de relaxamento. Antes que o grupo comece a ficar inquieto, envie o poder para a Terra, como no Exercício 7).

EXERCÍCIO 7: Poder de Aterramento

(O aterramente, também chamado de "ancoramento", é uma das técnicas básicas da magia. O poder deve ser aterrado cada vez que é gerado. Caso contrário, a força que sentimos como energia vitalizante degenera em tensão nervosa e irritabilidade. Nos primeiros exercícios, ancoramos a energia sugando-a, deixando-a fluir através de nós e fazendo-a entrar na Terra. Esta técnica costuma ser útil quando se trabalha sozinho.

"Agora, deixe-se cair no chão e relaxe. Coloque as palmas das mãos no chão ou deite-se. Deixe o poder descer de você e penetrar na Terra". (Mesmo que vocês se encontrem na cobertura de um prédio que fique quinze andares acima da Terra, visualize a energia fluindo para o solo.) "Relaxe e deixe a força fluir através de você... deixe-a fluir, entrando profundamente na Terra... onde será purificada e renovada. Relaxe e deixe-se levar com serenidade."

Esses cinco exercícios contêm a essência de um ritual da Arte. O círculo é lançado quando vocês ficam de mãos dadas; o poder é gerado, compartilhado e aterrado. O compartilhamento da comida e da bebida geralmente vem em seguida: a magia abre o apetite! Enquanto o cálice é passado, brindes são feitos e as pessoas expressam sua gratidão à Deusa, pelas coisas boas que ainda estão por vir. Essa parte da reunião é descontraída e informal, um bom momento para trocar opiniões e discutir o que aconteceu. As pessoas podem sair do círculo nesse momento, mas a reunião *deve* ser formalmente encerrada antes que alguém vá para casa. Reuniões em que as pessoas simplesmente se dispersam no final deixam todos sem a sensação de fechamento e conclusão. Se houve prática de magia, a energia absorvida tende a se converter em ansiedade e irritação, em vez de paz e vitalidade. A reunião deve terminar com todos os participantes de mãos dadas e dizendo juntos:

> O círculo está aberto, mas intacto,
> Que a paz da Deusa esteja em nossos corações;
> Alegre encontro e alegre partida.
> E alegre reencontro. Bendito seja.

Em seguida, passa-se um beijo ao redor do círculo (no sentido horário).

Compartilhar poemas, canções, histórias, fotos e trabalhos criativos no círculo também ajuda a criar uma sensação de proximidade. No Honeysuckle, quando apresentamos um grupo de novos membros, dedicamos uma tarde a eles, contando as histórias da nossa vida no círculo. Também corremos juntas regularmente e fazemos "mochilões" em grupo. O Compost ocasionalmente realiza "excursões"; por exemplo, para o desfile do "Festival Chinês da Lua". Dedicamos um encontro para assistir O Mágico de Oz na televisão e para brincar na rua, cantando "Follow the Yellow Brick Road".

À medida que o convívio do grupo aumenta, é inevitável que surjam alguns conflitos interpessoais.* e ** A própria coesão do grupo fará com que alguns membros se sintam deixados de fora. Cada pessoa é parte do todo, mas também um indivíduo separado do resto. Algumas pessoas tendem a ver o grupo como uma entidade sólida, que engloba totalmente todos os demais, enquanto apenas elas próprias são parcialmente excluídas. A atração sexual também surge com frequência entre os membros do coven e, embora o momento mais emocional do amor atraia poder para o grupo, um casal que briga produzirá uma ruptura. Se as duas pessoas se separam e sentem que não podem mais continuar trabalhando juntas no grupo, cria-se um problema real para o coven. Muitas vezes, uma líder forte e carismática torna-se o foco das projeções dos outros membros. Ela pode ser vista como a Mãe Terra que tudo dá, a mulher eternamente desejável, mas inatingível, ou a profetisa sábia. É sempre tentador para ela acreditar nessas imagens lisonjeiras e se alimentar psiquicamente da carga elétrica que contêm, mas isso impede seu próprio crescimento como ser humano real. Mais cedo ou mais tarde, ela vai oscilar e a imagem vai se estilhaçar; os resultados podem ser explosivos.

É necessário e desejável que o grupo reserve um pouco de tempo e energia para resolver conflitos interpessoais, pois isso faz parte do processo de crescimento de um coven saudável. Mas não é nada difícil que um grupo degenere numa espécie de encontro de amadores ou numa competição para ver quem grita mais alto. O coven não pode funcionar como uma terapia em grupo. Às vezes, os problemas entre os membros podem ser resolvidos de forma mais eficaz por meio da magia do que por meio de discussões intermináveis. Por exemplo, em vez de tranquilizar um membro inseguro com palavras, coloque-o no centro do círculo e entoe o nome dele. Se dois membros não conseguem trabalhar juntos, mas nenhum dos dois quer sair do coven, o grupo pode precisar fazer um sorteio para decidir quem fica, deixando a decisão para a Deusa.* E, se a Sacerdotisa parece estar correndo o perigo de ser seduzida pela sua própria imagem no espelho, os membros menos fascinados por ela devem gentilmente informá-la disso. A crítica objetiva e construtiva é um dos grandes benefícios da estrutura de grupo.**

O coven se torna um espaço seguro no qual os membros se sentem livres para ser desinibidos: rir, dançar, agir como bobos, irromper numa canção em grupo, recitar poemas espontâneos, fazer trocadilhos muito ruins e deixar o Eu Mais Jovem vir à tona e brincar. Só então os estados superiores de consciência podem ser alcançados. Muitas técnicas foram desenvolvidas para remover o "censor" do Eu Que Fala e permitir que a voz interior se expresse livremente.

A nudez é uma dessas técnicas. Quando tiramos a roupa, tiramos nossa máscara social e cuidadosamente arrumamos nossa autoimagem. Nós nos abrimos. O significado místico do corpo humano nu é "a verdade". Cada pessoa precisa de um nível diferente de espaço privado. Enquanto algumas brincam alegremente em praias de nudismo, outras não se sentem confortáveis em ficar nuas até que, com o tempo, desenvolvam confiança. Em nossos covens, sempre realizamos rituais públicos vestidos. Se os convidados de cerimônias nudistas privadas se sentirem desconfortáveis em tirar a roupa, podem usar o que quiserem. A vulnerabilidade não pode ser imposta a ninguém, do contrário se torna destrutiva.

Eis a seguir um dos exercícios que usamos para começar a abrir a voz interior e liberar os bloqueios que impedem a expressão:

EXERCÍCIO 8: Transe por Associação de Palavras

(Todos devem se deitar e ficar numa posição confortável. Desligue as luzes. Comece com a respiração em grupo: Exercício 4. Quando todos estiverem relaxados, continue.)

"Agora vamos dar a volta no círculo, no sentido horário. Vou começar dizendo uma palavra e a próxima pessoa dirá a primeira palavra que lhe vier à mente. Em seguida, a pessoa que vier depois responderá à essa palavra e assim por diante, dando a volta no círculo. Não pensem sobre a palavra, apenas relaxem, respirem fundo e deixem-na escapar dos seus lábios."

(Comece. A sequência pode ser assim:)

"Verde/ervilha/sopa/quente/frio/neve/branco/preto/pássaro/voar/céu/estrelado/noite/escuro"

(Depois de algumas voltas no círculo:)

"Agora cada um de nós vai repetir a palavra da última pessoa e acrescentar a sua."

(Esta sequência pode ser assim:)

"Caverna escura/mergulhar numa caverna/mergulhar fundo/mar fundo/onda do mar/onda de calor /calor do sol/raio de sol."

(Depois de algumas voltas:)

"Agora, cada um de nós vai repetir as duas últimas palavras antes de adicionar as suas."

(Agora, a sequência pode ser assim :)

"Raio de sol brilhante/sol brilhante de dia/brilhante de dia é o céu/de dia é o céu que vejo/ é o céu que vejo eternamente/ vejo eternamente a estrela /eternamente a estrela brilha."

(Esta é uma invocação que usamos nos nossos encontros e foi criada por um grupo durante esse exercício.[†] À medida que o transe continua, as palavras se tornam, elas próprias, entidades. As combinações formam cenas em constante mudança, que aparecem vividamente diante do olho interior. Aos poucos, o ciclo pode se desvanecer e as pessoas simplesmente descrevem o que veem:)

"Vejo um céu escuro, com milhões de estrelas... Uma delas cruza o céu a toda velocidade..."

"Eu vejo um cometa brilhante, com uma cauda dourada atrás..."

"Eu vejo a cauda de um pavão com olhos iridescentes, que deixa um rastro..."

"Eu vejo um olho olhando para mim..."

"Eu vejo um rosto, o rosto moreno de uma mulher bonita..."

(As descrições podem ser elaboradas ou simples. Algumas pessoas podem ter visões impressionantes, outras ouvem vozes ou sons, ou sentem novas sensações. Algumas pessoas podem cair no sono. Depois de um tempo, o grupo fica em silêncio, cada membro absorto na sua própria visão. Dê um tempo para que todos entrem em contato plenamente com seu mundo interior e, em seguida, diga:)

"Agora, respirem fundo e digam adeus às suas visões. Num instante, abriremos os olhos e acordaremos, plena e completamente, sentindo-nos revigorados e renovados. Quando eu contar até três, vamos abrir os olhos e acordar. Agora, respirem profundamente... inspirem... expirem... um... dois... três... Abram os olhos e acordem revigorados e renovados."

É extremamente importante que todos retornem totalmente à consciência cotidiana. Acenda as luzes e mude a atmosfera completamente. Compartilhe comida e bebida (mas não álcool); movimente-se e fale. Caso contrário, os participantes permanecerão ligeiramente em transe, um estado que se torna exaustivo e deprimente.

Esse exercício é especialmente eficaz para abrir a imaginação criativa e pode ser usado em aulas de arte ou de redação, bem como em covens.

O ritual é, em parte, uma espécie de encenação, um teatro. Algumas pessoas adoram esse aspecto da Bruxaria; outras ficam intimidadas e paralisadas na frente de um grupo. No entanto, os membros mais inibidos do coven podem canalizar seu poder de outras maneiras. Brook, por exemplo, raramente quer

---

[†] A invocação foi adaptada para que fizesse sentido em português. (N.T.)

lançar o círculo ou invocar a Deusa, mas, quando ele canta, sua voz normalmente agradável, mas sem nada de extraordinário, torna-se um canal misterioso e sobrenatural para o poder.

O treinamento mágico varia muito de grupo para grupo, mas seu propósito é sempre o mesmo: abrir a consciência espiritual, ou "da luz das estrelas", como costumo dizer, a outra forma de conhecimento que pertence ao hemisfério direito e nos permite estabelecer contato com o Divino interior. O iniciante precisa desenvolver quatro habilidades básicas: relaxamento, concentração, visualização e projeção.

O relaxamento é importante porque qualquer forma de tensão bloqueia a energia. A tensão muscular é semelhante à tensão mental e emocional, e as tensões emocionais levam à tensão física e muscular e à doença. O poder que tenta se mover através de um corpo tenso é como uma corrente elétrica tentando forçar caminho por uma linha de resistências. A maior parte da força é perdida ao longo do caminho. Aparentemente, o relaxamento físico também muda os padrões das ondas cerebrais e ativa centros que não são usados normalmente.

EXERCÍCIO 9: Relaxamento

(Você pode fazer este exercício em grupo, sozinho ou com outra pessoa. Comece deitando-se de costas. Não cruze os braços ou as pernas. Afrouxe roupas apertadas.)

"Para saber como é o relaxamento, precisamos primeiro sentir a tensão. Vamos tensionar todos os músculos do corpo, um por um, e mantê-los tensos até relaxar o corpo todo com uma respiração. Não contraia os músculos até doer; apenas contraia-os ligeiramente.

Comece com os dedos dos pés. Tensione os do pé direito... e agora os do pé esquerdo. Contraia o pé direito... e o esquerdo. O tornozelo direito... e o tornozelo esquerdo..."

(Continue com o corpo todo, parte por parte. De vez em quando, lembre o grupo de tensionar os músculos que eles relaxaram.)

"Agora, tensione o couro cabeludo. O corpo todo está tenso... Sinta a tensão em todas as partes. Contraia os músculos que ficaram relaxados. Agora, respire profundamente... inspire... (pausa)... expire... e relaxe!

"Relaxe completamente. Você está completa e totalmente relaxado". (Fale isso num tom monótono:) "Seus dedos da mão estão relaxados e seus dedos dos pés estão relaxados. Suas mãos estão relaxadas e seus pés estão relaxados. Seus punhos estão relaxados e seus tornozelos estão relaxados."

(E assim por diante, passando por todo o corpo. Faça uma pausa periódica e diga:)

"Você está completa e totalmente relaxado. Completa e totalmente relaxado. Seu corpo está leve; você o sente como se fosse água, como se estivesse derretendo e penetrando na Terra."

"Deixe seu corpo boiar e flutuar serenamente em seu estado de relaxamento. Se alguma preocupação ou ansiedade atrapalhar sua paz, imagine que ela está deixando o seu corpo como se fosse água penetrando na Terra. Sinta que seu corpo está sendo curado e renovado."

(Permaneça em relaxamento profundo de dez a quinze minutos. É bom fazer esse exercício diariamente, até que você possa relaxar completamente, apenas se deitando e se soltando, sem passar por todo o processo. Pessoas que têm dificuldade para dormir descobrem que esse exercício as ajuda muito. No entanto, não caia no sono. Você está treinando sua mente para ficar num estado relaxado, mas alerta. Posteriormente, você usará esse estado para o trabalho de transe, que será muito mais difícil se você não tiver o hábito de ficar acordado. Se você praticar à noite, antes de dormir, sente-se, abra os olhos e termine o exercício conscientemente antes de adormecer.

Muitos dos outros exercícios podem ser praticados com mais eficácia num estado de relaxamento profundo. Tente descobrir o que funciona melhor para você.)

A visualização é a capacidade de ver, ouvir, sentir, tocar e saborear com os sentidos interiores. Nossos olhos físicos não veem; eles simplesmente transmitem ao cérebro impulsos nervosos causados por estímulos luminosos. É o cérebro que *vê* e pode ver as imagens interiores tão claramente quanto as do mundo exterior. Nos sonhos, todos os cinco sentidos são vívidos. Com a prática, a maioria das pessoas pode desenvolver a habilidade de usar os sentidos interiores vividamente enquanto acordadas.

Algumas pessoas veem as imagens de forma natural; outras podem ouvir ou sentir as impressões. Alguns acham difícil ou impossível visualizar, mas a maioria acha que esse exercício fica mais fácil com a prática.

A visualização é importante porque é por meio de imagens e sensações interiores que nos comunicamos com o Eu Mais Jovem e com o Eu Profundo. Quando os sentidos interiores estão totalmente despertos, podemos ter visões de extraordinária beleza, sentir o aroma das flores da Ilha das Maçãs, saborear a ambrosia e ouvir as canções dos Deuses.

EXERCÍCIO 10: Ancoramento e Centramento

Antes de iniciar a prática da visualização, precisamos nos ancorar e nos centrar. Esta é uma das técnicas básicas do trabalho mágico. Ancorar significa estabelecer uma conexão energética com a Terra. O exercício da Árvore da Vida é um método de ancoramento. Outro é visualizar uma corda ou um mastro estendendo-se desde a base da coluna até o centro da Terra. Concentre-se, alinhando seu corpo com o centro da gravidade. Respire pelo seu centro: pelo diafragma e pelo abdome. Sinta a energia fluindo da Terra e preenchendo você.

O ancoramento é importante porque permite que você extraia vitalidade da Terra, em vez de desperdiçar a sua. Quando você canaliza energia, ela funciona como um para-raios psíquico: as forças passam por você e entram na Terra, em vez de "torrarem" sua mente e seu corpo.

EXERCÍCIO 11: Visualizações Simples

Este exercício é para quem tem dificuldade para visualizar. Faça os exercícios de ancoramento e de centramento. Feche os olhos e imagine que está olhando para uma parede ou tela branca. Pratique a visualização de formas geométricas simples: uma linha, um ponto, um círculo, um triângulo, uma elipse etc.

Quando conseguir ver as formas claramente, visualize a tela pintada de uma cor: vermelho, amarelo, azul, laranja, verde, roxo e preto, cada uma dessas cores. Olhe primeiro para um objeto de uma cor com os olhos abertos, pois isso pode ajudar; depois feche os olhos e veja mentalmente essa cor.

Por fim, pratique a visualização de formas geométricas em várias cores. Altere as cores e formas até conseguir mentalizá-las à vontade.

EXERCÍCIO 12: A Maçã

Visualize uma maçã. Segure-a nas mãos, gire-a, sinta-a. Sinta sua forma, seu tamanho, seu peso, sua textura. Observe sua cor, o reflexo da luz em sua casca. Leve-a até perto do nariz e cheire-a. Morda-a, experimente seu sabor, ouça quando seus dentes trincarem a polpa. Mastigue a maçã; sinta-a descer pela garganta. Observe a maçã ficando menor à medida que você a come. Depois de comê-la até o miolo, deixe-a desaparecer.

Repita o mesmo com outros alimentos. As casquinhas de sorvete também são excelentes objetos para fazer esse exercício.

EXERCÍCIO 13: O Pentáculo

Visualize uma linha flamejante azul incandescente, como a chama de um maçarico. Agora desenhe mentalmente um pentáculo. Uma estrela de cinco pontas com uma ponta apontando para cima, na direção da invocação, começando no topo e descendo para a esquerda.

Observe como ele se forma com a chama azul. Mantenha a imagem em sua mente por um instante.

Agora, rastreie-o de volta, na direção do banimento, começando no canto esquerdo inferior e subindo. Ao fazer isso, observe-o desaparecer.

Pratique até que fique fácil para você. Esta visualização faz parte do lançamento do círculo.

PENTÁCULO DE INVOCAÇÃO   PENTÁCULO DE BANIMENTO

Início

Início

EXERCÍCIO 14: O Nó

Visualize-se dando um nó que você poderia fazer facilmente na vida real. Tente não ver uma imagem mental de si mesmo de fora; em vez disso, coloque-se dentro da imagem. Você precisa se ver enquanto suas mãos se movem e sentir a corda entre os dedos. Sinta cada movimento que você faria, feche o nó e sinta a corda se esticar.

Esta visualização é usada para feitiços de amarração.

Visualizações mais complexas serão apresentadas nos próximos capítulos.

A concentração é a capacidade de focar uma imagem, um pensamento ou uma tarefa, para estreitar seu campo de percepção e evitar distrações. Como um músculo, ela fica mais forte com a prática.

Muitas pessoas agora praticam formas orientais de meditação (yoga, Zen, Meditação Transcendental), que são excelentes para desenvolver a concentração. Quanto mais você praticar suas visualizações, mais fácil será se concentrar nas imagens. Os três exercícios a seguir o ajudarão a melhorar sua concentração interior.

EXERCÍCIO 15: Olhar Fixamente uma Vela

Num cômodo silencioso e escuro, acenda uma vela. Ancore-se e centre-se, depois olhe fixamente para a vela, em silêncio. Respire fundo e deixe a luz da vela lhe provocar uma sensação de calor. Deixe seu brilho sereno preencher você completamente. Quando os pensamentos surgirem em sua mente, observe-os como se viessem de fora. Não deixe a chama se dividir numa imagem dupla; mantenha o olhar focado. Fique assim por pelo menos cinco a dez minutos; depois relaxe.

EXERCÍCIO 16: O Diamante

Mais uma vez, acenda uma vela num cômodo escuro e silencioso. Ancore-se e centre-se. Olhe para a vela e visualize um diamante no centro da sua testa, logo acima das sobrancelhas. O diamante reflete a luz da vela e a vela reflete a luz do diamante. Sinta a reverberação da energia. Faça isso por pelo menos cinco a dez minutos; depois relaxe.

EXERCÍCIO 17: Espelho, Espelho Meu

Ancore-se e centre-se. Em frente a um espelho, fite os seus próprios olhos. Concentre sua atenção no espaço entre eles. Repita seu próprio nome, várias vezes. Mais uma vez, quando os pensamentos aparecerem, observe-os como se estivessem fora de você. Depois de cinco a dez minutos, relaxe.

A projeção é a capacidade de emitir energia. Para a maioria das pessoas, isso é bastante natural quando estão conscientes da "sensação". A palavra projeção também é usada em outro sentido, para se referir à capacidade de viajar "para fora do corpo". Essa forma de projeção será apresentada no Capítulo 9. No Exercício da Árvore da Vida e durante a Respiração em Grupo e o Cântico de Poder, já experimentamos como é emitir energia. Aqui estão dois outros exercícios:

EXERCÍCIO 18: A Pedra

Ancore-se e centre-se. Imagine que você está na praia, olhando as ondas. Com a mão dominante, você segura uma pedra pesada. Levante-a, inspire e, ao expirar, arremesse-a pelos ares! Observe-a cair no mar, logo abaixo do horizonte.

Agora olhe para a frente outra vez. Perceba que você pode ver um horizonte duas vezes mais distante. Prolongue sua visão mentalmente, para enxergá-lo. Em sua mão, você segura uma pedra com o dobro do tamanho da primeira. Mais uma vez, respire fundo e, ao expirar, atire-a com toda a força. Observe-a cair entre as ondas mais distantes.

Mais uma vez, olhe e perceba que você pode ver um horizonte duas vezes mais distante. Em sua mão, você segura uma pedra duas vezes mais pesada. Inspire profundamente mais uma vez e, ao expirar, atire-a com força! Observe-a enquanto cai na água.

Pratique este exercício até sentir a liberação da força que acompanha a pedra.

EXERCÍCIO 19: O Martelo

Ancore-se e centre-se. Visualize um martelo pesado em sua mão. Um prego teimoso se projeta de uma tábua à sua frente. Com todas as suas forças, acerte o prego até que ele fique totalmente enterrado na tábua. Repita isso até totalizar três marteladas.

Os covens têm muitas maneiras diferentes de acolher novos membros.* Alguns têm aulas ou grupos de estudo abertos. Preferimos que os iniciados acolham aprendizes individuais. Assim cada pessoa recém-chegada recebe instruções individualizadas, sob medida para as necessidades dela. Além disso, cada membro do coven tem a oportunidade de ser uma autoridade e se sente obrigado a conceitualizar seu próprio conhecimento da Arte para poder ensiná-lo. Os aprendizes e seus professores desenvolvem vínculos muito fortes, de modo que cada recém-chegado sente que tem uma relação especial com um dos membros do grupo. Além disso, os alunos desenvolvem um vínculo entre si como grupo. Eles participam de rituais juntos para que ninguém se sinta "o novato da turma".

Quando treino um aprendiz, penso em mim mesmo como alguém que se parece um pouco com uma professora de balé. Sugiro uma disciplina regular, incluindo muitos dos exercícios deste capítulo, os "exercícios de barra básicos" da magia. Além disso, tento identificar pontos fracos e desequilíbrios e aconselho exercícios corretivos. Por exemplo, para um aluno cuja mente vagueia continuamente, posso sugerir uma prática de concentração. Por outro lado, a

Paul, que durante anos estudou com um grupo de budistas e, nas suas próprias palavras, consegue "fazer buracos nas paredes", tamanho é o seu poder de concentração, recomendei que corresse todos os dias. Durante os rituais, os aprendizes têm a oportunidade de combinar as habilidades aprendidas sozinhos numa intrincada dança de poder com o coven e entre si.

Como disciplina básica,* *e* ** eu recomendo três coisas. A primeira é praticar exercícios físicos regulares. A importância disso nunca pode ser suficientemente enfatizada. Infelizmente, é uma das coisas mais difíceis de se levar as pessoas a fazer. A Arte tende a atrair pessoas mentais e espirituais, não atletas corpulentos. Mas o trabalho mágico e psíquico exige uma vitalidade enorme: literalmente, a energia do *raith*, do Eu Mais Jovem. Essa vitalidade é reabastecida e renovada por meio da atividade física, da mesma forma que o movimento das rodas de um carro aciona o gerador, que recarrega a bateria. O trabalho mental e espiritual excessivo que não é equilibrado com o exercício físico esgota as baterias etéricas. O yoga às vezes é bom, mas geralmente é ensinado como uma disciplina espiritual que abre os centros psíquicos, em vez de aumentar a vitalidade física. Para os nossos propósitos, correr, nadar, andar de bicicleta, jogar tênis ou andar de patins são as melhores opções; atividades ativas e divertidas, que nos põe em contato com os elementos. As bruxas com deficiência podem encontrar um exercício apropriado para suas necessidades e capacidades. Se você puder passar algum tempo ao ar livre todos os dias, na grama ou debaixo de uma árvore, onde possa absorver as energias dos elementos, colherá muitos dos mesmos benefícios que os corredores de maratona.

A segunda coisa que recomendo aos alunos é a prática diária de relaxamento e um exercício de meditação, visualização ou concentração. Esses exercícios muitas vezes tendem a mudar à medida que o aluno progride. Algumas pessoas fazem vários exercícios ao mesmo tempo, mas um é suficiente. À certa altura do meu próprio treinamento, eu acordava pela manhã, fazia um exercício de transe com minha máquina de escrever por uma hora, depois vinte minutos de yoga, incluindo meditações sobre os quatro elementos e a Visualização do Círculo, do Capítulo 4. Mais tarde eu praticava relaxamento profundo e transe. À noite, fazia o exercício de olhar fixamente a chama de uma vela, a purificação da água e uma variedade de feitiços pessoais. Infelizmente, me restava muito pouco tempo para *viver* efetivamente. Depois de algumas semanas, decidi que a moderação era a essência da sabedoria, tanto na magia quanto em outros aspectos da vida.

A terceira prática que sugiro é manter um diário mágico chamado Livro das Sombras. Por tradição, esse era o "livro de receitas" de rituais, feitiços, cânticos e feitiços que cada bruxa copiava à mão do livro do seu professor. Atualmente, embora me envergonhe admitir, as informações costumam ser fotocopiadas e distribuídas às Bruxas do coven.** O Livro das Sombras agora é mais um diário pessoal. Ele pode incluir descrições de rituais, sonhos, reações a exercícios, poemas, histórias e viagens de transe. As bruxas solitárias podem usar seu Livro das Sombras para desenvolver um pouco da objetividade que geralmente acompanha o trabalho num coven. Transes e meditações podem ser registrados no diário. Tristine Rainer, em *The New Diary*, descreve técnicas para usar o diário como um recurso para recordar vidas passadas.[2]

Útero, grupo de apoio, escola de treinamento de magia e comunidade de amigos: o coven é o coração da Arte. Dentro do círculo, cada bruxa é treinada para desenvolver seu poder interior; a integridade da mente, do corpo e do espírito. Como famílias, os covens às vezes têm suas batalhas. Mas sempre que eles lançam o círculo, sempre que geram o Cone de Poder e reúnem os Deuses, eles reconhecem a Deusa, o Deus e o espírito da vida que existem em todos nós. E assim, quando cada pessoa que passou pela iniciação é desafiada na entrada do círculo, ela apenas repete a senha: "Amor perfeito e confiança perfeita".

Notas
1. Kate Millett, *Flying* (Nova York: Ballantine Books, 1974), p. 14.
2. Tristine Rainer, *The New Diary* (Los Angeles: Tarcher, 1978), pp. 259-61.

CAPÍTULO 4

A Criação de um Espaço Sagrado

Entre os Mundos

O LANÇAMENTO DO CÍRCULO*

A sala é iluminada apenas por velas bruxuleantes, colocadas em cada um dos quatro pontos cardeais. Os membros do coven formam um círculo de mãos dadas. Com seu athame (uma faca consagrada) na mão, a Sacerdotisa† vai até o altar e saúda o céu e a terra. Ela se vira e caminha para o quadrante Leste, seguida por dois membros do coven, um dos quais com o cálice de água salgada na mão, e o outro com o incenso aceso. Eles ficam de frente para o Leste. A Sacerdotisa levanta o athame e invoca:

> *Salve, Guardiões das Torres de Vigia do Leste,*
> *Poderes do Ar!*
> *Nós os invocamos e os chamamos.*
> *Águia Dourada do Amanhecer,*
> *Buscador das Estrelas,*
> *Redemoinho,*
> *Sol Nascente,*

---

† Por conveniência literária, designei a Sacerdotisa como a lançadora do círculo, mas qualquer membro do coven, mulher ou homem, pode assumir esse papel.

Venha!
Pelo ar, que é a respiração Dela,
Envie sua luz,
Esteja aqui agora!¹

Enquanto fala, ela traça o pentagrama de invocação no ar, com o athame. Ela o vê resplandecendo com uma chama azul-clara, e através dele sente uma grande rajada de vento varrendo uma planície elevada, iluminada pelos primeiros raios do amanhecer. Ela respira fundo, absorvendo o poder, e então o aterra através da faca, que está apontada para o chão.

Enquanto esparge a água três vezes, o primeiro membro do coven clama: "Com o sal e a água, eu purifico o Leste!" O segundo membro desenha o pentagrama de invocação com incenso, dizendo: "Com o fogo e o ar, eu invoco o Leste!".

A Sacerdotisa, com o athame estendido, traça os limites do círculo. Ela o vê tomando forma em sua mente, enquanto eles continuam a se dirigir às quatro direções, repetindo a invocação, a purificação e a ordem:

Salve, Guardiões das Torres de Vigia do Sul,
Poderes do Fogo!
Nós os invocamos e o chamamos.
Leão Vermelho do calor do meio-dia,
Ser Flamejante!
Calor do verão,
Centelha de vida,
Venha!
Através do fogo, que é o espírito Dela,
Envie sua chama,
Esteja aqui agora!

Salve, Guardiões das Torres de Vigia do Oeste,
Poderes da Água!
Nós os invocamos e os chamamos.
Serpente do abismo acuoso,
Criadora da chuva,
Crepúsculo do manto acinzentado,
Estrela vespertina!
Através das águas do ventre vivo Dela,

Envie seu fluxo,
Esteja aqui agora!

Salve, Guardiões das Torres de Vigia do Norte,
Poderes da Terra!
Pedra angular de todo o poder.
Nós os invocamos e os chamamos,
Senhora da Escuridão Exterior,
Touro Negro da Meia-Noite,
Estrela do Norte,
Centro do céu rotatório,
Pedra,
Montanha,
Campo Fértil,
Venha!
Pela terra que é o corpo Dela,
Envie sua força,
Venha aqui agora!

A Sacerdotisa traça o último elo do círculo, terminando no Leste. Mais uma vez, ela saúda o céu e a terra, vira-se e toca o caldeirão central com a ponta do athame, dizendo:

"*O círculo está lançado.*
Estamos entre os mundos,
Além dos limites do tempo,
Onde noite e dia,
Nascimento e morte,
Alegria e tristeza,
São um só.

O segundo membro do coven leva uma vela fina até a vela do ponto Sul e com ela acende as velas no caldeirão central e do altar, dizendo:

"*O fogo está aceso,*
Inicia-se o ritual.

Eles voltam para o círculo. O primeiro membro do coven sorri para a pessoa à sua esquerda e lhe dá um beijo, dizendo:

"Com amor perfeito e confiança perfeita".

Um beijo é passado ao redor do círculo.

"O desdobramento do Deus... inclui a criação de um novo espaço no qual as mulheres são livres para se tornarem quem são... Seu centro está na fronteira das instituições patriarcais... Seu centro é a vida das mulheres que começam a se libertar rumo à totalidade ".[2]

"A entrada para o novo espaço... também inclui uma entrada para um novo tempo... O centro do novo tempo está na fronteira do tempo patriarcal... É o nosso tempo de vida. É sempre que vivemos fora do nosso próprio sentido de realidade, recusando-nos a ser possuídas e alienadas pelo tempo linear, medido e quantitativo do sistema patriarcal".[3]

MARY DALY

Na Bruxaria, definimos um novo espaço e um novo tempo cada vez que lançamos um círculo, para iniciar um ritual. O círculo existe nas fronteiras do espaço e do tempo comuns; está "entre os mundos" do visível e do invisível, da consciência da lanterna elétrica e da luz das estrelas, um espaço em que realidades alternativas se encontram, em que o passado e o futuro estão abertos para nós. O tempo não é mais mensurado; torna-se elástico, fluido, um poço turbilhonante no qual mergulhamos e nadamos. As restrições e distinções dos nossos papéis socialmente definidos não se aplicam mais; só se mantém a regra da natureza, a regra de Isis, que diz: "A lei que estabeleci não pode ser violada por homem algum".[4] Dentro do círculo, os poderes dentro de nós, a Deusa e os Deuses Antigos são revelados.

O lançamento do círculo é uma meditação encenada. Cada gesto que fazemos, cada instrumento que usamos, cada poder que invocamos ressoa pelas camadas de significado para despertar um aspecto de nós mesmos. As formas exteriores são um pretexto para as visualizações interiores, para que o círculo se torne uma mandala viva, na qual estamos centrados.

Quando lançamos um círculo, criamos uma forma de energia, uma fronteira que limita e contém os movimentos de forças sutis. Na Bruxaria, a função do círculo não é tanto manter as energias negativas do lado de *fora*, mas manter o poder do lado de *dentro*, de modo que ele possa atingir seu ponto mais alto. Você não pode ferver a água sem colocá-la numa panela e não pode gerar poder com eficácia se ele também não for contido. Não é aconselhável deixar o círculo durante o ritual, porque isso tende a dissipar energia; gatos e crianças pequenas, no entanto, parecem conseguir passar por ele sem alterar o campo energético. Quando os adultos precisam sair do círculo antes do término do ritual, eles geralmente abrem uma "porta" com um athame, numa pantomima.

O lançamento do círculo é o início formal do ritual, o "sinal" complexo que nos diz para mudarmos nossa percepção de uma maneira mais profunda. No ritual, "suspendemos a descrença", assim como fazemos quando estamos assistindo a uma peça de teatro: deixamos as funções críticas e analíticas do eu Que Fala relaxarem, para que o Eu Mais Jovem possa responder de modo pleno e emocional ao que acontece. O Eu Mais Jovem, do modo como o vemos, responde melhor a atos, símbolos, coisas tangíveis, de modo que essa mudança na consciência é representada por meio de uma rica coleção de instrumentos e símbolos.

Nos círculos de pedra permanentes da era Megalítica, onde rituais foram realizados por centenas de anos, grandes reservatórios de poder foram criados. Visto que as pedras definiam o local sagrado, não havia necessidade de se lançar o círculo como fazemos. A forma de lançamento do círculo que a maioria das bruxas usa agora provavelmente se originou durante a época da Queima, quando as reuniões eram realizadas em segredo, a portas fechadas, e tornou-se necessário criar um templo numa pequena cabana. É possível que as bruxas tenham assumido a forma de cabalistas. Dizem que elas muitas vezes escondiam judeus perseguidos por cristãos e trocavam conhecimentos. (Devo admitir que, embora as bruxas geralmente acreditem que isso seja verdade, aparentemente os judeus nunca ouviram falar disso ou, se ouviram, não divulgam publicamente esse fato.)

Antes de qualquer ritual, sempre há um período de purificação durante o qual os participantes afastam qualquer preocupação, inquietação ou ansiedade que possa impedi-los de se concentrar.** Alguns covens simplesmente borrifam cada membro com água salgada enquanto lançam o círculo. Em grandes rituais, esse é o único método prático, mas em pequenos grupos e em trabalhos importantes, usamos um exercício de meditação mais intenso, chamado Purificação da Água Salgada.

O sal e a água são elementos de limpeza. A água, é claro, lava. O sal evita a deterioração e é um desinfetante natural. O oceano, o útero da vida, é água salgada, e também as lágrimas que ajudam a purificar o coração da dor.

EXERCÍCIO 20: Purificação com Água Salgada

Esta é uma das práticas básicas de meditação individual que devem ser praticadas regularmente. É muito útil realizá-la todos os dias, durante períodos de grande ansiedade ou depressão, ou quando você assumiu grandes responsabilidades.

Encha um cálice com água. (Se você tiver um cálice ritual, use-o.) Com seu athame (ou outro instrumento), adicione três montinhos de sal à água e misture tudo no sentido anti-horário.

Sente-se com o cálice apoiado no colo. Deixe seus medos, preocupações, dúvidas, ódios e decepções virem à tona, na sua mente. Você deve vê-los como um riacho lamacento que flui de você conforme respira e é dissolvido pela água salgada do cálice. Dê a si mesmo tempo para se sentir profundamente purificado.

Agora levante o cálice. Respire fundo e sinta que está extraindo o poder da Terra (como no exercício da Árvore da Vida). Deixe a força fluir para a água salgada, até que você possa visualizá-la resplandecente de luz.

Tome um gole da água. Ao senti-la na língua, saiba que absorveu o poder de limpar, de curar. O medo e a infelicidade se transformaram no poder de mudar.

Despeje a água restante num jato de água corrente. (Infelizmente, nestes tempos de decadência, o riacho mais próximo é geralmente aquele que sai da torneira e desce pelo ralo.)

EXERCÍCIO 21: Purificação em Grupo com Água Salgada*

Os membros do coven se reúnem num círculo, com incenso e velas acesas. A Sacerdotisa vai para o altar e faz a prática de ancoragem e centramento. Ela pega o cálice com água com a mão direita e diz: "Bendita és tu, criatura da água". Pega o prato com sal com a mão esquerda e diz: "Bendita és tu, criatura da terra". Ela eleva os dois objetos ao céu com os braços estendidos e deixa o poder fluir para eles, dizendo:

> Sal e água,
> interior e exterior,
> Alma e corpo,
> Que sejam purificados!
> Expulsem tudo o que é nocivo!
> Absorvam tudo o que é bom e purificador!
> Pelos poderes da vida, da morte e do renascimento*
> Que assim seja!"[†]

[†] Por tradição, na Arte a expressão "que assim seja" é usada para concluir um feitiço ou trabalho de magia.

A Sacerdotisa deixa os objetos no altar e toma o seu athame na mão dominante, dizendo:

"Bendita és tu, criatura da arte".

Ela adiciona três montes de sal na água e mistura no sentido anti-horário, dizendo:

Que este athame possa ser purificado,
E que estes instrumentos e este altar possam ser purificados,

enquanto deixa cair algumas gotas sobre o altar. Então saúda o céu e a terra dizendo:

Em nome da Vida e da Morte, que assim seja!

Ela, em seguida, leva o cálice até o coração e imbui a água de poder. Quando sente que a água está resplandecente, volta para o círculo. O cálice é passado ao redor do círculo e cada pessoa realiza sua própria purificação em voz baixa. Os outros cantam baixinho, enquanto o cálice vai dando a volta no círculo. Num grupo grande, três ou quatro cálices de água são passados ao mesmo tempo; caso contrário, levaria horas para o cálice dar a volta no círculo.

Quando o cálice retornar para a Sacerdotisa, ela dá um beijo em quem está ao seu lado e, assim, inicia um beijo coletivo que dá a volta no círculo. Então inicia o lançamento do círculo. Caso sinta que o espaço onde está ocorrendo a reunião necessita de uma limpeza especial, ela pode efetuar o Banimento a seguir:

EXERCÍCIO 22: Banimento**

Após a purificação, a Sacerdotisa pega a espada ou o athame e vai para o centro do círculo. Ela aponta a lâmina para o céu e para a terra e diz com força:

Espíritos malignos,
Seres hostis,
Visitas indesejadas,
Afastem-se!
Deixem-nos em paz,
Deixem este lugar,
Deixem este círculo,
Que os Deuses possam entrar.
Afastem-se ou sejam lançados nas trevas exteriores!

> Afastem-se ou se afoguem no abismo aquoso!
> Afastem-se ou sejam queimados nas chamas!
> Afastem-se ou se despedacem no redemoinho!
> Pelos poderes da vida, da morte e do renascimento,

Todos os membros do coven clamam juntos:

> Nós banimos vocês! Banimos vocês! Banimos vocês!
> Afastem-se!

Todos gritam, berram, batem palmas, agitam sinos e fazem barulho para assustar e afastar as forças negativas.

A água em que nos banhamos pode ser "carregada"†; se alguns cristais de sal forem adicionados a ela, os membros do coven podem tomar um banho ritual antes de entrar no círculo. Isso é descrito com mais detalhes no Capítulo 10, que trata da Iniciação. Devido às limitações de tempo e de água quente, é melhor que todos façam isso em casa.

O conceito do círculo dividido em quadrantes é básico na Bruxaria, assim como em muitas culturas e religiões.* Cada uma das quatro direções e a quinta, o centro, corresponde e ressoa com uma qualidade do eu, um elemento, um momento do dia e do ano, instrumentos da Arte, animais simbólicos e formas de poder pessoal. A visualização constante dessas conexões cria vínculos interiores. A ação de lançar o círculo desperta, então, todas as partes do ser e nos coloca em contato com a mente, a energia, as emoções, o corpo e o espírito, para que nos tornemos inteiros continuamente.

Os "Guardiões das Torres de Vigia" são formas de energia, *raiths* ou espíritos dos quatro elementos. Eles trazem a energia elemental da Terra, do Ar, do Fogo e da Água ao círculo, para aumentar o poder humano. O vórtice de poder criado quando invocamos as quatro direções protege o círculo de intrusões e atrai os poderes superiores da Deusa e de Deus.

Cada movimento num ritual tem um significado. Quando nos movemos "na direção do sol", ou no sentido horário, "*deosil*", seguimos a direção em que o sol parece se mover no hemisfério Norte e atraímos poder. *Deosil* é a

---

† Na Magia, "carregar" um objeto significa impregná-lo de energia.

direção associada a aumento, fortuna, favores e bênção. Quando nos movemos "*widdershins*", ou no sentido anti-horário, estamos indo contra o sol, e essa direção é usada para diminuir ou banir.

Os instrumentos, os objetos físicos que usamos na Bruxaria, são representantes tangíveis de forças invisíveis. É a mente que executa a magia, e nenhuma faca bem trabalhada, nenhuma varinha sofisticada, pode fazer muito mais do que aumentar o poder da mente treinada. Os instrumentos são simplesmente um auxílio para nos comunicarmos com o Eu Mais Jovem, que responde muito melhor ao tangível do que ao abstrato.

Existem duas escolas básicas de pensamento sobre os instrumentos da Arte: a escola de magia cerimonial e o que chamo de escola de magia de cozinha. Os cerimonialistas são puristas que acham que os instrumentos mágicos nunca devem ser usados por outras pessoas ou para um propósito diferente do ritual. Os objetos podem se tornar reservatórios de poder psíquico, que podem ser dissipados, por exemplo, cortando-se uma fruta com o athame. Por outro lado, as bruxas que praticam magia de cozinha sentem que a Deusa se manifesta tanto em tarefas comuns quanto em círculos mágicos. Quando corta frutas com seu athame, você consagra a fruta e o trabalho na cozinha se torna uma tarefa sagrada. Qualquer que seja a escola de pensamento que você siga, é considerado rude manipular os instrumentos de outra Bruxa sem a permissão dela.

Os instrumentos podem ser comprados ou confeccionados por você, recebidos de presente ou encontrados, às vezes em circunstâncias incomuns. Mother Moth, do Compost, encontrou seu athame caído sobre a faixa branca da pista, no meio de uma estrada, enquanto dirigia para casa uma noite. Ocasionalmente, o coven dá um kit de instrumentos a um membro que conclui a Iniciação. Ao comprar instrumentos mágicos, nunca pechinche.

As correspondências podem variar nas diferentes tradições e as interpretações dos simbolismos nem sempre coincidem. A seguir, estão as correspondências usadas na Tradição das Fadas (as tabelas de correspondência completas estão na página 343).

O Leste*

O Leste corresponde ao elemento Ar, à mente, ao amanhecer, à primavera, às cores claras e diáfanas, ao branco e ao violeta, à águia e aos pássaros que voam alto, e ao poder do *saber*. Seus instrumentos são o athame e a espada, que são usados alternadamente. O athame é tradicionalmente uma faca de lâmina dupla e cabo preto, mas as pessoas usam de tudo, desde facas de cozinha até canivetes suíços com saca-rolhas, indispensáveis para abrir um vinho ritual.** Muitas bruxas não têm espadas; elas podem dar um ar dramático a um ritual realizado num local amplo e aberto, mas são incômodas num espaço pequeno.

EXERCÍCIO 23: Meditação do Ar

Volte-se para o Leste. Ancore-se e centre-se. Respire fundo, tomando consciência do ar que entra e sai dos seus pulmões. Sinta-o como o sopro da Deusa e absorva a força vital, a inspiração do universo. Deixe sua própria respiração se fundir com os ventos, as nuvens, as grandes correntes que varrem a Terra e o oceano, com o movimento da Terra. Diga: "Salve, Árida, Brilhante Senhora do Ar!".

EXERCÍCIO 24: Meditação com o Athame ou a Espada*

Ancore-se e centre-se. Segure seu athame ou espada com a mão dominante. Respire fundo e absorva o poder do Ar, o poder da mente. O poder desse instrumento é o de discernir, traçar linhas, estabelecer limites, tomar decisões e executá-las. Lembre-se das decisões que você tomou e executou apesar das dificuldades. Sinta o poder da sua mente para influenciar os outros e a força da sua responsabilidade de não fazer mau uso desse poder. Você tem força para agir com ética, dependendo do que acha que é certo. Deixe o poder da sua inteligência, do seu conhecimento e da sua coragem moral fluir para o seu instrumento.

O Sul

O Sul corresponde ao elemento Fogo, à energia ou espírito, ao meio-dia, ao verão, aos tons vermelhos e laranjas ígneos, ao leão solar e à qualidade da *vontade*. Seu instrumento é a varinha, que pode ser um galho fino de avelã, um robusto bastão de carvalho ou um pedaço de madeira flutuante, esculpido com uma forma mágica. A varinha é usada para canalizar energia, para direcionar o Cone de Poder e para invocar o Deus ou a Deusa.

EXERCÍCIO 25: Meditação do Fogo

Volte-se para o Sul. Ancore-se e centre-se. Esteja ciente da centelha de eletricidade dentro de cada nervo à medida que ela pulsa de uma sinapse para outra. Esteja ciente da combustão dentro de cada célula, pois os alimentos queimam para liberar energia. Deixe seu próprio fogo se unir com a chama da vela, da fogueira, do fogo da lareira, do relâmpago, da luz das estrelas e da luz do sol, uno com o espírito brilhante da Deusa. Diga: "Salve Tana, Deusa do Fogo!".

EXERCÍCIO 26: Meditação com a Varinha

Ancore-se e centre-se. Segure sua varinha com a mão dominante. Respire fundo e sinta o poder do Fogo, da energia. Esteja consciente de si mesmo como um canal de energia. Você pode transformar o espírito em matéria, uma ideia em realidade, um conceito numa forma. Sinta seu próprio poder de criar, fazer, ser um agente de mudança. Você deve estar em contato com sua vontade: seu poder de fazer o que deve fazer, de estabelecer uma meta e trabalhar nessa direção. Deixe sua vontade fluir para a varinha.

O Oeste

O Oeste corresponde ao elemento Água, às emoções, ao crepúsculo, ao outono, aos azuis, cinzas e roxos, e ao verde do mar, às serpentes marinhas, aos golfinhos, aos peixes, ao poder de *ousar*. Do Oeste vem a coragem de enfrentar nossos sentimentos mais profundos. Seu instrumento é a taça, ou cálice, que contém a água salgada ou bebida ritual.

EXERCÍCIO 27: Meditação da Água

Volte-se para o Oeste. Ancore-se e centre-se. Sinta o sangue fluindo pelos rios das suas veias, as marés líquidas dentro de cada célula do seu corpo. Você é fluido, uma gota congelada do oceano primordial, que é o útero da Grande Mãe. Encontre as piscinas serenas da tranquilidade dentro de você, os rios de sentimentos, as marés de poder. Mergulhe profundamente na fonte da mente interior, abaixo da consciência. Diga: "Salve, Tiamat, Serpente do Abismo Acuoso!".

EXERCÍCIO 28: Meditação do Cálice

Ancore-se e centre-se. Segure o cálice com as duas mãos. Respire profundamente e sinta o poder da Água, do sentimento e da emoção. Entre em contato com o fluxo de suas próprias emoções: amor, raiva, tristeza, alegria. O cálice é o símbolo da nutrição, o seio transbordante da Deusa, que nutre toda a vida. Esteja consciente de como você se nutre e nutre os outros. O poder de sentir é o poder de ser humano, de ser real, de ser completo. Deixe a força de suas emoções inundar o cálice.

O Norte

O Norte é considerado a direção mais poderosa. Como há épocas e regiões de muito pouco sol no hemisfério Norte, essa é a direção do Mistério, do invisível. A Estrela do Norte é o centro em torno do qual os céus orbitam. Na Arte, os altares estão voltados para esse ponto cardeal. O Norte corresponde à Terra, ao corpo, à meia-noite, ao inverno, à vegetação marrom, preta e verde. Do Norte vem o poder de calar, de ouvir e de falar, de guardar segredos, de saber o que não dizer. A Deusa como a Donzela Negra, a lua nova, que ainda não é visível, e o Deus como o Touro Sagrado, são os totens do Norte. Seu instrumento é o pentáculo, principal símbolo da Arte. O pentáculo, uma estrela de cinco pontas com uma delas apontando para cima, colocada dentro do círculo da lua cheia, pode ser gravado num prato de porcelana ou cerâmica ou moldado com "argila de padeiro" (massa de pão e sal). Esse prato é, então, usado para ancorar a energia ou para servir os bolos sagrados.

EXERCÍCIO 29: Meditação da Terra

Volte-se para o Norte. Ancore-se e centre-se. Sinta seus ossos, seu esqueleto, a solidez do seu corpo. Esteja consciente da sua carne, de tudo que pode ser tocado e sentido. Sinta a força da gravidade, seu próprio peso, sua atração pela Terra, que é o corpo da Deusa. Você é uma paisagem natural, uma montanha em movimento. Funda-se com tudo o que vem da Terra. Grama, árvores, grãos, frutas, flores, animais, metais e pedras preciosas. Volte ao pó, ao composto, ao barro. Diga: "Salve, Belili, Mãe das Montanhas!".

EXERCÍCIO 30: Meditação com o Pentáculo – Os Cinco Estágios da Vida

Ancore-se e centre-se. Segure seu pentáculo com as duas mãos. Respire fundo e sinta o poder da Terra, do corpo. O pentáculo é seu próprio corpo, quatro membros e uma cabeça. São os cinco sentidos, interiores e exteriores. Entre em contato com seu próprio poder de ver, ouvir, cheirar, saborear, tocar. O pentáculo são os quatro elementos mais o quinto: a essência. E são as cinco etapas da vida, cada uma delas, um aspecto da Deusa:

1. *Nascimento*: o início, o momento de começar a ser.
2. *Iniciação*: a adolescência, o tempo da individualização.
3. *Amadurecimento do Amor*: o tempo de união com outra pessoa, de plena maturidade, sexualidade, responsabilidade e amor.

4. *Reflexão*: o tempo da maturidade, do descanso, da integração, da sabedoria.
5. *Morte*: a hora de terminar, de deixar ir, de avançar para o renascimento.

Olhe para o seu pentáculo ou desenhe um numa folha de papel. Marque as quatro estações, movendo-se pelos quatro pontos no sentido horário, e experimente cada um dos estágios a cada vez, conforme ocorre na vida e enquanto dura cada nova atividade ou relacionamento. Desenhe as linhas que se interligam e reflita sobre seus significados. O amor está ligado ao nascimento e à morte. A morte está ligada ao amor e à iniciação.

No alfabeto* goidélico† das árvores cada um dos cinco estágios era simbolizado por uma árvore cujo nome começava com uma das cinco vogais:[5]

A: Nascimento – *ailm*, abeto-prateado.
O: Iniciação – *onn*, junco ou tojo.
U: Amor – *ura*, urze.
E: Repouso – *eadha*, álamo.
I: Morte – *iodho*, teixo.

Entoe os sons das vogais e sinta a força de cada estágio. Toque seu corpo com o pentáculo e deixe a força vital da sua carne fluir para ele.

EXERCÍCIO 31: O Pentagrama de Ferro

(Este é um pentáculo desenhado ou escrito. Trata-se de um instrumento de meditação na Tradição das Fadas e um importante exercício de treinamento).

Ancore-se e centre-se. Em seu Livro das Sombras, desenhe um pentáculo com linhas que se cruzem e nomeie as pontas, no sentido horário: "Sexo", "Eu", "Paixão", "Orgulho" e "Poder".

O *sexo* é a manifestação da energia motriz da força vital. É a polaridade, a atração do Deus e da Deusa, o pulsar que sustenta o universo; a harmonia orgástica e extática que ressoa dentro de cada ser.*

O *eu* é identidade, individualidade. Cada um de nós é uma manifestação única da Deusa, e essa individualidade é altamente valorizada pela Arte. O amor por si mesmo é a base de todo amor. "Celebre a si mesmo e você verá que o eu está em toda parte."

A *paixão* é a força da emoção que traz cor, profundidade e vitalidade à vida. Alegria, tristeza, êxtase, raiva, medo, dor, amor: a Deusa se manifesta em todas as emoções humanas. Não podemos sentir nenhuma delas em toda a sua intensidade se não estivermos dispostos a enfrentá-las.

---

† A palavra "goidélico" refere-se aos celtas gaélicos (que falavam irlandês, escocês e manx), em contraposição aos celtas britônicos (que falavam galês, córnico e bretão).

O *orgulho* nos incentiva a criar, fazer, compartilhar, crescer e desfrutar dos frutos legítimos das nossas conquistas. O verdadeiro orgulho não se baseia em comparações ou competição; é um senso absoluto do nosso valor interior. O orgulho carrega consigo a responsabilidade de agir de acordo com o respeito por si mesmo e o respeito pelo eu dos demais.

Poder é energia, poder interior, não poder sobre os outros. Quando as cinco pontas estão em equilíbrio, a força vital flui livremente, enchendo-nos de vitalidade. Poder é integridade, criatividade, coragem: a marca de uma pessoa íntegra.

Medite sobre cada uma das pontas do pentagrama e explore seus vínculos e conexões: "Sexo-Paixão", "Eu-Orgulho", "Paixão-Poder" e assim por diante. Deite-se com os braços e as pernas estendidos, de modo a formar uma estrela. Imagine que sua cabeça e seus membros são, cada um deles, uma ponta do pentagrama. Quando você está "nas pontas", isso é sinal de que eles estão em equilíbrio. Se você achar que algumas pontas estão mais fracas, trabalhe para desenvolver essas qualidades. Absorva a força do Pentagrama de Ferro.

EXERCÍCIO 32: O Pentagrama de Pérola

O Pentagrama de Pérola é um instrumento de meditação, assim como o Pentagrama de Ferro. Suas pontas são Amor, Sabedoria, Conhecimento, Lei e Poder.

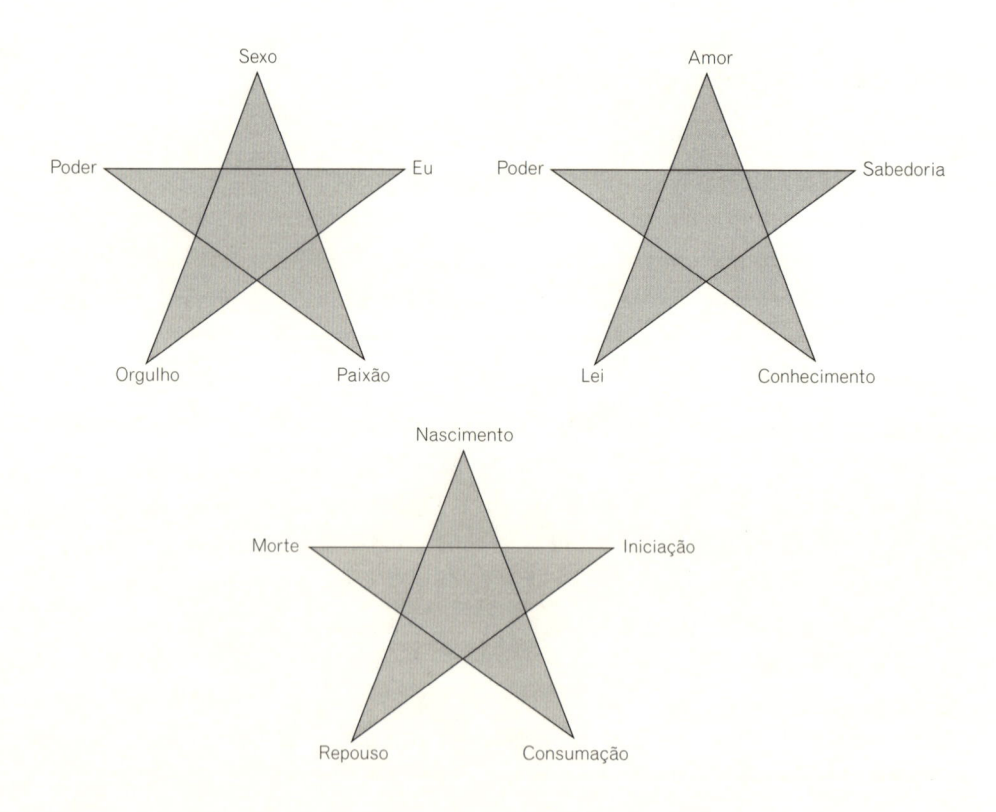

Comece como no exercício do Pentagrama de Ferro.

O *amor* é a energia que move a vida. É, ao mesmo tempo, cegamente erótico e profundamente pessoal; um cuidado apaixonado, orgulhoso e poderoso consigo mesmo e com os outros. É a lei da Deusa e a essência da magia.

Sabedoria e *Conhecimento* podem ser mais bem compreendidos quando estão juntos. Conhecimento é aprendizado, o poder da mente para compreender e descrever o universo. Sabedoria é saber como aplicar o conhecimento e como não aplicá-lo. Conhecimento é saber o que dizer; sabedoria é saber se devemos dizer ou não. O conhecimento pode ser ensinado; a sabedoria vem da experiência, de cometer erros.

A *lei* é a lei natural, não a lei humana. Quando violamos as leis naturais, sofremos as consequências como um resultado natural das nossas ações, não como punição. Se violar a lei da gravidade, você cairá. A magia funciona dentro da lei natural, não fora dela. Mas a lei natural pode ser mais ampla e complexa do que imaginamos.

O *poder* é, mais uma vez, o poder que vem de dentro, quando o amor, o conhecimento, a sabedoria e a lei se unem. O poder baseado no amor e temperado com conhecimento, lei e sabedoria, produz crescimento e cura.

Mais uma vez, medite sobre as pontas e sobre as conexões entre elas. Deite-se na posição do pentáculo, sinta as pontas como parte de você e se conscientize dos seus próprios desequilíbrios. Absorva a beleza do Pentagrama de Pérola.

Centro

O centro do círculo é o ponto de transformação. Ele corresponde à essência pura, à atemporalidade, à luz transparente, à capacidade de *ir*, de se mover, de mudar, de transformar. Seu instrumento mágico é o caldeirão, que pode ser a tradicional panela de ferro de três pernas ou uma tigela de barro ou metal. O caldeirão contém o fogo: uma vela, incenso, ervas de defumação ou uma fogueira. Também pode ser a panela de cozinha, em que o fogo transforma os alimentos que ingerimos.

EXERCÍCIO 33: Meditação da Transformação

Ancore-se e centre-se. Sussurre suavemente sem parar: "Ela muda tudo que toca e tudo que Ela toca muda". Sinta os constantes processos de mudança dentro de você, em seu corpo, em suas ideias e emoções, em seu trabalho e em seus relacionamentos. Dentro de cada pedra imóvel, os átomos estão em fluxo constante. Sinta as mudanças em tudo ao seu redor, as mudanças que você fez e as que ainda precisam ser feitas. Até mesmo concluir a meditação faz parte do processo de mudança que é a vida. Diga: "Salve, Coré, cujo nome não pode ser pronunciado, Aquela em Eterna Mudança!".

EXERCÍCIO 34: Meditação do Caldeirão

Ancore-se e centre-se. Segure o caldeirão com as duas mãos. Respire fundo e sinta o poder da transformação. Você está segurando o Caldeirão de Ceridwen, no qual os mortos ganham vida. Você segura o caldeirão em que foi preparado o caldo que transmite todo o conhecimento e a compreensão. O caldeirão é o útero da Deusa, o local de gestação de todos os nascimentos. Pense nas transformações que você vivencia todos os dias. Num único instante, você morre e renasce mil vezes. Sinta seu poder de terminar e recomeçar, sua capacidade de gestar, criar, dar à luz coisas novas e deixe que esse poder flua para o seu caldeirão.

As meditações sobre os elementos fazem parte do treinamento de toda bruxa. Depois de experimentar a energia de cada elemento mágico separadamente, o aprendiz é ensinado a combiná-los, como uma preparação para aprender a lançar o círculo.

EXERCÍCIO 35: Exercício da Visualização do Círculo

(Você pode se deitar, sentar-se confortavelmente ou ficar de pé para realizar este exercício. Volte-se para cada uma das direções, física ou mentalmente).

Ancore-se e centre-se. Volte-se para o Leste. Visualize seu athame com a mão dominante e desenhe um Pentáculo de Invocação (como no Exercício 13). Visualize-o incandescente, como uma chama azul-clara. Diga: "Salve, Guardiões das Torres de Vigia do Leste, Poderes do Ar!".

Atravesse o pentáculo, usando-o como um portal, e visualize um vento forte varrendo uma vasta planície de relva ondulante. Respire fundo e sinta o ar em seu rosto, em seus pulmões, em seu cabelo. O sol está nascendo, e em seus raios uma águia dourada brilha, enquanto voa em sua direção. Quando você se sentir cheio de poder, diga: "Salve e adeus, Seres Iluminados!". Atravesse o pentáculo novamente.

Vire-se e volte-se para o Sul. Mais uma vez, desenhe o Pentáculo de Invocação. Diga: "Salve, Guardiões das Torres de Vigia do Sul, Poderes do Fogo".

Atravesse o pentáculo. Você está numa planície escaldante, sob o sol quente. É pleno meio-dia. Sinta a ardência do sol em sua pele e absorva seu poder. À distância, leões dourados-avermelhados se aquecem ao sol. Quando você se sentir harmonizado com o fogo, diga: "Salve e adeus, Seres Radiantes!". Passe pelo pentáculo novamente.

Vire-se e volte-se para o Oeste. Volte a desenhe o pentáculo e diga: "Salve, Guardiões das Torres de Vigia do Oeste, Poderes da Água!".

Atravesse o pentáculo. Você está num penhasco, debruçado sobre um mar agitado. Sinta a espuma e a força das ondas. É crepúsculo, e as ondas azul-esverdeadas são marcadas por um tom violeta à medida que o sol desaparece. Golfinhos e serpentes marinhas mergulham e brincam na espuma. Quando se sentir sintonizado com o poder da água, diga: "Salve e adeus, Seres Flutuantes!" e atravesse mais uma vez o pentáculo.

Vire-se e volte-se para o Norte. Desenhe o pentáculo e diga: "Salve, Guardiões das Torres de Vigia do Norte, Poderes da Terra!".

Atravesse o pentáculo. Você está no meio de uma paisagem exuberante e fértil, nas encostas de uma montanha. Ao seu redor, há uma vegetação rastejante, que cresce nutrida por nascentes de águas frescas, e árvores altas e silenciosas alimentadas pelos minerais e nutrientes da terra. À distância, o trigo ondula nos campos férteis. Acima de você, cabras selvagens se agarram às escarpas, enquanto, abaixo, manadas de gado selvagem golpeiam com seus cascos a planície. É meia-noite; a lua está escondida, mas as estrelas brilham. A Ursa Maior e a Ursa Menor circundam a Estrela do Norte, o ponto central imóvel da roda giratória do céu. Diga: "Salve e adeus, Seres Silenciosos!".

Visualize os quatro pentáculos ao seu redor num círculo de chama azul. Acima de sua cabeça há uma estrela de oito pontas. Respire fundo e absorva o poder da estrela. Deixe-o preencher você; sinta a luz inundando cada célula do seu corpo, um cone de luz que se espalha pelas profundezas da terra ao seu redor. Agradeça à estrela e deixe a luz retornar à sua fonte. Abra o círculo, visualizando os pentáculos voando para o espaço.

Outros instrumentos* [e] ** que são usados na maioria dos covens são a corda, um colar, o incensário e o Livro das Sombras, que foi discutido no Capítulo 3. A corda é o símbolo da ligação, de pertencer a um coven. Em algumas tradições, a cor da corda reflete o grau de avanço na Arte da pessoa que a usa. O incensário é usado para portar o incenso e é identificado com o Leste ou o Sul, Ar ou Fogo. O colar é o círculo do renascimento, o sinal da Deusa. Ele pode ter a aparência que você mais goste.

Certamente, velas, ervas, óleos e incensos também são usados na Bruxaria. Infelizmente, não tenho espaço para comentar detalhadamente sobre seus usos e correspondências, especialmente porque tais informações são oferecidas nas Tabelas de Correspondências e estão disponíveis em outros livros.[6] Em geral, a bruxa se baseia mais na sua própria intuição do que nas associações tradicionais de ervas, aromas e cores. Se os materiais "certos" não estiverem disponíveis, improvisamos.

Os instrumentos geralmente são mantidos num altar, que pode ser qualquer coisa, desde uma arca antiga entalhada à mão até uma caixa coberta com um pano. Quando usado para a prática regular de meditação e magia, o altar torna-se carregado de energia, um vórtice de poder. Geralmente, o altar da bruxa fica voltado para o Norte e os instrumentos são colocados em suas direções correspondentes. As imagens da Deusa e do Deus (estatuetas, conchas, sementes, flores ou espelho) ficam numa posição mais central.

EXERCÍCIO 36: Consagração de um Instrumento

(Os instrumentos podem ser carregados – imbuídos de energia psíquica – e consagrados num ritual de grupo, durante uma iniciação, ou individualmente. Vou descrever o rito de um athame; para outros instrumentos, simplesmente faça os ajustes necessários.)

Monte um altar como quiser e acenda as velas e o incenso. Execute a purificação de água salgada e lance o círculo executando a Visualização do Círculo. Peça à Deusa para estar presente, com você.

Segure seu athame com a mão dominante, dizendo: "Bendita és tu, criatura da arte". Faça a Meditação do Athame ou da Espada.

Toque com o athame cada um dos símbolos dos quatro elementos: o incenso para o Ar, a varinha para o Fogo, o cálice para a Água e o pentáculo para a Terra. Medite sobre o poder de cada elemento e visualize esse poder fluindo para o athame. Diga: "Que sejas carregado com o poder do (Ar, Fogo etc.) e me sirvas bem no (Leste, Sul etc.), entre os mundos, em todos os mundos. Que assim seja".

Passe seu athame pela chama da vela e toque com ele o caldeirão central. Visualize uma luz branca preenchendo-o e carregando-o. Diga: "Que tu sejas carregado a partir do centro de tudo, acima e abaixo, por toda parte, dentro e fora, para me servir bem entre os mundos, em todos os mundos. Que assim seja".

Desenhe ou grave seus próprios símbolos pessoais na lâmina ou no cabo. Passe sua própria saliva, seu suor, sangue menstrual ou outras secreções pelos símbolos, para criar um escudo de luz que mantenha o poder. Sopre o athame e imagine seu poder pessoal fluindo para ele.

Toque seu coração com ele e depois seus lábios. Diga: "Corda, circundada; poder, vinculado; luz revelada, athame selado".

Envie o poder para a Terra, agradeça à Deusa e abra o círculo, agradecendo a cada uma das direções e visualizando os pentáculos desaparecendo.

Ao lançar um círculo, as formas exteriores usadas são menos importantes do que a força da visualização interior. Quando a Sacerdotisa invoca os Guardiões do Leste, por exemplo, ela sente o vento e, com sua visão interior, vê o sol nascer. Ele também está visualizando os pentáculos flamejantes e o círculo de luz que envolve o coven. Num grupo forte, uma pessoa pode realizar atos exteriores, mas todos estarão visualizando o círculo interior e entrando em sintonia com os elementos.

As formas exteriores podem ser simples. Se você estiver sozinho, pode ser suficiente visualizar um anel de luz branca ao redor da sala ou se voltar para cada direção e tocar a parede. Um grupo pode dar as mãos e imaginar o círculo, ou um dos membros pode andar ao redor dos outros. O círculo pode ser marcado antecipadamente com giz, pedras, uma corda, flores, folhas ou conchas, ou pode ser desenhado no ar com o athame.

Este capítulo começa com uma descrição de um roteiro formal do lançamento do círculo. No início, será difícil tentar se lembrar das palavras e ações, visualizar os elementos e sentir o poder (assim como é difícil dar tapinhas na cabeça e massagear a barriga ao mesmo tempo). Mas, com a prática, sua concentração vai melhorando, até que toda a sequência flua com facilidade e naturalidade. Se desejar, você pode criar suas próprias invocações, em vez de usar as que apresento aqui. A seguir estão alguns exemplos:

CÍRCULO DE CURA PARA LANÇAR DURANTE A TRIBULAÇÃO
Alan Acacia

Salve, Guardiões das Torres de Vigia do Leste, poderes do Ar:

Soprem para longe toda estagnação, encham nossos pulmões.
Ajudem-nos a trazer frescor
À nossa vida.
Que os céus sejam claros, as mentes lúcidas,
Para que possamos ver o caminho.
Que nossas palavras criem um espaço seguro.
Que assim seja.

Salve, Guardiões das Torres de Vigia do Sul, poderes do Fogo:

Entrem em nosso coração, aqueçam-nos.
Ajudem-nos a sair da hibernação, do isolamento,
Para saldarmos uns aos outros.
Que a paixão brilhe em nossa herança
Enquanto lutamos contra a injustiça.
Que nossas emoções saiam
De onde se escondem.
Que assim seja.

Salve, Guardiões das Torres de Vigia do Oeste, poderes da Água:

Chovam sobre nós, matem nossa sede.
Ajudem-nos a recordar
O útero do oceano de onde viemos.
Agora, que estejamos conectados.
Que nosso humor flua com as marés
Até que sejam todos um só.
Que a aridez da separação chegue ao fim.
Que assim seja.

Salve, Guardiões das Torres de Vigia do Norte, poderes da Terra:

Fortaleçam nossa determinação, mantenham-nos centrados.
Ajudem-nos a estar aqui e agora.
Que nosso corpo seja forte
Para amar uns aos outros.
Que o tumulto do dia de trabalho passe
E todos nós nos encontremos
Num único planeta.
Para nossa tribulação e nossa magia
Que um círculo maior seja lançado
De amor e harmonia social.
Que assim seja.

INVOCAÇÕES DE VALERIE COM RIMAS
PARA AS QUATRO DIREÇÕES

Leste:
Mercúrio, mensageiro
Mestre da encruzilhada
A primavera chega suavemente
Em minha mente
Sussurro do Ser Dourado
Barqueiro etéreo
Navegue do Leste nas asas do vento.

Sul:
Flor do deserto, vontade flamejante
Crepite com energia sob a minha pele
Rugido do leão vermelho
Pulso acelerado
Vagando do Sul
Estou aberta: entre.

Oeste:
Guerreiro cinza-perolado
Busca espectral
Príncipe do crepúsculo
Navegando do Leste
Intuição, dama do anoitecer
Antiga Serpente do Mar
Rainha Perolada das Águas do Crepúsculo
Pés prateados, venham em silêncio.

Norte:
Mãe das montanhas, mãe das árvores
Mãe da meia-noite, mãe da terra.
Raiz e folha, flor e espinho,
Venha até nós, venha até nós, do Norte.

INVOCAÇÕES DO RITUAL DE SOLSTÍCIO DE VERÃO
(Starhawk)

(Nestas invocações, comece na direção Norte)
Terra, meus ossos, meu corpo,
Montanha, meu peito
Relva verde e árvore frondosa
Meu cabelo pendente,
Rica poeira escura, lama escorrendo
Semente lançando profundas raízes brancas,
Tapete de folhas mofadas,
Seja nossa cama!
Para a Terra que é o Seu corpo,
Poderes do Norte, enviem sua força.

Ar, meu alento, brisa matinal,
Garanhão da estrela da manhã,
Redemoinho, que sustenta tudo que paira em pleno voo,
Abelha e pássaro,
Fragrância doce,
Voz uivante da tempestade,
Carregue-nos!
Através do ar que é a Sua respiração,
Poderes do Leste, enviem sua luz.

Fogo, meu coração, arda resplandecente!
Meu espírito é uma chama
Meu olho tudo capta.
Um fulgor salta de nervo em nervo
Faísca de fogo solar!
Um calor em resposta se eleva, prazer insuportável!
As chamas cantam, nos consumindo!
Pelo fogo que é o Seu espírito,
Poderes do Sul, enviem sua chama.

Água, meu útero, meu sangue,
Lave-nos, refrigere-nos.

> As ondas varrem a terra com suas asas brancas,
> O ímpeto, o silvo, o estrondo das pedras
> Conforme a maré se retira
> Esse ritmo, meu pulso
> Inundação, fonte efusiva,
> Nós nos derramamos
> Leve-nos com você!
> Pelas águas do Seu ventre vivo,
> Poderes do Oeste, envie seu fluxo.

O campo de energia criado por um círculo também pode ser usado para proteção. Isso pode ser feito de uma maneira muito simples:

EXERCÍCIO 37: O Círculo de Proteção

Visualize um círculo ou bolha de luz branca ao seu redor, com a energia circulando no sentido horário. Diga a si mesmo que essa é uma barreira impenetrável que nenhuma força nociva pode transpassar. Se tiver tempo, faça a Visualização do Círculo ou invoque rapidamente cada um dos quatro elementos, um por um.

EXERCÍCIO 38: O Círculo de Proteção Permanente

(Um círculo de proteção permanente pode ser criado em torno de sua casa ou seu local de trabalho. Você pode realizar o ritual a seguir isoladamente ou em grupo, com cada pessoa carregando um dos objetos).

Ancore-se e centre-se. Ande pela casa no sentido anti-horário, carregando um sino, uma vassoura e água salgada carregada. Toque o sino para afastar as energias negativas. Varra forças indesejáveis com a vassoura ou use uma varinha para dissipá-las. Salpique água salgada em todas as entradas (todas as janelas, as portas, os espelhos e os ralos principais). Também salpique os cantos de todos os cômodos. Se necessário, execute um banimento, como no Exercício 22. Faça uma Purificação com Água Salgada.

Agora ande ao redor da casa no sentido horário, carregando água salgada, seu athame e o incenso. Desenhe um pentáculo de invocação em cada entrada com o athame e depois com água salgada. Concentre-se para formar um selo protetor, que não pode ser violado. Por fim, com um incenso, carregue cada entrada e cada canto, convidando forças benignas a entrar. Diga:

> Sal e mar
> Do mal fiquem livres
> Fogo e Ar,
> Atraiam tudo o que é justo
> Com voltas e voltas,
> O círculo está lançado.

Formalmente, lance um círculo no cômodo que você usa para fazer rituais. Cante e eleve o poder até encher a casa de proteção. Em seguida, agradeça à Deusa, envie o poder para a Terra e abra o círculo.

Você pode reforçar o círculo protetor visualizando-o. Faça isso antes de iniciar seu trabalho ou antes de dormir.

O círculo está lançado, o ritual se inicia. Criamos um espaço sagrado, um espaço apropriado para os Deuses entrarem. Nós nos purificamos e nos centramos; nossas amarras mentais se romperam. Livres de todo medo, podemos nos abrir para a luz das estrelas. Com perfeito amor e perfeita confiança, estamos preparados para invocar a Deusa.

Notas

1. Esta série de invocações foi escrita e parafraseada por mim com base nas invocações tradicionais da Tradição das Fadas.
2. Mary Daly, *Beyond God the Father* (Boston: Beacon Press, 1973), p. 40.
3. Daly, p. 41.
4. Helen Diner, *Mothers and Amazons* (Nova York: Anchor Press, 1973), p. 169.
5. Robert Graves, *The Winter Goddess* (Nova York: Farrar, Straus & Giroux, 1966), capítulos 10-11.
6. Para ter uma boa referência sobre materiais tradicionais e um excelente livro de referência sobre Bruxaria diânica, consulte Z. Budapest, *The Feminist Book of Light and Shadows* (Venice, Calif.: Luna Publications, 1976), republicado por Wingbow Press, Berkeley, Calif.

CAPÍTULO 5

A Deusa* e **

Entre os Mundos

"O CHAMADO DA DEUSA"

Ouçam as palavras da Grande Mãe, que, em tempos idos, era chamada de Ártemis, Astarte, Dione, Melusina, Afrodite, Ceridwen, Diana, Arionrhod, Brigit e por muitos outros nomes:

"Quando necessitarem de alguma coisa, uma vez no mês, e é melhor que seja quando a lua estiver cheia, deverão se reunir em algum local secreto e adorar o meu espírito, que é a Rainha de toda a Bruxaria. Vocês estarão livres da escravidão e, como um sinal da sua liberdade, vão se apresentar nus em seus ritos. Cantem, festejem, dancem, façam música e amor, todos em Minha presença, pois Meu é o êxtase do espírito e Minha também é a alegria sobre a terra. Pois Minha lei é a do amor para todos os seres. Meu é o segredo que abre a porta da juventude e Meu é o cálice do vinho da vida, que é o caldeirão de Ceridwen, que é o graal sagrado da imortalidade. Eu concedo a sabedoria do espírito eterno e, além da morte, ofereço a paz e a liberdade e o reencontro com aqueles que se foram antes. Nem tampouco exijo algum tipo de sacrifício, pois saibam, Eu sou a mãe de todas as coisas e Meu amor se derrama por sobre a Terra."

Atentem para as palavras da Deusa Estrela, Ela cujo pó dos pés são as hostes dos céus e cujo corpo envolve o universo:

"Eu que sou a beleza da terra verdejante e da lua branca entre as estrelas e os mistérios das águas, invoco seu espírito para que despertem e venham até a Mim. Pois sou o espírito da natureza, que dá vida ao universo. De Mim todas as coisas emanam e para Mim todas devem retornar. Que o culto a Mim esteja no coração que rejubila, pois, saibam, todos os atos de amor e prazer são Meus rituais. Que haja beleza e força, poder e compaixão, honra e humildade, júbilo e reverência, dentro de vocês. E vocês que buscam Me conhecer, saibam que sua procura e seu anseio serão em vão caso não conheçam o Mistério: pois se aquilo que buscam não existir dentro de vocês, nunca o encontrarão fora de si. Saibam, pois, Eu estou com vocês desde o início dos tempos e sou aquela que se alcança ao fim do desejo."

(Adaptada por Starhawk, a partir do original de Doreen Valiente) [1]

O simbolismo da Deusa adquiriu um poder eletrizante para as mulheres modernas. A redescoberta de antigas civilizações matrifocais nos deu um profundo sentimento de orgulho pela capacidade das mulheres de criar e manter uma cultura. Ela expôs as falsidades da história patriarcal e nos forneceu modelos de força e autoridade femininas. Uma vez mais, no mundo de hoje, reconhecemos a Deusa, antiga e primitiva; a primeira das divindades; a padroeira da caça da Idade da Pedra e uma das primeiras semeadoras de sementes, sob cuja orientação os rebanhos eram domesticados e as primeiras ervas de cura foram descobertas; em cuja imagem se inspiraram as primeiras obras de arte; para a qual foram erigidos os primeiros monólitos e que serviu de inspiração para canções e poesias. Ela é a ponte na qual podemos cruzar os nossos abismos interiores, criados pelo condicionamento social, e nos reconectar com nosso potencial perdido. Ela é a nave no qual navegamos nas águas do Eu Profundo, conhecendo os mares inexplorados dentro de nós. Ela é o portal pelo qual passamos para o futuro. Ela é um caldeirão em que nós, que fomos divididos, fervilhamos até estarmos inteiros novamente. Ela é o canal vaginal pelo qual renascemos.

Um panorama histórico e/ou cultural da Deusa e seus símbolos exigiria vários livros e não tentarei fazê-lo no espaço limitado desta obra, principalmente porque já existe um material muito bom à disposição.[2] Em vez disso, vou me limitar a falar da Deusa na visão da Bruxaria e me concentrar em seu papel e seu significado para as mulheres e os homens hoje.

As pessoas costumam me perguntar se eu *acredito* na Deusa. Eu respondo: "Você acredita nas pedras?". É extremamente difícil para a maioria dos ocidentais compreender o conceito de uma divindade manifesta. O termo "acreditar em" implica que não podemos *conhecer* a Deusa, que Ela é algo intangível, incompreensível. Mas nós não *acreditamos* nas pedras; podemos vê-las, tocá-las, desenterrá-las no nosso jardim ou evitar que crianças pequenas as joguem umas nas outras. Nós as conhecemos, nós nos conectamos com elas. Na Arte, não *acreditamos* na Deusa; nós nos conectamos com Ela, por meio da lua, das estrelas, do oceano, da terra, das árvores, dos animais, de outros seres humanos e de nós mesmos. Ela está aqui. Ela está dentro de todos nós. Ela é o círculo completo: Terra, Ar, Fogo, Água e Essência; corpo, mente, espírito, emoções e mudança.

A Deusa é a primeira de toda a Terra, a mãe terrosa e nutritiva que cria toda a vida. Ela é o poder da fertilidade e da geração; o útero e a sepultura que nos recebe, o poder da morte. Tudo vem Dela; tudo volta para Ela. Como terra, Ela é também vida vegetal: árvores, ervas e os grãos que sustentam a vida. Ela é o corpo e o corpo é sagrado. Útero, seios, ventre, boca, vagina, pênis, ossos e sangue: nenhuma parte do corpo é impura, nenhum aspecto dos processos vitais está maculado por qualquer conceito de pecado. Nascimento, declínio e morte são igualmente artes sagradas do ciclo. Quer estejamos comendo, dormindo, fazendo amor ou eliminando resíduos corporais, estamos manifestando a Deusa.

A Deusa da Terra também é o ar e o céu, a Rainha do Céu celestial, a Deusa Estelar, regente das coisas que são sentidas mas não são visíveis, do conhecimento, da mente e da intuição. Ela é a Musa que desperta todas as criações do espírito humano. Ela é a amante cósmica, a estrela da manhã e da tarde, Vênus, que aparece nas horas de se fazer amor. Linda e resplandecente, ela nunca pode ser apreendida ou compreendida; a mente é levada ainda mais longe no desejo de conhecer o incognoscível, de exprimir o inexprimível. Ela é a inspiração que vem com a respiração.

A Deusa celestial é vista como a lua, que está ligada aos ciclos mensais de sangramento e fertilidade das mulheres. A mulher é a lua terrestre; a lua é o ovo celestial que flutua no céu do útero, cujo sangue menstrual é a chuva fertilizante e o orvalho fresco, é Aquela que rege as marés dos oceanos; o primeiro útero da vida na Terra. Portanto, a lua também é a Donzela das Águas: das ondas do mar, dos riachos, das nascentes, dos rios que são as artérias da Mãe Terra; de lagos, dos poços profundos e das lagoas escondidas, e dos sentimentos e emoções, que nos arrastam como ondas.

A Deusa da Lua tem três aspectos: quando está crescendo, é a Donzela; quando está cheia, é a Mãe e, quando está minguando, é a Anciã. Parte do treinamento de cada pessoa iniciada inclui períodos de meditação sobre a Deusa em seus vários aspectos. Não tenho espaço para incluir tudo isso aqui, mas vou descrever as meditações sobre os três aspectos da lua:

EXERCÍCIO 39: Meditação da Lua Crescente

Ancore-se e centre-se. Visualize uma lua crescente prateada na forma da letra C. Ela é como o poder de inicialização, crescimento e geração. É selvagem e indomável, como ideias e planos antes de serem temperados no fogo da realidade. É a página em branco, o campo ainda não arado. Sinta suas próprias possibilidades ocultas e seus potenciais latentes; seu poder de começar e crescer. Visualize-a como uma garota de cabelos prateados correndo livremente pela floresta sob uma meia-lua. Ela é a virgem, eternamente intocada, que não pertence a ninguém exceto a ela mesma. Grite seu nome, "Nimuël", e sinta o poder dela dentro de você.

EXERCÍCIO 40: Meditação da Lua Cheia

Ancore-se e centre-se. Visualize uma lua cheia. Ela é a Mãe, o poder de realização e todos os aspectos da criatividade. Ela nutre o que a lua nova começou. Visualize seus braços abertos, seus seios fartos, seu útero transbordando de vida. Sinta seu próprio poder de nutrir, doar, de manifestar o que é possível. Ela é a mulher sexual; seu prazer na união é a força motriz que sustenta toda a vida. Sinta o poder que está em seu próprio prazer, no orgasmo. Ela é o vermelho do sangue, que é a vida. Grite o nome dela, "Mari!", e sinta sua capacidade de amar.

EXERCÍCIO 41: Meditação da Lua Minguante

Ancore-se e centre-se. Visualize uma lua minguante, na forma da letra D, cercada por um céu escuro. Ela é a Anciã, a Sábia Anciã, que passou da menopausa, o poder do fim, da morte. Todas as coisas devem ter um fim para se realizarem seus começos. O cereal que foi plantado deve ser cortado. A página em branco deve ser destruída para que o trabalho seja escrito. A vida se alimenta da morte; a morte leva à vida, e nesse conhecimento reside a sabedoria. A Anciã é a Mulher Sábia, infinitamente madura. Sinta sua própria idade, a sabedoria da evolução armazenada em cada célula do seu corpo. Conheça o seu próprio poder para concluir, tanto para perder quanto para ganhar, para destruir o que está estagnado e deteriorado. Visualize a Anciã vestindo uma capa preta sob a lua minguante; grite seu nome. "Anu!", e sinta o poder dela em sua própria morte.

A tríade da lua torna-se a pêntade, a estrela quíntupla do nascimento, da iniciação, da maturação, da reflexão e da morte.** A Deusa se manifesta ao longo do ciclo da vida. As mulheres são dignas de valor e respeito tanto na maturidade quanto na juventude.

O nascimento e a infância são, evidentemente, comuns a todas as culturas. Mas, até muito pouco tempo atrás, nossa sociedade não considerava o estágio de iniciação, exploração pessoal e autodescoberta como algo necessário para as mulheres.** Esperava-se que as meninas passassem diretamente da infância para o casamento e a maternidade; do controle exercido pelos pais para o controle exercido pelo marido. Uma iniciação requer coragem e autoconfiança, características que as meninas não foram incentivadas a desenvolver. O estágio da iniciação, hoje em dia, pode incluir o ato de iniciar uma carreira, travar relacionamentos ou desenvolver a própria criatividade. As mulheres que saltaram esse estágio na juventude muitas vezes acham necessário retornar a ele mais tarde. Os últimos estágios da vida só podem ser vivenciados depois que a iniciação estiver completa e um eu individualizado já tiver se formado.

O estágio de maturação, também chamado de *consumação*, é o estágio da criatividade plena. Os relacionamentos se aprofundam e adquirem um senso de compromisso. A mulher pode escolher ser mãe ou investir numa carreira, num projeto ou numa causa. Uma artista ou escritora adquire um estilo mais maduro.

As criações, sejam elas filhos, poemas ou empreendimentos, ganham vida própria. À medida que se tornam independentes e suas demandas diminuem, o estágio de reflexão é alcançado. Com a idade, vem uma nova iniciação, desta vez menos ativa fisicamente, mas mais profunda por causa da compreensão adquirida com a experiência. Na Bruxaria, a maturidade é vista sob uma luz positiva, como a época em que a atividade evoluiu para a sabedoria. Isso leva à iniciação final, que é a morte.**

Esses cinco estágios estão incorporados à nossa vida, mas também podem ser vistos em cada nova iniciativa ou projeto criativo. Cada livro, cada pintura, cada novo trabalho nasce primeiro como uma ideia. Ele passa por um período inicial de incubação, que às vezes é assustador, porque nos obriga a aprender coisas novas. Quando nos sentimos confortáveis com uma nova habilidade ou um novo conceito, o projeto pode ser consumado. Ele existe de forma independente; quando o soltamos, outras pessoas leem o livro, veem a pintura, comem a comida ou aplicam o conhecimento que passamos. Por fim, tudo acaba, chega ao fim, e passamos para algo novo.

O pentáculo, as folhas de cinco lóbulos e as flores de cinco pétalas são sagrados para a Deusa, assim como o número cinco. A maçã, principalmente, é Seu emblema, pois, quando cortada transversalmente, as sementes formam um pentagrama.

A natureza da Deusa nunca é uma só. Sempre que Ela aparece, incorpora os dois polos da dualidade: vida na morte, morte na vida. Ela tem mil nomes, mil aspectos. Ela é a vaca leiteira, a aranha tecelã, a abelha com seu ferrão perfurante. Ela é a ave do espírito e a porca que devora suas crias; a cobra que muda de pele e se renova; o gato que enxerga no escuro; o cão que uiva para a lua: todos são Ela. Ela é luz e escuridão, a patrona do amor e da morte, que manifesta *todas* as possibilidades. Ela traz conforto e também dor.

É fácil relacionar o conceito da Deusa à figura de Musa ou Mãe, à inspiração, à nutrição e ao poder de cura. É mais difícil entender a Deusa como Destruidora. O dualismo judaico-cristão nos condicionou a pensar na destruição como sinônimo do mal. (Embora a Deusa saiba que o Jeová do Antigo Testamento estava longe de ser só luz e candura.) A maioria de nós vive longe da natureza, desconectada das experiências que continuamente lembram os povos mais "primitivos" de que todo ato de criação é um ato de agressão. Para cultivar um jardim, você precisa arrancar as evas daninhas, retirar as lagartas, tirar as mudas quando estão tentando crescer em direção à luz. Para escrever um livro, você precisa destruir rascunho após rascunho do seu próprio trabalho, eliminando parágrafos e riscando palavras e frases inteiras. A mudança é um requisito da criação e qualquer mudança destrói o que existia antes.

A Criadora-Destruidora se manifesta no fogo, que destrói tudo que o alimenta para criar calor e luz. O fogo é a chama do fogão, o fogo criativo da forja, a alegre fogueira da celebração. Mas a Deusa também é o ardor furioso da ira.

O poder da ira é algo difícil de enfrentar. Identificamos a raiva com violência, e as mulheres foram condicionadas a sentir que a raiva é algo errado e inaceitável. No entanto, a raiva é uma manifestação da força vital. É uma emoção que garante a sobrevivência, um sinal de alerta de que algo em nosso ambiente está nos ameaçando. O perigo desencadeia uma resposta física, mental e emocional, que mobiliza nossa energia para mudar a situação. Como seres humanos, reagimos a ataques verbais e emocionais como se fossem ameaças, o que desperta raiva. Mas, quando não conseguimos admitir nossa própria raiva, em vez de reconhecer a ameaça em nosso ambiente, sentimos que estamos errados. Em vez de a raiva fluir para causar uma mudança no ambiente, nossa energia é bloqueada pelos nossos esforços interiores de repressão e controle.

A Deusa libera a energia da nossa raiva. Ela a vê como algo sagrado e seu poder é purificado. Como um incêndio florestal em meio a uma mata virgem, ela elimina as ervas daninhas para que as sementes da nossa criatividade recebam a luz nutriz do sol. Nós controlamos nossas *ações*; não tentamos controlar nossos *sentimentos*. A raiva se torna a força conectora que nos impele a ter confrontos sinceros e a nos comunicar com as outras pessoas.

Referi-me à Deusa como um símbolo psicológico e como uma realidade manifesta. Ela é as duas coisas. Ela existe *e* nós A criamos. Os símbolos e atributos associados à Deusa se comunicam com o Eu Mais Jovem e, por meio dele, com o Eu Profundo. Eles tocam nossas emoções. Sabemos que a Deusa não é a lua, mas ainda ficamos admirados quando fitamos sua luz filtrada pelos galhos das árvores. Sabemos que a Deusa não é uma mulher, mas sentimos amor por Ela, como se Ela fosse, e assim nos conectamos emocionalmente com todas as qualidades abstratas que estão por trás do símbolo.

Muitas formas e muitos símbolos representam a Deusa. Os olhos, que esquematicamente também são seios, simbolizam seus poderes de nutrir e o dom da visão interior. A forma de crescente representa a lua: uma meia-lua crescente e uma minguante, de costas uma para a outra, tornam-se *lábris*, um machado de lâmina dupla, a arma das culturas da Deusa. Os triângulos, os ovais e os losangos, as formas da genitália feminina, também são seus símbolos. Como parte do treinamento para a iniciação, a pessoa é ensinada a visualizar símbolos, meditar sobre eles e brincar com eles em sua imaginação, até que eles lhe revelem diretamente seu significado. Qualquer símbolo ou aspecto da Deusa pode ser a base para uma meditação, mas como só tenho espaço para um exemplo, vou escolher a dupla espiral:

EXERCÍCIO 42: A Dupla Espiral

Ancore-se e centre-se. Visualize uma dupla espiral. Quando conseguir vê-la claramente, deixe-a crescer até que se veja dentro dela. Siga-a, movendo-se no sentido horário. Em seguida, ela se torna um labirinto de sebes altas e aparadas, depois um labirinto de paredes de pedra; suas curvas ondulantes são o corredor que leva a um segredo oculto. Conforme você se move através da espiral, o mundo se desvanece, a forma desaparece, até que você se vê no coração oculto, onde nascimento e morte são uma coisa só. O centro da espiral brilha; é a Estrela do Norte e seus braços são a Via Láctea, uma miríade de estrelas que gira lentamente em torno de um ponto central imóvel. Você está no Castelo em Espiral, que fica atrás do Vento Norte. Explore-o na sua imaginação. Visualize quem você vai encontrar e o que vai aprender. Você está no útero da Deusa, flutuando livremente. Neste momento você se sente impulsionado e pressionado a sair da espiral, que agora é a passagem vaginal do renascimento. Mova-se no sentido horário pela dupla espiral do seu DNA. Agora, ela torna-se um redemoinho. Voe com ele. Deixe-o se tornar a gavinha de uma trepadeira, um cristal, uma concha, um elétron rodopiante. O tempo é uma espiral; os ciclos se repetem infinitamente, sempre em movimento. Conheça a espiral como a forma subjacente de toda energia. Quando você emergir, deixe que ela retorne à sua forma pequena, simbólica e abstrata. Agradeça à espiral e deixe-a desaparecer.

"O Chamado da Deusa", reproduzido no início deste capítulo, reflete a maneira como a Arte compreende a Deusa. Ele começa com uma longa lista de nomes de Deusas, extraídas de várias culturas. Elas não são consideradas seres separados, mas diferentes aspectos do mesmo Ser, que reúne todos os seres. Os nomes usados podem mudar com as estações ou as preferências de quem os usa; por exemplo, a Deusa pode ser chamada de Coré na primavera, por ser o aspecto Donzela da Deusa grega. Uma bruxa de ascendência judaica poderia invocar a antiga deusa hebraica Ashimah ou Asherah; uma bruxa afrodescendente pode preferir Iemanjá, a deusa do mar e do amor da África Ocidental.[3] Na maioria das tradições da Arte, acredita-se que o nome interior da Deusa incorpore um grande poder e, além disso, ele é mantido em segredo e revelado apenas aos iniciados. Os nomes exteriores geralmente usados são Diana, para a Deusa da lua, e Aradia, sua filha, que segundo as lendas foi enviada à Terra para libertar as pessoas, ensinando-lhe as artes da magia.[4]

A "necessidade de qualquer coisa", de que fala "O Chamado da Deusa", se refere às necessidades espirituais e materiais. Na Bruxaria, essas duas necessidades não estão separadas. A Deusa se manifesta no alimento que ingerimos, nas pessoas que amamos, no trabalho que realizamos, na casa em que moramos. Não se considera pouco nobre pedir os objetos e confortos de que necessitamos. Há um ditado na Tradição das Fadas que diz: "Faça por si e logo verá que o Eu está em toda parte". É por meio do mundo material que nos abrimos para a Deusa. Mas a Bruxaria também reconhece que pode haver necessidades e anseios mais profundos, depois que as necessidades materiais são satisfeitas. E essas necessidades e esses anseios só podem ser satisfeitos quando nos conectamos com as forças nutrizes e vivificantes dentro de nós, que chamamos de *Deusa*.

Os membros dos covens se reúnem quando a lua está cheia, em homenagem à Deusa no auge da sua glória. As marés de poder sutil são consideradas mais fortes quando a lua está cheia. A Deusa é identificada com a fecunda energia lunar que ilumina a escuridão secreta; com o poder feminino, mareado, pulsante, que aumenta e diminui em harmonia com o fluxo menstrual da mulher. O sol é identificado com seu Eu polar masculino, o Deus, cujos festivais são celebrados em oito momentos de poder no ciclo solar.

A Deusa é libertadora, e dizem que: "Seu serviço é a liberdade perfeita". Ela é libertadora porque se manifesta em nossos impulsos e emoções mais profundos, que inevitavelmente sempre ameaçam os sistemas arquitetados para contê-los. Ela é amor e raiva, que se recusam a se moldar à ordem social. Antigamente, estar "livre de toda escravidão" significava que, dentro do círculo ritual, todos eram iguais, fossem camponeses, servos ou nobres no mundo exterior. Atualmente, a escravidão pode ser mental e emocional, bem como física: a escravidão de percepções fixas, ideias condicionadas, crenças cegas ou medo. A Bruxaria exige de nós liberdade intelectual e coragem para desafiar as nossas próprias suposições. Não se trata de um sistema de crença, mas de uma atitude que continuamente renovamos, de alegria e admiração pela vida.

O corpo nu representa a verdade, a verdade que vai além dos costumes sociais. As bruxas prestam culto nuas por vários motivos: como forma de aumentar a proximidade entre elas e de remover as máscaras sociais, pois o poder surge mais facilmente assim e o próprio corpo humano é sagrado.** A nudez é um sinal de que a Bruxa deve mais lealdade à verdade do que a qualquer ideologia ou ilusão reconfortante.

Os rituais são alegres e prazerosos. Neles, as Bruxas cantam, celebram, dançam, riem, brincam e se divertem. A Bruxaria é coisa séria, mas não é pomposa nem solene. Como o Judaísmo hassídico ou o Bakti Yoga, a alegria e o êxtase são vistos como caminhos que conduzem à Divindade. O "êxtase espiritual" não está separado da "alegria terrena". Uma coisa leva a outra e nenhuma das duas pode ser alcançada sem que a outra também seja. As alegrias terrenas, se desconectadas do poder profundo e sentido da Deusa, tornam-se mecânicas e sem sentido, meras sensações que rapidamente perdem seu apelo. Pior ainda, os êxtases espirituais que tentam se afastar dos sentidos e do corpo tornam-se igualmente áridos e desenraizados, levando embora a vitalidade em vez de alimentá-la.

A lei da Deusa é o amor: o amor sexual apaixonado, o carinho afetuoso dos amigos, o amor feroz e protetor da mãe pelo filho, a profunda cumplicidade do coven. Não há nada amorfo ou superficial sobre o amor na religião da Deusa; ele é sempre específico, dirigido a pessoas reais; não são conceitos vagos de humanidade. O amor inclui animais, plantas, a própria Terra; "todos os seres", não apenas os seres humanos. Inclui nós mesmos e todas as nossas qualidades humanas falíveis.

Ceridwen é uma das formas da Deusa celta, e seu caldeirão é o cadinho/útero do renascimento e da inspiração. Nos primeiros mitos celtas, o caldeirão da Deusa trazia guerreiros mortos de volta à vida. Ele foi roubado e levado para o Mundo Subterrâneo, e os heróis que lutaram para recuperá-lo foram o Rei Arthur e seus cavaleiros, que saíram em busca da sua representação posterior, o Santo Graal. A vida após a morte, na cultura celta, é chamada de Terra da Juventude, e o segredo que abre suas portas está no caldeirão. O segredo da imortalidade está em ver a morte como parte integrante do ciclo da vida. Nada está perdido para sempre no universo: o renascimento pode ser visto na própria vida, onde cada final traz um novo recomeço. A maioria das bruxas acredita em alguma forma de reencarnação, que não é tanto uma doutrina, mas um sentimento intuitivo advindo de uma visão de mundo segundo a qual todos os eventos são processos contínuos. A morte é vista como um ponto de uma roda que gira eternamente, não um fim. Nos sentimos continuamente renovados e renascidos sempre que bebemos plenamente e sem medo do "cálice do vinho da vida".

O amor da Deusa é incondicional. Ela não pede sacrifícios (humanos ou animais), nem quer que sacrifiquemos nossos desejos e necessidades humanos normais. A Bruxaria é uma religião de autocelebração, não de autoabnegação. O sacrifício já é *inerente* à vida, é uma mudança contínua que produz perdas constantes. Oferendas, como um poema, uma pintura e um punhado de grãos, podem expressar nossa gratidão pelas dádivas da Deusa, mas somente quando elas são feitas livremente, não por um senso de obrigação.

Na passagem da Deusa Estelar, vemos as imagens do invólucro celestial, a lua, as águas, a terra verdejante de onde tudo vem e para onde tudo deve retornar. Ela é a "alma da natureza", que vivifica todas as coisas.

Qualquer ato baseado no amor e no prazer é um ritual da Deusa. Seu culto pode assumir qualquer forma e ocorrer em qualquer lugar: não requer liturgia, nem catedrais, nem confissões. Sua essência é o reconhecimento, em meio ao prazer, da sua fonte mais profunda. O prazer, portanto, não é superficial, mas se torna uma expressão profunda da força vital; um poder de conexão que nos liga às outras pessoas, não o mero sentimento de satisfação de nossas necessidades isoladas.

A Bruxaria reconhece que qualquer virtude se torna um vício, caso não seja equilibrada pelo seu próprio oposto. A beleza, quando não sustentada pela força, é insípida, enfadonha. O poder é insuportável quando não é temperado pela compaixão. A honra, a menos que seja equilibrada pela humildade, se transforma em arrogância; e a alegria, quando não é aprofundada pela reverência, torna-se mera superficialidade.

Por fim, aprendemos o Mistério: a menos que encontremos a Deusa dentro de nós, nunca A encontraremos fora. Ela é interior e exterior; tão sólida quanto uma rocha, tão mutável quanto a nossa própria imagem Dela. Ela se manifesta dentro de cada um de nós; portanto, onde mais poderíamos buscá-La?

A Deusa é "o fim do desejo", sua meta e sua realização. Na Bruxaria, o próprio desejo é considerado uma manifestação da Deusa. Não tentamos dominar nossos desejos ou fugir deles; buscamos satisfazê-los. O desejo é a cola do universo; liga o elétron ao núcleo, o planeta ao sol e, assim, cria formas, cria o mundo. Seguir um desejo até o fim é unir-se ao que é desejado, tornar-se uno com ele, com a Deusa. Já somos unos com a Deusa; Ela está conosco desde o início. Portanto, a satisfação se torna, não uma questão de egoísmo, mas de *autoconsciência*.

Para as mulheres, a Deusa é o símbolo do Eu mais íntimo e do poder benéfico, nutriz e libertador que existe dentro de cada mulher. O Cosmos é modelado no corpo feminino, que é sagrado. Todas as fases da vida são sagradas: envelhecer é uma bênção, não uma maldição. A Deusa não limita as mulheres ao corpo; Ela desperta a mente, o espírito e as emoções. Por meio Dela, podemos conhecer o poder da nossa raiva e agressividade, bem como o poder do nosso amor.

Para o homem, a Deusa, além de ser a força vital universal, é o seu próprio Eu feminino oculto.* Ela incorpora todas as qualidades que a sociedade o ensinou a não reconhecer em si mesmo. Consequentemente, a primeira experiência Dela pode parecer um tanto estereotipada; ela será a amante cósmica, a cuidadora gentil, o Outro eternamente desejado, a Musa, tudo o que ele não é. Quando ele se torna mais íntegro e se dá conta das suas próprias qualidades "femininas", Ela parece mudar, para lhe mostrar um novo rosto, sempre segurando o espelho que reflete o que ainda lhe é incompreensível. Ele pode querer persegui-la para sempre, e ela vai evitá-lo, mas ele vai crescer nessa tentativa, até que aprenda a encontrá-la dentro de si.

Invocar a Deusa é despertar a Deusa interior, tornar-se, por um instante, aquele aspecto que invocamos.** A invocação canaliza o poder por meio da imagem visualizada da Divindade. Em alguns covens, uma sacerdotisa é escolhida para representar a Deusa manifestada nos demais. Em nossos covens, ela é invocada em cada membro do círculo.

A invocação pode ser uma poesia ou uma música, cantada ou recitada por uma pessoa ou pelo grupo. Em nossos covens, normalmente cantamos em grupo, às vezes sem palavras e espontaneamente, às vezes usando uma frase estabelecida, que é repetida várias vezes. Às vezes, um cântico de várias vozes inclui uma Sacerdotisa repetindo uma frase simples e "básica" (por exemplo, "Tudo o que é selvagem e livre"), enquanto outro membro entoa um ciclo repetido como "broto de folha verde/broto de folha brilhante" (veja a seguir) e uma terceira pessoa recita uma longa poesia, enquanto todo o grupo entoa suavemente os sons das vogais. Infelizmente, é impossível reproduzir esse efeito por escrito, mas transcrevo aqui as palavras. Ao usar as invocações aqui apresentadas, brinque com elas, experimente as melodias e os encantamentos entoados, reorganize-os, combine-os, entrelace-os, altere-os e inspire-se para criar o seu próprio:

CÂNTICOS REPETIDOS (À DEUSA)**

LUA Mãe Luz Brilhante
DE TODO o céu da terra, nós TE CHAMAMOS
LUNA Mãe Brilho Brilhante VENHA.
SALVE Velho Segredo da Lua SÁBIOS, SALVE
Velho Segredo da Lua OS SÁBIOS.
Ela BRILHA para todos
Ela FLUI através de tudo.
Tudo que é SELVAGEM e livre
Tudo que é SELVAGEM e livre.

CICLO REPETIDO "BROTO DE FOLHA VERDE"
(Este cântico foi desenvolvido a partir de um transe de associação de palavras, como no Exercício 8. As palavras são enfatizadas de maneira uniforme, sem pausas entre os grupos. Aqui elas estão separadas para facilitar a memorização. Todo o ciclo é repetido várias vezes).

Broto de folha verde/Folha verde brilhante/Verde brilhante Flor/Brilhante flor cresce/Flor cresce fruta/Cresce fruta madura/Fruta madura semente/Madura semente morre/Semente morre terra/Morre terra escura/Terra escura desperta/Escura desperta verde/Desperta verde broto...

CÂNTICO SUMERIANO

(Meio cantado em duas ou três notas; a música inteira é repetida).

NAMmu NAMmu O NamMU AE EE AE EE O NamMU
NINmah NINmah O NinMAH AE EE AE EE O NinMAH
MAmi MAmi O MaMI AE EE AE EE O MaMI
Mama O Mama AE EE AE EE O Mama
MAH MAH O MAH MAH AE EE EE EE O MAH MAH...

INVOCAÇÃO À LUA ÚMIDA DE ORVALHO

Lua gestante, úmida de orvalho
Que navega pelo céu,
Que brilha para todos,
Que flui através de tudo.
Luz do mundo você é.
Donzela, Mãe, Anciã
A tecelã A Verdejante
Isis Astarte Ishtar
Aradia Diana Cibele
Coré Ceridwen Levanah
Luna Maria Ana
Rhiannon Selene Demeter Mah
Olhe com os nossos olhos
Ouça com os nossos ouvidos
Toque com as nossas mãos,
Respire com as nossas narinas,
Beije com nossos lábios,
Abra nosso coração
Entre em nós!
Toque-nos, transforme-nos,
Faça-nos inteiros.

HOMENAGEM À DEUSA, SENHORA DE MUITOS NOMES
À DEMETER, A IMENSURÁVEL, E À DONZELA
Karen Lynd Cushen

Tome, coma, este é o meu corpo
que se elevará em você
e será inteiro

Tome, beba, este é o meu sangue
O cálice vazio voltará a ser
preenchido

Deusa da Colheita,
O fruto de cuja alegria pelo retorno de Sua filha
Nos sustenta, mesmo quando Você torna à Terra desolada
Antes da Sua partida

A terra está rasgada
E Perséfone,
A Donzela, cujo nome não pode ser pronunciado,
É tragada pela terra dos mortos

Ela vai voltar,
E em Seu rastro nascem as flores e os cereais
Surgindo com suas lembranças sombrias de quando ela veio

Deméter
Perto em nossa tristeza
Porque todos os anos vemos Sua própria dor
Causar estragos na face da terra
E Sua filha
Perto do momento da nossa nova morte
Porque anualmente a morte A reclama
Conhecemos a esperança porque nos lembramos
Não só uma vez
Que Perséfone se cura
E Você com Ela, elevando-se

Deméter, Mãe
Nós que estivemos em Seu colo
E dormindo em Seus braços,

Nós A honramos,
Junte-se a nós e coloque-nos esta noite
No coração ardente do Seu fogo;
Não vamos recuar
E não vamos deixar ninguém em terror
nos arrancar desse fogo.
Envolva-nos com um calor indizível
E nos deixe aos poucos resfriar
Para que possamos regressar docemente
Imperecível com primavera

Nós, Seu grão sagrado
Nós A honramos não em sacrifício
Mas enquanto aramos,
Plantamos nossos pés, espalhamos Sua semente
Nos passos do retorno de Sua filha
E colhemos

Nós somos a eira
Solo do Seu Ser
Onde você está sorrindo com feixes e papoulas na mão
Contemplando o peneirar.

No calor da manhã acordamos
A garganta seca e sedenta da taça de Elêusis
Bebida refrescante do ceifador
Nossos membros desejam balançar ao vento outra vez
Em Suas danças antigas

Em nossos sonhos, nossos mitos, nossos contos de infância
Esses recônditos onde sobrevivem suas recordações
Vemos a Espiga de Milho
Conhecemos a canção que Você cantou,
Canção do Corpo Sagrado
O Seu e o Nosso também
E nós A honramos, Senhora de Muitos Nomes,
Donzela e a Imensurável.

CÂNTICO À CORÉ: EQUINÓCIO DE PRIMAVERA E EQUINÓCIO DE OUTONO

Seu nome não pode ser pronunciado,
Seu rosto não foi esquecido,
Seu poder é o de abrir,
Sua promessa nunca pode ser quebrada.

(*Primavera*)
A todas as sementes dormentes Ela desperta,
O arco-íris é o Seu sinal,
Agora que o poder do inverno foi tomado,
No amor, todas as correntes estão rompidas.

(*Outono*)
Ela enterra fundo todas as sementes,
Ela tece o fio das estações
Seu segredo, a escuridão transporta,
Seu amor supera a razão.

Ela transforma tudo que toca
E tudo que Ela toca se transforma. (*Repetir-cantar*)
Transformar é, tocar é; tocar é, transformar é.
Transforme-nos! Toque-nos! Toque-nos! Transforme-nos!

Tudo o que está perdido é de novo encontrado,
Numa nova forma, numa nova maneira.
Toda ferida é novamente curada,
Numa nova vida, num novo dia.
(*Repita todos os versos*).

INVOCAÇÃO À DEUSA COMO MÃE
Susan Stern

Mãe!
Com meu coração,
Com meu sangue, Mãe,
Eu a chamo...

Meu coração é o seu calor
Membro do seu vento do Norte
Água da sua Água
Ventre da sua Colina
Falo da sua Primavera,
Olhos das suas Estrelas,
Mãe
Olhos do seu sol
Mãe,
Do seu sol, Mãe
Minha alma do seu sol
Mãe
Venha, mãe!
Entre no nosso círculo
Nosso útero
Esteja conosco agora, mãe
Esteja conosco agora!

MÀELUA
Laurel

màelua
sou sua filha da inocência
sua filha natural
nada além da sua lei me rege
nada além do seu amor

eterna
mutante
mil vezes formada
seus olhos são patos voando
seu pé é espuma dançante
eu sou sua dançarina
você é a dança
canção sem limite
tambor e melodia

uma orquestra inteira
do seu amor
eu poderia trilhar
seu caminho dourado
direto para o sol
dançando pelo caminho
até o seu coração.

oh mande-me embora
deixe-me balançar na sua estrela
marola inconstante
lago do riacho
oceano
redemoinho
grande ser devastador
sugadora da terra
o único amor verdadeiro
você deixa tesouros em todos os lugares
moedas de areia
pedra macia
seu cabelo verde é alga

esta é a nossa mãe vida
sua e minha
todos os poderes faiscantes
todas as luzes reluzindo
correntes alternadas
e diretas
posso segurar a rolha
mas você é o fluxo
o circuito
a grande onda
pilha reserva
loucura da Meia-Noite
orações ao amanhecer
êxtase no calor do meio-dia

miragem que aponta
em direção ao verdadeiro esplendor
ouro e açafrão
rubi e vermelho
nascer do sol
pôr da lua
a única canção de tudo
que é
foi
e será

Que assim seja.

INVOCAÇÃO À RAINHA DO VERÃO

Rainha do verão
Abelha-rainha
De doce aroma
Ser florescente
Néctar do mel
Fonte transbordante
Rosa de pétalas abertas
Dançarina inebriante
Vento sussurrate
Cantora
Lançadora de feitiços
Flor e espinho
Rhiannon
Arianrhod
Afrodite
Ishtar
Cibele
Venha até nós
Leve-nos com você!

Notas

1. "O Chamado da Deusa" foi escrito por Doreen Valiente. Ele aparece em muitas formas variadas; nesta versão, mudei um pouco a linguagem. As bruxas o adoram porque ele expressa perfeitamente o nosso conceito da Deusa.
2. Uma das melhores fontes históricas sobre a Deusa é Merlin Stone, *When God Was a Woman* (Nova York: Dial Press, 1976). Veja também "Leituras Recomendadas", para obter informações publicadas nos vinte anos que sucederam a publicação deste livro.
3. Existem muitos livros com os quais se pode estudar a religião da Deusa do ponto de vista histórico e cultural. A obra clássica continua sendo a de Robert Graves, *The White Goddess* (Nova York: Farrar, Strauss & Giroux, 1966).
4. Charles Leland, Aradia, *Gospel of the Witches* (Nova York: Weiser, 1974).
5. "Falava-se sobre a Deusa da coroa de lótus, nos Mistérios de Corinto, muito antes de a frase ser aplicada ao Deus Pai idealmente benigno: "Seu serviço é a liberdade perfeita" (Graves, p. 485).

Capítulo 6

O Deus*

Entre os Mundos

INVOCAÇÃO AO DEUS

O Sacerdote vai até o centro do círculo e pega o tambor. Ao som de uma batida forte e palpitante, ele começa a cantar:

> *Semeador de sementes, grão renascido,*
> *O Cornífero, Vem!*

Outras vozes se juntam à dele. As mãos seguem o ritmo, batendo as palmas nas coxas nuas; os pés golpeiam o chão com força. Há um grande clamor:

> *"Io! Evohe!"*

Silêncio. Um tenor suave começa a cantar:

> *Sol brilhante, morte escura,*
> *Senhor dos ventos, Senhor da dança,*
> *Filho do sol, rei nascido do inverno,*
> *O Pendurado,*
> *Indômito! Indômito!*

> *Veado e cavalo, cabra e touro,*
> *Marinheiro do último mar, Guardião do portão,*
> *Senhor das duas terras,*
> *Resplendor que sempre morre, sempre vive!*
> *Dioniso, Osíris, Pã, Dumuzi, Arthur,*
> *Robin, Janicot, Hou!*
> *Mova-nos! Toque-nos! Agite-nos!*

Tudo está calmo. O sacerdote suaviza o toque do tambor e diz simplesmente: "Ele está aqui". O coven repete: "Ele está aqui!", "Bendito seja".

> *Envelheço, envelheço,*
> *Vou usar a barra da calça arregaçada.*
> *Devo partir meu cabelo e usar para trás? Ouso comer um pêssego?*
> *Vou usar calça de flanela branca e caminhar na praia.*
> *Ouvi as sereias cantarem umas para as outras.*
>
> *Não acho que vão cantar para mim.*
>
> T.S.Elliot.[1]

> *"Hoje em dia está na moda incentivar os homens a sentir. Isso, no entanto, é um pouco como zombar de um homem aleijado, dizendo-lhe para correr.*
> Herb Goldberg.[2]

A imagem do Deus Cornífero na Bruxaria é radicalmente diferente de qualquer outra imagem de masculinidade da nossa cultura. É difícil de entender, pois não se enquadra em nenhum dos estereótipos esperados, nem nos do homem "machista", nem nas imagens inversas, que buscam deliberadamente a efeminação.[3] O Deus Cornífero é gentil, terno e reconfortante, mas também é o Caçador. Ele é o Deus Moribundo, mas sua morte está sempre a serviço da força vital. Ele é sexualidade indômata, mas a sexualidade é um poder profundo sagrado e agregador. Ele é a força do sentir, a imagem do que os homens poderiam ser se conseguissem se libertar das limitações da cultura patriarcal.

A imagem do Deus Cornífero foi deliberadamente pervertida pela Igreja medieval, transformando-a na imagem do Demônio cristão. As bruxas não acreditam no diabo, nem o adoram; consideram-no um conceito do Cristianismo.

O Deus das bruxas é sexual, mas a sexualidade é considerada sagrada, não obscena ou blasfema. Nosso Deus tem chifres, mas eles são as meias-luas crescente e minguante da Deusa da Lua e o símbolo da vitalidade animal. Em alguns aspectos, Ele é negro, não porque seja mau ou porque deva ser temido, mas porque a escuridão e a noite são momentos de poder e parte dos ciclos temporais.[4]

Na Arte, sempre houve tradições que dão pouco reconhecimento ao Deus.[5] Os Mistérios da Mulher e os Mistérios do Homem podem ser encenados separadamente.[6] Mas, na maioria das tradições de Bruxaria, o Deus é considerado a outra metade da Deusa e muitos ritos e festivais são dedicados igualmente a Ele e a Ela.

No culto das bruxas medieval, o Deus pode ter tido predominância sobre a Deusa por algum tempo. A maioria das confissões de bruxas fala do "diabo", que é como os padres cristãos transcreviam as palavras das bruxas quando falavam do seu Deus não cristão. Algumas confissões, mas em menor número, mencionam a Deusa, que geralmente é chamada de "Rainha dos Elfos". No entanto, os interrogatórios das bruxas procuravam evidências do culto satânico, não à Deusa. Eles registravam as evidências que apoiavam suas acusações de satanismo e ignoravam ou alteravam as outras. Suspeitas que eram torturadas e resistiam até o fim eram obrigadas a assinar declarações previamente preparadas, que expressavam, não a verdade, mas aquilo em que os padres cristãos queriam acreditar.

Uma prática comum na Arte medieval era a de que o Sacerdote e a Sacerdotisa desempenhavam os papéis de Deus e Deusa, e ambos encarnavam fisicamente essas divindades nos ritos.[*][e][**] Uma antiga história citada por Margaret Murray expressa a importância desse costume para os camponeses iletrados, que precisavam ver para crer. O Sacerdote da Arte zombava daquelas pessoas "que concordavam em confiar num Deus que as deixava infelizes neste mundo e que, assim como seu filho, Jesus Cristo, não aparecia quando O chamavam, assim como ele [o Sacerdote], que não os decepcionaria".[7] Para a maioria das bruxas, "aquele Sabá terreno era para ela o verdadeiro paraíso, no qual havia mais prazer do que ela poderia expressar e, além disso, ela acreditava que a alegria que sentia era apenas o prelúdio de uma glória muito maior, porque seu deus também ocupava seu coração de tal maneira que nenhum outro desejo poderia entrar".[8]

No movimento feminista, a Bruxaria Diânica/separatista[9] se tornou moda, e algumas mulheres podem achar difícil entender por que uma feminista deveria se interessar pelo Deus Cornífero.[*] No entanto, são poucas as mulheres cuja vida não está ligada aos homens, se não do ponto de vista sexual e emocional, pelo menos do financeiro. O Deus Cornífero representa qualidades masculinas poderosas e positivas que derivam de fontes mais profundas do que os estereótipos, a violência e a deficiência emocional dos homens em nossa sociedade. Se o homem tivesse sido criado à imagem do Deus Cornífero, estaria livre para ser selvagem sem ser cruel, para ficar com raiva sem ser violento, para ser sexual sem ser coercivo, para ser espiritualizado sem ser assexuado e para ser verdadeiramente capaz de amar. As sereias, que são a Deusa, cantariam para ele.

A Deusa é a Inclusiva, a Base do Ser; o Deus é "Aquilo-Que-É-Produzido", a imagem refletida dela, seu outro polo. Ela é a terra; Ele é o grão. Ela é o céu todo-abrangente; Ele é o sol, sua bola de fogo. Ela é a Roda; Ele é o Viajante. O sacrifício do Deus é o sacrifício da vida em favor da morte, para que a vida possa continuar. Ela é a Mãe e a Destruidora; Ele é tudo que nasce e é destruído.*

Para os homens, o Deus é a imagem do poder interior e de uma potência que é mais do que meramente sexual. Ele é o Ser que não está dividido, no qual a mente não está separada do corpo, nem o espírito está separado da carne. Juntos, ambos podem funcionar com o máximo do seu poder criativo e emocional.

Em nossa cultura, os homens aprendem que a masculinidade exige uma falta de sentimentos. Eles são condicionados a agir como soldados, a se desconectar das emoções e a ignorar as mensagens do próprio corpo, a negar o desconforto físico, a dor e o medo para lutar e vencer com mais eficácia. Isso se aplica quer a conquista seja no campo de batalha, no quarto de dormir ou no ambiente de trabalho.*

Dizer que os homens foram treinados para ser agressivos e dominantes e que as mulheres foram ensinadas a ser passivas e submissas, que os homens podem ficar com raiva e as mulheres não, tornou-se um clichê. Na cultura patriarcal, tanto as mulheres quanto os homens aprendem a viver dentro de uma hierarquia em que os que estão no topo dominam os que estão na base. Um aspecto desse domínio é o privilégio de expressar raiva. O general repreende o sargento; o soldado raso não pode fazer o mesmo. O chefe pode ter uma explosão de raiva, o assistente não. A esposa do chefe grita com a empregada, mas o contrário não pode acontecer. Como as mulheres costumam estar na base da hierarquia, desde o local de trabalho até a família tradicional, elas sofreram muita raiva masculina e foram as principais vítimas da violência. A raiva pode ser vista como uma resposta a um ataque; pouquíssimos homens estão numa posição que lhes permita enfrentar diretamente seus agressores.

A raiva do homem é, portanto, distorcida e pervertida. É ameaçador para ele reconhecer a verdadeira fonte da sua raiva, porque então ele seria forçado a reconhecer seu desamparo, sua impotência e humilhação da sua posição. Em vez disso, ele pode voltar sua raiva para alvos que não representem nenhuma ameaça: mulheres, crianças ou homens com menos poder ainda do que ele. Ou pode se transformar em autodestruição: doença, depressão, alcoolismo ou qualquer um dos muitos vícios de fácil acesso.

"Patriarcado" significa literalmente "governo dos pais"; mas, num patriarcado, muito poucos homens têm permissão para desempenhar o papel de "pai" fora do limitado ambiente familiar. A estrutura das instituições hierárquicas é piramidal: o homem que está no topo controla muitos que estão na base. Homens que competem por dinheiro e poder sobre os outros; a maioria, que não chega ao topo da cadeia de comando, é obrigada a permanecer imatura, a desempenhar o papel de filhos obedientes ou rebeldes. Bons filhos buscam eternamente agradar ao pai por meio da obediência; maus filhos procuram derrubá-lo e tomar seu lugar. De qualquer maneira, eles estão desconectados dos seus próprios desejos e dos seus verdadeiros sentimentos.

E é assim que nossas religiões refletem um Cosmos em que o Deus Pai exorta seus "filhos" a obedecerem às regras e a fazerem o que lhes é ordenado, para que não se alinhem com o Grande Rebelde. Nossa psicologia é da guerra entre pais e filhos que competem eternamente pela posse exclusiva da mãe que, como todas as mulheres sob o patriarcado, é o prêmio pelo sucesso. E a política progressista se resume a reajustar os filhos rebeldes, que derrubam o pai apenas para estabelecer suas próprias hierarquias.

O Deus Cornífero, porém, nasce de uma mãe virgem. Ele é um modelo de poder masculino livre de rivalidades entre pai e filho ou de conflitos edipianos. Ele não tem pai; Ele é seu próprio pai.* e ** Conforme cresce e passa pelas mudanças da Roda, Ele permanece num relacionamento com a principal força nutriz. Ele obtém seu poder diretamente da Deusa; ele participa desse poder.

O Deus incorpora o poder do sentimento. Seus chifres de animais representam a verdade da emoção disfarçada que não tem a intenção de agradar aos professores. Ele não é domesticado. Mas os sentimentos irrefreados são muito diferentes da violência encenada. Deus é a força vital, o ciclo da vida. Ele permanece dentro da órbita da Deusa; seu poder está sempre voltado para o serviço à vida.

O Deus das bruxas é um Deus de amor. Esse amor inclui a sexualidade, que também é selvagem e indomável, bem como gentil e terna.* Sua sexualidade é plenamente *sentida*, num contexto em que o desejo sexual é sagrado, não apenas porque é o meio pelo qual a vida é procriada, mas também porque é o meio pelo qual nossa própria vida se realiza da maneira mais profunda e extática. Na Bruxaria, o sexo é um sacramento, um sinal externo de graça interior. Essa graça é uma conexão profunda e o reconhecimento da totalidade da outra pessoa. Em sua essência, não se limita ao ato físico: é uma troca de energia, de nutrição sutil, entre as pessoas. Ao nos conectarmos com outra pessoa, nos conectamos com o todo.

Na Arte, o corpo masculino, assim como o feminino, é considerado sagrado e não deve ser violado. É uma violação do corpo do homem usá-lo como uma arma, assim como é uma violação do corpo da mulher usá-lo como um objeto ou como um campo onde o homem pode provar a sua virilidade. Fingir o desejo quando ausente viola a verdade do corpo, assim como a repressão do desejo, que pode ser totalmente sentido mesmo quando não pode ser satisfeito. Mas *sentir* desejo e anseio sexual é admitir uma necessidade, que é ameaçadora para muitos homens em nossa sociedade.

No patriarcado, embora os homens sejam estimulados a esperar uma grande ternura das mulheres, eles são ensinados a não admitir sua necessidade de afeto, sua necessidade de ser passivo às vezes, de ser fraco, de se apoiar em outra pessoa. Na Bruxaria, o Deus personifica o anseio e o desejo de união com a força primária e nutriz. Em vez de buscar uma atitude materna ilimitada de mulheres reais e vivas, os homens são encorajados a se identificar com o Deus e, por meio Dele, a alcançar a união com a Deusa, cujo amor materno não conhece limites. Ela é uma força exterior e interior: quando sua imagem é levada à mente e ao coração de um homem, Ela se torna parte dele. Então ele pode entrar em contato com suas próprias qualidades maternais, com a sua Musa interior, que é uma fonte constante de inspiração.

O Deus é Eros, mas também é Logos, o poder da mente. Na Bruxaria, não há confronto entre os dois. O desejo físico de união e o desejo emocional de conexão são transmutados no desejo intelectual de conhecimento, que também é uma forma de união. O conhecimento pode ser analítico e sintético; você pode desconstruir as coisas e ver as diferenças ou formar um padrão com base nas partes integradas e ver um todo.

Para as mulheres educadas na nossa cultura, o Deus começa como um símbolo de todas as qualidades que foram identificadas como masculinas e que não fomos estimuladas a desenvolver.* O símbolo do Deus, assim como o da Deusa, é interior e exterior. Por meio da meditação e do ritual, a mulher que invoca o Deus cria a imagem Dele dentro de si e se conecta com as qualidades que lhe faltam. À medida que sua compreensão supera as limitações impostas culturalmente, sua imagem do Deus muda, se aprofunda. Ele é a Criação, que não é simplesmente uma réplica de si mesmo, mas algo diferente, de uma ordem diferente. A verdadeira criação implica separação, da mesma forma que o ato de nascer é uma renúncia, um desapego. Por meio do Deus, a mulher conhece seu poder em si mesma. O amor e o desejo do Deus se estendem sobre o abismo da separação, tensos como a corda de uma harpa, produzindo uma nota que se torna a canção única, o uni-verso, do todo. Essa vibração é energia, a verdadeira fonte do "poder que vem de dentro". E assim o Deus, tal como a Deusa, empodera a mulher.

Para mulheres e homens, o Deus também é o Deus Moribundo. Ele representa a entrega que sustenta a vida: a morte a serviço da força vital. A vida é caracterizada por muitas perdas e, a menos que a dor de cada pessoa seja plenamente sentida e trabalhada, ela fica enterrada na psique onde, como uma ferida purulenta que nunca cicatriza, exuda veneno emocional.[10] O Deus Moribundo incorpora o conceito da perda. Em rituais, quando encenamos a morte do Deus repetidamente, liberamos as emoções que cercam nossas próprias perdas, abrimos as feridas e obtemos a cura prometida pelo renascimento Dele. Essa purgação psicológica era o verdadeiro propósito da tragédia dramática, que se originou na Grécia, dos ritos do Deus moribundo Dioniso.

Na Bruxaria, a morte é sempre seguida pelo renascimento e a perda, pela restituição. Após a lua nova, uma nova crescente aparece. A primavera segue o inverno; o dia segue a noite. Nem todas as bruxas acreditam literalmente na reencarnação; muitas, como Robin Morgan, veem isso como "uma *metáfora* para aquela transição misticamente celular em que os dançarinos DNA e RNA se entrelaçam de modo imortal".[11] Mas, numa visão de mundo segundo a qual tudo é cíclico, a própria morte não pode ser um fim, mas sim uma transformação desconhecida em alguma nova forma de existência. Ao reencenar a morte do Deus continuamente, nós nos preparamos para enfrentar essa transformação, para viver a última etapa da vida. O Deus se torna Aquele que Conforta e Aquele que Consola os Corações, que nos ensina a entender a morte por meio do seu exemplo. Ele incorpora o afeto, a ternura e a compaixão, que são o verdadeiro complemento da agressividade masculina.

O Deus Moribundo põe chifres e se torna o Caçador, que impõe a morte e, ao mesmo tempo, a sofre também. Atualmente, muito poucas pessoas participam diretamente dos processos da vida; não criamos mais os animais que comemos, nem os caçamos, mas compramos a carne embalada no supermercado. O conceito do Divino Caçador é difícil de entender, mas, nas culturas dos caçadores, a caça significava *vida* e o caçador era o doador de vida na tribo.* A tribo se identificava com os animais que lhe serviam de alimento; a caçada exigia grande habilidade e conhecimento dos hábitos e da psicologia da presa.

Atualmente, a única coisa que a maioria de nós precisa caçar são vagas de estacionamento. Mas o Caçador tem outro aspecto: o de rastrear, buscar. Ele incorpora todas as buscas, sejam elas físicas, espirituais, artísticas, científicas ou sociais. Sua imagem é *poemológica*. Ela simboliza e provoca o processo criativo, que também é uma Busca. O Deus procura a Deusa, do mesmo modo que o Rei Artur procura o Graal e cada um de nós procura o que perdemos e tudo que nunca foi encontrado.

Como a Deusa, o Deus unifica todos os opostos. Como na invocação que abre este capítulo, Ele é tanto o sol brilhante, a força que dá luz e energia, quanto a escuridão da noite e da morte. Como eu já disse, os dois aspectos são complementares, não contraditórios. Não podem ser identificados como "bons" ou "ruins"; ambos fazem parte do ciclo, do equilíbrio necessário da vida.

Como o Senhor dos Ventos, o Deus é identificado com os elementos e o mundo natural. Como o Senhor da Dança, Ele simboliza a dança em espiral da vida, as energias rodopiantes que prendem a existência num movimento eterno. Ele incorpora movimento e mudança.

O Filho do Sol nasce no Solstício de Inverno, quando, após o triunfo das trevas durante a noite mais longa do ano, o sol volta a nascer.* Na Bruxaria, as celebrações da Deusa são lunares; as do Deus seguem o padrão mitológico da Roda do Ano.

No Solstício de Inverno, Ele nasce como a personificação da inocência e da alegria, de um deleite infantil em todas as coisas. Ele é o triunfo do retorno da luz. Na festa de Brigit ou de Candlemas [Candelária] (2 de fevereiro)[12] celebra-se o crescimento do Deus, quando os dias começam a ser visivelmente mais longos. No Equinócio de Primavera, Ele é o jovem verde e florescente, que dança com a Deusa em seu aspecto de Donzela. Em Beltane (1º de maio), o casamento de ambos é celebrado com Mastros de Maio e fogueiras rituais e é consumado no Solstício de Verão, numa união tão completa que se torna morte. Ele é chamado de "Rei Coroado pelo Verão", em vez de "Nascido no Inverno", e a coroa que ele usa é feita de rosas: a flor da culminação presa à ponta do chifre. A morte é lamentada em Lughnasad (1º de agosto) e, no Equinócio de Outono, Ele dorme no ventre da Deusa. No Samhain (Halloween,

31 de outubro), Ele chega à Terra da Juventude, a Terra Resplandecente, na qual a alma dos mortos é jovem novamente, enquanto espera para renascer. Ele abre as portas para que eles possam retornar e visitar seus entes queridos e governa no Mundo dos Sonhos à medida que também envelhece, até que, no Solstício de Inverno, ele renasce.[13]

Esse é o mito: a afirmação poética de um processo sazonal, celestial e psicológico. Ao representar o mito num ritual, representamos nossas transformações, o nascimento, o crescimento, a culminação e a morte constantes de nossas ideias, nossos planos, empregos, relacionamentos. Cada perda, cada mudança, mesmo que feliz, vira nossa vida de cabeça para baixo. Cada um de nós se torna O Pendurado (ou O Enforcado): a erva que é pendurada para secar, o corpo que é pendurado para curar e O Pendurado do tarô, cujo significado é o sacrifício que nos permite passar a um novo nível de ser.

A associação do amor e da morte é muito forte na mitologia de muitas culturas. Na Bruxaria, o amor nunca é associado à violência física real, e nada poderia ser menos ético para o espírito da Arte do que o atual surto de pornografia violenta. O Deus não comete atos de sadomasoquismo na Deusa nem a aconselha sobre o "poder da entrega sexual". Ele é aquele que se rende ao poder dos seus próprios sentimentos. Somente no amor vivemos tão plenamente no presente que tudo consome, e em nenhum momento, exceto quando amamos, estamos tão conscientes da nossa própria mortalidade. Pois mesmo que o amor perdure (e tanto as canções populares quanto a experiência pessoal nos asseguram que não perdura) ou se metamorfoseie numa forma mais doce e profunda, embora menos ardente, um dos amantes mais cedo ou mais tarde morrerá e o outro será deixado sozinho. A Arte não tenta resolver esse dilema, mas intensificá-lo, porque só com essa consciência agridoce, com o abraço de Pã, cujas coxas peludas se esfregam em nós enquanto nos levam ao êxtase, podemos aprender a estar plenamente vivos.

E, assim, o Deus é o cervo orgulhoso que assombra o coração da floresta mais profunda: a do Eu. Ele é o garanhão, veloz como o pensamento, cujos cascos deixam marcas lunares ao mesmo tempo que produzem faíscas de fogo solar. Ele é o bode/Pan, luxúria e medo, as emoções animais que são também os poderes que favorecem a vida humana; e Ele é o touro-lua, com seus chifres em forma de meia-lua, sua força e seus cascos, que correm com grande estrondo pela Terra. Eis alguns dos seus aspectos animais.

No entanto, Ele é indômato. É tudo o que está dentro de nós e nunca será domado, que se recusa a transigir, a ser diluído, a ficar livre do perigo, a ser moldado ou manipulado. Ele é livre.

Como o Deus do ano que passa, Ele navega no Último Mar da Terra dos Sonhos, o Outro Mundo, o espaço interior, no qual a criatividade é gerada. A mítica Ilha Resplandecente é a nossa própria fonte interior de inspiração. Ele é o Eu que navega pelas águas escuras da mente inconsciente. As portas que Ele vigia são o limiar que separa o inconsciente do consciente, as portas da noite e do dia pelas quais passamos para ir além da ilusão da dualidade, as portas do caminho por onde passamos para entrar e sair da vida.

Embora esteja sempre morrendo, Ele também está sempre nascendo. No momento de sua transformação, ele se torna imortal, assim como o amor é imortal, embora seus objetos possam desaparecer. Ele brilha com uma radiância que solta faíscas vivificantes.

O Deus, assim como a Deusa, tem muitos nomes. Ele aparece, ao longo dos tempos, ligado a Ela, desde as cavernas paleolíticas até os touros da antiga Creta, as histórias medievais de Robin Hood e seus bravos companheiros.[14] Qualquer um de seus nomes ou aspectos pode ser usado como um ponto focal para a meditação.

Embora existam muitos homens na Bruxaria moderna, eles geralmente não são atraídos pela Arte tão imediatamente quanto as mulheres. Não importa o quanto a Arte possa parecer simplista ou supersticiosa, ela oferece às mulheres um modelo de força feminina e poder criativo; nesse sentido, ela quase não tem concorrência nas outras religiões. Mas, no caso dos homens, ela exige a renúncia às formas tradicionais de poder e aos conceitos tradicionais de religião. O que ela oferece aos homens é mais sutil e nem sempre fácil de entender.

Na Bruxaria,[15] os homens não são subservientes nem relegados a uma segunda classe espiritual. Mas também não são automaticamente elevados a um status mais alto do que o das mulheres, como é o caso das outras religiões. Na Arte, os homens têm de interagir com mulheres fortes e poderosas, que não fingem ser nada menos do que são. Muitos homens acham essa perspectiva desconcertante.

A Arte também exige uma nova relação com o corpo feminino. Ele não pode mais ser visto como um objeto, nem difamado como algo sujo. O corpo da mulher, seus odores, secreções e sangue menstrual são sagrados, dignos de respeito e de serem celebrados. O corpo das mulheres pertence apenas a elas;

nenhuma autoridade espiritual endossará a tentativa de um homem de possuí-lo ou controlá-lo.

O corpo não deve ser celebrado em isolamento. Os homens da Arte precisam se reconciliar com o poder das mulheres: o poder de uma mulher inteira, uma mulher completa, cuja mente, espírito e emoções estão totalmente despertos. Além disso, o homem tem de conhecer e aceitar o poder do seu próprio Eu feminino interior, para gerar uma fonte interior de cuidado e inspiração, em vez de exigi-la exclusivamente de fora.*

A Bruxaria também implica a perda do modelo de espiritualidade do "Grande Homem". Jesus, Buda, Krishna, Moisés e toda a multidão de pregadores, profetas, gurus e líderes de grupo que afirmam ensinar em seu nome, ou em nome de descendentes seculares, perdem sua aura de santidade. Na Bruxaria não existem figuras paternas consoladoras e sábias que prometem respostas para tudo em troca da nossa autonomia pessoal. A Arte chama cada um de nós para ser nossa própria autoridade, e essa pode ser uma posição desconfortável.

Na verdade, não existe mais um Deus Pai. Na Arte, o Cosmos não é mais modelado no controle masculino externo. A hierarquia se dissipa; a cadeia de comando celestial é rompida; textos revelados por uma divindade são vistos como poesia, não como verdade. Em vez disso, o homem deve se conectar com a Deusa, que é imanente no mundo, na natureza, na mulher, em seus próprios sentimentos; em tudo o que as religiões infantis ensinaram que precisamos superar, transcender e conquistar para sermos amados por Deus.

Mas os próprios aspectos da Bruxaria que parecem tão ameaçadores também oferecem aos homens uma nova e vibrante possibilidade espiritual: integridade, conexão e liberdade. Homens corajosos acham estimulante o relacionamento com mulheres fortes e poderosas. Eles acolhem de bom grado a oportunidade de conhecer o Feminino interior, de crescer além das limitações culturalmente impostas e se tornar um todo.

As tentativas de viver o modelo Deus-pai isolam os homens em situações de vida emocionalmente paralisadas. Muitos homens gostam da libertação do eterno conflito pai/filho do patriarcado. Eles se deliciam com um modelo de poder masculino que não é hierárquico, em que ele não é nem escravo nem senhor. Embora os indivíduos possam não escapar da autoridade externa em suas próprias vidas, eles veem isso pelo que é: um conjunto arbitrário de regras para um jogo complexo. Eles podem jogar ou recuar, mas sua identidade e autoestima não dependem mais da sua posição na pirâmide de poder.

Na Arte, a divisão entre mente e corpo, carne e espírito, é curada. Os homens são livres para serem espirituais sem serem assexuados, porque o Deus e a Deusa personificam a força profundamente sentida da sexualidade expressada com paixão. Eles podem se conectar com seus próprios sentimentos verdadeiros, com suas necessidades, suas fraquezas e seus pontos fortes. Os rituais são ativos, físicos, energéticos e catárticos. O êxtase e a energia indomável recebem um valor espiritual e não são relegados ao campo de futebol ou ao boteco da esquina.

Ser sua própria autoridade é desconfortável, mas é a única condição sob a qual o verdadeiro poder pessoal pode se desenvolver. Homens e mulheres não se contentam mais em ser cães domesticados ou bodes expiatórios, deixando as decisões de vida ou morte nas mãos de um "líder ousado", um Papa ou um Jim Jones. A autoridade pessoal exige integridade e responsabilidade, mas sem ela não podemos ser livres.

Nos covens, os homens podem receber o apoio do grupo e o afeto de outros homens, assim como das mulheres. Eles podem interagir em situações que não são competitivas ou antagônicas e podem fazer amizade com outros homens.

Por fim, a Bruxaria é divertida. Oferece aos homens a oportunidade de brincar, de serem um pouco tolos, de deixarem livre sua criança interior. Não é preciso manter as aparências, não há dignidade masculina que precise permanecer intacta. A criatividade nasce da tolice e da brincadeira.

O Deus está dentro e fora. Assim como a Deusa, Ele é invocado de várias maneiras: quando cantamos, recitamos, tocamos tambor, dançamos, sussurramos um poema, soltamos um grito selvagem. Seja como for que O invoquemos, Ele desperta dentro de nós:

CÂNTICOS REPETIDOS (AO DEUS)**

Semeador de SEMENTES GRÃO Renascido SER CORNÍFERO VENHA!

Sol BRILHANTE Morte ESCURA Senhor dos Ventos VENHA

HAR, HAR, HOU, HOU
DANCE ICI DANCE LA!
JOUE Ici JOUE La!
HAR HAR HOU HOU!
DANÇA Aqui e DANÇA Lá!

BRINQUE Aqui e BRINQUE Lá![16]

O Filho do SOL, o REI, Nascido do Inverno
(ou) O Filho do SOL, o REI Coroado pelo Verão

IO! EVOHE IO! EVOHE!
(Pronuncia-se Yoh! Ay-VOH-hay!]

Evohe é um dos nomes de Deus, que deriva de um antigo nome de Dioniso e é citado como o grito das bruxas nas histórias sobre a época da Queima.[17]

CICLO REPETIDO

Dia de sol brilhante/Sol brilhante sempre/Brilhante sempre noite/Sempre noite céu/
Noite céu estrela/Céu estrela luz/Estrela luz sol/Luz sol brilhante.

INVOCAÇÃO DO EQUINÓCIO DO ASPECTO MASCULINO
Alan Acacia

Deus Cornífero, domado pelo amor, ardente de paixão,
junte-se a nós agora.

Ser gentil, que compartilha e não tem posses.
Venha aqui agora.

Amante de homens e mulheres, garotinho, ancião
Junte-se a nós agora

Forte na luta, orgulhoso da terra de onde veio
e na qual cairá
Venha aqui agora

Filho leal, pai amoroso, amável irmão, combatente da violação
Junte-se para nós agora

Rebelde, semeador de sementes, mariquinhas, ser que nos apoia,
Precisamos da sua energia, pedimos sua presença
Venha aqui agora

INVOCAÇÃO AO DEUS DO VERÃO

Senhor das cores do dia
Indomável Despertador de Corações
Consolador das dores
Aquele que nomeia o
Dançarino clarividente
Filho da manhã
Semente madura da videira
Ser com muitas joias
Caçador da Besta selvagem
Guia
Venha até nós!
Você está com sede, Beba conosco!
Nós somos as flores cobertas de orvalho
Que se abre para sua flecha de ouro.

INVOCAÇÃO À DEUSA E AO DEUS
Valerie

Semeador de sementes; Coré, nos subterrâneos
Luz de folha, raiz de sangue, grão renascido
Girando a Roda, nós o mantemos na memória,
Luz do amor, brilho de espera, flor e espinho.

Girando a rede, nós os chamamos.
Girando a Roda com amor perene.

Terra, o corpo Dela; Ar, alento Dele.
Fogo, espírito Dela; Água, fluxo Dele.
Transformados nos salões da Morte,
Vida após vida, vamos e voltamos.

Girando a rede, nós os chamamos,
Girando a Roda com amor perene.

Kouros, Ser Cornífero; Coré, que está acima,
Luz das estrelas, felicidade profunda, alegria ancestral,
Girando a rede, nós os chamamos,
Girando a Roda com amor perene.

INVOCAÇÃO À BASE DO SER*

Ser sem nome	de muitos nomes
Eterno	e Sempre Mutante
Que não está em lugar nenhum	Mas aparece em todo lugar
Além	e dentro de tudo.
Atemporal	Círculo das estações,
Mistério insondável	conhecido por todos.
Senhor da Dança,	Mãe de toda a vida
Brilha dentro de nós	Absorva-nos no seu amor

Olhe com nossos olhos, Ouça com nossos ouvidos, Respire com nossas narinas,
Toque com nossas mãos, Beije com nossos lábios,
Abra nossos corações!
Para que possamos finalmente viver livres
Jubilosos na única canção
De tudo o que é, foi ou será!

CÂNTICO A PAN **
Mark Simos

Se um corvo tocar seu cabelo
E um rei escarlate se sentar
Na escada íngreme do coração
Então, ah, as paisagens que você verá ali...
O estilhaçar de um cristal
Sob um olhar verde-escuro.

Um olhar verde-escuro, com olhos ardentes,
De poços do âmbar mais profundo
Cerque seu castelo com rosas silvestres,
Mas Pan encontrará seu aposento.

Encha-o até a borda, não diga quando,
Beba até fartar e volte a beber,
Ouça o rugido do mar.
Encha-o até a borda, não diga quando,
É Pan quem continua a encher.

Mãos de nozes, olhos de urso
Aquele que busca suas dores
Que eu possa encontrar a parte do leão.
Com o mesmo alento, Ele tenta e adverte...
O fogo que afasta o frio
É a mesma chama que arde.

A chama que arde, o canto que mata
Quando ouve o que ele está dizendo –
Deixe o Pânico nos perseguir pelo labirinto
Mas Pan está só brincando.

Encha-o até a borda, não diga quando,
Beba até fartar e volte a beber,
Ouça o rugido do mar.
Encha-o até a borda, não diga quando,
É Pan quem continua a encher.

Vigilante sombrio com sobrancelhas hirsutas
Põe os dedos em seus lábios,
Vamos parar de ouvir promessas,
Que nunca iremos manter,
Ou o sonho secreto
Que se esvai quando acordamos.

> Quando acordamos
> Quando esfregamos os olhos
> Para que as lágrimas de sal comecem a derramar,
> Você pode cobrir os ouvidos para abafar seus gritos...
> Mas Pan continua chamando.

Notas

1. T.S. Elliot, *The Waste Land, and Other Poems* (Nova York: Harcourt Brace Jovanovich, 1958), p. 8.
2. Herb Goldberg, *The Hazard of Being Male* (Nova York: New American Library, 1977), p. 58.
3. Em São Francisco, certos grupos de travestis e transexuais veem a efeminação adotada deliberadamente como uma identificação política e consciente com o princípio feminino da vida. No entanto, o Deus Cornífero, embora seja parte do Feminino, é essencialmente a imagem do Masculino, não uma negação da masculinidade em favor da feminilidade.
4. Como os líderes e pensadores negros apontaram, a identificação contínua do "preto" com o "mal" está enraizada no racismo e é perpetuada por imagens religiosas judaico-cristãs. A Arte sempre valorizou as trevas tanto quanto a luz: a Deusa e o Deus têm aspectos nos quais são retratados como negros, e esses são aspectos de poder e assombro, não de horror.
5. Todas as Tradições da Arte reconhecem a Deusa e todas, exceto algumas tradições feministas lésbicas que se originaram há alguns anos, reconhecem o Deus até certo ponto. Mas existem variações marcantes na dose de atenção e de tempo ritual que é concedida ao Deus. Em alguns covens, Ele nunca é invocado; em outros, pode ser invocado apenas nos solstícios de verão e inverno, ou apenas em outros festivais solares. Outras tradições, entretanto, dão a ele "o mesmo tempo" que dão à Deusa; Ele pode governar os meses de inverno e a Deusa, os meses de verão, ou pode simplesmente ser invocado em todos os rituais. Em nossa tradição, Ele é normalmente invocado em rituais em que os homens estão presentes e, muitas vezes mas nem sempre, em rituais exclusivamente femininos.
6. Hoje em dia, há muitos covens compostos exclusivamente de mulheres e dedicados à prática dos Mistérios Femininos. Existem muito poucos covens compostos exclusivamente de homens; os que conheço são homossexuais e mais dedicados à Deusa do que ao Deus Cornífero. Os "mistérios" masculinos abundam na sociedade americana, mas o conceito desses grupos num contexto espiritual que honra o Princípio Feminino está aberto à análise.
7. Margaret Murray, *The Witch-Cult in Western Europe* (Nova York: Oxford University Press, 1971), p. 30.
8. Murray, p. 15.
9. Nem todas as tradições diânicas são separatistas; na tradição de Morgan MacFarland, por exemplo, os covens incluem homens, mas o Deus Cornífero é subordinado à Deusa e invocado apenas nos solstícios de verão e inverno.

10. Minha compreensão do conceito de perda deriva de conversas pessoais que tive com minha mãe, durante a pesquisa e a produção do livro dela. Ver Dra. Bertha Simos, *A Time to Greive: Loss as a Universal Human Experience* (Nova York: Family Service Association Press, 1979).
11. Robin Morgan, *Going Too Far* (Nova York: Random House, 1977), p. 306.
12. As festividades começam na véspera da data indicada (exceto no caso do Halloween, para o qual indiquei a data normalmente conhecida).
13. Existem muitas variações desse mito conhecidas pela Arte; em algumas, o Deus se torna gêmeos em desacordo um com o outro. Em outras tradições, aspectos da sua transformação podem ser celebradas em outras datas. Quaisquer que sejam as diferenças superficiais, a verdade poética subjacente permanece a mesma.
14. Uma explicação mais complexa da identificação de Robin Hood com o Deus Cornífero das bruxas é oferecida por Margaret Murray em *The God of the Witches* (Nova York: Oxford University Press, 1970), pp. 41-42.
15. Certamente, existem alguns covens que não admitem homens. Estou falando sobre a Arte em geral, além das tradições separatistas.
16. Murray, *The God of the Witches*, p. 40.
17. Nos relatos da época da Queima, geralmente aparece como "'UM' GAROTO"; evidentemente, a palavra Evohe foi mal compreendida, quando a ouviram (ver Murray, *The God of The Witches*, p. 141). O verdadeiro significado do nome está relacionado ao significado esotérico das vogais. Cante e veja o que acontece.

Capítulo 7

Símbolos Mágicos*

Entre os Mundos

JOGO DE PALAVRAS

i/magen mag/ia mago imaginação mag/nético imágico imagético imagenético imagênesis.

Imágico–a imagem é o coração da magia, que é feita pela imaginação–o que vemos nos olhos da mente faz a magia–nos torna mágicos–o mago-que lança a rede–magirrede–íma mágico–rede de poder sutil que submerge no rio da vida–brilhando no escuro–uma rede que envolve a Terra, Seu corpo–campos magnéticos–imagnéticos–como somos atraídos para a magia–ela nos –somos os peixes presos numa rede mágica–imagirrêdica–porque nossos genes se lembram, nossas células se lembram, a fonte, a origem, o início–imagênesis-criação a partir de uma–criação da imagem–da imagem todos nascemos–tudo é mágico–imagnose–isso é o que sabemos por meio do que imaginamos.

Pedra macia com um buraco no centro/velas azuis, verdes, douradas/almíscar/ prata/um espelho redondo/mirra/estrela de sete pontas/cordão de seda/roda de oito raios/o número do incremento/o cordão vermelho/seda/ouro/chumbo/símbolos planetários/tambores/as formas das letras/as formas dos olhos/a forma do coração/a forma do som/a forma da magia.

> *"Você conhece a língua antiga?*
> *Não conheço a língua antiga.*
> *Conhece a língua da antiga crença?"*
>
> ROBERT DUNCAN[1]

> *"Você acredita numa realidade invisível por trás das aparências?"*
>
> DION FORTUNE[2]

> *"Não existem ideias, exceto nas coisas."*
>
> WILLIAM CARLOS WILLIAMS

> *"Magia branca é poesia. Magia negra é qualquer coisa que realmente funcione."*
>
> VICTOR ANDERSON (SACERDOTE DA TRADIÇÃO DAS FADAS)

> *"O preto é lindo."*
>
> AFORISMO DO MOVIMENTO BLACK POWER

> *"São as nossas limitações que nos mantêm sãos."*
>
> DRA. BERTHA SIMOS (MÃE DE STARHAWK)

A magia é a arte da Bruxaria, e poucas coisas que são tão atraentes, tão aterrorizantes e tão mal compreendidas. Fazer magia é tecer as forças invisíveis numa determinada forma; elevar-se além do visível; explorar o reino inexplorado dos sonhos da realidade oculta; infundir vida com cor, movimento e estranhos aromas inebriantes; ir além da imaginação, num espaço que está entre mundos, onde a fantasia se torna realidade; ser, ao mesmo tempo, animal e deus. Magia é a arte de moldar, é o ofício do sábio, revigorante e perigoso; a aventura definitiva.

O poder da magia não deve ser subestimado. Ela muitas vezes funciona de maneiras inesperadas e difíceis de controlar. Mas o poder da magia também não deve ser superestimado. Ela não é algo que funcione facilmente ou sem esforço. Ela não confere onipotência. "A arte de mudar a consciência de acordo com a própria vontade" é uma arte exigente, que requer um aprendizado longo e disciplinado. O mero ato de agitar uma varinha, acender uma vela e recitar um encantamento ritmado não faz nada por si só. Mas, quando a força de uma consciência treinada está por trás dele, ele é muito mais do que gestos vazios.

Aprender a fazer mágica é um processo de reestruturação neurológica, de mudar a maneira como usamos o nosso cérebro. É, por assim dizer, um pouco como aprender a tocar piano: ambos os processos envolvem o desenvolvimento de novos caminhos para os neurônios, ambos requerem prática e tempo, e ambos, quando dominados, podem ser canais emocionais e espirituais de grande beleza. A magia requer primeiro o desenvolvimento e depois a integração da percepção do hemisfério direito: espacial, intuitiva, holística e modeladora. Ela abre as portas entre as mentes consciente e inconsciente, entre a luz das estrelas e a luz da lanterna e, ao fazer isso, influencia profundamente o desenvolvimento, a criatividade e a personalidade do indivíduo.

A linguagem das crenças antigas, a linguagem da magia, é expressa em símbolos e imagens. As imagens preenchem a lacuna entre as formas verbais e não verbais da percepção; elas permitem que os dois hemisférios do cérebro se comuniquem, despertando tanto as emoções quanto o intelecto.** A poesia, que é, por si só, uma forma de magia, é uma forma de falar com imagens. Os feitiços e encantamentos executados pelas bruxas são, verdadeiramente, poesia concreta.

O feitiço é um ato simbólico realizado num estado alterado de consciência, para provocar uma mudança desejada. Lançar um feitiço é projetar energia por meio de um símbolo. Mas muitas vezes os símbolos são confundidos com o feitiço. "Acenda uma vela verde para atrair dinheiro", nos dizem. No entanto, a própria vela nada faz; ela é uma mera lente, um objeto no qual nos concentramos, um instrumento mnemônico, a "coisa" que representa a nossa ideia. Os adereços podem ser úteis, mas é a mente que faz a magia.

Alguns objetos, formas, cores, aromas e imagens específicos funcionam melhor do que outros para representar determinadas ideias. Correspondências mágicas entre cores, planetas, metais, números, plantas e minerais constituem um grande corpo de sabedoria popular. Eu incluí algumas correspondências no final deste livro, mas muitas vezes os feitiços mais poderosos são improvisados, feitos com materiais que sentimos serem os corretos ou simplesmente os que temos à mão.**

Os feitiços são um aspecto importante do treinamento mágico. Eles requerem uma combinação das habilidades de relaxamento, visualização, concentração e projeção (veja os exercícios no Capítulo 3) e, portanto, nos permitem praticar a coordenação dessas habilidades e desenvolvê-las ainda mais.

O lançamento de feitiços também nos obriga a nos reconciliarmos com o mundo material. Muitos daqueles que são atraídos para o caminho espiritual da Bruxaria se sentem desconfortáveis com a ideia de usar a magia para fins práticos ou materiais. Para essas pessoas, parece errado trabalhar por si mesmas, desejar coisas e obtê-las. Mas essa atitude é um remanescente da visão de mundo segundo a qual espírito e matéria são coisas separadas e esta última é identificada com o mal e a corrupção. Na Bruxaria, a carne e o mundo material não estão separados da Deusa; eles são a manifestação da divindade. A união com a Deusa ocorre por meio da aceitação do mundo material. Na Bruxaria, não lutamos contra o interesse pessoal; nós agimos de acordo com ele, mas com uma consciência que o transforma em algo sagrado.

"Faça por si e logo verá que o Eu está em toda parte" é um ditado da Tradição das Fadas. O paradoxo é que, ao lançar feitiços, podemos começar pensando no Eu pessoal, mas, para realizar a magia, somos forçados a expandir e reconhecer o Eu que se move através de todos os seres. A magia envolve a identificação deliberada do eu com outros objetos e pessoas. Para realizar uma cura, devemos *nos tornar* o agente de cura, a pessoa que é curada e a energia da cura. Para atrair amor, temos que nos tornar amor.

Lançar feitiços é uma magia menor, não é a magia maior; mas a magia maior é fundamentada na menor. Os feitiços são ferramentas psicológicas altamente sofisticadas, que têm efeitos sutis, mas significativos, no crescimento espiritual de uma pessoa.

Um feitiço pode destacar complexos que, de outro modo, ficariam ocultos. Uma pessoa que tem conflitos com relação ao sucesso, por exemplo, terá grande dificuldade para se concentrar num feitiço para atrair dinheiro. Os resultados práticos podem ser muito menos importantes do que a compreensão psicológica que surge durante o trabalho mágico. Descobrir nossos bloqueios e medos interiores é o primeiro passo para superá-los.

Além disso, os feitiços vão um passo além da maioria das formas de psicoterapia. Eles não apenas nos permitem ouvir e interpretar o inconsciente, mas também falar com ele numa linguagem que ele entenda. Símbolos, imagens e objetos usados em feitiços se comunicam diretamente com o Eu Mais Jovem, que é a sede das nossas emoções e dificilmente é tocada pelo intelecto. Muitas vezes entendemos nossos sentimentos e nosso comportamento, mas descobrimos que não podemos mudá-los. Por meio de feitiços, podemos obter o poder mais importante: o poder de mudar a nós mesmos.

A prática da magia também requer o desenvolvimento do que é chamado de *vontade* mágica. A vontade é muito parecida com o que os professores da escola vitoriana chamavam de "caráter": honestidade, autodisciplina, dedicação e convicção.

Pessoas que desejam praticar magia devem ser escrupulosamente honestas em sua vida pessoal. Em certo sentido, a magia funciona a partir do princípio de que "é assim porque eu estou dizendo". Um sachê de ervas adquire o poder de curar porque eu digo que ele cura. Para que minha palavra adquira essa força, preciso estar profunda e absolutamente convencida de que ela se identifica com a verdade como a conheço. Se eu normalmente minto para meus parceiros, roubo do meu chefe, furto em supermercados ou simplesmente não cumpro minhas promessas, não posso ter essa convicção.

A menos que eu tenha poder pessoal suficiente para cumprir meus compromissos na minha vida diária, serei incapaz de exercer o poder mágico. Para praticar magia, preciso ter uma crença básica na minha capacidade de fazer coisas ou possibilitar que elas aconteçam. Essa crença é gerada e sustentada pelas minhas ações diárias. Se digo que vou terminar um relatório na quinta-feira e faço isso, reforço o meu conhecimento de que sou uma pessoa capaz de fazer o que digo que farei. Se eu deixar para terminar o relatório até uma semana depois do prazo que estabeleci, vou minar essa minha crença. Certamente, a vida está cheia de equívocos e erros de cálculo, mas, para uma pessoa que pratica a honestidade e cumpre seus compromissos, "como eu quiser, assim será" não é apenas uma frase bonita: é a constatação de um fato.

Os feitiços funcionam de duas maneiras básicas. A primeira, que até mesmo os céticos mais convictos não têm problema em aceitar, é a sugestão. Símbolos e imagens incutem certas ideias no Eu Mais Jovem, a mente inconsciente. Somos, então, influenciados a pôr em prática essas ideias. Obviamente, os feitiços psicológicos e muitos feitiços de cura funcionam com base nesse princípio, assim como em outros. Por exemplo: uma mulher lança um feitiço para conseguir um emprego. Então, cheia de autoconfiança, ela se aproxima do entrevistador com confiança em si mesma e causa uma impressão tão boa que é contratada.

Os feitiços, no entanto, também podem influenciar o mundo exterior. Talvez "simplesmente aconteça" de um caçador de talentos entrar no escritório certo, na hora certa. O paciente com câncer, sem saber que um feitiço de cura foi lançado, experimenta uma remissão espontânea da doença. Esse aspecto da magia é mais difícil de aceitar. O modelo teórico que as bruxas usam para explicar o funcionamento da magia é um modelo claro que coincide de muitas maneiras com a "nova" física. Mas não o ofereço como "prova" de que a magia funciona, nem desejo convencer ninguém a abandonar suas dúvidas. (Os céticos se tornam praticantes de magia melhores.) É simplesmente uma metáfora complicada, mas extremamente útil.

Essa metáfora é baseada na visão de mundo segundo a qual as coisas não são objetos fixos, mas vórtices de energia. O mundo físico é formado por essa energia do mesmo modo que as estalactites são formadas por água gotejante. Se causarmos uma mudança nos padrões de energia, estes causarão, por sua vez, uma mudança no mundo físico (do mesmo modo que, se mudarmos o curso de um rio subterrâneo, uma nova série de estalactites se formará em novos veios de rocha).

Quando nossa própria energia é concentrada e canalizada, ela pode mover correntes de energia mais amplas. As imagens e os objetos usados em feitiços são os canais, os receptáculos nos quais vertemos nosso poder e por meio dos quais ele toma forma. Quando a energia é direcionada para as imagens que visualizamos, ela aos poucos se manifesta na forma física e toma forma no mundo material.

Direcionar energia não é uma questão apenas de agir com emoção.** Em alguns círculos esotéricos está na moda proclamar devotamente que "pensamentos são coisas e, portanto, devemos apenas ter pensamentos positivos, porque as coisas negativas que pensamos se tornarão realidade". É difícil imaginar uma filosofia que pudesse produzir uma paranoia extrema com mais rapidez. Se isso fosse verdade, as taxas de mortalidade aumentariam drasticamente. A superpopulação seria a menor das nossas preocupações e nenhum político eleito sobreviveria o suficiente para assumir o cargo. Se pensamentos e emoções, por si próprios, causassem os acontecimentos, milhares de contemporâneas minhas teriam se casado com os Beatles em 1964. E eu não estaria escrevendo nesta escrivaninha; estaria me bronzeando no Taiti, em cujas praias haveria multidões competindo por um lugar ao sol.

A emoção é uma luz estroboscópica; a energia direcionada é um feixe de laser.* Não importa quanto ódio, despeito ou raiva direcionemos contra motoristas imprudentes, nossos concorrentes nos negócios, ex-amantes e desafetos, não iremos afetar a saúde mental ou física dessas pessoas, embora talvez prejudiquemos a nossa.

Até mesmo a força concentrada é um pequeno fluxo em comparação com as vastas ondas de energia que nos cercam. Nem a bruxa mais habilidosa terá sucesso em todos os seus feitiços; as correntes contrárias geralmente são muito fortes. Como John C. Lilly explica: "É muito fácil aconselhar 'siga o fluxo'. O maior problema é identificar qual é o fluxo, aqui e agora".[3] A Bruxaria nos ensina a primeiro identificar o fluxo e depois decidir se ele vai na direção que queremos ou não. Se não for, podemos tentar desviá-lo ou talvez tenhamos que mudar nosso curso.

Mudando ligeiramente a nossa metáfora, lançar um feitiço é como navegar num barco a vela. Precisamos levar em consideração as correntes, que são nossas motivações inconscientes, nossos desejos e emoções, nossos padrões de ação e os resultados cumulativos das nossas ações passadas. As correntes são também as forças mais amplas, sociais, econômicas e políticas que nos cercam. Os ventos que inflam nossas velas são as forças do tempo, do clima e da estação; as marés dos planetas, a lua e o sol. Às vezes, todas as forças estão conosco; simplesmente soltamos as velas e navegamos a favor do vento. Outras vezes, o vento pode ir contra a corrente ou ambos contra o nosso curso, e podemos ser forçados a seguir em ziguezague, ou recolher a vela e esperar.

Sentir o clima energético é uma questão de intuição e experiência. Algumas bruxas empreendem um estudo detalhado de astrologia num esforço para planejar seus trabalhos de magia, agendando-os nos momentos ideais. Pessoalmente, prefiro trabalhar apenas quando sinto que é a hora certa. De todos os planetas, a influência da lua sobre as energias sutis é a mais forte.** O poder sutil aumenta à medida que a lua cresce, portanto, a época da lua crescente é melhor para feitiços que envolvem crescimento ou aumento, como é o caso dos feitiços de prosperidade. O poder atinge seu apogeu quando a lua está cheia, e esse é o melhor momento para trabalhos de culminação e amor. Durante a lua minguante, o poder diminui e se volta para dentro, por isso esse período é usado para banir, amarrar e descobrir segredos ocultos.

Os feitiços podem ser adaptados para se ajustar à época. Por exemplo, se você não vê a hora de realizar um ritual para atrair dinheiro, embora seja lua minguante, concentre-se em banir a pobreza. Um amigo meu, cujo negócio vinha de mal a pior havia dois anos, fez exatamente isso e logo percebeu que a maioria de seus problemas eram causados por erros de cálculo e de administração do seu sócio. Ao mesmo tempo, este último decidiu abandonar o negócio. A lua minguante havia cumprido seu dever. Na lua cheia seguinte, o negócio já havia começado a dar uma guinada.

A energia busca o caminho de menor resistência. Os resultados materiais são mais facilmente alcançados por meio de ações físicas do que por trabalhos de magia. É mais fácil trancar a porta do que proteger sua casa com selos psíquicos. Nenhum feitiço vai funcionar a menos que os canais sejam abertos no mundo material. Um feitiço para conseguir emprego será inútil se você não sair e procurar trabalho. Um feitiço de cura não substitui um tratamento médico.

A visualização que criamos num feitiço deve ser a do alvo pretendido, não necessariamente dos meios para atingi-lo. Imaginamos a vítima de um acidente correndo pela praia, não com os ossos se regenerando. Permanecemos focados em nosso destino, sem tentar planejar cada um dos movimentos que faremos ao longo do caminho. Os feitiços geralmente funcionam de maneiras inesperadas. Para garantir que o poder não cause nenhum dano inadvertidamente, amarramos o feitiço. Nós "estabelecemos" a forma que criamos, de modo que a energia seja fixada no padrão que desejamos.

EXERCÍCIO 43: Amarração de um Feitiço

Quando terminar de fazer um feitiço, visualize-se dando um nó numa corda que amarra o símbolo ou a imagem que você focalizou. Afirme que você está estabelecendo a forma do feitiço, assim como um pote de argila quando colocado no forno. Diga:

> Por todo o poder,
> Agora invocado,
> Que este feitiço.
> Seja amarrado.
> Que não cause mal,
> Nem volte para mim.
> Como eu desejo,
> Que seja assim!

Os feitiços que influenciam outra pessoa dependem de um vínculo psíquico. O poder é irradiado de você para a outra pessoa, mas, para que a conexão seja estabelecida, é preciso que você se identifique, pelo menos parcialmente, com ela. Você *se torna* a outra pessoa, assim como também se torna a energia que está enviando. Por essa razão: "O que você envia volta para você multiplicado por três". A energia que você projeta em outra pessoa afeta você ainda mais fortemente do que a ela, porque você gerou essa energia, você se tornou essa energia e você se tornou o alvo dela. Se uma bruxa enviar energia de cura, em troca, ela será curada. Se lançar um mau-olhado ou uma maldição, ela mesma será amaldiçoada.

As bruxas, portanto, se mostram extremamente relutantes em enfeitiçar alguém.[4] Algumas tradições proíbem expressamente que seus membros enfeiticem, amaldiçoem ou mesmo curem outra pessoa sem o consentimento dela. Outras bruxas acreditam piamente que "uma bruxa incapaz de enfeitiçar também é incapaz de curar". Com isso, elas querem dizer que usar magia para a destruição não é o mesmo que a usar para praticar o mal. O câncer deve ser destruído para que a cura ocorra. Uma pessoa que ameace a segurança de outras pessoas deve ser detida, não destruída. Isso será feito com um risco menor se o feitiço for de amarração e a intenção, concentrada na ação de impedir que essa pessoa cause mal. Nesse caso, a energia que retorná será basicamente protetora. Se um estuprador for amarrado por meio da magia, isso pode evitar que a própria pessoa que lançou o feitiço cometa um estupro, mas, se a magia está interferindo nas atividades cotidianas dela, isso é sinal de que essa pessoa não deveria estar praticando Bruxaria. O feitiço pode funcionar de várias maneiras: o estuprador pode ser capturado e preso, ou ficar impotente, ou se converter a uma religião. O *modo* como a magia funciona não é da alçada da Bruxa, o importante é que ela atinja seu objetivo.

Os feitiços de amarração também não devem ser considerados levianamente. É melhor discutir a respeito deles antes, com os outros membros do coven, e prosseguir apenas quando todos estiverem de acordo. *Nunca* amaldiçoe alguém só porque essa pessoa irrita você, porque não gosta dela ou porque ela lhe causa algum transtorno; muito menos para lucrar às custas dela. Esse mau uso da magia é degradante, perigoso e contraproducente. Ele vai prejudicar você mais do que qualquer pessoa.

Você não deve usar a magia para ter poder sobre as outras pessoas; você deve vê-la como parte da disciplina necessária para desenvolver o "poder que vem de dentro". Os feitiços que visam controlar outra pessoa devem ser evitados. Isso se aplica particularmente a feitiços de amor focados numa pessoa específica. Mais do que qualquer outro tipo de feitiço, esses atuam com muito mais ímpeto na pessoa que os lança do que no alvo pretendido. Inevitavelmente, o tiro sai pela culatra, complicando muito a vida do praticante. É claro que, se você sente que se tornou emocionalmente complacente demais e precisa que lhe deem um chacoalhão... vá em frente. E veja isso como "uma experiência de aprendizado".

Feitiços gerais para atrair o amor criam menos problemas, embora tendam a ser mais eficazes para atrair sexo do que o amor em si. O amor é, em si mesmo, uma disciplina que requer preparação interior. A menos que você esteja aberto para o amor, nenhum feitiço o trará para sua vida. No entanto, esse tipo de feitiço pode ser muito divertido.

As pessoas muitas vezes se preocupam com a possibilidade de serem atacadas por meio da magia. Na realidade, os ataques psíquicos ocorrem muito raramente e são ainda menos eficazes. A paranoia representa um perigo muito maior do que a guerra psíquica. No entanto, as pessoas podem ser atacadas de maneiras mais sutis. A inveja e a hostilidade não precisam se concentrar num feitiço para criar um clima emocional desconfortável. Meditações e feitiços de proteção podem ser úteis em muitas situações mundanas (consulte o Capítulo 4). A meditação a seguir é eficaz sempre que alguém está direcionando energia negativa para você:

EXERCÍCIO 44: Filtro de Proteção

Ancore-se e centre-se. Visualize-se cercado por uma teia de luz branca brilhante. Imagine-a como um campo de energia semiporoso. Qualquer força que atinja essa barreira se transforma em pura energia criativa. Qualquer raiva ou hostilidade enviada contra você alimenta o poder dessa teia. Absorva esse poder, incorpore-o, brilhe com ele. Mantenha esse filtro ao seu redor ao longo do dia.

Nos feitiços a seguir, gere poder respirando ou cantando, como nos exercícios apresentados anteriormente. Você pode lançar um círculo formalmente ou apenas visualizá-lo. Não se esqueça de ancorar o poder e abrir o círculo no final. Os nomes dos materiais usados são grafados em letras maiúsculas para facilitar a visualização.

Lançar feitiços é uma magia secundária, mas as imagens e os símbolos também são usados nos rituais mágicos mais importantes, nos quais eles se tornam as chaves para a transformação pessoal e os elos que nos conectam com o divino, interior e exteriormente.

FEITIÇO DA RAIVA

Visualize um círculo de luz ao seu redor.

Segure uma PEDRA PRETA entre as mãos e erga-a até a testa.

Concentre-se e projete toda a sua raiva na pedra.

Com todas as suas forças, jogue-a para fora do círculo de luz, na direção de um lago, riacho, rio ou mar. Diga:

> Com esta pedra
> A raiva se vai.

> Água, amarre-a
> Para não achá-la mais.

Aterre o poder.

Abra o círculo.
    (Este feitiço deve ser feito à beira de um corpo de água corrente).

FEITIÇO DA INGESTÃO DA BEBIDA

(Para a autoaceitação, quando você comete um erro ou está cheio de culpa ou arrependimento)

Lance o círculo.

Sente-se de frente para o Norte e acenda uma VELA PRETA ou BRANCA.

Com ambas as mãos, segure o seu CÁLICE, cheio de ÁGUA LIMPA. Você precisa ter na sua frente uma IMAGEM DA DEUSA e uma PLANTA VERDE no chão.
Visualize todas as coisas negativas que você está sentindo sobre si mesmo, os erros que cometeu, as coisas que fez de errado. Fale consigo mesmo e admita que se sente mal. Diga a si mesmo em voz alta exatamente o que você fez de errado e por quê. Deixe sua emoção reunir energia e projetá-la em direção ao cálice. Respire sobre a água.

Gere energia.

Visualize a Deusa como uma Mãe que perdoa. Imagine as mãos Dela envolvendo as suas. Ouça-A dizer:

> Eu sou a Mãe de todas as coisas,
> Meu amor é derramado sobre a Terra.
> Eu aceito você em perfeito amor.
> Que seja purificado, curado e transformado.

Despeje a água na planta e sinta o ódio de si mesmo se esvair de você. (É possível que esse ritual mate a planta.)

Encha o CÁLICE com LEITE ou SUCO.

Gere mais poder e visualize-se como gostaria de ser, livre de culpas e tristezas, apto a não repetir os mesmos erros. Carregue o cálice com força e poder, para ser a pessoa que você deseja ser.

Mais uma vez, visualize a Deusa. As mãos Dela cobrem as suas e Ela diz:

> Meu é o cálice e Minhas são as águas da vida.
> Beba profundamente!

Beba o suco ou o leite. Sinta-se repleto de força. Reconheça que você mudou, que você é, a partir deste momento, uma nova pessoa e que não está limitado pelos padrões e erros do passado.

Amarre o feitiço.

Ancore o poder.

Abra o círculo.

FEITIÇO PARA A SOLIDÃO

Lance o círculo.

Gere energia.

Sente-se de frente para o Norte e acenda uma VELA CINZA.

Num PILÃO, triture um DENTE DE TUBARÃO (ou qualquer outro osso afiado), até virar pó. Diga:

> Você
> não tem ossos
> E nunca dorme.

Você
sempre nada
dentro de mim.

Deixe a solidão preenchê-lo e projete-a no pó de osso. Cante:

Que o fogo a leve!
Que o fogo a tenha!
Que o fogo a liberte!

Grite: "Agora vá!". E deixe o sentimento se espalhar pelo pó de osso.

Cuspa três vezes no pó e queime-o num RECIPIENTE DE LATÃO, com ALOÉS, URTIGA e ESPINHOS.

Apague o fogo com ÁGUA SALGADA.

Aterre o poder.

Amarre o feitiço.

Abra o círculo.

Você se sentirá alegre e livre da solidão.

FEITIÇO PARA PERÍODOS DE PLANTIO

No primeiro dia da lua nova, comece a plantar algumas sementes de trigo, centeio ou alfafa.

Mantenha essas sementes por três dias no escuro e depois por três dias na luz.

Na manhã do sétimo dia, levante-se de madrugada e tome banho numa infusão de água com TREVOS, MANJERICÃO e PÉTALAS DE ROSA.

Vista-se de branco ou fique nu.

Lance um círculo.

Gere energia.

Sente-se de frente para o Leste e acenda uma VELA BRANCA. Diga:

> Enquanto o grão cresce,
> Enquanto o sol cresce
> Enquanto a lua cresce

Cante:

> Eu cresço,
> Eu colho,
> Eu recebo.

Visualize cada estágio concentrando-se e projetando a imagem dos BROTOS.

Coma os brotos. Diga:

> Brotem em mim,
> Floresçam de mim,
> Frutifiquem em mim.

Diga cada verso três vezes, visualizando e se concentrando.

Reserve SETE BROTOS e envolva-os em SEDA PRETA.

Amarre o feitiço.

Aterre o poder.

Abra o círculo.

Nessa noite, você deve enterrar os brotos junto com uma MOEDA DE PRATA (uma moeda de cinco centavos serve).

FEITIÇO PARA CRIAR UM ESPAÇO SEGURO

(Pode ser feito no domingo, na segunda ou na sexta).

Lance um círculo.

Gere poder.

Sente-se de frente para o Sul e acenda uma VELA VERDE, AZUL ou AMARELA.

Segure entre as mãos um CÁLICE de LEITE com AÇÚCAR e AÇAFRÃO.

Visualize cada uma das pessoas e dos lugares que fizeram você se sentir seguro e protegido. Concentre-se e projete essa sensação no leite.

Levante o cálice e leve-o à boca e respire a sensação de segurança de modo que o ar vá para dentro do cálice.

Observe a chama da vela e visualize três mulheres, uma delas vestida de preto, a outra de branco e a terceira de vermelho. Elas vêm até você e se fundem numa única figura. Visualize essa mulher colocando as mãos sobre as suas e levando o cálice aos seus lábios, dizendo:

"Eu estive com você desde o início".

Beba o leite.

Ancore o poder e sinta o espaço seguro dentro de você.

Amarre o feitiço.

Abra o círculo.

FEITIÇO PARA CONHECER A CRIANÇA INTERIOR

Lance o círculo.

Sente-se de frente para o Sul e acenda uma VELA VERDE ou AZUL.

Providencie uma BONECA ou um BICHO DE PELÚCIA. Segure o brinquedo, salpique-o com ÁGUA SALGADA e diga:

"Eu o batizo_____". (Use seu próprio nome ou apelido).

Segure o brinquedo nos braços, cante para ele, embale-o e converse com ele. Diga-lhe tudo o que você gostaria de ouvir quando era criança. Deixe-o falar com você e dizer como se sente e o que deseja. Deixe sua voz mudar, tornando-se mais infantil. Brinque.

Gere energia e imagine que você está despejando essa energia no brinquedo, que é o seu próprio Eu infantil. Crie uma imagem de um eu criança como você gostaria de ser e projete-o na boneca. Continue até que o brinquedo esteja brilhando com luz branca e amor.

Beije o brinquedo. Embrulhe-o com um TECIDO BRANCO e deixe-o sobre o seu altar.

Amarre o feitiço.

Aterre o poder.

Abra o círculo.

(Repita este feitiço quantas vezes você precisar.)

FEITIÇO PARA FAZER AMIZADE COM O SEU ÚTERO

(Este feitiço deve ser feito na primeira noite da menstruação. Ele é especialmente útil para mulheres que sofrem de cólicas menstruais ou sangramento excessivo ou irregular.)

Lance o círculo.

Acenda uma VELA VERMELHA. Olhe para o Sul.

Com o terceiro dedo da mão esquerda, esfregue algumas gotas do seu sangue menstrual na vela.

Gere o poder. Sinta a essência do sangue sendo atraída para a chama. Deixe a luz aquecê-la e preenchê-la. Sinta seu próprio sangue como a essência da força vital.

Atraia a luz das velas para o seu útero. Deixe-a preencher e se espalhar lentamente por todo o corpo a partir do centro do seu útero, carregando você com energia e calor.

Amarre o feitiço.

Aterre o poder.

Abra o círculo.

Amuletos de Ervas**

Amuletos de ervas, como os que eu faço, são sachês cheios de ervas e outros objetos simbólicos. Eu os confecciono com um quadrado ou círculo simples de tecido da cor mais apropriada, amarrado com um fio da cor mais apropriada e carregado com energia. Esses sachês podem ser levados na bolsa ou junto ao corpo, ou deixados em casa, para atrair o que desejamos. Se quiser, você pode fazer um sachê de seda ou veludo e bordá-lo com símbolos, ou simplesmente confeccioná-lo com um tecido de algodão e fechá-lo com um barbante. Você pode criar seus próprios amuletos de ervas de acordo com as suas necessidades. Aqui estão algumas combinações, como sugestão:

PARA ATRAIR DINHEIRO

Use um quadrado de tecido verde cheio de borragem, lavanda, raiz de *High John the Conqueror* e açafrão (ou quatro outras ervas que atraim dinheiro), alguns cristais de quartzo transparente e três moedas de prata (moedas pequenas, mesmo que não sejam de prata, servem). Amarre o tecido com um fio dourado ou prateado, com oito nós.

PARA ATRAIR O AMOR

Use um círculo de tecido rosa ou vermelho (para um amor mais apaixonado sexualmente). Encha-o com acácia, *bayberry* (*myrica*), pétalas ou botões de rosa, flores de jasmim e lavanda. Adicione um coração de feltro vermelho e uma moeda ou um anel de cobre. Amarre o tecido com um fio ou uma fita azul, com sete nós.

PARA CURAR UM CORAÇÃO PARTIDO

Use um círculo de tecido azul e preencha-o com valeriana, folhas de algum tipo de palmeira, crisântemo, murta e pétalas de rosa branca. Faça um coração de feltro, corte-o em dois, em seguida, costure as duas peças com linha azul, enquanto carrega o amuleto, e depois adicione as ervas. Acrescente uma moeda de cobre para atrair um novo amor. Amarre o tecido com fio branco.

PARA PROTEÇÃO

Use um círculo de tecido azul e preencha-o com nove ervas de proteção. Adicione uma moeda de prata ou, melhor ainda, uma meia-lua de prata (pode ser um brinco). Amarre o tecido com fio branco ou prateado.

PARA ENCONTRAR TRABALHO

Use um quadrado de tecido verde e preencha-o com louro, lavanda e raiz de *High John the Conqueror* (ou outra erva que dê sorte). Adicione quatro outras ervas regidas por:

- *Mercúrio* – para um trabalho relacionado com comunicações.
- *Lua* – para um trabalho relacionado à cura, às mulheres ou à saúde física ou mental.
- *Júpiter* – para um trabalho que envolva liderança e responsabilidade, ou leis.
- *Marte* – para um trabalho que exija ação agressiva e assertiva.
- *Sol* – para trabalhar ao ar livre, na agricultura ou na natureza, ou para um emprego fácil e agradável.
- *Saturno* – para arquitetura, história ou qualquer trabalho em que você limite as ações ou a liberdade de outras pessoas (por exemplo, um trabalho na polícia).

Adicione uma moeda de prata para enriquecer e fotos dos instrumentos mais importantes que você pode usar em seu trabalho. Amarre o tecido com um fio roxo.

PARA AUMENTAR O PODER INTERIOR

Use um quadrado de tecido roxo e preencha-o com uma folha de louro, sangue-de-dragão, flor de sabugueiro, raiz de *High John the Conqueror* (ou outra erva que dê sorte), alecrim, verbena, folha de carvalho, folha de azevinho ou bagas e visco. Amarre o tecido com fio azul e borde ou desenhe seu próprio símbolo pessoal.

PARA TER MAIS ELOQUÊNCIA

Use um círculo de tecido amarelo ou iridescente. Encha-o com erva-doce, avelã, mandrágora e valeriana. Adicione uma moeda de prata e amarre o tecido com fios laranja e roxo.

PARA GANHAR NA JUSTIÇA

Use um quadrado de tecido azul e preencha-o com louro, raiz de *High John the Conqueror* (ou outra erva que dê sorte), erva-de-são-joão e verbena. Se você estiver sendo perseguido por um inimigo, adicione um pinhão ou parte de uma pinha, um pouco de tabaco e algumas sementes de mostarda. Coloque uma pequena imagem de um olho aberto, para que a justiça o veja com bons olhos. Amarre com um fio roxo.

Sinta-se à vontade para improvisar com relação a esses encantos, adicionando seus próprios símbolos ou experimentando outras combinações de ervas. O que você acha que é melhor para você funcionará com mais eficiência.

PARA CARREGAR UM AMULETO DE ERVAS

Reúna todo o material em seu altar.

Lance um círculo.

Acenda uma VELA de cor apropriada. Se desejar, acenda um INCENSO.

Gere energia.

Num PILÃO, triture todas as ervas que usará no seu amuleto. Visualize a imagem ou a emoção que deseja e projete-a nas ervas enquanto tritura. Desenhe ou crie quaisquer outros símbolos que desejar.

Reúna as ervas e outros objetos sobre o tecido. Torça a parte de cima do tecido e amarre-o uma vez com o fio.

Respire sobre o amuleto, carregando-o com o elemento Ar.

Passe-o pela chama da vela, carregando-o com o elemento Fogo.

Salpique algumas gotas de ÁGUA sobre ele, carregando-o com o elemento Água.

Mergulhe-o no SAL ou toque-o com o seu PENTÁCULO, carregando-o com o elemento Terra.

Segure-o entre as mãos, respire sobre ele e carregue-o totalmente com toda a energia que puder gerar, concentrando-se na sua visualização.

Deite no chão, relaxe e aterre o poder.

Amarre o feitiço, amarrando o saquinho ao fazer isso.

Abra o círculo.

FEITIÇO DA IMAGEM DE CURA

Crie uma boneca de pano ou de cera que represente, com saúde e integridade, a pessoa que você quer ajudar. Ela não deve representar o problema, mas ser a imagem da solução. Concentre-se enquanto faz a boneca.

Lance um círculo.

Acenda uma VELA AZUL.

Salpique a BONECA com ÁGUA SALGADA. Diga: "Bendita és tu, criatura feita pela arte. Pela arte criada, pela arte alterada. Tu não és feita de cera (ou tecido, madeira etc.), mas de carne e sangue. Eu a nomeio_____ (nome da pessoa que você deseja curar). Tu és essa pessoa, entre mundos, em todos os mundos. Bendita sejas".

Segure a boneca nas mãos. Respire sobre ela e carregue-a com energia. Visualize seu amigo ou SUA amiga completamente saudável e bem. Carregue com força as partes da boneca que correspondem às partes DA PESSOA que estão feridas ou doentes.

Visualize a pessoa doente totalmente carregada de luz branca; bem, feliz e cheia de energia.

Amarre o feitiço.

Aterre o poder.

Abra o círculo.

Mantenha a boneca em seu altar até que a pessoa esteja curada. Em seguida, lance outro círculo, pegue novamente a boneca nas mãos, salpique-a com água e diga:

"Bendita sejas, filha da luz. Pela arte alterada, pela arte desfeita. Eu retiro teu nome,_____ (o nome da pessoa), e a chamo de boneca, uma criatura de cera (ou tecido ou qualquer outro material). Entre os mundos, em todos os mundos, assim deve ser. A ligação está desfeita. Bendita seja".

Abra o círculo. Se a boneca contiver ligações físicas, queime-a numa fogueira ao ar livre. Se não tiver, livre-se dela como quiser ou a dê de presente à pessoa doente como lembrança.

PARA AMARRAR UM INIMIGO

Lance um círculo.

Acenda uma VELA PRETA. Acenda um INCENSO de Saturno.

Salpique ÁGUA SALGADA na sua BONECA. Diga: "Bendita és tu, criatura feita pela arte. Pela arte criada, pela arte alterada. Você não é feita de cera (ou tecido etc.), mas de carne e sangue. Eu a chamo_____ (nome da pessoa que você está amarrando). Você é essa pessoa, entre mundos, em todos os mundos. Que assim seja".

Segure a boneca nas mãos. Visualize uma rede prateada caindo sobre ela e prendendo a pessoa que ela representa.

Pegue uma FITA VERMELHA e envolva a boneca com ela, amarrando-a bem e prendendo todas as partes do corpo que podem fazer mal a outras pessoas. Carregue a amarração com força e diga:

> Pelo Ar e pela Terra,
> Pela Água e pelo Fogo,
> Agora você está amarrado(a),

> Assim como eu desejo.
> Pelo três e pelo nove,
> Seu poder está amarrado.
> Pela lua e pelo sol,
> Minha vontade está feita.
> Céu e mar
> Que o mal fique longe de mim.
> Cordão que amarra
> Que o poder seja limitado,
> A luz revelada
> Agora você está selado(a).

Aterre o poder.

Abra o círculo.

Enterre a boneca longe de sua casa, embaixo de uma pedra pesada, durante a lua minguante.

Notas

1. Robert Duncan, "The Fire: Passages 13", em Hayden Carruth, org., *The Voice That Is Great Within Us* (Nova York: Bantam Books, 1971).
2. Dion Fortune, *Moon Magic* (Nova York: Weiser, 1972), p. 117.
3. John C. Lilly, *The Center of the Cyclone* (Nova York: Julian Press, 1972), p. 218.
4. A palavra *hex* [amaldiçoar, rogar praga], na verdade, deriva da palavra latina *six* [seis] e foi associada ao lançamento de feitiços devido às formas simbólicas de seis lados usadas na magia alemã e na holandesa da Pensilvânia. Nessas tradições, essa palavra não tem uma conotação negativa, mas em seu uso geral é identificada com maldições ou com envio de energia negativa e azar. A palavra *hex* também está relacionada, na Alemanha, às raízes das palavras *hag*, *hedge* e *hexxe* [bruxa]. A bruxa era uma mulher sábia que se debruçava sobre uma cerca viva (a fronteira entre as pessoas e a natureza, o mundo humano e o mundo espiritual).

Capítulo 8

Energia: O Cone de Poder

Entre os Mundos

O cântico começa com um murmúrio baixo, uma vibração profunda que mal se ouve. Uma por uma, as vozes vão aumentando de volume:

"Aaaaaaaaah..."

"Oooooooh..."

"Eeeeeeeeh..."

Ele se eleva, numa desarmonia etérica. O ar parece ficar mais espesso, parece dançar com faíscas elétricas que começam a voar, nos envolver, girar, se inclinar furiosamente no centro do círculo.

"Eeeeeeooooooh..."

O ar brilha, uma nuvem luminosa que pulsa, queimando com um calor enegrecido. A música abre, com a garganta cheia, um acorde sonoro...

A luz começa a girar, uma roda brilhante de respiração que dá voltas e voltas. As vozes estão aumentando de volume. A luz espirala para cima, cada vez mais rápido, estreitando-se em direção ao topo. O som é indescritível; as vozes são o rugido do vento, o uivo dos lobos, os gritos agudos dos pássaros tropicais, o enxame das abelhas, a visão de ondas que se afastam. O Cone cria uma espiral pulsante, o chifre de um unicórnio, raro e maravilhoso. Sua ponta não pode ser vista. Ele está inundado de cores: vermelho, azul, verde, luz do sol, luz da lua. Ele sobe...

"Agora!" grita uma voz. Um grito final. O Cone voa para longe: uma flecha lançada em direção ao seu alvo, sugando o ar como um aspirador de pó. O coven desmorona no chão, como bonecas de pano, e se espalha por todo o espaço. Eles sorriem deliciosamente relaxados.

Enviaram o Cone de Poder.

> *"Quatro leis da ecologia: (1) Tudo está conectado, (2) tudo vai para algum lugar, (3) a natureza é mais sábia do que nós e (4) não existe nada de graça, tudo tem seu preço.*
>
> BARRY COMMONER.[1]

O princípio fundamental da magia é a conexão. O universo é um padrão de energia fluido e em constante mudança, e não um conjunto de coisas fixas e estanques. O que afeta uma coisa afeta, até certo ponto, todas as coisas: tudo está entrelaçado no tecido contínuo da vida. Sua urdidura e sua trama são pura energia e essa é a essência da magia.

Energia é êxtase. Quando derrubamos barreiras e permitimos que o poder se derrame sobre o nosso ser, ele inunda o nosso corpo, pulsando em cada nervo, despertando cada artéria, correndo como um rio que se torna mais cristalino à medida que avança. No olho da tempestade, geramos os ventos que rugem através da mente e do corpo, vibrando uma nota líquida enquanto a voz derrama mel resplandecente em ondas de luz dourada, que deixam paz em seu rastro. Nenhuma droga pode nos levar tão alto, nenhuma emoção pode nos penetrar tão profundamente, porque sentimos a essência de todo deleite, o núcleo da felicidade, o fim do desejo. Energia é amor e amor é magia.

De todas as disciplinas da magia, a arte de mover a energia é a mais simples e natural. É tão fácil quanto respirar, como emitir um som. Imagine o poder em movimento e ele se moverá. Sinta como ele flui e ele fluirá, limpando, curando, renovando e revitalizando enquanto passa.

As bruxas concebem as energias sutis como algo tangível, visível e maleável, para uma consciência treinada. Como diz Dion Fortune, elas são "mais tangíveis do que a emoção e menos tangíveis do que o protoplasma". Podemos aprender a percebê-las e moldá-las, dando-lhes forma.

As leis da ecologia são as leis da energia. Tudo está interligado; cada ato, cada movimento de forças, modifica o universo. "Você não deve mover coisa alguma, nem uma pedrinha, nem um grão de areia, até que saiba o que esse ato trará de bom ou de ruim. O mundo está estabilizado, em Equilíbrio. O poder que um mago tem de mudar e evocar pode perturbar o equilíbrio do mundo. Esse poder é perigoso. É o mais arriscado. Ele deve advir de um conhecimento e atender a uma necessidade. Acender uma vela é criar uma sombra".[2]

Porém, o equilíbrio do universo não é estático; ele é dinâmico. A energia está em constante movimento. E esse movimento não pode ser interrompido. Mais uma vez, usando a água como metáfora, quando bloqueamos seu fluxo, ela fica estagnada e apodrece. Os rituais, feitiços e meditações da Arte têm como objetivo impelir o fluxo da energia.

A energia flui em espirais. Seu movimento é sempre circular, cíclico, em forma de ondas. O movimento espiral é revelado na forma das galáxias, nas conchas, nos rodamoinhos, no DNA. Som, luz e radiação viajando em ondas, que são espirais vistas em forma plana.[3] A lua cresce e mingua, assim como as marés, a economia e a vitalidade do nosso corpo.

As implicações do modelo espiral são muitas. Basicamente, ele significa que nenhuma forma de energia pode se manifestar indefinidamente apenas numa direção. Ela sempre atingirá seu ponto mais alto, seu ápice, e depois retornará. Em termos pessoais, a atividade é equilibrada com a passividade. O repouso deve suceder o esforço, assim como a inatividade deve suceder a criatividade. Para serem inteiros, os homens não podem viver o tempo todo no modo ativo, nem as mulheres no modo passivo (como a sociedade patriarcal espera). Ninguém pode ser constantemente criativo, sexualizado, viver o tempo todo zangado ou constantemente *qualquer coisa* que exija energia. Reconhecer essa alternância pode nos ajudar a manter um equilíbrio dinâmico e saudável.

Social e politicamente, o movimento em direção a mais liberdade é muitas vezes seguido por um movimento em direção a mais segurança. A expansão é seguida pela contração. Os mais sábios podem aprender a tirar vantagem dessa alternância, em vez de serem afetados por ela e perderem seus ganhos durante cada período de reação. Liberdade e segurança não são objetivos mutuamente exclusivos.

As ações políticas poderiam ser mais eficazes se fossem vistas como energia em ação. O poder pode se mover por um grupo como o faz em um indivíduo, renovando e revitalizando a energia do grupo. Um aspecto importante desse movimento é ancorar a energia depois que ela foi despertada, reconhecendo conscientemente sua queda, bem como sua elevação até o ápice, e devolvendo-a à Terra, sua fonte elemental. Quando a energia não é ancorada, o grupo permanece "carregado", como uma sala cheia de eletricidade estática, que logo começa a ser sentida como tensão e ansiedade. Em vez de gerar uma corrente útil, esses grupos entram em curto-circuito, e seus membros ficam extenuados do ponto de vista energético.

Comícios, reuniões, conferências e manifestações geram energia; mas os organizadores raramente pensam em ancorá-la depois. O ancoramento não precisa ser complicado; a simples lembrança de encerrar formalmente cada sessão de trabalho ajudará a ancorar a energia. Os membros do grupo podem apenas dar as mãos num círculo e se sentar em silêncio por um instante. Pouco tempo atrás, surgiu uma tendência crescente, no movimento feminista, de incorporar rituais em conferências e manifestações, com o propósito expresso de ancorar e canalizar o poder gerado. Segue-se a narração de um ritual que várias mulheres[4] e eu criamos em novembro de 1978, numa conferência sobre violência e pornografia, com o tema "Take Back the night!" ["Pegue a noite de volta", numa tradução mais literal]. O clímax do fim de semana foi uma marcha pela área de North Beach, em São Francisco, o coração da cena *topless-bottomless* e das salas de massagem. O ritual aconteceu no Washington Square Park, no final da marcha.*

> As mulheres estão chegando das ruas. Isso leva muito mais tempo do que esperávamos. Não poderia imaginar uma multidão de três mil mulheres...
>
> As bruxas, na liderança da marcha, borrifam North Beach com água salgada. Elas cantam os versos de Laurel:
>
> > Apague a lousa,
> > Sonhe um novo sonho!
>
> Na Broadway e em Columbus, os artistas criam um minirritual em torno do seu carro alegórico. Na frente, está uma Madonna gigante, iluminada por velas; atrás, fatias de carne e revistas pornográficas. Um símbolo forte de imagens que contrangem as mulheres em papéis exíguos e nocivos. Elas empurram o carro alegórico, cantam, picam as revistas e espalham seus pedacinhos como confete. Holly Near canta.
>
> Esperamos no parque, nervosas demais para sair e correr o risco de não voltar a tempo. As bruxas chegam à entrada do parque e formam uma fila dupla, um canal de parto. Elas seguram velas acesas e incenso e borrifam as mulheres com água salgada quando elas entram:

> De uma mulher vieste ao mundo,
> Pelas mulheres, entraste neste círculo.

Nós estamos no palco (na traseira da picape de Anne). Nosso pano de fundo é a fachada iluminada da igreja – uma ironia. Lennie Schewndinger da Lighten Up criou uma bela iluminação para nós; é a primeira vez que realizo um ritual tão teatral, em que luzes fortes nos separam da multidão, que se torna "o público". Nossa "poça" de luz parece ser o único mundo que existe, e não tenho certeza se gosto disso. Atrás de nós, entre as árvores, uma trupe acrobática de mulheres, "Fly By Night", executa uma dança lenta e aérea. Nina lidera ao cântico:

> Estamos tomando a noite de volta,
> A noite é nossa!

As mulheres não estão dançando, como esperávamos. A imagem do público é muito forte: elas estão nos observando. Me sinto estranha, não sabendo muito bem o que fazer. A música desaparece; a multidão continua fluindo para o parque...

Toni Marcus começa a tocar seu violino. O som é transportado pelo parque, elétrico, mágico...

Não podemos continuar adiando o início. Pego o microfone e digo que devemos nos voltar por um momento e olhar umas para as outras, ver como somos lindas, como somos reais...

Eu digo "Nos ensinaram que o corpo das mulheres não é limpo, que nossa sexualidade nos degrada, que devemos ser virgens ou putas, mas não aceitamos nenhuma dessas imagens! Em vez disso, hasteamos a bandeira da Deusa nua, cujo corpo é a verdade que está dentro de nós, no espírito humano.

"Dizemos que o nosso corpo é sagrado, porque gera vida, porque é vida, porque nos dá prazer, porque com ele fazemos, construímos, pensamos, rimos e criamos".

Lee e eu lideramos o canto de resposta:

> Nosso corpo é sagrado
> Nossos seios são sagrados
> Nosso ventre é sagrado
> Nossas mãos são sagradas...

O cântico fica cada vez mais forte.

> Nossas vozes são sagradas
> Nossas vozes carregam poder!
> O poder de criar!
> O poder de mudar o mundo!
> Vamos libertá-las, elevar nossa voz
> Cantar sem palavras, nos fazer ouvir!

As vozes rugem no meio da noite! Não chega a ser um cone (é muito forte, muito amorfo); um maremoto que sai do parque.

Tudo para. Silenciosamente, conduzo um cântico baixo e suave. Um murmúrio, o zumbido de duas mil abelhas, uma vibração intensa...

Acima disso, Hallie conduz a meditação:

"Suavemente, bem suavemente, agora, comecem a sentir a energia da Terra sob seus pés enquanto Ela dança conosco..."

"Fechem os olhos... sintam sua força brilhando em seu corpo e nas mulheres ao seu redor. Essa é a força gerada por nossa marcha, por nosso canto, por nossa dança, pela nossa disposição para destruir os símbolos da violência... Vocês precisam saber que cada uma de vocês, e todas nós juntas, tem o poder de mudar o mundo. Sintam os efeitos das suas ações se espalhando em ondas pelo mundo... reflitam sobre como sua vida será diferente...".

"Abram os olhos e olhem ao seu redor... vejam nossa força no rosto das outras mulheres... Saibam que somos fortes. Saibam o que as mulheres da Antiguidade sabiam... que a noite nos pertence. Saibam que somos as mulheres que tomaram a noite de volta. Saiba que a noite é nossa!"

Felicidades, risos, gritos, beijos. Algumas de nós tocam a terra. As mulheres nos compreendem. O ritual está feito.

A natureza sabe o que é melhor. A magia faz parte da natureza; ela não se opõe às suas leis. Por meio do estudo e da observação da natureza, da realidade física visível, podemos aprender a compreender o funcionamento da realidade subjacente.

A magia nos ensina a acessar fontes de energia que são ilimitadas, infinitas. Mesmo assim, "não existe nada de graça, tudo tem seu preço". Para gerar energia, precisamos gastar energia. Não podemos receber sem dar. Ao fazer magia, usamos nossa própria energia física e emocional e precisamos reabastecê-la. A magia é uma arte e uma disciplina que requer trabalho, prática e esforço para ser aperfeiçoada. Toda mudança traz consequências, algumas visíveis e outras imprevisíveis.

Nos rituais dos covens, a energia gerada é geralmente moldada em forma de cone, o Cone de Poder. Sua base é o círculo formado pelos membros do coven; seu ápice pode enfocar um indivíduo, um objeto ou uma imagem visualizada coletivamente. Às vezes, o Cone pode subir e descer naturalmente, como no canto poderoso descrito no Capítulo 3. Também pode ser enviado com uma explosão de força, liderada por uma pessoa que pode fazer parte do círculo ou estar no centro dele. Se o grupo está familiarizado com os exercícios apresentados no Capítulo 3, o exercício a seguir prepara seus membros para um trabalho mais avançado com a energia:

EXERCÍCIO 45: O Cone de Poder *

Todos estão ancorados e centrados. De pé ou sentados em círculo, vocês se dão as mãos. Comecem com uma Respiração em Grupo e gradualmente criem uma Canção de Poder sem palavras.

À medida que a energia aumenta, visualizem-na girando no sentido horário, ao redor do círculo. Vejam-na como uma luz branco-azulada que espirala para cima, formando um cone: uma concha vertical, uma cornucópia. Mantenham a visualização até que ela comece a brilhar.

As formas de energia que criamos possuem uma realidade própria. Conforme o poder aumenta, as pessoas intuitivamente sentem a forma que é gerada. Quando atinge o auge, o cântico assume um tom concentrado. Se você tem uma imagem que representa seu propósito no trabalho, concentre-se nela. Às vezes surgem palavras ou frases. Deixe a força se mover até diminuir, repentinamente ou aos poucos.

Libere a energia, desmorone no chão e relaxe completamente, deixando o Cone voar em direção ao seu alvo. Respire fundo e deixe o poder residual retornar à Terra, para curá-la.

Ritmos, tambores, palmas e passos de dança também podem ser usados para construir o cone. Os covens devem se sentir à vontade para tentar vários métodos. Outras palavras, outros nomes, nomes da Deusa ou do Deus, ou simples encantamentos podem ser usados para gerar poder. A energia também pode ser modelada para criar outras formas: por exemplo, uma fonte que sobe e se derrama sobre os membros do coven, uma forma de onda ou uma esfera brilhante. As possibilidades são infinitas.

EXERCÍCIO 46: O Cântico do Útero

(Os membros do coven se deitam de costas, formando uma roda, com a cabeça voltada para o centro).

Estenda os braços e toque o útero das pessoas ao seu lado. Se for um homem, coloque a mão no lugar onde estaria o útero, que é o centro do corpo energético. Depois, deem-se as mãos na altura da barriga.

Ancore-se e centre-se. O grupo deve começar com uma respiração em grupo e uma canção de poder. Enquanto respira, imagine que o ar está entrando e saindo pelo útero. Veja ele brilhando com uma luz branca como a lua, enquanto você inspira poder. Veja-o brilhando vermelho como sangue, como um fogo criativo. Sinta o poder do útero para criar: não apenas o útero físico, mas o útero etérico, onde as ideias e visões são geradas. Deixe sua respiração se tornar um som que ressoa no útero.

Cada vez que você respira, sinta o poder dessa respiração, sinta a mulher ou o homem próximo a você, sinta o poder dela(e), sinta que estão conectados, sinta como somos fortes quando estamos conectados; respire o poder da visão, respire o poder criativo do útero e deixe sua voz transmitir esse poder...

O cântico pode crescer e se desvanecer naturalmente. Enviem o poder para a Terra e terminem o exercício.

EXERCÍCIO 47: Ancoramento Formal

(Para usar em rituais e trabalhos em grupo).

Deem-se as mãos. Se quiserem, todos podem pegar a varinha do coven. Levantem as mãos e visualizem o poder fluindo por elas. Ancorem-se e centre-se. O anfitrião diz uma frase e os membros do coven a repetem:

> De fonte em fonte
> Flui através de mim
> Para cima e para baixo,
> Gira para voltar,
> Claramente,
> Desaparece para crescer.
> Como é minha vontade,
> Assim será.
> Feitiço, faça assim!

Abaixem as mãos enquanto você fala, até que a varinha ou as mãos toquem o solo. Expire e sinta a energia fluindo para baixo.

As bruxas classificam a energia sutil em três tipos básicos. Como já mencionei, esse é um modelo conceitual, não uma doutrina. Cada pessoa é vista, também, como um campo de energia, com corpos sutis que circundam e interpenetram o corpo físico.

O primeiro tipo de energia é a energia "elemental" ou *raith*, também chamada de *substância etérica* ou *ectoplasma* por alguns ocultistas. Trata-se da força sutil dos elementos Terra, Ar, Água e Fogo, e das plantas e dos animais. A vitalidade elementar sustenta o corpo físico. Nós nos alimentamos dela e seu movimento através do nosso corpo "bombeia", por assim dizer, as formas superiores de poder.

O *raith*, o corpo energético elementar, também é chamado de corpo etérico ou corpo vital, porque por meio dele recebemos nossa vitalidade, nossa energia física e emocional. Ele é o corpo do Eu Mais Jovem, que percebe por meio da consciência da luz das estrelas do hemisfério direito. Suas percepções geralmente são mais precisas do que nossas percepções conscientes, mas sua capacidade de expressá-las em palavras é limitada. O *raith* se irradia por aproximadamente 2,5 cm do corpo físico e é vista, pela maioria dos clarividentes, como um brilho cinza-azulado.

Animais, plantas, ar puro e água cristalina, exercícios físicos e sexo aumentam a energia vital. Quando a energia *raith* está baixa, as pessoas ficam fisicamente doentes, cansadas e emocionalmente deprimidas. A magia usa uma grande quantidade de energia vital, e qualquer pessoa que pratique magia regularmente deve ter cautela para não ficar desvitalizada. Ficar ao ar livre e em contato com a natureza e os elementos de forma consciente também restaura a vitalidade.** Por tradição, as bruxas também têm animais de estimação especiais, os chamados "familiares",[5] em parte porque eles são uma fonte de energia elemental.

Ancorar a energia antes de cada trabalho mágico ou psíquico evita que fiquemos sem energia. Em vez de esgotar nossa própria vitalidade, recorremos diretamente às fontes ilimitadas de energia elemental da Terra. O poder flui através de nós, não de nós.

O segundo tipo de energia pode ser considerado a energia da consciência, dos pensamentos, dos sonhos, das fantasias e da mente; é a energia áurica ou astral. O corpo astral, como os ocultistas o chamam, também pode ser considerado o corpo do Eu Que Fala. É a força que compõe o "plano astral", a realidade oculta atrás das aparências, o reino dos sonhos, às vezes chamado de Mundo Superior ou Outro Lado.** O *raith* e o corpo astral, juntos, compõem a aura[6] de uma pessoa, ou seu campo de energia. O corpo astral é menos denso que o *raith* e se estende do corpo físico por cerca de 20 centímetros. Verdade seja dita, acredito que cada médium veria esse campo de energia de um jeito diferente. Aos meus olhos, ele parece uma nuvem brilhante e nebulosa, às vezes obscurecendo as feições da pessoa. As cores, diferente de tudo que se pode ver com os olhos físicos, mudam e tremulam com a aura. É mais forte ao redor da cabeça e mais fácil de ver com pouca luz, contra um fundo sem adornos, especialmente quando eu ou a pessoa em questão estamos num leve transe.

O corpo astral pode se projetar para fora do corpo físico. A consciência não é cerceada pelas limitações dos sentidos físicos. As experiências fora do corpo podem ser vividamente sensuais ou simplesmente envolver a percepção sem visão ou som. A região para a qual você viaja pode ser astral ou material; puramente subjetiva, puramente objetiva ou uma mistura de ambas as coisas.

O terceiro tipo de energia é o do Eu Profundo ou dos Deuses. É a vibração mais sutil, mas a mais poderosa. Quando invocamos a Deusa e o Deus em rituais, nós nos conectamos com essa energia. Essa conexão é o cerne da magia maior, do êxtase místico.

Em geral, o Eu Mais Jovem está muito mais consciente da energia sutil do que o Eu Que Fala. Todos nós temos faculdades psíquicas, inconscientemente. A dificuldade está em encontrar maneiras de traduzir essa percepção em termos que a mente consciente possa compreender. Os yogues orientais e ocultistas falam em abrir o "terceiro olho", o centro psíquico localizado na glândula pineal, no centro da testa. Para mim, isso é secundário em relação à abertura dos centros de energia do útero e do plexo solar, que se conectam diretamente com o Eu Mais Jovem. Para colocar de uma forma menos esotérica, quando as mentes consciente e inconsciente podem se comunicar livremente num corpo físico saudável e altamente vital, a consciência superior irá naturalmente despertar no devido tempo. Uma ferramenta útil para estabelecer essa comunicação é o pêndulo.

EXERCÍCIO 48: Exercício do Pêndulo

(O pêndulo pode ser um colar, um anel, uma chave, um relógio ou um cristal pendurado num cordão ou corrente – qualquer objeto que balance livremente e lhe pareça atraente.)

Ancore-se e centre-se. Respire profundamente, com o diafragma e a barriga. Segure o pêndulo pela parte de cima da corrente, de modo que fique cerca de cinco centímetros acima da palma da sua outra mão.

Relaxe e afirme que o pêndulo começará a se mover no sentido horário, refletindo a energia da sua mão. Espere em silêncio. Para a maioria das pessoas, ele começará a se mover em círculos. (Embora pareça se mover por conta própria, na verdade faz isso devido a movimentos involuntários da sua própria mão.) Não tente controlá-lo conscientemente: o objetivo é deixar seu inconsciente falar com você por meio de seus próprios movimentos musculares, refletidos no pêndulo.

Se ele não se mover, gire-o deliberadamente em círculos algumas vezes, mostrando ao Eu Mais Jovem o que você deseja. Espere. Algumas pessoas precisarão de várias sessões para que o pêndulo comece a funcionar.)

EXERCÍCIO 49: Percepção da Aura: o Método do Pêndulo

(Este exercício requer duas pessoas, um emissor e um receptor. Ambas devem ter concluído o Exercício 48 com êxito.)

O emissor senta-se numa posição relaxada, respirando profundamente com a barriga. O receptor segura o pêndulo para que ele oscile cerca de 50 centímetros acima da cabeça do parceiro. Ambos estão ancorados e centrados.

Lentamente, o receptor abaixa o pêndulo, dizendo a si mesmo que começará a balançar quando tocar a aura da outra pessoa. Pratique até sentir a borda ou a coroa da aura. Quando o pêndulo reagir de forma consistente, explore os contornos do corpo astral. Procure áreas de tensão e observe os vórtices de energia.

Troque de posição com a outra pessoa e repita o exercício.

EXERCÍCIO 50: Percepção da Aura: o Método Direto

Novamente, o receptor se senta numa posição relaxada, respirando fundo. Ambos estão ancorados e centrados. O receptor abaixa a mão com a palma voltada para a outra pessoa, entrando no campo da aura dela. Pare quando sentir a borda externa e radiante do corpo astral. A "sensação" será muito sutil no início: um leve formigamento, um calor, uma diferença quase imperceptível, talvez apenas uma necessidade repentina de parar. Explore o corpo astral com as mãos; mais uma vez sentindo as zonas de tensão, que podem ser registradas como uma temperatura fria, como falta de energia ou simplesmente como inquietação. Sinta também os centros de força do corpo. Compartilhe suas impressões com a outra pessoa e compare esses resultados com os do método do pêndulo.

Troque de posição com a outra pessoa e repita o exercício.

EXERCÍCIO 51: Reduzir e Projetar a Energia

Um dos parceiros se senta numa postura relaxada. (O receptor pode usar o pêndulo ou o método direto para perceber a aura.)

Ancorem-se e centrem-se. O receptor localiza a aura da outra pessoa, acima do topo da cabeça, e pede que ela faça a Meditação da Árvore da Vida. Conforme a energia aumenta, a pessoa sentada deve visualizá-la e senti-la como um forte jato de água saindo da cabeça, como um chafariz. A receptora observa que a oscilação do pêndulo fica mais forte e mais rápida conforme a energia aumenta (ou sente a diferença por meio da mão).

Peça à pessoa sentada para reduzir a energia: visualize-se embrulhado em algodão ou coberto com purê de batata. Sinta a mudança; observe a diminuição na oscilação do pêndulo.

Pratique até que o emissor da energia se torne um especialista em projetá-la e reduzi-la, e o receptor se torne um especialista em perceber a mudança. Faça um teste, pedindo que o emissor reduza ou projete a energia sem dizer antes o que vai fazer, enquanto você tenta perceber o que está acontecendo. Troque de posição com ele e também pratique a projeção e a redução da energia por meio dos outros centros de força que você descobriu.

EXERCÍCIO 52: Visão da Aura

(É melhor fazer este exercício em grupo. Os membros do grupo podem se revezar para todos serem a pessoa observada. Todas vocês devem ser especialistas em perceber a aura antes de praticar este exercício.)

Providencie um fundo sem adornos (um pano preto ou um lençol branco). A pessoa observada deve ficar contra o fundo ou se deitar nele, se possível, nua. Todos devem se ancorar e se centrar, e então relaxar com um dos exercícios do Capítulo 3, que produzirá um leve estado de transe. A iluminação deve ser fraca.

Respire profundamente, com o diafragma, e deixe os olhos relaxarem. Examine levemente o espaço ao redor da pessoa. Você pode ver uma linha fina e brilhante ao redor do corpo dela – o *raith*. Em torno dele, procure o nebuloso corpo astral, que pode parecer brilhante ou se assemelhar a uma sombra, um pouco mais clara que o fundo. Para algumas pessoas, o corpo astral aparecerá, simplesmente, como uma diferença sutil entre o primeiro plano e o fundo: uma oscilação, como ondas de calor sobre um fogão. Ele pode aparecer e desaparecer, mover-se e se alterar, mas irá se estabilizar gradualmente, à medida que você se acostumar com a visão astral.

As cores da aura têm muitas interpretações. Em vez de seguir uma regra definida, sente-se e observe-as por si. A qualidade da cor é muito esclarecedora: é clara e brilhante ou turva e opaca? O que isso o faz pensar? O que o faz sentir? Isso o atrai ou o repele? Que associações isso tem para você? Compartilhe suas percepções com outras pessoas e escute as percepções delas, e com o tempo e experiência você será capaz de interpretar o que vê.

A pessoa observada pode praticar a projeção e redução da energia, e outras pessoas podem aprender a ver como a energia se move. Em sessões posteriores, você também pode praticar a projeção de cores e formas energéticas. Quanto mais os membros do grupo praticarem, mais nítidas serão suas percepções.

Quando você aprender a perceber ou ver a energia das pessoas, ficará mais sensível a todas as formas e todos os níveis de poder nos rituais. Objetos inanimados também podem armazenar uma carga de energia sutil (veja o Capítulo 4). Examine seus instrumentos mágicos e sinta sua aura de poder.

A percepção da energia é a percepção da grande dança do universo. Aparentemente intangível, ela é a base de todas as coisas que podemos tocar. É a única constante, embora seja uma mudança contínua, um fluxo eterno. A consciência da sua própria energia é a consciência de que carne e espírito são uma coisa só, de que você é uma Deusa ou um Deus, eternamente ligado, conectado, absolutamente em harmonia com o espírito do Todo em movimento.

Notas

1. Barry Commoner, *The Closing Circle* (Nova York: Knopf, 1971), p. 18.
2. Ursula K. LeGuin, *A Wizard of Earthsea* (Nova York: Bantam Books, 1975), p. 44.
3. Uma maneira fácil de visualizar isso é examinar a "mola maluca" de uma criança: uma espiral feita de metal fino. Estique-a e olhe de lado; você verá formas de ondas.
4. Além de mim, Hallie Iglehart, Nina Wise, Ann Hershey, Lee Schwing, Helen Dannenberg, Diane Broadstreet, Lennie Schwendinger e Toni Marcus, assim como outras, participaram do planejamento e da execução do ritual.
5. Os "familiares" tem muitas utilidades. Eles podem adivinhar: um gato, por exemplo, pode localizar ervas para feitiços ou apontar cartas de tarô com a pata. Podem "ancorar" a energia negativa; os gatos são especialmente bons nisso e essa prática não os prejudica. Os cães irradiam vitalidade e você não pode esgotar essa energia, assim como não pode superá-la. No entanto, durante rituais e trabalhos de magia, os animais geralmente tentam entrar no círculo e absorver o poder. Eles também tendem a ficar nervosos quando as pessoas entram em transe e deixam o corpo físico, e tentam "fazê-las voltar", pulando sobre a barriga delas, mordendo os pés e lambendo o rosto delas. Os animais devem ser muito bem treinados para permanecer na casa durante o trabalho de transe; caso contrário, é melhor mantê-los do lado de fora.
6. Alguns sistemas ocultos postulam uma hierarquia adicional de corpos "mentais" e "espirituais". Tentei apresentar um sistema conceitual que fosse simples o suficiente para ser facilmente compreendido, operável e coerente tanto com a tradição da Arte quanto com a minha experiência pessoal. Mais uma vez, essa é uma metáfora elaborada, não uma Verdade Sagrada. Se alguma outra metáfora funcionar melhor para você, use-a!

Capítulo 9

O Transe

Entre os Mundos

Eu digo: "Relaxe, respire fundo e olhe dentro do poço: o poço que está além do fim do mundo... Chame a sombra que você viu no sonho".

Valerie mergulha mais profundamente no transe. Sua aura brilha; seu rosto desaparece embaixo dela. Ela suspira; uma sombra obscurece o brilho.

"Ela está aqui... agora vejo, é a mesma sombra que eu vi meses atrás; ela é a mulher que apareceu ontem à noite no meu sonho e roubou o meu emprego."

"Que aspecto ela tem?"

"Alta, fria; seu rosto é feito de facas que se entrechocam e giram.

"Como você se sente?"

"Assustada."

"O que deve fazer?"

"Lutar contra ela. Vencê-la."

"Pergunte o nome dela."

Nós esperamos. A sombra fica mais escura.

"Ela não quer me dizer."

"Exija que diga."

"Eu não posso... não entendo."

"O que você precisa para conseguir?"

"Poder."

"Onde está o poder?"

"Na... minha varinha."

Em silêncio, atravesso a sala, pegando a varinha no altar e coloco-a na mão dela, inerte. Seus dedos se fecham ao redor dela. Faíscas de uma batalha interior dançam em torno da cabeça dela.

"O nome dela é raiva", Valerie diz suavemente.

"Quem é ela?"

"Eu mesma."

"O que deve fazer?"

"Tornar-me ela, incorporá-la."

Como você se sente?"

"Assustada. As facas vão me cortar."

"Sim."

"Não vou ser forte o suficiente."

"Você é forte."

"Como posso ter certeza?"

"Porque você conseguiu saber o nome dela."

Ela prendeu a respiração. Sua aura explode em fogos de artifício vermelhos e roxos. Seu couro treme; ela chora, grita, respira com dificuldade.

"Ela está me afogando."

"Continue respirando fundo; apenas relaxe."

Suspiro. O rosto dela está suando. Eu seco a testa dela, com suavidade. Há um lampejo branco acima da sua cabeça; ela suspira, relaxando. O rosto está limpo novamente.

"Eu consegui. Eu a incorporei. Ela está em mim."

"Como se sente?"

"Forte. Em paz."

> *"Aqueles que buscam novos estados mentais – devotos do controle da mente, entusiastas de grupos de encontros, usuários de drogas, médiuns, meditadores – estão todos numa jornada para o universo interior, tentando superar os limites da mente condicionada pela sociedade. Quer seja aceitável ou inaceitável, moral ou imoral, sábia ou ignorante, a mente do homem está avançando rumo a uma nova evolução."*
>
> DRA. BARBARA BROWN[1]

O universo é uma dança de energia, um uni-verso, uma única canção de ritmos e harmonias em constante mudança. Uma rica interação entre contrapontos e cantos separados sustenta a melodia do mundo físico. Vemos apenas uma fração da banda de radiação que constitui o espectro; só ouvimos uma pequena faixa de frequências de som possíveis. Normalmente temos consciência de uma única melodia isolada; ouvimos apenas o flautim de uma orquestra infinita. Entrar em transe é mudar e expandir nossa percepção: é distinguir o som do tambor, dos violinos vibrantes, do grito dos saxofones; é conhecer as harmonias entrelaçadas que se interpretam em novos tons, entusiasmar-se com a sublime sinfonia.

Os estados de transe, estados incomuns da consciência, têm vários nomes: percepção expandida, meditação, hipnose, "viagens". As técnicas de transe estão presentes em todas as culturas e religiões: desde o canto rítmico de um xamã siberiano até a livre associação no divã de um analista freudiano. O desejo de ir além dos limites da mente socialmente condicionada parece ser uma necessidade humana profundamente arraigada. Existe uma variedade infinita de estados de transe possíveis. Todos nós experimentamos um leve transe toda vez que divagamos; que nos concentramos intensamente; que assistimos a uma peça, um filme ou um programa de televisão; que voltamos nossa atenção para dentro e esquecemos o mundo sensorial. Em estados profundos, podemos ter experiências como a que John C. Lilly descreve:

"Entrei numa região de estranhas formas de vida, que não estavam nem acima nem abaixo do nível humano, mas eram seres estranhos, com estranhas formas, metabolismos, pensamentos etc. Esses seres me lembravam alguns dos desenhos que eu tinha visto de deuses e deusas tibetanos, de deuses gregos antigos e os monstros com olhos de inseto da ficção científica".[2]

Os níveis mais profundos de transe podem abrir os sentidos paranormais, a percepção psíquica, a precognição. Podemos sentir empatia com outros seres e outras formas de vida e nos conectar com eles. Em balinês, a palavra para "transe" também significa "tornar-se".

Ocultistas e metafísicos gostam de tentar ordenar, definir e classificar os vários estados de consciência, um processo semelhante a tentar medir uma nuvem com uma régua. Não farei isso, porque sinto que causa a impressão errada de que sabemos mais do que realmente sabemos sobre esses estados. Quando impomos uma ordem característica do hemisfério esquerdo do cérebro, linear, a um padrão complexo do hemisfério direito, tendemos a sentir que ganhamos o controle do fenômeno, quando na verdade não fizemos mais do que apontar algumas estrelas com o feixe da nossa lanterna. Classificar a consciência também incentiva jogos egoicos de superioridade, a ilusão de estar numa posição superior a dos outros. As pessoas gastam suas energias definindo em que estado se encontram, como se a consciência fosse uma escola cósmica primária na qual os alunos da terceira série pudessem se sentir superiores aos do jardim da infância. O importante não é o nível em que estamos, mas o que estamos aprendendo.

No entanto, compartilhar e comparar experiências de transe e ler descrições de estados alterados de consciência podem gerar percepções muito úteis. Uma das coisas mais importantes que percebemos é que os estados de transe são tanto subjetivos quanto objetivos. Existe um *continuum* de experiência, em que parte dela é relevante apenas para o mundo interior do indivíduo e a outra parte pode ser compartilhada e aceita por outras pessoas. O que começa na imaginação torna-se algo real, apesar de essa realidade ser de uma ordem diferente da realidade dos sentidos físicos. É a realidade das correntes de energia subjacentes que moldam o universo.

A percepção comum é um processo dos sentidos físicos. O que vemos, ouvimos, sentimos, cheiramos e saboreamos também é condicionado pela linguagem, o conjunto de símbolos culturais que nos permite nomear o que percebemos. O nome dá forma a um estímulo sensorial amorfo, tornando-o reconhecível e familiar, e guia nossa resposta. Mas a percepção no estado de transe não é limitada pelos sentidos físicos. "Cores astrais" não são vistas com os olhos físicos; os sons são apenas "ouvidos" em nossa mente. Os fluxos de energia sutil não se encaixam em nenhum sistema sensorial. Nossa língua não os nomeia e não possui palavras que os descrevam adequadamente.

A percepção no transe deve ser traduzida para os modos que conhecemos. Em essência, construímos um mundo complicado de metáforas para representar a realidade do que é chamado de *astral*. Se não temos conhecimento espiritual suficiente, criamos sentidos metafóricos que "veem", "ouvem", "sentem", "cheiram" e "percebem sabores". Então, essas percepções pseudossensoriais são interpretadas num sistema simbólico que se adapta às nossas expectativas. Lilly, por exemplo, descreve o encontro com dois "guias" prestativos que "podem ser dois aspectos do meu próprio funcionamento no nível do superego. Eles podem ser entidades de outros espaços, de outros universos diferentes da nossa realidade consensual. Eles podem ser construções úteis, conceitos úteis, que uso para a minha própria evolução futura. Podem ser representantes de uma escola esotérica. Podem ser conceitos que funcionam em meu próprio biocomputador humano no nível da supraespécie. Podem ser membros de uma civilização duzentos mil anos à frente da nossa."[3] Um cristão devoto, entretanto, poderia chamar esses seres de "anjos" ou talvez "santos" e "vê-los" com asas, harpas, auréolas e todos os adornos apropriados. Uma bruxa poderia chamá-los de dois átomos de consciência unidos no Eu Profundo e "vê-los" em formas humanas femininas e masculinas com um brilho azul.

A visão astral é sempre uma mistura de subjetivo e objetivo.** As formas sensoriais e as interpretações simbólicas são subjetivas, são o invólucro das energias e entidades objetivas. Se essas entidades são forças interiores ou exteriores, isso depende de como se define o eu. É mais romântico e empolgante (e possivelmente mais verdadeiro) vê-los como seres exteriores, pelo menos parcialmente; é mais saudável, do ponto de vista psicológico, e provavelmente mais sábio vê-los como seres interiores. Uma coisa pode ser interior e ainda assim ser objetiva, ser real. Uma neurose ou um conflito, por exemplo, podem ser verificados como algo real por outras pessoas, antes mesmo de serem percebidos pelo eu. E nada que seja exterior pode ser admitido na psique se uma força interior correspondente não o admitir também. Nenhuma "entidade" pode se apossar de uma alma que negue sua entrada.

As energias astrais podem ser moldadas de maneiras que perdurem e sejam percebidas por mais de uma pessoa. As crenças e imagens coletivas também moldam as energias astrais e criam "lugares" e seres. Céu, Inferno e Terra da Juventude existem no astral. As formas energéticas que criamos coletivamente, por sua vez, moldam a nós e ao mundo em que vivemos.

As formas astrais podem ser "ancoradas" em objetos físicos. Quando os povos antigos afirmavam que os ídolos *eram* seus deuses, eles queriam dizer que a forma astral do deus estava dentro da estátua. Em *Moon Magic*, Dion Fortune descreve o ancoramento de uma forma energética num lugar onde a magia é praticada, que "deve ter o templo astral construído sobre ela; essa é a parte realmente importante e é assim que se faz: sentamos e imaginamos, nada mais, *mas* é a imaginação de uma mente treinada!"

> Então nos sentamos, meu amigo e eu... e imaginamos o templo de Ísis como o havíamos conhecido no Vale dos Reis, na época áurea do culto. Nós o imaginamos em suas linhas gerais e depois em todos os seus detalhes, descrevendo o que víamos até que pudéssemos ver com clareza cada vez maior. Imaginamos o acesso pela avenida das esfinges de cabeça de carneiro; a grande porta de pilão na parede do recinto; o pátio com seu tanque de lótus; as colunatas à sombra e o grande salão com seus pilares. E, enquanto fazíamos isso, observando e descrevendo alternadamente, as cenas visualizadas começaram a ter a aparência de uma realidade objetiva e descobrimos que

estávamos dentro delas; não as contemplávamos mais com o olho da mente, mas caminhávamos por elas. Depois disso, não houve mais esforço de concentração, pois a visão astral dominou tudo.[4]

A consciência pode viajar no astral de muitas maneiras diferentes. A "projeção astral", descrita por muitos ocultistas, consiste na separação do corpo astral do seu repositório físico, mantendo como conexão apenas um cordão de energia etérica. Em outras palavras, é a criação de um estado metafórico sensorial completo, vívido, por meio do qual todas as percepções podem ser compreendidas. O corpo astral pode se mover pelo universo físico, embora com dificuldade. Na maioria dos casos, ele permanece dentro do reino das formas energéticas e das formas-pensamento, que é o astral.

Também é possível projetar apenas a consciência, sem construir um "corpo". A "sensação" física diminui e pode ser preciso muita prática para obter clareza e aprender a interpretar as percepções, mas esse método não diminui tanto a vitalidade e é menos perigoso.

O corpo astral, quando projetado, "se alimenta" do *raith*, e essa prática pode desvitalizar a pessoa se for feita com muita frequência. É comum que ela volte sentindo muito frio e com uma fome voraz. Quando alguém está aprendendo a entrar em estado de transe, é importante proteger a saúde do corpo físico comendo bem, dormindo o suficiente e fazendo exercícios regularmente.

Trabalhos em transe, seja do tipo que for, só devem ser feitos num lugar seguro e privativo, onde ninguém possa ser perturbado. Uma vez que o transe reduz temporariamente a percepção do mundo exterior e dos seus perigos, não é recomendado praticá-lo em parques e praias públicas, na rua ou em meios de transporte, pois você pode ser furtado, roubado ou importunado. Antes de deixar o corpo, desenhe um círculo protetor ao redor dele, seja por meio de um ritual elaborado ou de uma visualização simples. Isso criará uma barreira de energia, garantindo sua segurança no astral, assim como você a garantiu no reino físico.

Os estados de transe oferecem muitas possibilidades além da projeção astral.** O transe desencadeia um enorme potencial inerente à percepção que não utilizamos. Podemos aumentar nossa sensibilidade, nosso desenvolvimento espiritual e nossa criatividade.

No transe, somos mais sugestionáveis, e esse é um fato que está por trás dos usos mais comuns da hipnose. A sugestionabilidade pode parecer assustadora se a virmos como algo que torna as pessoas vulneráveis ao controle e à exploração por outros. Na realidade, o eu anula qualquer sugestão que contradiga princípios éticos ou morais profundamente arraigados ou desejos pessoais. A sugestão por si só não fará de uma pessoa honesta um ladrão, nem tornará um assassino alguém sem essa propensão. A Arte ensina o uso da sugestão para nos ajudar a direcionar conscientemente nossa própria mente, não a mente das outras pessoas. Quando aumentamos nossa consciência do mecanismo da sugestão e aprendemos a usá-la deliberadamente em nós mesmos, nossa sugestionabilidade aos outros diminui. O inconsciente não está mais separado: agora está em comunicação contínua com a mente consciente e não pode mais ser programado com facilidade sem nosso consentimento consciente.

Podemos usar nossa própria sugestionabilidade para a cura física e emocional. Mente e corpo estão conectados e nosso estado emocional contribui para doenças, sejam elas puramente físicas ou psicossomáticas. A sugestão pode ajudar no aprendizado, aumentar a concentração e aumentar a criatividade. Também pode abrir novas formas de percepção e despertar os sentidos psíquicos.

O transe estimula a visão e a imaginação e abre novas fontes de criatividade. Quando as barreiras entre o inconsciente e o consciente são ultrapassadas, ideias, imagens, planos e soluções para problemas surgem livremente. À medida que a visão holística do hemisfério direito do cérebro é despertada, ela se torna uma rica fonte de revelação, de abordagens novas e originais para as situações.

Capacidades psíquicas também aumentam durante o transe. Todos nós temos, inconscientemente, poderes psíquicos. O Eu Mais Jovem está ciente do fluxo de energia, se comunica sem palavras, percebe as correntes do futuro e sabe como canalizar energia. Em transe, podemos estar conscientes disso e perceber e moldar as correntes que movem nossa vida.

Por fim, no transe, encontramos revelação. Invocamos e nos tornamos a Deusa e o Deus, conectados com tudo o que existe. Experimentamos união, êxtase, abertura. Os limites da nossa percepção, a fixação numa única nota da canção, se dissolvem: não podemos apenas ouvir a música, mas também executamos a dança em espiral da existência, rodopiante e estimulante.

No entanto, o transe pode ser perigoso pela mesma razão que pode ser valioso: porque abre as portas da mente inconsciente. Para passar por essas portas, temos de enfrentar o que os ocultistas chamam de Guardião ou a Sombra do Limiar: a personificação de todos os impulsos e qualidades que jogamos no inconsciente, porque a mente consciente os considerava inaceitáveis. Tudo o que somos e sentimos que não deveríamos ser (sensuais, raivosos, hostis, vulneráveis, masoquistas, autodepreciativos, culpados e talvez até poderosos e criativos) fica na porta entre o Eu Mais Jovem e o Eu Que Fala, recusando-se a nos deixar passar até que tenhamos olhado de frente para nossa humanidade essencial e a reconhecido. Nenhum medo é mais forte do que o medo de nossa própria Sombra, e nada é mais destrutivo do que as defesas que adotamos para evitar o confronto.*

Os verdadeiros perigos da magia não surgem do Guardião ou da Sombra, propriamente ditos, nem de seres ou forças exteriores. Surgem das nossas próprias estratégias de defesa, que podem ser intensificadas e fortalecidas pelo transe e pela magia, como acontece com as drogas ou o fanatismo. A magia também pode nos ajudar a desfazer essas estratégias, enfrentar o Guardião (um processo que nunca é tão assustador na realidade quanto é na imaginação) e vencer imediatamente. Mas, a menos que as pessoas estejam dispostas a enfrentar o medo e suas próprias características negativas, elas serão derrotadas pelo que o feiticeiro yaqui, Don Juan, chama de "o primeiro dos seus inimigos naturais: o medo! Um inimigo terrível: traiçoeiro e difícil de derrotar. Ele fica escondido em cada curva da estrada, na espreita, à espera".[5]

Existem muitas maneiras de se fugir da Sombra. Algumas pessoas simplesmente a negam e nunca chegam perto de um confronto. Outras tentam destruí-la destruindo a si mesmas com drogas ou álcool.

A estratégia de defesa favorecida de muitas pessoas "espiritualizadas" é uma forma complicada de negação, uma afirmação de que o indivíduo "superou" as características sombrias da sexualidade, da raiva, da paixão, do desejo e do egoísmo. Muitas religiões usam exclusivamente essa estratégia. Padres, pastores, gurus e "mestres iluminados" que adotam uma postura de superioridade transcendente têm grande apelo para pessoas com sistemas de defesa semelhantes, que conseguem escapar dos seus confrontos pessoais identificando-se como membros de um grupo de elite "iluminado". Assim nascem e se perpetuam os cultos.

Mas essa estratégia de evitação vem acompanhada de uma ansiedade tremenda. Por mais que afirmemos nossa transcendência e nosso desapego, a Sombra continua a existir. Podemos tentar ser mais do que humanos e até ser muito bem-sucedidos, quase fazer milagres, mas continuamos falíveis, vulneráveis. Essa vulnerabilidade se torna assustadora e fascinante; pode nos levar a atos falsos de autossacrifício e masoquismo, ou a um martírio voluntariamente aceito, como uma tentativa desesperada de controlar aquilo que a Sombra teme.

Victor Anderson, um Sacerdote da Tradição das Fadas, conta uma história segundo a qual, quando ele era um garoto começando a estudar a Arte, encontrou dois lindos e resplandecentes guias no plano astral, que lhe disseram que ele tinha que fazer uma escolha. Se ele quisesse ter um grande poder mágico, teria que desistir da esperança de um amor duradouro em sua vida. Sua resposta foi: "Poderes do mal, afastem-se! Partam para as Trevas Exteriores! Terei ambos, poder e amor".

"Como você sabia que eles eram mal-intencionados?", perguntei.

"Nenhum ser que realmente deseja ajudá-lo vai exigir que você desista de algo que é natural e bonito", respondeu ele.

Os "espíritos do mal" não são necessariamente entidades exteriores; podem ser elementos da mente inconsciente. Grupos que reforçam sentimentos de superioridade, separação da corrente principal da vida humana e a eliminação de fraquezas e fragilidades naturais fortalecem os sistemas de defesas dos seus membros e impedem seu crescimento pessoal.

O outro lado da estratégia da superioridade é a doença e a fraqueza. Em vez de negar ou fingir transcender as qualidades da Sombra, esse tipo de pessoa as admite, mas as interpreta como doenças físicas ou mentais. A atração da doença é que ela absolve o indivíduo de toda responsabilidade e permite que ele se delicie com a passividade. Com muita frequência, a autodefinição da doença é promovida por terapeutas e outros "profissionais de saúde" que, no final das contas, têm interesse em ver os pacientes como pessoas de fato doentes.

A doença como defesa é caracterizada pela culpa. Essas pessoas geralmente se sentem responsáveis por coisas que não estão realmente sob o controle delas. Sua Sombra é seu próprio poder temido, que elas percebem em termos onipotentes e inflados. Essa defesa muitas vezes mascara e pode minar uma grande criatividade e inteligência. Se a prática da magia for mal utilizada para reforçar sentimentos de onipotência pode ser devastador para essas pessoas.

A projeção é outra das suas estratégias preferidas. Quando as qualidades negativas do Guardião são percebidas, é fácil simplesmente descartá-las e atribuí-las a alguma outra pessoa ou grupo. O apelo especial dessa estratégia é que a projeção cria conflito, o que é dramático, estimulante e perturbador. Nos casos mais extremos, ele degenera em paranoia. Essas pessoas nunca se sentem completamente seguras ou aceitas. Visto que sua própria raiva e hostilidade são projetadas para fora, elas sentem a hostilidade de todas as pessoas ao seu redor.

Certamente, todos nós usamos muitas dessas estratégias, mas a maioria prefere um sistema específico. Ninguém pode ser forçado a enfrentar a Sombra, nem o processo pode ser acelerado. Deve acontecer no devido tempo. Por exemplo, o confronto que abre este capítulo é a descrição de uma sessão real de transe entre mim e um dos membros do meu coven. Ele foi, porém, a culminação de vários meses de trabalho e treinamento. Nas sessões anteriores, Valerie conseguiu chamar a Sombra, mas não foi capaz de descobrir seu nome. Ela ainda não estava pronta para enfrentá-la e absorvê-la. Se tivéssemos tentado forçar o confronto, ele poderia ter sido extremamente destrutivo ou simplesmente inútil. Mas, no momento certo, Valerie se viu capaz de incorporar as qualidades que antes pareciam tão ameaçadoras. O processo marcou uma profunda integração na sua personalidade e um florescimento da sua força pessoal e criativa, a tal ponto que me senti inclinada a "passar o bastão" para ela, no coven, e agora ela é Sacerdotisa do Compost.*

Uma das funções de um coven é fazer com que os membros apoiem e orientem uns aos outros nos confrontos com o Guardião. Isso nem sempre é feito de forma tão direta como no exemplo anterior; na verdade, os membros que não são treinados não devem trabalhar dessa maneira uns com os outros, porque pode ser tão prejudicial quanto a psicanálise realizada com amadorismo. Os membros do coven ajudam-se melhor evitando serem seduzidos pelas estratégias de defesa uns dos outros. Aqueles que "transcenderam" não devem ser idolatrados ou colocados num pedestal (nem mesmo se for a Sacerdotisa). O que eles mais precisam é ser amados por suas fraquezas, seus erros e sua humanidade, assim como por seus pontos fortes.

A pessoa que projeta às vezes tem que literalmente lutar para acabar com seu confronto com outra pessoa. A menos que seja percebido corretamente, o processo pode destruir o coven. Os outros membros do grupo devem evitar tomar partido ou se concentrar na causa externa da briga. É igualmente importante resistir à tentação de expulsar uma ou ambas as pessoas do grupo, exceto como último recurso. Numa verdadeira Luta de Sombras, as emoções serão muito mais profundas do que os eventos parecem justificar. É caracterizado por afirmações como "Não suporto como ela faz com que eu me sinta" ou "Ela traz à tona o que há de pior em mim". O grupo não deve aceitar as projeções das partes envolvidas. Se estiverem comprometidas com o grupo e com seu próprio crescimento, acabarão enfrentando a sombra da sua própria raiva. Elas precisam ser amadas durante a batalha.

É grande a tentação de amar, encher de atenção e mimar as pessoas que se definem como doentes. Há também a tentação de perder a paciência com elas, de exortá-las a "se animar", a parar de reclamar e a começar o dia com um sorriso. Nenhuma das abordagens ajuda. Essas pessoas precisam que seu poder seja reconhecido pelo que é e que suas limitações sejam reconhecidas. Elas precisam de apoio para lutar e enfrentar o que têm pela frente, não para recuar para a doença ou para a culpa paralisante. Elas precisam ser amadas pelo seu poder.

Ao aprender a entrar em transe, estamos na verdade aprendendo a "mudar a nossa consciência de acordo com a nossa própria vontade", o que implica controle. Drogas que alteram a mente não são usadas na magia (pelo menos não pelas pessoas mais sábias), porque elas destroem esse controle.* e ** Nenhuma droga pode forçar um confronto com o Guardião; na melhor das hipóteses, pode eliminar uma defesa que pode ser a única coisa que se interpõe entre o eu e o terror absoluto. Na maioria das vezes, a droga apenas fortalece as defesas num nível mais profundo e destrutivo. A superioridade se torna um "complexo de salvador"; a doença pode se transformar em psicose; a projeção pode se transformar em paranoia real. Nas sociedades tradicionais em que as drogas são usadas para produzir visões místicas e êxtase religioso, a experiência é controlada e firmemente estruturada de acordo com diretrizes mitológicas. Os xamãs e sacerdotisas têm uma compreensão profunda dos vários estados que a mente atinge e sabem como guiar outras pessoas por esses estados. Mas não vivemos numa sociedade tradicional. Vivemos numa sociedade baseada em mercadorias, na qual, supostamente, até a iluminação pode ser encapsulada, comprada e vendida. Mas o que é comprado e ingerido não é realmente iluminação, não é magia de verdade. O trabalho, o treinamento e a disciplina da magia podem levar a um transe sensorial semelhante ao produzido pela maconha, e o objetivo do ritual é a visão extática e um elevado senso de admiração, como é encontrado em viagens provocadas pelo LSD. Mas a magia também abre estados sublimes e infinitamente mais sutis, e não ensina apenas como passar pela porta, mas também como retornar. A consciência não é, como proclama Timothy Leary, um fenômeno químico. A química é um fenômeno da consciência.

Quando estamos aprendendo a entrar em transe, ou aprendendo qualquer outra coisa, a melhor proteção é o senso de humor. Nada de que você possa rir pode possuí-lo, seja isso um demônio, um espírito, um OVNI, um anjo, um guia, um mestre, uma visão, uma entidade desencarnada ou um aspecto de si mesmo. Ninguém que é incapaz de rir de si próprio pode ser completo.

A percepção expandida começa com sonhos. "Chamamos isso de Porta sem Chave, que também é a Porta dos Sonhos; Freud a encontrou e a usou para sair por ela durante o dia; mas nós, os iniciados, a usamos para sair à noite".[6] Livros inteiros foram escritos sobre o uso dessa Porta sem Chave, ou seja, trazer material onírico do inconsciente para a consciência desperta. Aqui, vou me limitar a apontar aspectos da interpretação dos sonhos que estão relacionados à magia.

Os sonhos, embora sejam nossa linha mais direta com os processos subjetivos do Eu Mais Jovem, também contêm elementos objetivos. Alguns sonhos refletem em linguagem simbólica um conhecimento direto das correntes astrais. Eles podem nos fornecer revelações sobre os motivos, planos ou emoções de outras pessoas, ou informações sobre eventos externos. As figuras oníricas nem sempre são um aspecto do indivíduo: às vezes são a pessoa ou coisa que parecem ser, embora geralmente haja algo no indivíduo que ressoe com uma força externa.

Quando começamos a trabalhar conscientemente com símbolos mágicos e mitologia, nossos sonhos refletem essas imagens e devem ser interpretados sob essa luz. Para uma bruxa, por exemplo, uma serpente é muito mais do que um símbolo fálico freudiano: é um símbolo da Deusa, de renovação e regeneração.

Anotar sonhos, lembrá-los, compartilhá-los no coven e revivê-los em estado de transe ou visualização orientada são maneiras de destrancar a Porta sem Chave. Aprender a controlar ativamente nossos sonhos, a sugerir temas, a mudar os sonhos enquanto eles acontecem, a enfrentar os agressores e derrotar os inimigos são formas de usar essa Porta à noite.[7]

Existem muitos métodos de indução de transe, mas todos parecem funcionar com base em um, ou mais, dos quatro princípios relacionados: relaxamento, restrição sensorial, ritmo e tédio. A tensão física bloqueia o estado de transe. A maioria das induções começa com um relaxamento deliberado, como no Exercício 9. Quando o transe ocorre após o esforço, como depois de gerar o Cone de Poder, o relaxamento pode ocorrer naturalmente.

A restrição sensorial foi estudada na pesquisa descrita por Robert Ornstein, em *The Psychology of Consciousness*. Quando as pessoas olhavam para uma imagem, depois de um tempo, ela parecia desaparecer. Ao mesmo tempo, ondas alfa apareciam em seus eletrocardiogramas. Nessa pesquisa se demonstrou que o ritmo alfa é característico da meditação e do relaxamento profundo. Segundo a conclusão de Ornstein, "uma consequência da forma como nosso sistema nervoso está estruturado parece ser o fato de que ocorre uma 'desconexão' da percepção do mundo externo quando a percepção se restringe a uma fonte de estimulação constante. As instruções usuais para a meditação concentrada também destacam isso".[8]

Não se sabe muito sobre a neurofisiologia da percepção, mas as antigas técnicas de transe e clarividência (olhar para um cristal) sempre incluíam a restrição da percepção sensorial, muitas vezes a uma fonte constante de estimulação: a chama de uma vela, uma bola de cristal, um espelho negro, uma tigela escura com água ou uma espada brilhante.

O ritmo, seja vivenciado em movimento, canções, percussão, recitação ou poesia, também induz um estado de percepção mais elevada.* As religiões afro-americanas dependem muito do ritmo dos tambores e da dança para induzir um estado de transe no qual os devotos são "montados" ou possuídos por orixás, deuses e deusas. De acordo com Robert Graves, o ritmo métrico da poesia induz o transe de sensibilidade mais elevada. Na tradição da Arte, acreditava-se que certos ritmos podiam induzir certos estados emocionais. Originalmente, os exércitos eram acompanhados por tambores porque seus ritmos podiam deixar os guerreiros mais belicosos. (Pelo que eu sei, os militares e os covens se esqueceram desse segredo, que agora foi recuperado pelos produtores da *disco music*.)** As induções de transe faladas são sempre suaves, musicais e rítmicas.

O tédio também pode levar ao transe, como descobriram gerações inteiras de crianças, que sonham acordadas na escola. Quando não somos estimulados do ponto de vista sensorial, emocional ou mental, a percepção vai para outro lugar. A repetição é importante para induzir o transe. Cria um estado de segurança e familiaridade. A mente "sintoniza" em outro canal.

O estado de transe é aprendido mais rapidamente em grupo, com a ajuda de outras pessoas. Depois, fica mais fácil realizar o mesmo exercício sozinho. Apresentarei os exercícios a seguir como se um líder estivesse falando ao grupo. Um círculo deve ser traçado antes de começar e as instruções repetidas quando todos estiverem relaxados:

EXERCÍCIO 53: Advertências *

"Você está prestes a entrar num estado de espírito muito profundo e agradável, no qual ficará à vontade, seguro e protegido."

"Você vai ficar consciente de qualquer perigo no mundo exterior e acordará imediatamente, alerta e capaz de reagir e agir normalmente."

"Você vai permanecer lúcido e consciente o tempo todo, capaz de se concentrar."

"Você vai se lembrar de tudo que vivenciar."[9]

"A qualquer momento que quiser ou precisar, você poderá acordar sem susto."

"Ao acordar, vai se sentir revigorado, renovado e cheio de energia."

As induções variam muito. Use qualquer conjunto de imagens que funcione para você: mergulhar na água, descer num elevador, passar pela toca do coelho da Alice, descer uma escada em espiral ou o que quer que você invente. Esta é minha indução favorita:

EXERCÍCIO 54: O Arco-Íris – Indução do Transe*

(Comece com o Exercício 9, Relaxamento. Todos devem estar deitados no chão, confortavelmente relaxados).

"Respire profundamente... você está flutuando para baixo... para baixo..., numa bela nuvem vermelha, e todo o seu corpo está vermelho, enquanto você flutua..., balançando suavemente..., indo cada vez mais fundo... e mais fundo...".

> (Repita, uma vez para cada cor, com uma nuvem laranja,
> amarela,
> verde,
> azul e
> roxa.)

"Pouse muito suavemente... muito de leve... no centro de uma pérola branca redonda. Veja como ela brilha, suave e delicada..."

> "Agora vire-se e olhe para o Leste...
> E depois para o Sul...
> E depois para o Oeste...
> E depois para o Norte.
> Abra todos os seus sentidos interiores."*

O primeiro exercício de transe é criar um Lugar de Poder interior, um espaço seguro que sirva como "base" para todas as viagens de transe. Após a indução, continue:

EXERCÍCIO 55: O Lugar de Poder

"Num instante, você entrará num novo espaço, um lugar onde estará seguro e protegido, onde tem controle absoluto do que lhe acontece e está em contato com suas fontes mais profundas de poder. Ele pode estar dentro de uma construção ou ser ao ar livre, e pode conter qualquer coisa ou qualquer pessoa que você queira. Ele é completamente seu. Onde quer que esteja, qualquer que seja o estado de consciência em que esteja, você pode retornar ao seu Lugar de Poder, simplesmente visualizando-o."

"Agora, vire-se e olhe na direção que for mais confortável para você. Na superfície da pérola, desenhe um pentáculo de convocação. Se quiser, pode usar um símbolo seu, que será sua própria chave secreta para entrar no seu Local de Poder. Visualize esse símbolo brilhando com uma chama azul profunda. Respire fundo: inspire, expire. Observe a pérola se abrir e você entrando em seu Lugar de Poder."

"Você está em seu Lugar de Poder. Vire-se e olhe para o Leste, observe o que vê, ouve, sente e percebe". (Pausa)

"Vire-se e olhe para o Sul. Observe o que vê, ouve, sente e percebe." (Pausa)

"Vire-se e olhe para o Oeste. Observe o que vê, ouve, sente e percebe." (Pausa)

"Vire-se e olhe para o Norte. Observe o que vê, ouve, sente e percebe." (Pausa)

"Agora, aproveite para explorar o seu Lugar de Poder. (Dê às pessoas pelo menos cinco minutos)."

"Você está quase pronto para deixar o seu Lugar de Poder. Termine o que for necessário."

"Agora, vire-se, olhe para o Leste e se despeça." (Pausa)

"Vire-se, olhe para o Sul e se despeça." (Pausa)

"Vire-se, olhe para o Oeste e se despeça." (Pausa)

"Vire-se, olhe para o Norte e se despeça." (Pausa)

"Agora, encontre o seu símbolo. Veja como ele brilha. Veja como ele se abre. Respire fundo: inspire, expire e volte para a pérola."

Sair do transe é tão importante quanto entrar nele.* Demore o tempo que precisar para emergir do transe, lenta e suavemente, revertendo o processo de indução. Olhar nas quatro direções é importante porque obriga você a se orientar no espaço interior: *estando presente* nas cenas, em vez de apenas assisti-las, como se fossem um filme. Também reforça o círculo de proteção, enquanto a repetição, a cada transe, reforça a profundidade do seu estado.

EXERCÍCIO 56: O Arco-íris – Saindo do Transe*

"Na pérola, prepare-se para acordar. Ao acordar, você se sentirá revigorado, alerta, renovado e cheio de energia. Você se lembrará de tudo o que experimentou.

Agora, vire-se e olhe para o Leste, depois para o Sul... depois para o Oeste... depois para o Norte. Respire... inspire... expire...

"Você está flutuando... para cima... numa bela nuvem roxa, e todo o seu corpo está roxo enquanto você flutua suavemente para cima...

"Numa linda nuvem azul... você vai para cima... para cima... e todo o seu corpo está azul e você está começando a acordar e flutuar suavemente para cima...

"Numa nuvem verde... e todo o seu corpo é verde... enquanto você flutua suavemente... para cima... para cima...

"Numa linda nuvem amarela... você está cada vez mais acordado... todo o seu corpo está amarelo... enquanto você flutua... para cima...

"Numa linda nuvem vermelha... agora quase totalmente acordado... e todo o seu corpo está vermelho enquanto você flutua suavemente... lembrando-se de tudo...

"E num instante você contará até três e acordará, sentindo-se revigorado, renovado e cheio de energia... respire fundo... inspire... e expire... um... dois... três...

"Abra os olhos e acorde."

Ocasionalmente, pode acontecer de uma pessoa não sair do transe. Não é nada para se preocupar: significa simplesmente que ela passou do transe para o sono. Acorde-a suavemente, tocando-a ou chamando-a pelo nome.

A *escriação* (clarividência com a ajuda de uma superfície reflexiva) requer a concentração num objeto: uma bola de cristal, uma tigela com água tingida, uma tigela escura cheia de água ou um espelho com uma superfície pintada de preto, para permitir a visão psíquica.

EXERCÍCIO 57: Escriação

Desenhe o círculo. Ancore-se e centre-se. Sente-se numa posição confortável e olhe fixamente para o seu cristal ou objeto de concentração. Algumas pessoas preferem um cômodo totalmente escuro; outras acendem uma vela. A iluminação nunca deve ser forte.

Relaxe e aguarde em silêncio. Não force nada. Muitas pessoas sentem medo e insegurança ("Não vai funcionar para mim", "Não estou fazendo direito"). Reconheça os seus medos, relaxe e deixe-os ir embora.

Depois de um tempo (e você pode precisar de uma prática regular ao longo de várias sessões), a superfície do cristal pode ficar "nublada" com energia *raith*. Para algumas pessoas, as nuvens desaparecem e as imagens surgem no cristal. Outras se veem fechando os olhos e contemplando imagens com o olho interior. Ambos os métodos são válidos. Escolha aquele que fluir mais facilmente para você.

Por fim, deixe as nuvens voltarem e depois se dispersarem. Olhe para o cristal, vendo o objeto sólido que ele é. Cubra-o e abra o círculo.

EXERCÍCIO 58: Sugestão

Como a sugestão funciona por meio do Eu Mais Jovem, ela é mais eficaz quando você usa a linguagem de símbolos e imagens. A sugestão pode ser incorporada ao transe. Em vez de afirmações verbais, crie uma cena mental que mostre os resultados desejados. Se você quer superar a timidez, imagine-se numa festa agindo com elegância e charme. Se você quer ser rico, imagine-se ganhando dinheiro. Se você deseja ser curado, visualize-se saudável e ativo.

Desenhe um círculo, entre em transe e vá para o seu Lugar de Poder. Oriente-se em direção aos quatro pontos cardeais.

Crie sua sugestão em seu Lugar de Poder. Torne-o o mais paupável, real e sensorial possível. Leve todo o tempo que precisar para fazer isso.

Deixe sua sugestão em seu Lugar de Poder. Ela criará raízes e crescerá e se tornará sua realidade.

Despeça-se dos quatro pontos cardeais e saia do transe.

EXERCÍCIO 59: Lembranças

Trace o círculo, entre em transe e oriente-se em seu Lugar de Poder. Olhe na direção que lhe parece mais confortável.

À sua frente, visualize um caminho. Procure-o e encontre-o. Agora, siga-o, olhando ao seu redor, percebendo o que você vê, ouve, sente e percebe. Continue avançando, avançando cada vez mais.

A trilha sobe pelo cume de uma montanha. Ela sobe até o topo e começa a descer, descendo... descendo... contornando a encosta.

À medida que você desce, verá a entrada de uma caverna que entra muito fundo... profundamente... dentro da montanha. Vá até a caverna e pare na frente da entrada.

Dentro da caverna estão todas as lembranças desta sua vida e de todas as suas vidas passadas. Num instante, você se verá dentro dela. Pode penetrar tão fundo quanto desejar para explorar qualquer túnel secundário, qualquer gruta. Se houver uma lembrança específica que você queira vivenciar, mantenha-a em mente e você se verá no lugar certo. Se houver alguma lembrança que ainda não consiga enfrentar, o caminho até ela será bloqueado.

Respire fundo: inspire, expire e, contando até três, entre na caverna das suas lembranças. Leve o tempo que precisar para explorá-la. (Leve pelo menos dez minutos.)

Agora, prepare-se para retornar das suas lembranças. Leve o tempo que precisar nesse processo. Volte para a entrada da caverna.

Respire fundo: inspire e, ao expirar, conte até três e saia da caverna. Espire: conte um, dois, três.

Saia da caverna e suba a encosta da montanha. Volte para o cume, seguindo o caminho até chegar ao seu Local de Poder.

Despeça-se das quatro direções e saia do transe.

EXERCÍCIO 60: O Transe para o Sonho

Desenhe o círculo, entre em transe e oriente-se no seu Lugar de Poder. Olhe na direção em que você se sente mais confortável.

Você verá um novo caminho: um caminho sinuoso e secreto, que desce até um rio. Procure o caminho e encontre-o. Siga por ele. Olhe ao seu redor, percebendo o que você vê, ouve, sente e percebe ao longo do caminho.

Pare na margem do rio. Do outro lado, fica o reino dos sonhos. Ao entrar, você pode explorar ou alterar seus sonhos à vontade. Você pode enfrentar seus inimigos e derrotá-los, e pode aprender com seus amigos. Agora, imagine o sonho em que deseja entrar e observe sua paisagem do outro lado do rio.

Respire fundo. Inspire. Ao expirar, entre no rio. Sinta a água fria molhando seus pés e observe-a se mover e brilhar.

Respire fundo novamente. Inspire. Ao expirar, atravesse o rio. Sinta as pedras sob seus pés; ouça o rio.

Respire fundo mais uma vez. Inspire. Enquanto expira, alcance a outra margem distante, entrando no reino dos sonhos. Expire. Sinta o chão firme sob seus pés.

Você está agora no reino dos sonhos. Leve todo o tempo que precisar para explorar, mudar e descobrir seus sonhos.

Agora, prepare-se para deixar o reino dos sonhos. Diga adeus aos seres que você pode ter encontrado lá e termine sua exploração. Retorne ao rio.

Mais uma vez, respirando fundo três vezes e dando três passos, atravesse o rio. Entre nele, caminhe por ele e saia do outro lado. Sinta as pedras sob seus pés; escute e contemple a água.

Siga o caminho de volta ao seu Lugar de Poder. Despeça-se dos quatro pontos cardeais e saia do transe.

Os sonhos também podem ser explorados por meio da escriação. Um grupo pode visualizar a imagem de um sonho numa bola de cristal ou numa tigela de água e explorá-la. Por exemplo, aqui está um registro parcial de um transe em grupo para interpretar uma imagem de um sonho de Holly, em que um grupo de mulheres idosas estava olhando para a foto de uma foca, num jornal, e uma delas disse: "A foca trará juventude eterna".

> Estamos na praia – ondas – ouve-se uma música fraca vindo de um carrossel – Holly está no lago – o pai dela diz que ela nada como um peixe...
>
> Agora há um farol – uma sirene de nevoeiro – a espuma das ondas se espalhando pelas rochas – o som das focas...
>
> Holly está na água, seu cabelo flutuando como o de uma sereia – estamos todas nadando sob as rochas, a água é azul e cristalina – as rochas são feitas de cristal.
>
> Há uma caverna sob as rochas – Valerie reconhece isso de um sonho que teve há muito tempo –, havia pessoas que queriam mergulhar dentro da caverna; ela os avisou para não entrarem, mas elas entraram. Elas não conseguiam sair. A caverna está cheia de ossos.
>
> Nós avançamos e emergimos numa cidade de vidro. Sob o mar, erguem-se várias torres... peixes coloridos nadam nas paredes de vidro transparente... nos movemos por um longo corredor, passando por quartos góticos com arcos transparentes...
>
> A cidade está girando – nós somos arremessadas com ela, girando, e somos atiradas de volta na caverna.
>
> Na caverna existe uma foca. A foca cuida de uma fonte. "A foca trará juventude eterna." Bebemos da fonte.

Depois de se familiarizar com as técnicas de transe, você pode criar suas próprias imagens e usar o estado de transe para muitos tipos de experiência. Você pode invocar uma parte negativa de você, como Valerie fez no início deste capítulo, ou pode invocar o seu Eu Profundo para vir ao seu Lugar de Poder e receber ajuda, ensinamentos e conselhos. Você pode buscar respostas para perguntas, beber da fonte de inspiração, morrer e renascer.

Nos rituais, todos os elementos de indução de transe (exceto o tédio, espero) estão presentes. A liberação da energia com o Cone de Poder cria relaxamento. O espaço é escuro e o foco pode estar nas chamas das velas ou numa vela central. Os cânticos, invocações e movimentos são rítmicos e repetitivos. As induções de transe são um elemento belo e natural do próprio ritual. Muitas vezes incluem várias vozes, um efeito difícil de reproduzir no papel. Nas induções a seguir, imagine que os grupos de frases são lidos simultaneamente, como uma partitura musical.

EXERCÍCIO 61: Indução Ritual

1ª Voz: Seus dedos estão virando água, e
1ª Voz: (Pausa) Seus dedos estão virando...
3ª Voz: Durma Profuuuuundameeeeeente e

1ª Voz: seus dedos do pé estão virando água e seus punhos
2ª Voz: em água, e seus dedos do pé estão virando água,
3ª Voz: sonho de se transformar,

1ª Voz: eles estão virando água, e seus tornozelos estão
2ª Voz: e seus punhos estão virando água, e
3ª Voz: Sooooonhe profuuuundameeeeente,

1ª Voz: virando água, e suas mãos estão virando
2ª Voz: seus tornozelos estão virando água, e seus...
3ª Voz: e duuuurma.

1ª Voz: na água, e seus pés estão se transformando em água,
2ª Voz: as mãos estão virando água e seus pés estão
3ª Voz: Duuuuurma profuuuuuundameeeeeente e

1ª Voz: e seus antebraços estão virando água, e
2ª Voz: virando água, e seus antebraços estão se...
3ª Voz: Sonho de se transformar,

1ª Voz: suas panturrilhas estão virando em água, e
2ª Voz: virando água, e suas panturrilhas estão virando
3ª Voz: expire profundamente,

1ª Voz: seus cotovelos estão virando água, e seus joelhos
2ª Voz: na água, e seus cotovelos estão virando
3ª Voz: e duuuurma

Continue essa indução até que todo o corpo esteja relaxado. Outra voz pode entrar e continuar a conduzir o transe e depois despertar os membros do coven. Quando eles se sentirem confortáveis trabalhando juntos, vários membros podem conduzir o transe, cada um deles criando parte das imagens.

Rituais de mistério como os da Bruxaria seguem um padrão de indução e revelação. Os Mistérios são ensinamentos que não podem ser apreendidos apenas pelo intelecto, apenas pela mente profunda que pode ser acessada durante o transe. Eles podem ser transmitidos por um objeto (uma espiga de trigo, como nos mistérios de Elêusis), por uma frase-chave ou um símbolo. O segredo em si pode não ter sentido quando fora do contexto: apenas dentro da estrutura do ritual ele adquire seu poder esclarecedor.

A adivinhação por meio da quiromancia, das cartas de tarô, da astrologia e da leitura de oráculos é outro método para despertar a mente profunda. Não há espaço aqui, nem mesmo para começar um comentário que faça justiça a uma prática tão ampla; só posso frisar que todas as técnicas divinatórias funcionam basicamente para focalizar a percepção e ativar a intuição e a percepção intensificadas que são possíveis no transe. Atualmente, essas técnicas não são utilizadas para "prever o futuro", mas como métodos de aconselhamento espiritual e psicológico.

Festejos*

Depois do transe, o processo de retorno ao cotidiano e de finalização do ritual começa com o compartilhamento da comida. Pode ser qualquer tipo de alimento, desde suco e *croissants* a biscoitos e leite. Às vezes, uma refeição inteira é compartilhada; outras vezes, o coven pode preferir frutas orgânicas e suco de maçã, ou champanhe e caviar. Os gostos e preferências dos membros são os únicos critérios.

A Sacerdotisa e o Sacerdote (ou os outros membros) seguram o prato de comida e um cálice e dizem uma bênção simples e muitas vezes espontânea:

BÊNÇÃO DOS BOLOS E DO VINHO

Toda a vida é a Sua vida
Todos os frutos da terra
São os frutos do Seu ventre,
Sua união, Sua dança.
À Deusa (e ao Deus)
Agradecemos por suas bênçãos e pela abundância.
Junte-se a nós, celebre conosco, divirta-se conosco!
Bendito seja

Uma pequena libação pode ser colocada no fogo ou no caldeirão. O cálice é passado ao redor do círculo e cada membro agradece pelas coisas boas que lhe aconteceram desde o encontro anterior. Enquanto comem, todos relaxam, riem, brincam e se socializam, ou falam sobre o ritual e planejam encontros futuros. O aspecto social do ritual é essencial para fortalecer e preservar o vínculo do grupo. Compartilhar comida é compartilhar um símbolo tangível de amor e cuidado. É importante que essa parte do ritual seja divertida: uma recompensa para o Eu Mais Jovem, por ter suportado toda a parte séria do ritual e da magia.

É de vital importância encerrar formalmente a reunião e romper o círculo. Depois de caminhar entre os mundos quando começamos o ritual, temos de deliberada e conscientemente retornar ao tempo e ao espaço comuns. Só assim podemos preservar a integridade do tempo e do espaço ritual. Nunca se deve permitir que as pessoas se afastem antes que o círculo seja aberto e a transição de volta à consciência comum esteja completa.

Despedida à Deusa e ao Deus*

O poder do ritual deve ser ancorado, caso isso ainda não tenha sido feito. A Sacerdotisa (ou quem executa as invocações) vai para o altar e fica de frente para o coven, em posição de pentagrama. Ela diz:

> Deusa e Deus
> Agradecemos
> Pela Sua presença,
> Pelo círculo,
> Pela luz e pelo amor
> Pela noite e pela mudança.
> Pedimos Suas bênçãos
> Enquanto partem.
> Salve e adeus! Benditos sejam!

Abertura do Círculo*

A Sacerdotisa se dirige a cada uma das quatro direções, uma por uma, e desenha um Pentáculo de Banimento (veja a ilustração na página 106), dizendo:

> Guardiões do Leste (Sul, Oeste, Norte), Poderes do
> Ar (Fogo, Água, Terra), agradecemos
> Por se juntar ao nosso círculo.
> E pedimos Suas bênçãos
> Enquanto estão partindo.
> Que haja paz entre nós
> Agora e sempre. Benditos sejam.

Ela ergue o athame para o céu e depois toca a terra com ele. Então abre os braços e diz:

> O círculo está aberto, mas está intacto.
> Que a paz da Deusa
> Esteja em nossos corações.
> Felizes nos encontramos e felizes nos separamos
> E felizes voltaremos a nos encontrar. Benditos sejam.

Notas

1. Barbara Brown, *New Mind, New Body* (Nova York: Harper & Row, 1974), p. 17.
2. John C. Lilly, *The Center of the Cyclone* (Nova York, Julian Press, 1972), p. 49.
3. Lylly, p. 39.
4. Dion Fortune, *Moon Magic* (Nova York: Weiser, 1972), pp. 81-82.
5. Carlos Castañeda, *The Teachings of Don Juan: A Yaqui Way of Knowledge* (Nova York: Ballantine Books, 1968), p. 79.
6. Fortune, p. 76.
7. Para uma exploração mais ampla do trabalho com os sonhos, ver Patricia Gardfiel, *Creative Dreaming* (Nova York: Simon & Schuster, 1975).
8. Robert Ornstein, *The Psychology of Consciousness* (São Francisco: W.H. Freeman, 1972), p. 126.
9. A visão tradicional do transe e da hipnose é que a pessoa hipnotizada esquece a experiência, presumivelmente para que o médico ou psiquiatra possa obter do inconsciente informações com as quais o paciente pode não estar preparado para lidar. O trabalho de transe na Arte, entretanto, visa ensinar a pessoa hipnotizada a controlar seu próprio estado de consciência; portanto, a lembrança é de vital importância. Se a pessoa não estiver preparada para lidar com determinada informação, não entrará em contato com ela. É considerado um uso indevido do estado de transe intrometer-se nos segredos dos outros.

Capítulo 10

A Iniciação* e **

Entre os Mundos:

A DEUSA NO REINO DA MORTE*

Neste mundo, a Deusa é vista na lua, a luz que brilha no escuro, aquela que traz a chuva, que move as marés, a Donzela dos mistérios. E, enquanto a lua aumenta e diminui, e caminha pelas três noites do seu ciclo na escuridão, também dizem que, numa ocasião, a Deusa passou três noites no Reino da Morte.

Pois, apaixonada, Ela busca continuamente o seu outro Eu e, numa ocasião, no inverno do ano, quando Ele desapareceu da terra verdejante, Ela o seguiu e finalmente alcançou as portas pelas quais os vivos não passam.

O Guardião do Portal a desafiou, e Ela tirou as vestimentas e as joias, porque nada pode ser levado para aquele reino. Por amor, Ela se deixou amarrar, como todos os que ali entram, e foi levada diante dEle, que era a própria Morte.

Ele a amava e se ajoelhou aos pés dela, colocando diante dela sua espada e sua coroa, e deu-lhe o beijo quíntuplo, e disse:

"Não volte para o mundo dos vivos. Fique comigo e tenha paz, descanso e conforto".

Mas Ela respondeu: "Por que você faz todas as coisas que amo e aprecio para, depois, fazê-las murchar e morrer?".

"Senhora", disse-lhe ele, "é o destino que todos os que vivem morram. Tudo passa; tudo perece. Ofereço alívio e conforto para aqueles que passam por estas

portas, para que possam ser jovens novamente. Mas você é o desejo do meu coração. Não volte lá; fique comigo".

E Ela ficou três dias e três noites com Ele, e no final da terceira noite tomou sua coroa, que se tornou um ornamento circular que ela colocou em volta do pescoço, dizendo:

"Eis o círculo do renascimento. Por meio de você tudo morre na vida, mas por meio de mim tudo pode renascer. Tudo passa; tudo muda. Mesmo a morte não é eterna. Meu é o mistério do útero, que é o caldeirão do renascimento. Entre em mim e me conheça, e você estará livre de todo medo. Pois a vida não é senão um caminho para a morte, e a morte é apenas uma passagem para voltar à vida, e em mim o círculo gira eternamente".

Por amor, Ele entrou nela e, assim, renasceu para a vida. No entanto, Ele é conhecido como o Senhor das Sombras, aquele que acalma e conforta, aquele que abre as portas, o Rei da Terra da Juventude, aquele que dá paz e descanso. Mas ela é a mãe afável de toda a vida; dela provêm todas as coisas e para ela retornam. Nela estão os mistérios da morte e do nascimento; nela está a realização de todo amor.

MITO TRADICIONAL DA ARTE

Uma iniciação é uma morte e um renascimento simbólicos, um rito de passagem que transforma cada pessoa que o vivencia. Na Arte, ela marca a aceitação num coven e um compromisso profundo e pessoal com a Deusa. É uma dádiva de poder e amor que os membros do coven dão uns aos outros: a experiência de segredos interiores que não podem ser contados, porque vão além das palavras. Para o indivíduo, torna-se uma mudança que traz revelação e compreensão e que produz mais crescimento e mudança.

O momento em que ocorre uma iniciação é importante. Por tradição, as aprendizes de Bruxaria eram obrigadas a estudar "um ano e um dia" para serem iniciadas. Isso nem sempre é seguido nos covens de hoje, mas é uma boa regra prática. O treinamento de magia não pode acontecer do dia para a noite. Como já dissemos, ele é um processo de reestruturação neurológica que leva tempo. A menos que a iniciada[†] possa, até certo ponto, canalizar energia e

---

[†] O iniciado pode ser uma mulher ou um homem, mas neste capítulo e nos seguintes usarei o feminino de uma forma inclusiva, para simplificar.

entrar em estados alterados de consciência, ela não vai conseguir se beneficiar profundamente do ritual.

Existe outro aspecto mais sutil do momento mais oportuno para se fazer uma iniciação. A iniciação também significa um "começo", e o que começa é o processo de enfrentar o Guardião do Limiar. Uma nova iniciada pode não ter enfrentado sua Sombra ainda, mas ela deve estar determinada a fazer isso. A ordem do Guardião ("Melhor cair pela minha espada e morrer, do que tentar com medo no coração") não significa que ela não deva sentir medo, mas que deve estar disposta a seguir em frente apesar do medo, a não fugir, a enfrentar suas defesas, mesmo que o processo possa ser doloroso. "Você está disposta a sofrer para aprender?", perguntam a ela, porque aprender e crescer sempre implica sofrimento.

Quando a aprendiz consegue confrontar outras pessoas do grupo, enfrentar problemas e assumir a responsabilidade por seus próprios sentimentos e ações, e tanto espera quanto deseja influenciar o curso do grupo, provavelmente está pronta para a iniciação. Ela deve pedir por isso, porque não estará pronta até que perceba que ela, e mais ninguém, controla o curso do seu progresso na Arte. A iniciação cria um forte vínculo emocional e um profundo vínculo espiritual entre os membros do coven, portanto, considere cuidadosamente quem você inicia.

A morte e o renascimento são o tema da iniciação. A morte é a raiz dos nossos medos mais profundos e a verdadeira face da Sombra. É o terror por trás da nossa vulnerabilidade, o horror da aniquilação que tememos que nossa raiva ou nosso poder possam provocar. Como no mito, o que nos leva a arriscar essa confrontação é o desejo e a ânsia de recuperar aquelas partes separadas de nós que estão do outro lado do abismo, as únicas que podem nos completar e nos libertar para o amor. Porque onde não há coragem não há amor: o amor exige honestidade, o que é assustador; caso contrário, ele é vazio. Ele utiliza nosso poder mais profundo, do contrário falta-lhe força. Ele nos leva a enfrentar a tristeza, a perda e a morte.

E assim aprendemos o Mistério: a temida Sombra, o Guardião do Limiar, não é outra coisa senão o Deus, que é nomeado Guardião dos Portões, em seu aspecto de Morte.

Para cruzar esse limiar e entrar no reino interior, temos que abandonar nossas defesas, nossos fingimentos, máscaras, papéis; despirmos-nos das nossas "roupas e joias", de tudo que assumimos e vestimos. A porta só se abre para o corpo nu da verdade, amarrado por cordas: nosso reconhecimento da mortalidade.

A morte é sedutora porque, uma vez que cruzemos o aterrorizante limiar, não há mais nada a temer. O medo e a esperança desaparecem: tudo o que resta é o descanso, o repouso, o alívio, o nada abençoado, o vazio. Mas, da mesma maneira que, para os físicos, o vazio é o "estado-mãe", também a coroa da morte se torna o ornamento circular do renascimento e as cordas que nos prendem se tornam o elo umbilical com a vida. A morte é subordinada à vida e aprendemos o Grande Mistério, não como uma doutrina, nem como uma filosofia, mas como uma experiência: não existe a aniquilação.

Por tradição, os rituais de iniciação são secretos, nem que seja para preservar o elemento surpresa. Tenho sentimentos um tanto confusos sobre publicar uma de nossas iniciações, mas acho que este livro não estaria completo sem essa descrição. Omiti o material secreto da Tradição das Fadas e me concentrei em muitos dos elementos criativos do ritual, que geralmente reescrevemos para cada novo membro. O texto a seguir não deve ser visto como algo que não possa ser alterado, mas como um esboço a partir do qual você pode criar os seus próprios rituais.

A iniciação começa com um ciclo de morte: uma dissolução encenada, uma aniquilação simbólica e uma purificação. Às vezes, um item de teste é incluído. No campo, a aprendiz pode ser levada a um caminho desconhecido e instruída a encontrar seu caminho ao longo dele. Em intervalos, os guias revelam segredos para você ou indicam a direção. Na praia, a aprendiz vendada pode ser solicitada a encontrar seu caminho entre aromas, sons e, finalmente, livrar-se do medo e caminhar com confiança até as ondas, onde mãos protetoras a levam de volta à areia. Dentro de casa, a aprendiz pode ser instruída a manter um silêncio solene e se deitar serenamente enquanto uma máscara de gesso é moldada em seu rosto; e, então, enquanto a máscara de gesso seca, ela fica meditando. Na iniciação de Paul, ele foi instruído a fechar os olhos e conduzido ao jardim. Em intervalos, ele tinha permissão para abrir os olhos; ficou deslumbrado com uma luz, e revelações foram feitas: por exemplo, uma espiga de milho lhe foi mostrada e lhe disseram: "Eis aqui Coré, a Donzela". Ele viu uma rosa e lhe foi dito: "Sinta a flor e o espinho". Foi-lhe mostrada uma folha devorada por insetos, semelhante a uma renda, e lhe disseram: "Veja como a vida se alimenta da vida".

Ele foi então deixado a sós para meditar sobre o céu, enquanto o resto de nós entrava na casa, traçava o círculo e preparava um banho ritual.

O mar, ou um riacho, se for de água corrente, é um local perfeito para um banho ritual, mas a maioria deles é feito em banheiras comuns. Os membros do coven realizam uma Purificação da Água Salgada: o sal é adicionado à água do banho, que a carrega com o poder de limpar e renovar. Em seguida, ervas e óleos apropriados são adicionados: eu uso pétalas de rosas, folhas de louro, visco, verbena, arruda, algumas gotas de óleo da Sacerdotisa ou da Deusa e água de Delfos.** Acendemos velas e incenso. A aprendiz vendada recebe ajuda para entrar na banheira, é banhada pelos outros membros do coven e ouve cânticos ao redor dela. Ela é instruída a meditar, a se purificar, a resolver quaisquer dúvidas que possa ter e a escolher um novo nome. Então é deixada a sós.

Os membros do grupo terminam os preparativos finais para o ritual e invocam a Deusa, o Deus e os Poderosos Seres da Arte. A pessoa que atua como madrinha da aprendiz retorna até ela para enxugá-la e se certificar de que está pronta para entrar no círculo. Ela amarra um fino cordão de algodão, com um nó frouxo, ao redor dos pulsos da aprendiz, dizendo: "E Ela foi amarrada como devem estar todos os seres vivos que desejam entrar no Reino da Morte". Ela também amarra um cordão no tornozelo da pessoa que será iniciada, dizendo: "Pés que não estão amarrados nem soltos", reconhecendo que entrar na Arte é uma decisão livre, mas que, uma vez que a pessoa entre no caminho, ela aciona as correntes que a impulsionam para a frente. A madrinha pergunta à aprendiz qual é o seu novo nome e a conduz ao círculo, onde uma porta foi aberta no Leste.

Um membro do coven, escolhido para ser a Desafiante, avança com uma espada ou athame na mão, dizendo: "Quem está vindo à porta?".

A aprendiz, que já foi treinada antes, responde: "Sou eu, _____ (seu novo nome), filha da Terra e do céu estrelado".

Desafiante: "Quem responde por você?"

Madrinha: "Sou eu, _____, quem responde por ela". A Desafiante toca o coração da aprendiz com a ponta da espada e diz:

"Você está prestes a entrar num vórtice de poder, um lugar além da imaginação, onde nascimento e morte, escuridão e luz, alegria e dor se encontram e se tornam uma coisa só. Você está prestes a entrar entre os mundos, além do tempo, fora do reino da sua vida humana.

"Você, que está no limiar dos temíveis Seres Poderosos, tem coragem de fazer o ensaio? Porque você tem que saber que é melhor cair pela minha espada e morrer, do que tentar com medo no coração!"

A aprendiz responde: "Eu entro no círculo com perfeito amor e perfeita confiança".

A Desafiante ancora a ponta da sua espada na terra, beija a aprendiz e a conduz para o círculo, dizendo: "É assim que todos são trazidos para o círculo pela primeira vez".

A Sacerdotisa e/ou o Sacerdote conduzem a aprendiz a cada um dos quatro pontos cardeais, no sentido horário, dizendo:

"Salve, Guardiões das Torres de Vigia do Leste (Sul, Oeste, Norte) e todos os Seres Poderosos da Arte. Eis aqui _____ (novo nome), que agora se tornará Sacerdotisa e Bruxa".

A aprendiz é conduzida de volta ao altar. A Sacerdotisa fica de joelhos e dá o beijo quíntuplo nas partes do corpo que são nomeadas, dizendo:

> Abençoados são os seus pés que a trouxeram por este caminho.
> Benditos sejam os seus joelhos que se ajoelham perante o altar sagrado.
> Bendito seja o seu sexo, sem o qual não existiríamos,
> Abençoados sejam os seus seios, formados com força e beleza.
> Abençoados sejam os seus lábios, que pronunciarão os nomes sagrados.

A aprendiz é então medida com uma corda fina, da cabeça aos pés. A corda é cortada e as medidas do contorno da cabeça e do peito são feitas. Nós são amarrados para marcá-los. A Sacerdotisa enrola a corda e pergunta à aprendiz: "Você está disposta a fazer o juramento?".

Aprendiz: "Estou."

Sacerdotisa: "Você está disposta a sofrer para aprender?"

Aprendiz: "Sim."

A Sacerdotisa pega a mão da aprendiz e, com uma agulha devidamente purificada com fogo e água (isto é, esterilizada), pica o dedo dela, apertando-o para que algumas gotas de sangue saiam e caiam na corda.

Sacerdotisa: "Repita comigo:

"'Eu, _____, da minha própria vontade, prometo solenemente proteger, ajudar e defender minhas irmãs e irmãos da Arte'.

"'Sempre vou manter em segredo tudo o que não deve ser revelado.

"'Juro pelo ventre de minha mãe e pelas minhas esperanças para vidas futuras, consciente de que minhas medidas foram tomadas na presença dos Poderosos'".

A aprendiz é então instruída a ficar de joelhos e, colocando uma mão na cabeça e a outra sob o calcanhar, dizer:

"Tudo o que está entre minhas mãos pertence à Deusa".

Coven: "Que assim seja!"

Os membros do coven agarram-na de repente, levantam-na (se possível) e, carregando-a, circundam o círculo três vezes, rindo e gritando. Elas colocam-na de rosto para baixo em frente ao altar e pressionam-na contra o chão. Aos poucos, a pressão se transforma em alguns pequenos movimentos. Elas cantam seu novo nome, gerando o Cone de Poder acima dela, dando a ela o poder de abrir sua percepção e realizar magia. Eles removem a venda e dizem:

"Saiba que as mãos que tocaram em você são as mãos do amor".

"O Chamado da Deusa" é declamado e outros mitos, mistérios e segredos são revelados. Normalmente, a nova iniciada tem tempo para praticar escriação com uma bola de cristal, para encontrar suas próprias fontes pessoais de poder e inspiração. Ela é informada sobre os nomes mágicos dos outros membros e o nome espiritual e os símbolos do coven.

A madrinha a consagra nos seios e na testa com óleo, com símbolo do coven. A Sacerdotisa retorna sua medida, dizendo:

"Na época da Queima, quando cada membro de um coven tinha a vida dos outros em suas mãos, isso teria sido guardado e usado contra você se você colocasse a vida de outros membros em perigo. Mas, nestes tempos mais afortunados, o amor e a confiança prevalecem, então pegue isto, guarde-o ou queime-o, e você está livre para ir ou ficar, como seu coração pedir".

A nova iniciada recebe um conjunto de instrumentos, que foram confeccionados ou recolhidos por outros membros do coven. Um a um, eles são entregues a ela, seu uso é explicado e eles são consagrados e carregados. (Veja o Exercício 36, embora o processo geralmente seja abreviado dentro do ritual de iniciação.)

Comida e bebida são compartilhadas e os membros do coven relaxam e comemoram. Uma iniciação é uma ocasião alegre.

Antes de abrir o círculo, a nova iniciada é conduzida aos quatro quadrantes pela última vez. A Sacerdotisa diz: "Guardiães do Leste (Sul, Oeste, Norte) e Seres Poderosos da Arte, eis _____, que agora se tornou uma Sacerdotisa e Bruxa, e um membro do coven_____". A Deusa, o Deus e os Guardiões recebem os agradecimentos do coven e são dispensados, e o círculo se abre.

CAPÍTULO 11

Os Rituais da Lua*

Entre os Mundos

ESBATS

O coven se reúne em tempos de lua nova, cheia ou negra. Os rituais são trabalhos de cura ou de magia e momentos de crescimento, inspiração e revelação. Eles mudam constantemente; nunca são estáticos. Nós os refazemos, nós os reescrevemos, nós os recriamos, mas sempre com o mesmo padrão: a criação do espaço sagrado, as invocações, o uso de símbolos mágicos, a elevação do Cone de Poder, o transe, a partilha de alimentos e bebidas e risos, e o retorno formal ao tempo e ao espaço comuns. O ritual pode ser formal ou informal; ser escrito ou espontâneo; ser estruturado ou mais solto, contanto que seja vivo. Contanto que se cante.

> *"O principal e mais importante efeito de um símbolo mitológico vivo é despertar e orientar as energias da vida."*
>
> JOSEPH CAMPBELL[1]

Os rituais deste capítulo e do seguinte são roteiros que podem ser modificados, aperfeiçoados, improvisados ou copiados. Se você usar palavras escritas, elas devem ser memorizadas, em vez de lidas em voz alta. Pronunciar palavras memorizadas é algo que, por si só, pode criar um estado de transe; a leitura nos aprisiona no hemisfério esquerdo do cérebro, na mente iluminada. Se você não consegue memorizar, improvise. Não se preocupe com a qualidade literária: apenas diga o que sente. Ou melhor ainda: deixe seus rituais sem palavras.

RITUAL DA LUA CRESCENTE

(Deve ser realizado após o aparecimento da primeira lua crescente visível.)

Coloque uma tigela cheia de sementes no altar. Encha o caldeirão central com terra e coloque uma vela no centro. Quando o coven se reunir, comece uma meditação sobre a respiração. Uma sacerdotisa diz:

"Este é o tempo dos inícios, o tempo seminal da criação, o despertar após o sonho. Agora a lua nasce, uma crescente na escuridão; o Doador da Vida retorna da Morte. A maré muda; tudo se transforma. Esta noite somos tocados pela Donzela, que se rende a todos e ainda assim não é penetrada por ninguém. Ela muda tudo que toca. Que Ela nos abra para a mudança e o crescimento. Feliz encontro".

Purifiquem-se, lancem o círculo e invoquem a Deusa e o Deus.

Um membro do coven, escolhida para atuar como Sacerdotisa Semente, pega a tigela de sementes do altar, dizendo:

"Bendita é você, criatura da terra, semente da mudança da lua, início brilhante de um novo círculo de tempo. Poder para começar, poder para crescer, poder para renovar, esteja nesta semente. Bendita seja".

Andando no sentido horário ao redor do círculo, ela oferece a tigela a cada pessoa, perguntando: "O que você vai semear com a lua?". Cada pessoa responde com o que planeja começar ou espera ver crescer no mês seguinte. "Que a bênção da lua nova seja derramada sobre ele", responde a Sacerdotisa.

Cada pessoa visualiza uma imagem clara do que deseja semear, levando consigo as sementes. Uma a uma, elas plantam as sementes na terra do caldeirão central.

Juntas, elas geram o Cone de Poder para carregar as sementes e o solo com energia e dar poder aos projetos que representam. O Cone é ancorado dentro do caldeirão.

O trabalho de transe ou a escriação pode se concentrar na clareza de visão para os projetos agora iniciados.

Festejem e abram o círculo.

RITUAL DA LUA CHEIA**

(Deve ser realizado na véspera da lua cheia.)

O círculo se reúne, realiza uma meditação sobre a respiração e uma sacerdotisa diz:

"Esta é a temporada da plenitude, a crescente maré de poder, quando a Senhora, num círculo completo de brilho, perfura o céu noturno, surgindo com a chegada da escuridão. É a hora de dar frutos, da mudança realizada. A Grande Mãe, Criadora do mundo, que é Ela mesma, derrama seu amor e dons em abundância. O Caçador se aproxima da Brilhante, que desperta a saudade no coração e é o fim do desejo. Contemplamos seu rosto radiante e estamos cheias de amor. Feliz encontro".

Purifiquem-se, lancem o círculo e invoquem a Deusa e o Deus.

Um membro do coven caminha até o centro do círculo e fala o próprio nome. Os outros repetem e cantam, gerando um Cone de Poder ao tocá-la, ancorando-a e enchendo-a com o poder e a luz da lua. Ela retorna ao círculo e outro membro toma seu lugar, até que todas tenham sido o ponto focal de poder. Enquanto cantam, os outros membros do grupo passam a reconhecer que cada pessoa é, de fato, Deusa/Deus.

Um Cone final pode ser gerado para o coven como um todo. Ancorem esse poder, realizem um transe ou escriação, então festejem e abram o círculo.

RITUAL DA LUA NEGRA

(Deve ser feito na lua minguante. Uma bola de cristal ou uma tigela de escriação deve ser colocada no centro do círculo.)

Reúnam-se e meditem sobre a respiração em grupo. Uma sacerdotisa diz:

"Este é o fim antes do começo, a morte antes da vida. Agora, com a vazante da maré, os segredos da costa são desvendados pelas ondas que recuam. A lua está escondida, mas até as estrelas mais tênues são reveladas, e quem tem olhos para ver pode ler os destinos e conhecer os mistérios. A Deusa, cujo nome não pode ser pronunciado, entra no Reino da Morte nua. No mais absoluto silêncio e quietude, tudo é possível. Nos encontramos no tempo da Anciã, para tocar o intenso poder das trevas".

Purifiquem-se e depois lancem o círculo, mas não acendam a vela do altar. Invoquem a Deusa e o Deus.

A líder começa um cântico *antifonal*: uma frase baixa, com frases espontâneas interpostas entre elas.

Líder: "Ela está embaixo de tudo, Ela cobre tudo".

Todas: "Ela está embaixo de tudo, Ela cobre tudo". (Repitam várias vezes)

Membro do grupo: "Ela é a mestre dos mistérios".

Todas: "Ela está embaixo de tudo, Ela cobre tudo".

Membro do grupo: "Ela é o movimento por trás da forma".

Todas: "Ela está embaixo de tudo, Ela cobre tudo".

Membro do grupo: (frase improvisada).

Todas: "Ela está embaixo de tudo, Ela cobre tudo".

Continuem enquanto houver energia e inspiração. (Esse tipo de cântico exige sensibilidade e abertura, tanto para a inspiração pessoal quanto para a inspiração dos outros. Embora no início possa haver alguma hesitação, alguns silêncios e colisões, num grupo coeso, a música logo começará a fluir naturalmente. É uma forma poderosa de abrir a voz interior.)

Componham uma música poderosa sem palavras e ancorem o Cone na tigela de escriação ou na bola de cristal. Pratiquem a escriação juntas, compartilhando o que veem.

Festejem e abram o círculo.

Notas
1. Joseph Campbell, *Myths to Live By* (Nova York: Bantam Books: 1973), p. 89.

Capítulo 12

A Roda do Ano

Entre os mundos

OS SABÁS[1]

Inverno, primavera, verão, outono – nascimento, crescimento, declínio, morte –, a Roda gira continuamente. As ideias nascem, os projetos são consumados, alguns planos são impraticáveis e morrem. Nós nos apaixonamos, sofremos perdas, consumimos relacionamentos; damos à luz, envelhecemos, declinamos.

Os Sabás são os oito pontos aos quais unimos os ciclos interiores e exteriores: os interstícios onde o sazonal, o celestial, o comunitário, o criativo e o pessoal se encontram. Quando representamos cada drama em seu tempo, nós nos transformamos. Nos sentimos renovados; renascemos mesmo quando decaímos e morremos. Não estamos separados uns dos outros, do vasto mundo que nos rodeia; somos unos com a Deusa, com o Deus. Quando o Cone de Poder é gerado, conforme as estações mudam, nós despertamos o poder que vem de dentro, o poder de curar, o poder de mudar nossa sociedade, o poder de renovar a Terra.

Yule (Solstício de Inverno, 20 a 23 de dezembro)[2] * e **

O altar é decorado com visco e azevinho. Uma fogueira feita de raízes de carvalho é preparada, mas não acesa. O cômodo está escuro.

O círculo se reúne. Todos meditam juntos, unindo sua respiração. A Sacerdotisa[†] diz:

"Esta é a noite do Solstício, a noite mais longa do ano. Agora a escuridão triunfa; e ainda assim ela cede e se torna luz. O alento da natureza é suspenso: tudo espera enquanto, dentro do Caldeirão, o Rei das Trevas se transforma na Criança Luz. Aguardamos a chegada da aurora, quando a Grande Mãe volta para dar à luz a Criança Divina Solar, que traz a esperança e a promessa do verão. Essa é a quietude por trás do movimento, quando o próprio tempo para; o centro do qual é também a circunferência de tudo. Estamos acordados à noite. Giramos a Roda para trazer a luz. Chamamos o Sol desde o ventre da noite. Bendito seja!".

Purifiquem-se, lancem o círculo, mas não acendam as velas. Invoquem a Deusa e o Deus. Todos os membros do coven se sentam e começam um cântico antifonal.

Todos: Para morrer e renascer
A Roda está girando
O que você deve entregar à noite? (Repetir)

Membro do coven: "O medo".

Todos: O medo é entregue à noite.
O medo é entregue à noite.
Para morrer e renascer,
A Roda está girando
O que você deve entregar à noite?

Continuem inserindo frases e ecoando uns aos outros, até que a energia acabe. Levantem-se e deem as mãos. O Sacerdote fica em frente ao altar, segurando um crânio de animal cheio de sal. A Sacerdotisa lidera uma lenta procissão em espiral, que se move para fora, de modo que cada membro é levado a ficar de frente para o Sacerdote. Eles estão cantando:

A luz nasceu
E a luz morreu. (Continuem repetindo)

[†] Os papéis podem ser desempenhados por qualquer membro do coven: a Sacerdotisa e o Sacerdote são mencionados aqui para simplificar.

Outra Sacerdotisa sussurra:

> Tudo passa,
> Tudo se desvanece.

O Sacerdote coloca uma pitada de sal na língua de cada um dos membros, dizendo:

> Meu corpo é sal,
> Prove o alento da morte.

A Sacerdotisa conduz a espiral para dentro, até que os membros se comprimam uns contra os outros. Ela realiza um transe induzido improvisado, sugerindo lentamente que todos se deixem cair no chão e durmam. Enquanto todos estão deitados, eles estão mergulhados num transe mais profundo, com a indução de muitas vozes. À medida que desaparece, eles são informados:

"Vocês estão entrando num espaço de liberdade perfeita".

Reserva-se um tempo para o transe no estado de suspensão antes do nascimento.

A Sacerdotisa se aproxima de um dos membros do coven, fica na altura da cabeça dessa pessoa com as pernas afastadas e a puxa, num parto simbólico. Ela se torna parte do canal de parto. O processo continua com os outros membros do grupo, e o canal de parto se torna mais longo. Um membro do coven pega os recém-nascidos, um a um, e os faz voltar a dormir, dizendo:

"Durma o sono dos recém-nascidos".

Quando todos voltam para o transe, são levados a visualizar suas esperanças de uma nova vida que está por vir. As Sacerdotisas pingam uma gota de mel na língua de todos eles, um por um, dizendo:

"Prove a doçura da vida".

Uma nova música começa a tocar suavemente, se avolumando à medida que, gradualmente, desperta as pessoas adormecidas, que se juntam ao grupo, repetindo as frases:

> Vamos navegar, vamos navegar
> Siga o crepúsculo para o Oeste,
> Onde você pode descansar, pode descansar.

Vamos navegar, vamos navegar
Volte o rosto para onde o sol se põe,
Atrás do horizonte, atrás do horizonte.

Vamos navegar, vamos navegar
Uma coisa se transforma na outra
Na Mãe, na Mãe.

Vamos navegar, vamos navegar
Faça seu coração um fogo ardente
Faça-o mais alto, mais alto.

Vamos navegar, vamos navegar
Atravessem num instante a porta aberta
Ela não vai esperar, não vai esperar.

Vamos navegar, vamos navegar
Na escuridão do mar sem sol,
Você está livre, você está livre.

Vamos navegar, vamos navegar
Guiando o navio do sol nascente,
Você é a pessoa, você é a pessoa.

Vamos navegar, vamos navegar
Em direção ao vento forte e à tempestade,
Para renascer, para renascer.

Vamos navegar, vamos navegar
Nas ondas onde a espuma fica branca
Para trazer a luz, para trazer a luz.

Todos: Ficamos acordados à noite!
Giramos a roda para trazer a luz!
Chamamos o sol desde o ventre da noite!

Sacerdotisa: Ele olha para o Oeste, mas acorda no Leste!
Todos: Quem é?
Sacerdotisa: Quem desce no escuro?
Todos: Quem é?
Sacerdotisa: Quem navega?
Todos: Quem é?
Sacerdotisa: A Renovadora.
Todos: Quem é?
Sacerdotisa: Quem traz o fruto dourado.
Todos: Quem é?
Sacerdotisa: A Imaculada.
Todos: Quem é?
Sacerdotisa: De quem são as mãos abertas?
Todos: Quem é?
Sacerdotisa: Cujos olhos brilham!
Todos: Quem é?
Sacerdotisa: De quem é o rosto que brilha?
Todos: Quem é?
Sacerdotisa: A Esperança do manhã!
Todos: Quem é?
Sacerdotisa: Quem passa pela porta?
Todos: Quem é?
Sacerdotisa: Quem retorna na luz?
Todos: Quem é?
Sacerdotisa: Um grito entre dois pilares.
Todos: Quem é?
Sacerdotisa: Um grito entre as coxas!

Todos: "Io! Evohe! Io! Evohe!"

Sacerdotisa: (liderando, repetido por todos):

Rainha do sol!
Rainha da lua!
Rainha dos chifres!
Rainha dos fogos!
Traga-nos o Filho da promessa!

É a Grande Mãe
que O traz ao mundo
É o Senhor da Vida,
que volta a nascer!
Trevas e lágrimas
são deixadas de lado,
Quando o sol nasce novamente!

Sol dourado,
Das montanhas e do campos,
Ilumina a Terra!
Ilumine os céus!
Ilumine as águas!
Acenda o fogo!
(*canto tradicional*)

Todos: "Io! Evohe! Io! Evohe! Io! Evohe!"

O Sacerdote acende o fogo e as velas e todos começam a cantar.

Eu, que morri, hoje estou vivo outra vez,
E é o aniversário do Sol! (Repetir)

Este é o aniversário da vida, do amor e das asas,
E o grande evento alegre acontece na terra.[3]

Nós nascemos de novo, voltaremos a nascer![4] (Repete)

O Filho do Sol, o Rei nascido do Inverno!

Criem uma Canção de Poder, focada no despertar da vida. Festejem e celebrem sua amizade, se possível, até o amanhecer. Antes de terminar, a Sacerdotisa diz:

O Deus das Trevas passou pela Porta,
Ele renasceu pela Mãe,
Com Ele, cada um de nós renasce!

Todos: A maré mudou!
A luz vai voltar!
num novo amanhecer, num novo dia
O sol está nascendo!
Io! Evohe! Bendito seja!

Abra o círculo.

BRIGIT (Candlemas, 2 de fevereiro)* e **

Este ritual é dedicado a Brigit (Brigid ou Brígida), a Deusa do fogo e da inspiração; na Irlanda, ela é a deusa Tríplice da poesia, da forja e da cura.

O caldeirão central está cheio de terra. Velas apagadas (uma para cada membro do coven e para cada convidado) estão empilhadas ao lado dele. Uma vela é colocada na vertical, no centro.

O círculo se reúne e faz uma meditação sobre a respiração. A Sacerdotisa diz:

"Esta é a festa da lua crescente. O que nasceu no Solstício começa a se manifestar e nós, que fomos parteiras do ano novo, agora vemos A Criança Solar se fortalecendo com o passar dos dias. Esta é a era da individualização: dentro da espiral, cada um de nós acende sua própria luz e nos tornamos os seres únicos que somos. É o momento da iniciação, do início, quando as sementes que mais tarde germinarão e crescerão começam a se agitar na terra, despertando do seu sono escuro. Nós nos reunimos para compartilhar a luz da inspiração, que vai crescer com o passar do ano".

Purifiquem-se, lancem o círculo e invoquem a Deusa e o Deus. A Sacerdotisa lidera uma canção de chamada e resposta:

Fogo do coração,
Fogo da mente,
Fogo da lareira,
Fogo do vento,
Fogo da Arte,
Ilumine-se saindo do tempo!

Todos: "Ela brilha para todos, Ela brilha para todos!"
(Repita. Frases espontâneas podem ser inseridas)

Quando o poder for gerado, acenda a vela central. Inicie a Dança em Espiral, cantando:

> Vou dando a volta, vou dando a volta,
> Pelos limites da Terra.
> Usando as longas penas das minhas asas enquanto voo.[5]

(A Dança em Espiral: Todos olham para fora. A líder começa movendo-se no sentido anti-horário, com um passo simples. Conforme o círculo se desenrola, ela avança, olhando para a pessoa ao lado dela, e conduz a espiral para dentro, no sentido horário. À medida que cada membro do grupo passa, de frente uns para os outros, eles se olham).* e **

Quando a dança volta a formar uma roda, os percussionistas se separam do grupo e passam a bater os tambores mais alto, de forma mais selvagem. Um a um, todos os membros do coven saem do círculo, pegam uma vela, acendem com ela a vela central e dançam com a vela acesa, gerando poder e concentrando-se na inspiração e na criatividade que desejam ter na próxima estação. Então, um por um, colocam as velas no caldeirão central. Um Cone de Poder é gerado e depois ancorado dentro do caldeirão.

Deem um tempo para o transe passar, abrindo-se para a inspiração.

Compartilhem bolos e bebidas. Os membros do coven podem mostrar seus trabalhos criativos: poesia, canções, obras de arte, histórias, artesanato. Pessoas que não são artísticas podem dizer algo sobre seu trabalho: um plano que se concretizou, uma boa ideia, uma conquista especial. Depois agradecem à Deusa por sua inspiração.

Abram o círculo.

Cada membro do grupo leva para casa um pouco de terra para espalhar no jardim ou manter no altar para se ancorar.

Ritual de Eostar (Equinócio de Primavera, 20 a 23 de março)* e **

Decorem o altar com flores primaveris. Coloquem o elemento apropriado em cada um dos quatro pontos cardeais: terra no Norte, incenso no Leste, fogo no Sul e uma tigela de água no Oeste. Além disso, coloquem flores de uma cor apropriada em cada um desses pontos.

Reúnam-se e façam uma meditação sobre a respiração. A Sacerdotisa diz:

"Esta é a época do retorno da primavera; o tempo da alegria, o tempo da semente, quando a vida brota da terra e as correntes do inverno são rompidas. Luz e escuridão são iguais: é um tempo de equilíbrio, quando todos os elementos que existem dentro de nós devem ser levados a um novo estado de harmonia. O Príncipe do Sol estende a mão e Coré, a Donzela Negra, retorna da Terra dos Mortos, coberta por uma chuva fresca, com o doce aroma de desejo em seu hálito. Quando Eles dão um passo, as flores do campo aparecem; quando Eles dançam, o desespero é transformado em esperança, a tristeza em alegria, a carência em abundância. Que nossos corações se abram para a primavera! Abençoados sejam!".

Purifiquem-se, lancem o círculo e invoquem a Deusa e o Deus.

O Sacerdote pega uma meada de lã preta e vai até cada um dos membros do coven, um por um. Ele pergunta: "O que o amarra?". Quando eles respondem (dizendo, por exemplo, "culpa"), ele amarra os pulsos da pessoa, frouxamente, repetindo: "A culpa amarra você; a culpa prende você".

Outros iniciados iniciam o Cântico a Coré.[†] Todos repetem baixinho:

> Ela muda tudo que toca,
> E tudo que Ela toca muda.

A Sacerdotisa, seguindo o Sacerdote, pergunta a cada um dos membros do coven que está amarrado: "Onde você tem que ir para ser livre?". Cada um deles responde com uma das quatro direções (que representa a qualidade que ele ou ela sente que mais lhe falta: por exemplo, o Leste). A sacerdotisa responde: "Vá para o Leste e liberte sua mente". (Continue, usando o espírito para o Sul, as emoções para o Oeste e o corpo para o Norte).

Cada membro do coven vai ao ponto cardeal apropriado, medita sobre sua qualidade (sem deixar de cantar baixinho) e passa as amarras pela fumaça, pela chama, pela água ou pela terra.

O cântico, aos poucos, gera um Cone de Poder sem palavras. Quando atingem seu clímax, a Sacerdotisa grita: "Agora!". Todos rompem suas amarras, gritam e começam a dançar livremente, cantando, murmurando uma canção sem palavras ou fazendo qualquer outra coisa que se sintam inspirados a fazer.

[†] Ver página 150.

Quando tudo estiver em silêncio e o círculo se formar novamente, passe algum tempo em transe e meditação. O Sacerdote e a Sacerdotisa recolhem as flores dos pontos cardeais e percorrem o círculo, dirigindo-se a cada membro do grupo, dizendo: "Pegue o que precisar".

Cada um deles pega a cor ou cores da direção que sente que mais precisa. Compartilhem bolos e bebidas e abram o círculo.

BELTANE (Véspera de Maio)* e **

Um Mastro de Maio coroado de flores e fitas multicoloridas é instalado numa clareira a céu aberto. Frutas, flores, pães redondos, biscoitos e rosquinhas são pendurados nos arbustos e galhos de árvores. Uma fogueira é feita no Sul, dentro dos limites do círculo.

Reúnam-se e respirem juntos. A Sacerdotisa diz:

"Este é um tempo em que o doce desejo se casa com o prazer selvagem. A Donzela da Primavera e o Senhor do Ano Crescente encontram-se nos campos verdes e regozijam-se ao sol quente. A haste da vida se enrosca numa rede em espiral e toda a natureza se renova. Nos encontramos na época do florescimento, para dançar a dança da vida".

Purifique, desenhe o círculo e invoque o Deus e a Deusa.

Um a um, cada membro do coven escolhe uma fita da cor adequada, dizendo para que serve:

"Eu escolho o vermelho do sangue, para minha saúde".

"Eu escolho o azul-celeste, para voos da imaginação".

"Eu escolho o verde, para crescer espiritualmente". (Etc.)

A música começa (se vocês não tiverem músicos no coven, ensine ao grupo uma canção folclórica simples que todos os membros possam cantar juntos). Os membros do coven dançam a dança do Mastro de Maio, entrelaçando as fitas, concentrando-se em tecer o que escolheram em suas vidas. À medida que as fitas se entrelaçam, o poder aumenta, até se tornar um Cone de Poder sem palavras. Quando o Cone é liberado, os membros do coven podem continuar dançando, pulando sobre a fogueira, dizendo em voz alta seu desejo particular a cada vez. Pular as chamas é um ato de purificação e traz sorte. Os casais podem pular a fogueira juntos para purificar seu relacionamento de pequenas desarmonias. Quem quiser se livrar de algo (da insegurança, por exemplo) pode pular dizendo: "Deixo minha insegurança nas chamas!".

Quando a agitação passar, gerem um Cone mais tranquilo e solene para a cura de alguns membros ou para amigos que não estejam presentes. Abençoem os biscoitos e a bebida e abram o círculo.

Festejem com as frutas e os alimentos que pendem das árvores.

LITHA (Solstício de verão, 20 a 23 de junho)* e **

O altar e o círculo são decorados com rosas e outras flores de verão. Uma fogueira é acesa no centro do círculo. O Sacerdote usa uma figura do Deus feita com gravetos entrelaçados. Uma fatia de pão (cuidadosamente embrulhada em várias camadas de papel-alumínio) está escondida em seu centro. Sobre o altar está uma guirlanda de rosas e flores do campo. Membros do coven e convidados também usam flores nas roupas.

Juntem-se, façam uma meditação sobre a respiração e acendam o fogo. A Sacerdotisa diz:

"Este é o tempo da rosa, da flor e do espinho, da fragrância e do sangue. Agora, neste dia mais longo do ano, a luz triunfa e, ainda assim, começa a declinar na escuridão. O Rei Sol crescido começa a abraçar a Rainha do Verão com o amor que é a morte, porque esse amor é tão completo que tudo desfaz numa única canção de êxtase que move os mundos. Assim, o Senhor da Luz morre para Si Mesmo e começa a navegar nos mares escuros do tempo, buscando a ilha de luz que é o renascimento. Giramos a Roda e compartilhamos seu destino, porque plantamos as sementes das nossas próprias mudanças e, para crescer, precisamos até aceitar a morte do sol".

Purifiquem-se, lancem o círculo e invoquem a Deusa e o Deus.

Dancem a Dança em Espiral, cantando:

> Ela é luminosa
> Ela é branca
> Ela é brilhante
> Coroada de luz!
> Ele é radiante
> Ele é brilhante
> Ele está subindo
> Ele levanta voo!

À medida que o poder é gerado, a música muda gradualmente (as frases a seguir são cantadas repetidamente; diferentes membros do coven cantam diferentes versos simultaneamente):

> ELA que é o CENtro, ELA QUE FLORESCE!
> A fronDOSA A VERde A fronDOSA A VERde...
> Ela que é COROADA, Ela que é abraÇADA!

O sacerdote dança com a figura do Deus no centro do círculo. Ainda cantando, os membros do coven colocam flores sobre a figura, enredando-as entre os gravetos, até que, à medida que o poder aumenta, a figura fica coberta com elas. O círculo se abre: o cântico se torna um Cone de Poder sem palavras, enquanto a Sacerdotisa e o Sacerdote dançam mais perto do fogo. Quando o Cone atinge o seu ponto máximo, a Sacerdotisa abre os braços e clama: "Para mim! Para mim!".

O Sacerdote atira a figura nas chamas. Todos ficam em silêncio, meditando sobre as flores que murcham e queimam.

Enquanto as flores queimam, os membros do coven podem cantar suavemente "Vamos navegar" (ver ritual do Solstício de Inverno). Uma das mulheres dá a volta no círculo com a guirlanda nas mãos e, segurando-a perto do rosto de cada um, para que possam ver as chamas através dela, diz: "Olhe com uma visão clara".

Ele segura a guirlanda e diz: "E conheça o mistério do círculo intacto!".

O Sacerdote e a Sacerdotisa tiram o pão do fogo e abrem-no. A Sacerdotisa o levanta.

Sacerdotisa: "Olhem, o Deus se tornou um cereal!"

Todos: "Ele vai nos alimentar!"

Sacerdotisa: "O sol está na água!"

Todos: "Ele saciará nossa sede!"

Sacerdotisa: "O Deus está no milho!"

Todos: "Vai crescer muito!"

Sacerdotisa: "O Deus está na árvore e na videira!"

Todos: "Ele vai amadurecer no devido tempo!"

Sacerdotisa: "O sol não está perdido!"

Todos: "Ele vai nascer de novo!"

Sacerdotisa: "O sol está dentro de nós!"

Todos: "Veja como brilhamos!"

Todos entoam "Veja como brilhamos!" enquanto o pão e a bebida são passados ao redor do círculo.

Compartilhem a comida e abram o círculo.

LUGHNASAD (1º de agosto)* e **

Decorem o altar com feixes de trigo e cereais. Sobre ele, há uma grande figura do Deus, feita de pão de milho, e pequenas figuras de homens e mulheres, também feitos de pão, empilhadas em cestos. Outra cesta contém bolos ou biscoitos em forma de estrela. Há uma fogueira acesa no centro do círculo.

Reúnam-se, meditem e respirem juntos. A sacerdotisa diz:

"Este é o despertar de Lugh, o Rei Sol, que morre com o ano minguante, o Rei do Milho, que morre quando o grão é colhido. Agora estamos entre a esperança e o medo, no momento da espera. No campo o cereal está maduro, mas ainda não foi colhido. Trabalhamos muito para realizar muitas coisas, mas as recompensas ainda não são garantidas. Agora a Mãe se torna a Ceifadora, a Implacável, que se alimenta da vida para que uma nova vida possa crescer. A luz diminui, os dias ficam mais curtos, o verão passa. Reunimo-nos para girar a Roda, sabendo que para colher é preciso sacrificar, e o calor e a luz devem dar vez ao inverno".

Purifiquem-se, lancem o círculo e invoquem a Deusa e o Deus.

A Sacerdotisa leva os cestos com as figuras de pão a cada um dos membros do coven, perguntando: "De que você tem medo?". A pessoa responde, dizendo, por exemplo, "Do fracasso". A Sacerdotisa repete a resposta, encorajando aquele membro do grupo a cantá-la: "Fracasso, fracasso, fracasso...". Uma canção emerge de todos os medos coletivos, à medida que são canalizados para as figuras de pão.

À medida que a música fica mais forte, a Sacerdotisa lidera uma dança em procissão, em forma de cobra, avançando contra o sol e passando em frente ao fogo. Cada pessoa joga sua figura de pão no fogo, concentrando-se em se livrar do medo. A Sacerdotisa canta:

> Neste fogo, que isso possa ir para longe de mim e do que é meu!
> Que possa ir, que possa ir
> Que possa ir no riacho que flui
> E arder com o sol abrasador
> Enquanto o ano perece

E se desvanece
Enquanto todas as coisas se desvanecem,
Enquanto tudo desaparece
Tudo desaparece... (repita as duas últimas linhas).

Quando todos tiverem passado pelo fogo, um Cone sem palavras é gerado para purificar o grupo de todos os seus medos. Os membros do coven carregam suas cestas de estrelas, entregando uma a cada pessoa e perguntando:

"O que você espera colher?"

Uma música é criada com as respostas e um novo Cone é gerado, para carregar as estrelas com o poder de manifestar esperança. Quando o poder está ancorado na Terra, a Sacerdotisa segura uma estrela, dizendo:

"Que a estrela da esperança esteja sempre conosco".

Todos comem os biscoitos de estrela.

O Sacerdote levanta o Deus Pão, dizendo: "Eis a semente da vida!".

Ele o aproxima de cada pessoa e, enquanto cada uma parte um pedaço e a come, ele diz: "Coma da vida que sempre morre e renasce".

Todos festejam e abrem o círculo.

MABON (Equinócio de Outono, 20 a 23 de setembro)* e **

Decorem o altar com frutas, flores e cereais de outono. Os membros do coven devem trazer oferendas de agradecimento, como brotos, cereais ou tecido. Ao lado do altar são colocados cestos cheios de cordões, vagens de sementes, conchas, penas e pinhas. Uma fogueira é acesa.

Reúnam-se e façam uma meditação sobre a respiração. A Sacerdotisa diz:

"Este é o tempo da colheita, de dar graças e também de alegria, de despedidas e tristezas. Agora, dia e noite são iguais, estão em perfeito equilíbrio, e meditamos sobre o equilíbrio e o fluxo em nossa própria vida. O Rei Sol tornou-se o Senhor das Sombras, navegando para o Oeste: nós o seguimos na escuridão. A vida declina; a estação da aridez está chegando e ainda assim agradecemos por tudo o que coletamos e reunimos. Nos reunimos para girar a Roda e tecer o cordão da vida, que nos sustentará na escuridão".

Purifiquem-se e lancem o círculo. Invoquem a Deusa e o Deus.

Comecem com uma Dança de Banimento, movendo-se no sentido anti-horário. Uma pessoa grita uma frase, algo que a magoou ou que não lhe permitiu avançar, que a impediu de ser mais do que poderia ser. Os outros a repetem num eco até que sua energia acabe. Em seguida, outra pessoa grita uma frase, que é assimilada pelos demais. Continuem até que um Cone purificador possa ser gerado e enviado para a Terra.

Todos se sentam em círculo e as cestas com cordões, sementes, conchas etc. são passadas de um a um. Cada pessoa trança um cordão, entrelaçado com símbolos naturais, concentrando-se no que deseja tecer em sua vida. Conforme o trabalho continua, todos cantam o Cântico a Coré.[†]

Quando os cordões estão trançados, a Sacerdotisa coloca cada um deles ao redor do pescoço da pessoa que o trançou, dizendo:

> Veja o círculo do renascimento,
> O cordão da vida.
> Você nunca vai se desvanecer.

Um Cone é gerado para carregar os cordões. Dedica-se um tempo ao transe e à meditação. Em seguida, o Sacerdote dá um passo à frente, pega um feixe de trigo e diz:

"O grão do outono é a semente da primavera".

Ele joga o trigo no fogo e derrama uma libação de água, dizendo:

> Bendita seja a Mãe de toda a vida.
> Bendita seja a vida que vem Dela e a Ela retorna.

Ele entrega o cálice à Sacerdotisa, dizendo:

> Semeamos, cuidamos,
> Plantamos, coletamos,
> Obtemos uma boa colheita.
> Deusa, nós te agradecemos por seus presentes.
> Deus, nós te agradecemos por sua abundância.
> Agradeço por _____ (algo pessoal).

Ela despeja a libação e joga sua oferenda no fogo. À medida que o cálice passa em torno do círculo, cada pessoa agradece por algo e queima sua oferenda.

Compartilhem a comida e a bebida e abram o círculo.

[†] Ver página 150.

SAMHAIN (Halloween, 31 de outubro)* e **

(O Halloween é o Ano Novo das Bruxas. Portanto, terminamos no início, como é apropriado, e a Roda continua girando.)

Antes de participar do ritual, cada membro do coven prepara, em sua própria casa, uma bandeja com biscoitos, bebidas e uma vela acesa, como oferenda aos seus entes queridos falecidos, e passa algum tempo se lembrando de amigos e familiares que não estão mais neste plano.

O altar é decorado com folhas de outono. Uma maçã e uma romã repousam sobre o altar e, no centro do círculo, há uma bola de cristal ou uma tigela para a escriação.

O círculo se reúne, realiza a meditação sobre a respiração e a Sacerdotisa diz:

"Esta é a noite em que o véu que separa os mundos é mais tênue. É o ano novo na época da morte do ano, quando a colheita é feita e os campos estão em pousio. Pois esta noite o Rei do Ano Minguante navegou pelo mar sem sol, que é o ventre da Mãe, e agora desembarca na Ilha Brilhante, o novo mundo luminoso, tornando-se a semente do seu próprio renascimento. As portas da vida e da morte estão abertas; a Criança Solar é concebida; os mortos caminham e aos vivos é revelado o Mistério de que todo fim não passa de um novo começo. Nos encontramos num tempo fora do tempo, em que estamos em todo lugar e em lugar nenhum, lá e aqui, para dar as boas-vindas ao Senhor da Morte, que é o Senhor da Vida, e à Deusa Tríplice, que é o círculo do renascimento".

Purifiquem-se, lancem o círculo e invoquem a Deusa e o Deus.

Todos se dão as mãos e começam um cântico antifonal:

> É o grande frio da noite, é a escuridão.[6] (Repete)
> A mulher vive, ela passa, ela morre.
> É o grande frio da noite, é a escuridão.
> O medo vive, ele passa, ele morre.
> É o grande frio da noite, é a escuridão.
> (Continue com frases improvisadas)

Enquanto o cântico continua, o Sacerdote e a Sacerdotisa vendam os olhos de todos os membros do grupo. Um por um, eles são retirados do círculo, girados e alinhados de modo a formar a figura de um "navio": enfileirados num longo triângulo, com as mãos nos ombros da pessoa da frente, balançando para a frente e para trás. O sacerdote envolve os pulsos de todos com uma corda, amarrando-os. Os membros do coven cantam baixinho:

> Tecendo o fio da nave prateada
> Da vela branca de leite
> Das ondas do mar sem sol
> Tecendo... (etc., repita).

À medida que cada pessoa se aproxima do "navio", ela recebe uma palavra ou frase que deve repetir: "tecendo, tecendo, tecendo", ou "das ondas do mar sem sol", por exemplo, para que um ritmo complexo e hipnótico seja criado. Continue até que as pessoas comecem a entrar em transe; então, o cântico muda e fica assim:

> Guerreiro cinza-pérola, aventura espectral;
> Príncipe do crepúsculo, para o Oeste a navegar!

Construa o poder; espere até que haja silêncio. O Sacerdote dá um passo à frente e diz:

> Vemos a costa distante.
> Contemple a luz nas ondas, um véu.
> Uma trilha a seguir,
> Pise na espuma, desembarque.
> Desamarre suas amarras e seja livre!

Todos rompem seus laços.

> Porque aqui não há escravidão.
> Retire os véus que atrapalham sua visão!

Todos tiram suas vendas.

> Porque aqui todos os olhos estão abertos!
> Guerreiros: aqui suas batalhas terminam.
> Trabalhadores: aqui suas tarefas estão feitas!
> Você que foi ferido, aqui a cura encontra!
> Você que está cansado, aqui pode descansar.

Você que está velho, aqui está jovem de novo!
Porque esta é a Terra da Juventude,
A Terra Brilhante, a Ilha das Maçãs.
Aqui os bosques nunca perecem; aqui há uma árvore, o
Coração da luz e uma fonte de silêncio.
Mergulhe, entre no sonho, junto a esse poço profundo e verde.

Os membros do coven se deitam, olhando para a bola de cristal. Iniciam um transe induzido de multas vozes, enquanto o Sacerdote continua:

E siga-O. Ele está aqui...
O Consolador, aquele que conforta,
Alívio do Coração e Fim da Dor.
Ele é o Guia: a Porta está aberta.
Ele é o Guia: o caminho está aberto.
Ele é o Guia: a morte não é barreira...
Porque Ele é o Senhor da Dança das Sombras...
Rei no reino dos sonhos.

Todos olham para a superfície da bola de cristal juntos, em silêncio ou dizendo o que veem. Reservem algum tempo para isso, pois essa é a melhor noite do ano para a escriação.

Depois que todos voltaram, o Sacerdote e a Sacerdotisa dirigem-se ao altar. Ela pega a romã e a segura, dizendo: "Eis o fruto da vida..."

Ele crava seu athame na romã e a abre, dividindo-a em duas partes, e diz: "Eis a morte!".

O Sacerdote e a Sacerdotisa alimentam um ao outro com as sementes e também os membros do coven, dizendo: "Prove o fruto da morte..."

Ele pega a maçã, dizendo: "Eis o fruto da morte...".

Ela corta a fruta na transversal, dizendo: "Que é vida!". Ela levanta a maçã para mostrar o pentáculo formado pelas sementes e diz: "Eis a estrela quíntupla do renascimento!".

Todos os presentes têm a oportunidade de provar a maçã e tomar um gole da bebida, enquanto lhes é dito: "Prove o fruto do renascimento e o cálice da bebida da vida".

Todos eles dão as mãos e as levantam. A Sacerdotisa diz:

"Aqui está o círculo do renascimento. Através de você (para o Sacerdote) tudo perde a vida, mas através de mim tudo pode renascer. Tudo passa, tudo muda. A semente se torna o fruto; o fruto se torna a semente. Ao nascer, morremos; nós nos alimentamos da morte. Conheça-me e liberte-se de todo o medo. Porque o Meu útero é o caldeirão do renascimento; em Mim o círculo gira eternamente".

Todos repetem: "Bendito seja!".

Festejem e abram o círculo.

Notas

1. Os rituais da nossa tradição estão mudando e evoluindo continuamente. Nós os reescrevemos e recriamos todos os anos, mantendo os elementos de que mais gostamos e adicionando novos aspectos, inspirados nos mitos e na estação subjacentes. Alguns festivais parecem evocar palavras, canções e liturgias; outros clamam por ação e simbolismo concretos. Os rituais que são oferecidos aqui são necessariamente condensados, eles são uma estrutura esquemática sobre a qual novas cerimônias podem ser construídas. Os leitores podem estar inclinados a encenar os rituais conforme descritos, mas também devem se sentir à vontade para alterá-los, descartar algumas partes e adicionar outras.

    Normalmente estão presentes pessoas que não estão familiarizadas com a estrutura do ritual e com as respostas a serem dadas. Primeiro repassamos o roteiro do ritual com nossos convidados e com os membros do coven. Num ritual complicado como o do Solstício de Inverno, ensinamos a eles respostas simples vinculadas às palavras-chave. Por exemplo, "Me sigam!" pode significar "Repitam as frases depois de mim"; "Agora!" pode ser o sinal para gritar "Io! Evohe!" etc. Os iniciados podem memorizar as respostas mais complicadas com antecedência e os outros podem participar quando as entenderem. Para cantos antifonais, geralmente preparamos algumas frases "espontâneas" de antemão, o suficiente para dar início ao processo, de modo que a espontaneidade autêntica possa brotar. Algumas pessoas não gostam de rituais com "palavras" e memorização; elas precisam se sentir livres para ignorar cantos e discursos "estabelecidos" e para improvisar os seus próprios. Embora os rituais sejam escritos para simplificar as coisas, como se fossem realizados pela Sacerdotisa e pelo Sacerdote, os diferentes membros do grupo podem conduzir alguma seção do ritual, o que reduz a quantidade de memorização necessária.

2. As datas dos solstícios e equinócios variam de ano para ano. Verifique-os com algumas efemérides ou um calendário astrológico.
3. e.e. Cummings, de "I thank you God", *Poems* 1923-1954 (Nova York: Harcourt Brace Jovanovich, 1954).
4. Native American Ghost Dance song, Jerome Rothenberg, org. em *Technicians of the Sacred* (Nova York: Doubleday, 1969), p. 99.
5. Native American Ghost Dance, de Rothenberg, p. 99.
6. Adaptado de Gabon Pygmy, *Rothenberg's* "Death Rites II," p. 171.

Capítulo 13

Criando Religião: Rumo ao Futuro

Entre os Mundos

SAMHAIN, AMANHECER

As mulheres sobem os Twin Peaks, que se erguem como dois seios acima da Baía de São Francisco. Suas vozes viajam com o vento. No topo, deixam presentes para a Deusa: uma pena, uma concha, um ninho de pássaro.
Elas estão reivindicando as alturas.

NOITE

Os palestrantes da Conferência sobre Violência e Pornografia estão diante de uma imagem da Deusa da Noite, na qual ela aparece com as mãos erguidas e o cabelo ao vento.
Três mil mulheres marcham pelas ruas onde bares de "topless" e espetáculos de sexo vociferam um ataque contínuo de neon. No parque onde vão parar, cantam, dançam e aspergem água salgada umas nas outras:
"Apague a lousa: sonhe seu próprio sonho!".
"Nossos corpos são sagrados; nossos seios são sagrados."
"Pegue a noite de volta; a noite é nossa!"
Elas estão reivindicando a noite.

NOVEMBRO DE 1978

É a vazante do ano, a lua minguante antes do Solstício de Inverno. Estou escrevendo este capítulo final. Os jornais estão cheios de cadáveres; "suicídios" em massa, morte súbita. Assassinato na Prefeitura: uma pistola apontada para a nuca, disparada deliberadamente. Na Guiana, dizem, as mães colocam o copo de veneno nos lábios dos filhos. Horror atrás de horror. Uma por uma, as espécies animais estão deixando a Terra. Os lugares sagrados estão cheios de minas. Pense nisso: pesticidas no leite materno; a bomba de nêutrons. Pense: estou tentando escrever sobre coisas para as quais não há mais palavras no idioma e seus significados foram deturpados e podem deturpar os meus significados. Religião passou a significar "colocar nossa confiança fora de nós mesmos", enquanto continuamos a ser como crianças após uma longa sucessão de figuras paternas, professores, pregadores, políticos. E como sabemos, depois que deixamos de confiar em nós mesmos, se eles são deuses ou psicopatas?

Como espécie, estamos na fila para beber uma poção venenosa?

Witch [bruxa] – Wicca – de wic – "torcer". Podemos "torcer" o significado das palavras para que voltem a ser o que eram? Podemos fazer "religião" significar "reconectar"? E podemos fazer a "espiritualidade" se referir ao espírito humano?

"A Deusa está despertando", digo a Laurel, provavelmente num momento de otimismo lunático. "O que você quer dizer com isso?", ela me pergunta.

"Uma forma de consciência que esteve adormecida por milhares de anos está começando a vir à tona agora; estamos começando a ver holisticamente; nosso modelo de Cosmos mudou; estamos começando a valorizar o feminino, o princípio gerador de vida; a valorizar a humanidade e o mundo existente", digo.

Eu vejo o que escrevi:

"Nos círculos, nas cidades, nos bosques, nos riachos, nos sonhos e devaneios, nas palavras, nos movimentos, no fluxo da música, na poesia, numa arte a céu aberto, num dia e numa noite, na luta, na fome, na alegria, na aceleração, no leite, no vinho, num piscar de olhos, na respiração, no amor, uma semente é plantada".

Mas sou forçada a considerar a pergunta: "Será que haverá tempo para criar raízes e crescer?"

A princípio penso em termos de fé: que o credo qui absurdum, o "eu acredito porque é um absurdo" da Bruxaria, é a crença na continuidade da vida e é a possibilidade da sociedade que realmente serve à vida.

Os cães pedem para sair. Eu os levo para um terreno baldio do outro lado da rua e os vejo brincar de luta livre, rolando na lama com a barriga para cima, os dentes batendo como taças de champanhe. De repente, percebo que não é uma questão de fé, mas de vontade. Eu quero que a vida continue.

Criamos coletivamente os cultos da morte. Podemos criar coletivamente uma cultura de vida.

Mas, para fazer isso, temos que estar dispostos a sair dos trilhos, a desistir do conforto de deixar as decisões para outras pessoas. Ter vontade é tomar as nossas próprias decisões, guiar a nossa vida, comprometer-nos, comprometer o nosso tempo, o nosso trabalho, a nossa energia, agir a serviço da vida. Ter vontade é reivindicar nosso poder, nosso poder de reivindicar o futuro.

Do meu Livro das Sombras

"*Dizemos isto: estamos fazendo o impossível. Estamos nos ensinando a ser humanos.*"

Martha Courtot[1]

E quando tivermos claramente vencido
Devemos retornar ao círculo.

Retorne
a caça
à medida da dança.

Diane di Prima [2]

Pouco tempo atrás, Kevin, um dos membros do meu coven, teve um sonho no qual uma poderosa figura de mulher apareceu para ele e disse: "Quando uma Bruxa adquire o olho acróstico, ela muda". Nós dois pensamos muito sobre o significado de "olho acróstico". Um acróstico é, obviamente, uma forma de palavras cruzadas em que tudo tem muitos significados. Se olharmos da maneira que costumamos fazer, horizontalmente, as letras formam determinadas palavras, mas, se alterarmos nossa visão para os ângulos certos, tudo muda. A essência da Bruxaria e do feminismo político é uma visão acróstica: vemos nossa cultura e nosso condicionamento de outro ângulo e lemos uma mensagem completamente diferente. A visão acróstica é desconfortável; nos deixa em desacordo com tudo o que eles nos ensinaram. Somos forçados a validar nossa própria experiência, pois nenhuma autoridade externa fará isso por nós.

Ao pensar sobre o futuro da religião e da cultura, temos que ver o presente através do olho acróstico. Essa visão ligeiramente oblíqua revela os estados mentais subjacentes que considero a "urticária" da consciência, porque nos causam um desconforto extremo e, ainda assim, normalmente não podemos vê-los. Eles estão embutidos em nós, sob nossa pele. Neste capítulo, quero analisar as forças destrutivas, bem como as forças criativas que estão influenciando a direção de nossa evolução como sociedade. Somente quando entendemos as correntes do presente podemos prever claramente o futuro.

Se aceitamos a responsabilidade de reivindicar o futuro da vida, então devemos nos dedicar à exigente tarefa de recriar a sociedade. É necessária uma mudança intensa e profunda em nossa atitude para com o mundo e os seres vivos, para com os outros, e em nossos conceitos do que é humano. De algum modo, temos de acabar com os papéis que nos foram ensinados, com a censura da mente e do eu que aprendemos antes de aprender a falar e que está enterrada tão profundamente que não é visível. Atualmente, nós mulheres estamos criando novos mitos, cantando uma nova liturgia, pintando nossos próprios ícones e tirando força dos novos/antigos símbolos da Deusa, da "legitimidade e da beneficência do poder feminino".[3]

No entanto, uma mudança nos símbolos não é suficiente. Precisamos mudar também o contexto em que respondemos aos símbolos e à maneira como são usados. Se as imagens femininas fossem simplesmente colocadas nas antigas estruturas, elas também funcionariam como agentes de opressão, e essa possibilidade é duplamente aterrorizante, porque elas perderiam o poder libertador de que estão hoje imbuídas.**

A Bruxaria é certamente a Antiga Religião, mas atualmente está passando por tantas mudanças e desenvolvimentos que está sendo basicamente recriada, em vez de revivida. A religião feminista do futuro está se formando no presente. Aquelas de nós envolvidas nessa reforma devem olhar atentamente para o contexto cultural em que nossas próprias ideias sobre religião foram formadas e examinar as várias tendências regressivas que estão presentes na sociedade de hoje. Caso contrário, a nova encarnação da Deusa será sutilmente moldada nas mesmas formas que nos esforçamos para transcender.

Uma tendência regressista é o que chamo de *absolutismo*, que surge de uma intolerância à ambiguidade. Nossa sociedade está muito ligada aos símbolos e, inconscientemente, pressupomos que os sistemas simbólicos são as realidades que descrevem. Se a descrição *for* a realidade e as descrições forem diferentes, apenas uma delas pode ser verdadeira. *Ou* Deus criou Adão e Eva *ou* eles evoluíram de acordo com a teoria de Darwin. *Ou* os conflitos inconscientes não resolvidos são a causa final da nossa infelicidade *ou* as condições econômicas e materiais o são. Podemos mudar ideologias, mas não analisamos a ideia subjacente de que existe apenas Um Caminho Certo e Verdadeiro (o nosso!) e que todo mundo está errado.

O absolutismo divide. Ele cria falsos conflitos; por exemplo, entre política e espiritualidade. Num artigo intitulado "Feminismo radical e espiritualidade feminina: olhe antes de pular", Marsha Lichtenstein escreve que "a contradição que é a semente do distanciamento e da desconfiança entre espiritualidade e política é que cada uma percebe a consciência de uma maneira *antitética* (itálico meu). Uma análise da consciência que se desenvolva a partir da espiritualidade busca causas finais em categorias de pensamento *a priori*, como na descoberta dos arquétipos, como na mitologia de Eva como depositária do mal (...) processos de mudança enfatizam uma jornada interior (...) O feminismo radical analisa as condições materiais históricas sob as quais a consciência das mulheres se desenvolveu (...) a orientação para a mudança social é direcionada para fora, visando transformar essas condições sociais que moldaram a nossa vida".[4***]

A palavra-chave nessa citação é *antitética*. Uma espiritualidade feminista baseada na Deusa imanente no mundo verá essas análises como complementares, não opostas. Ambas são verdadeiras. É claro que as categorias de pensamento *a priori* influenciam a consciência e, é claro, as condições materiais afetam nossa capacidade de ser completos. Precisamos de uma mudança interior e exterior; só uma delas não é suficiente.

A herança judaico-cristã nos deixou a visão de um universo composto de opostos em guerra, que são avaliados como bons ou ruins. Eles não podem coexistir. Um *insight* valioso sobre Bruxaria, compartilhado por muitas religiões baseadas na Terra, é a ideia de que as polaridades estão em equilíbrio, não em guerra. A energia avança em ciclos. Às vezes, flui para fora, nos dando impulso para mudar o mundo; outras vezes, ela se move para dentro, nos transformando interiormente. Ela não pode ser usada exclusivamente numa direção; ela deve sempre girar e retornar, empurrar e puxar, e assim se renovar. Se rotularmos qualquer fim do ciclo de "errado" ou desnecessário, nos isolamos de qualquer possibilidade de renovação ou exercício de poder sustentado. Temos de nos livrar da tendência de associar religião e espiritualidade ao afastamento do mundo e do campo de ação. A Deusa somos nós e o mundo: juntarmo-nos a Ela é envolvermo-nos ativamente no mundo e em todos os seus problemas.

O dualismo** decai para o que chamo de "Síndrome da Justiça". Quando existe Um Caminho Verdadeiro e Certo (o nosso!) e todos os outros estão errados, então aqueles que estão errados são amaldiçoados, e os amaldiçoados são ruins. Não podemos reconhecer sua humanidade e tratá-los com a mesma ética com que nos tratamos. Geralmente, os Justos se dedicam à tarefa de se purificar de qualquer contato com os portadores do mal. Quando no poder, eles instituem inquisições, caça às bruxas, perseguições antissemitas, execuções, censura e campos de concentração.

Grupos oprimidos e sem poder também tendem a se ver como os Justos.* Uma vez que não estão em posição de eliminar os indesejáveis da sociedade, só podem ser puros se retirando da comunidade principal. No movimento feminista, isso levou ao separatismo.

Eu faço uma distinção entre separação e separatismo. As mulheres precisam de espaços femininos, principalmente neste momento da história em que muitas de nós estamos nos recuperando das feridas que os homens nos causaram. Há uma intensidade especial nos mistérios da mulher e uma intimidade sem igual nos covens formados exclusivamente por mulheres. Mulheres que amam outras mulheres, ou que vivem a Virgem, pertencentes apenas a si mesmas, obtêm um poder muito especial. Mas essa não é a única forma de poder inerente à espiritualidade feminista, nem a melhor para todas. A Deusa é Mãe, Velha Sábia, Amante e Virgem; Ela está intimamente ligada ao nascimento, ao amor e à morte de homens e mulheres. Se Ela é imanente nas mulheres e no mundo, então também é imanente nos homens.

Uma cultura matrifocal, baseada na natureza, celebra a diversidade, porque garante sobrevivência e evolução contínua. A natureza cria milhares de espécies, não apenas uma; e cada uma delas é diferente, adequada para uma localização ecológica diferente. Quando uma espécie se torna excessivamente especializada, muito restrita em sua gama de adaptações, é mais provável que se extinga. Quando os movimentos políticos e espirituais se tornam estreitos demais, é provável que também desapareçam. A força do movimento das mulheres está em sua diversidade, na medida em que mulheres idosas e jovens, lésbicas e heterossexuais, mães que vivem da previdência social e aspirantes a presidentes de banco descobrem seus interesses comuns, suas necessidades comuns e sua irmandade compartilhada. Para que nossa cultura como um todo evolua a favor da vida, precisamos promover a diversidade, criar e manter uma ampla gama de diferenças em estilos de vida, teorias e táticas. Precisamos nos livrar da justiça própria que surge de nos vermos como o Povo Eleito e precisamos criar uma religião de hereges que se recusam a seguir qualquer ideologia ou ser fiéis a qualquer doutrina de exclusividade.

Outro falso conflito criado pelo absolutismo é aquele entre religião e ciência.* Quando se sente que Deus está separado do mundo físico, a religião pode se afastar da ciência e se limitar ao reino das coisas que têm a ver com Ele. Mas a Deusa se manifesta no mundo físico e, quanto mais compreendermos seu mecanismo, melhor nós A conhecemos. Ciência e religião são, ambas, buscas da verdade; elas diferem apenas em sua metodologia e nos símbolos que usam para descrever suas descobertas. O campo de investigação é o mesmo.

"Compreender uma coisa é chegar a uma metáfora para essa coisa, substituindo-a por algo que é mais familiar para nós", escreve Julian Jaynes (em *The Origin of Consciouness in the Breackdown of Bicameral Mind*).[5] "Dizemos que entendemos um aspecto da natureza quando podemos dizer que ele é semelhante a algum modelo teórico conhecido".[6] O conhecimento científico, assim como o conhecimento religioso, é um conjunto de metáforas para uma realidade que nunca pode ser totalmente descrita ou compreendida. A religião se torna dogmática quando confunde a metáfora com a própria coisa. As metáforas, por si mesmas, não são contraditórias ou antitéticas; muitas delas podem ser verdadeiras ao mesmo tempo. Elas apontam para algo que está além delas; são luzes separadas que iluminam o mesmo lugar.

As metáforas científicas se esforçam para ser consistentes e testáveis. Espera-se que estejam em conformidade com a realidade objetiva. Os mitos e símbolos das religiões orientadas para a natureza também começaram como metáforas para a realidade observada: para o movimento do sol e da lua, o crescimento e o murchamento das flores, o comportamento animal e as mudanças sazonais. Elas ressoam em muitos níveis, envolvendo tanto nossa percepção verbal-analítica quanto nossa percepção holística-imagética. Elas tocam nossas emoções, determinando não apenas o que sabemos, mas também o que sentimos sobre a natureza. Se descrevermos a vagina como uma flor, temos um sentimento diferente sobre ela do que teríamos se a chamássemos de "pedaço de carne" ou "orifício genital". Se chamarmos o oceano de "nossa Mãe, o útero da vida", podemos ter mais cuidado para não o contaminar com venenos, do que teríamos se o víssemos apenas como "uma massa de H_2O".

Eu gostaria de ver a religião futura da Deusa firmemente ancorada na ciência, no que podemos observar no mundo físico.** Observação é meditação, como bem sabiam os construtores de Stonehenge (que é, ao mesmo tempo, um templo, um observatório astronômico, um calendário e uma calculadora). A Bruxaria sempre foi uma religião empírica; ervas, feitiços e práticas eram testados continuamente, e os resultados eram comparados nas reuniões dos covens. Hoje, quando apresentamos um novo ritual, exercício ou invocação, a pergunta é sempre: "Funciona?". Os testes são mais subjetivos do que a ciência: sentimos algo? Nós mudamos? Alcançamos os resultados esperados? Ficamos animados? Em êxtase? Nervosos? Entediados? Por quê?

Os antigos símbolos foram obtidos com base na observação de padrões recorrentes na natureza. Alguns foram meramente aprofundados a partir do nosso conhecimento mais amplo desses padrões. Por exemplo, a espiral era um antigo símbolo de morte e renascimento. Agora o reconhecemos como a forma da molécula de DNA, que mostra um padrão para o desenvolvimento do organismo e, portanto, assume outro nível de significado. A galáxia é uma espiral; "Como em cima, assim abaixo".

Outros mitos e símbolos podem mudar para refletir novos conhecimentos. Muitos dos antigos mitos sazonais baseavam-se na percepção, fundamentada na experiência, de que o sol se movia ao redor da Terra. Até mesmo nossa linguagem reflete esse equívoco: dizemos que "o sol nasce", embora saibamos intelectualmente que não se trata disso; na verdade, a Terra gira. Uma vez que nossa fisiologia e nossa psicologia evoluíram sob um sol aparentemente "nascente e poente", os mitos antigos "funcionam" para conectar nossos ciclos internos com os do mundo exterior e não podem ser simplesmente descartados. No entanto, talvez haja também um significado esotérico no movimento da lua: não esperamos apenas pela luz; avançamos em direção a ela.

Na religião futura ou contemporânea da Deusa, nossa mandala poderia ser uma fotografia da Terra tirada do espaço. Poderíamos meditar sobre a estrutura do átomo, bem como sobre os ícones das antigas deusas, e considerar os anos que Jane Goodall passou observando os chimpanzés à luz de uma disciplina espiritual. Física, matemática, ecologia e bioquímica estão cada vez mais perto do místico. Os novos mitos podem tomar seus conceitos e torná-los espirituais, de modo que infundam nossas atitudes e ações com uma visão maravilhada das riquezas da vida.

A espiritualidade dá um salto para onde a ciência ainda não pode ir, porque a ciência deve sempre verificar e medir, e muito da realidade e da experiência humana é incomensurável. Sem rejeitar a ciência, podemos reconhecer suas limitações. Existem muitos modos de consciência que não foram validados pelo racionalismo científico ocidental, particularmente o que chamo de "percepção da luz das estrelas": o modo holístico, intuitivo de percepção, do hemisfério direito do cérebro. Como cultura, estamos vivenciando uma mudança em direção ao intuitivo e ao psíquico, que foram negados por tanto tempo. Astrologia, tarô, quiromancia – todas as formas antigas de adivinhação estão voltando. As pessoas buscam expandir sua consciência em tudo, desde o yoga até as drogas e os seminários caros de fim de semana, e não veem valor numa religião que é apenas um conjunto de doutrinas ou entretenimento para uma manhã entediante de domingo. Qualquer religião viável atualmente em desenvolvimento estará inevitavelmente interessada em alguma forma de magia, definida como "a arte de mudar a consciência de acordo com a própria vontade".

A magia sempre foi um elemento da Bruxaria, mas na Arte suas técnicas eram praticadas dentro de um contexto de comunidade e conexão. Elas eram meios para a união extática com o Eu da Deusa, mas não fins em si mesmas. O fascínio pelo psíquico (ou psicológico) pode ser um desvio perigoso em qualquer caminho espiritual. Se as visões interiores se tornam uma forma de escapar do contato com outras pessoas, seria muito melhor apenas assistir à televisão. Quando a "consciência expandida" não aprofunda nossos laços com as pessoas e com a vida, ela é mais do que inútil: é a autodestruição espiritual.**

Se não quisermos que a religião da Deusa se torne uma estupidez fútil, temos que acabar com a tendência de tornar a magia uma superstição. A magia (e entre seus ramos incluo a psicologia, pois visa descrever e mudar a consciência) é uma arte. Como outras artes, sua eficácia depende muito mais de quem a pratica do que da teoria em que se baseia. As pinturas das tumbas egípcias são organizadas com base em princípios estruturais muito diferentes daqueles do surrealismo do século XX; no entanto, ambas as escolas produziram alguns trabalhos muito poderosos. A música balinesa tem uma escala e uma estrutura de ritmo muito diferentes da música ocidental, mas não é menos bonita. Os conceitos de Freud, Jung, Melanie Klein e o xamanismo siberiano podem ajudar a curar doenças ou perpetuá-las, dependendo de como são aplicados.

Os sistemas mágicos são metáforas altamente elaboradas; não verdades. Quando dizemos "Existem doze signos do zodíaco", o que realmente queremos dizer é que "veremos a infinita variedade de características humanas por meio dessa tela mental, porque com ela podemos compreender as coisas"; da mesma forma que, quando dizemos que "há oito notas na escala musical", queremos dizer que, de toda a extensão e todas as variações possíveis de sons, vamos nos concentrar naquelas que entram nessas determinadas relações, porque assim podemos criar música. Mas, quando esquecemos que os signos são agrupamentos arbitrários de estrelas e começamos a acreditar que existem grandes leões, escorpiões e caranguejos no céu, temos um problema. O valor das metáforas mágicas é que, por meio delas, nos identificamos e nos conectamos com forças maiores; participamos dos elementos, do processo cósmico, dos movimentos das estrelas. Mas, se os usarmos como explicações fáceis e categorizações baratas, elas irão estreitar em vez de expandir nossa mente e reduzir a experiência a um conjunto de fórmulas que nos separam uns dos outros e do nosso próprio poder.

O anseio por uma consciência mais ampla levou muitos de nós a uma "jornada espiritual ao Oriente", e os conceitos hindus, taoístas e budistas estão absorvendo a cultura ocidental com novas maneiras de compreender as coisas.* O diálogo Oriente-Ocidente tornou-se uma grande influência na evolução de uma nova visão de mundo. As religiões orientais oferecem uma abordagem radicalmente diferente da espiritualidade, em comparação às tradições judaico-cristãs. Elas são baseadas na experiência em vez do intelecto; oferecem exercícios, práticas e meditações, em vez de catecismos. A imagem de Deus não é a imagem antropomórfica do Deus-Pai barbudo no céu, mas a base insondável, abstrata da própria consciência, o vácuo, o Tao, o fluxo. Seu objetivo não é *conhecer* a Deus, mas *ser* Deus. Em muitos aspectos, suas filosofias estão muito próximas da Bruxaria.

Como mulheres, precisamos olhar atentamente para essas filosofias e nos fazer a pergunta mais difícil e decisiva: "O que existe aqui para *mim*? O que esse sistema espiritual faz pelas mulheres?". Certamente os gurus, professores e mestres ascensionados nos dirão que, mesmo quando fazemos essa pergunta, estamos simplesmente perpetuando nossa escravidão aos Senhores da Mente; que é simplesmente outra manobra do ego que se recusa a se dissolver no Todo. A verdade é que, enquanto os homens em nossa sociedade são encorajados a ter um ego forte e a agir de uma forma competitiva, agressiva e intelectualizada que certamente pode lhes causar sofrimento, para a maioria das mulheres o ego é como uma frágil violeta-africana que cresceu de uma semente, foi cuidadosamente protegida, fertilizada e poupada do excesso de luz solar. Antes de jogar o meu lixo na lixeira coletiva, quero ter certeza de que receberei algo em troca. Não me sinto qualificada para discutir como as religiões orientais funcionam dentro de suas próprias culturas, mas, olhando para as mulheres ocidentais que adotaram esses cultos, vejo que a vasta maioria delas é escravizada. Pode ser uma escravidão extática, mas é escravidão mesmo assim.

As religiões orientais podem ajudar os homens a serem mais completos, a ficar mais em contato com os sentimentos intuitivos, receptivos e gentis que foram condicionados a ignorar. Mas as mulheres não podem ser completas sendo ainda mais passivas, gentis e submissas do que já somos. Passamos a ser completas pelo conhecimento da nossa força e da nossa criatividade, da nossa agressividade e da nossa sexualidade; pela afirmação do eu, e não pela negação. Não podemos alcançar a iluminação por meio da identificação com a esposa de Buda ou com os seguidores de Krishna. Embora a Índia tenha fortes tradições da Deusa (do Tantra, do culto de Kali), elas são menos populares no Ocidente porque não se enquadram em nossa expectativa cultural de que a verdade seja transmitida por meio de imagens masculinas, por homens carismáticos. Se olharmos de perto os símbolos, a estrutura hierárquica, a negação da sexualidade e as emoções transmitidas pelos gurus que atraem os cultos populares no Ocidente, só podemos concluir que, embora usem instrumentos diferentes, estão tocando a mesma velha canção.

Outra dimensão do absolutismo é nossa tendência a pensar que a verdade é, de certo modo, mais verdadeira se for expressa em extremos; que para uma teoria ser válida, ela precisa explicar tudo. Por exemplo: um psicólogo descobre que os ratos podem ser condicionados a responder a certos estímulos de maneiras previsíveis e conclui que todo aprendizado nada mais é do que respostas condicionadas. Isso tende a encorajar pronunciamentos expressos e discussões intermináveis em publicações especializadas (afinal, temos que *provar* o que sentimos intuitivamente) sobre se, em algum lugar entre o rato no seu labirinto e Makarova aprendendo a dançar, existe algum outro fator em jogo. Mas, se os psicólogos se limitassem a dizer que "*certas* formas de aprendizagem são uma questão de condicionamento", quem os ouviria? Uma declaração como essa não impressiona; não parece nova ou original; não fornece a base para começar a formar comunidades utópicas experimentais e não leva a nenhum reconhecimento internacional ou lucrativas viagens para se fazer palestras. Parece simples, óbvia. Sua única virtude é ser verdadeira, o que não é o caso da generalização, embora soe muito bem.

As afirmações absolutistas costumam ser extremamente atraentes. Alguma coisa em nós deseja que a vida seja organizada em torno de princípios claros, sem pontas soltas. Desejamos desesperadamente que todos os problemas sobre os quais existem opiniões diferentes sejam resolvidos com números inteiros, não com frações. Mas, se estivermos interessados em resolver problemas, em vez de manipular padrões bonitos, temos que aceitar que não. Somente quando estivermos preparados para enfrentar a escuridão e a falta de clareza da realidade, podemos esperar transformá-la.

Nos últimos anos, uma avalanche de gurus seculares aplacou nosso anseio cultural por alguns princípios de organização simples em torno dos quais basear nossa vida. A base de muitos dos movimentos de "crescimento" e potencial humano é o conceito absolutista de "Eu crio minha própria realidade".** Em alguns aspectos, é reconfortante acreditar, mas em outros é um pensamento assustador. Parece ser verdade que criamos mais da nossa vida, oportunidades, saúde física, do que normalmente aceitamos. Se eu culpar minha mãe, o "sistema", ou o azar pela minha infelicidade, continuarei infeliz em vez de fazer algo para mudar minha situação. Não cabe a ninguém além de mim criar um trabalho significativo para mim, dinheiro para me sustentar e relacionamentos importantes, e não há nada fora de mim que me impeça de ter tudo isso. Claro que eu, como a maioria dos integrantes desses movimentos, sou branca e de classe média. Se minha pele fosse de uma cor diferente, se eu tivesse um atraso mental devido à desnutrição na minha infância ou se eu fosse inválida, duvido que achasse tão sublime minha capacidade de criar minha realidade. A vítima do estupro criou esse tipo de ataque? Os filhos do Vietnã criaram o NAPALM? Obviamente não.

Grande parte da realidade (o sistema de previdência, a guerra, os papéis sociais decretados para homens e mulheres) é criada coletivamente e só pode ser alterada coletivamente. Uma das percepções mais claras do feminismo é que nossas lutas *não* são apenas individuais e que nosso sofrimento não é particular; eles são criados pelas maneiras como nossa sociedade trata as mulheres como classe. Sexismo, racismo, pobreza e acidentes moldam a vida das pessoas e não são criados por suas vítimas. Se a espiritualidade deve verdadeiramente servir à vida, então precisa enfatizar que somos todos responsáveis uns pelos outros. Não deve enfocar a iluminação individual, mas sim reconhecer o fato de que estamos todos interconectados e comprometidos uns com os outros.

A religião feminista não faz falsas promessas. Não prepara as pessoas para a dor e a decepção que surgem quando o fanatismo do desenvolvimento pessoal esbarra numa realidade que não pode ser alterada. A noite seguirá o dia e não há nada que você, eu ou Werner possamos fazer a respeito.

O paradoxo, evidentemente, é que somos a Deusa: cada um de nós é uma parte da realidade interdifusa e interconectada que é o Todo. E, embora não possamos impedir que a Terra gire, podemos escolher vivenciar cada revolução tão profunda e completamente que até mesmo a escuridão se torne luminosa.

Querer algo não significa que o mundo se conformará com nossos desejos; significa que *nós* vamos tentar fazer disso uma realidade: vamos tomar nossas próprias decisões e agir com o propósito de torná-los realidade, mesmo sabendo que podemos falhar. A espiritualidade feminista valoriza a coragem de correr riscos, de cometer erros, de sermos nossas próprias autoridades.

Precisamos abandonar a crença de que apenas alguns indivíduos na história têm uma linha direta com a verdade; que Jesus, ou Buda, ou Maomé, ou Moisés, ou Freud, ou Werner Erhard sabem mais sobre nossa alma do que nós. Certamente podemos aprender com os mestres, mas não podemos permitir que entreguem nosso poder a eles para comandar nossa vida. Uma religião feminista não precisa de messias ou mártires ou santos para mostrar o caminho.** Em vez disso, deve nos ajudar a descobrir e compartilhar nossas experiências, interiores e exteriores. Seu objetivo deve ser aquela tarefa impossível de nos ensinar a nos tornar humanos, plenamente vivos, com todas as paixões e desejos, imperfeições, limitações e infinitas possibilidades dos seres humanos (porque não temos modelos, nem professores que nos indiquem o caminho).

Atualmente, muitas forças estão moldando a gênese dos novos mitos. Falei sobre as mudanças que a ciência trouxe para a religião e o impacto do diálogo entre Oriente e Ocidente. Nossa crescente consciência da ecologia, o apocalipse ambiental iminente, nos forçou a perceber que estamos interconectados com todas as formas de vida, o que é a base da religião da Deusa. Nossa atitude cultural em relação à sexualidade, que está passando por uma mudança, também está influenciando nossa sexualidade.

Feministas apontaram, com bastante razão, que a chamada revolução sexual significou muitas vezes o comércio aberto com o corpo feminino e a objetificação das mulheres. Mas isso ocorre porque ainda não somos sexualmente livres. A pornografia, o estupro, a prostituição, o sadomasoquismo simplesmente trazem à luz o tema subjacente do ascetismo, do celibato e da castidade cristã: que o sexo é sujo e ruim e, por extensão, as mulheres também. Sob o patriarcado, a sexualidade fornece a justificativa para a violência contra as mulheres: o apedrejamento de adúlteras, a queima das bruxas na fogueira, a investigação desrespeitosa da conduta das vítimas de estupro.

A religião da Deusa identifica a sexualidade como uma expressão da força vital criativa do universo. Não é suja, nem apenas "normal"; é sagrada, é a manifestação da Deusa. Felizmente, isso não significa que você precise ser ordenada antes de praticá-la. Na espiritualidade feminista, algo que é sagrado também pode ser amoroso, alegre, agradável, apaixonado, engraçado ou puramente animal. "Todos os atos de amor e prazer são Meus rituais", diz a Deusa. A sexualidade é sagrada porque é uma troca de energia numa entrega apaixonada ao poder da Deusa, imanente em nosso desejo. No orgasmo, participamos da força que move as estrelas.

A força mitogênica mais poderosa que existe hoje é o feminismo. As mulheres ousaram olhar através do olho acróstico, e os moldes foram estilhaçados. O processo de mudança cultural é longo e difícil. As leis, a linguagem, o sistema econômico e social ainda não refletem nossa visão. Estamos descobrindo e criando mitos, símbolos e rituais que fazem isso. Precisamos de imagens que nos movam além da linguagem, das leis e dos costumes; que nos lancem além das fronteiras da nossa vida, para aquele espaço entre os mundos onde podemos ver claramente.

O movimento feminista é um movimento mágico-espiritual e político. É espiritual porque visa a libertação do espírito humano, para curar nossa fragmentação, para nos tornar inteiros. É mágico porque muda a consciência, expande nossa percepção e nos dá uma nova visão. Também é mágico por outra definição: "A arte de causar uma mudança de acordo com a própria vontade".

Se quisermos resgatar nossa cultura, não podemos nos dar ao luxo de ter definições estreitas.

E, quando tivermos vencido, "temos de retornar ao círculo". O círculo é o ciclo ecológico, o ciclo de interdependência de todos os organismos vivos. A civilização deve retornar à harmonia com a natureza.

O círculo também é o círculo da comunidade.* Antigas estruturas familiares, redes de cuidado e apoio estão se rompendo. A religião sempre foi uma fonte fundamental de comunidade e uma das funções importantes da espiritualidade feminista é criar novas redes de engajamento. A comunidade também envolve questões mais amplas de como o poder, a riqueza e as oportunidades equitativas são compartilhadas entre os diferentes grupos e questões de quem cuida das crianças, dos idosos, dos doentes e dos deficientes. Quando o Divino se torna imanente no mundo, essas são as áreas de interesse espiritual.

O círculo também é o círculo do Eu. Nossa visão do Eu (o que é, como percebe, como funciona) mudou muito. A espiritualidade feminista é também uma jornada interior, uma aventura de visão pessoal, um processo de autocura e exploração de si mesmo.

Retornar ao círculo não significa necessariamente se converter especificamente à Bruxaria. Espero que a religião do futuro seja multifacetada, que resulte de muitas tradições. Podemos ver um novo culto à Virgem Maria e um ressurgimento da antiga Deusa Hebraica.** As tradições dos índios norte-americanos nativos e dos afro-americanos podem florescer numa atmosfera em que recebem o respeito que merecem. As religiões orientais mudarão inevitavelmente à medida que crescerem no Ocidente, e parte dessa mudança pode ser nos papéis atribuídos às mulheres.

Mas existem conceitos subjacentes muito valiosos na Bruxaria que podem ser aproveitados por outras tradições feministas. O mais importante é a compreensão da Deusa, do divino, como imanente ao mundo, manifestada na natureza, no ser humano e na comunidade. A Tudo-Que-É não está e nunca esteve separada deste mundo físico. Ela está aqui, agora, *é* cada um de nós no eterno presente em mutação; não é ninguém a não ser você; não está em lugar nenhum, exceto onde você está e, ainda assim, é todas as pessoas. Reverenciá-La é afirmar, mesmo diante do sofrimento e muitas vezes contra toda razão, que a vida é boa, uma grande dádiva, uma oportunidade contínua de êxtase. Se percebermos que ela se tornou um fardo de infelicidade para os outros, temos a responsabilidade de mudá-la.

Visto que a Deusa se manifesta em todos os seres, não tentamos escapar de nossa humanidade, mas buscamos nos tornar totalmente humanos. A tarefa da religião feminista é nos ajudar a aprender aquelas coisas que parecem tão simples e, no entanto, são muito mais desafiadoras do que as disciplinas patriarcais mais extremas. É mais fácil ser celibatário do que estar plenamente vivo sexualmente. É mais fácil se retirar do mundo do que viver nele; é mais fácil ser um eremita do que criar um filho; é mais fácil reprimir emoções do que senti-las e expressá-las; é mais fácil meditar em solidão do que se comunicar em grupo; é mais fácil submeter-se à autoridade alheia do que confiar em nós mesmos.** Não é fácil ser Bruxa, uma pessoa que "torce", que modela, ser um dos Sábios; não é seguro, confortável, "descontraído", suave, edificante ou uma garantia de paz de espírito. Requer abertura, vulnerabilidade, coragem e trabalho. Não oferece respostas: apenas tarefas a serem realizadas e questões a serem consideradas. Para transformar verdadeiramente a nossa cultura, precisamos dessa orientação para a vida, para o corpo, para a sexualidade, para o ego, para a vontade, para toda a imundície e aventura de ser humano.

A Bruxaria oferece o modelo para uma religião de poesia, não de teologia. Ela apresenta metáforas, não doutrinas, e deixa em aberto a possibilidade de reconciliação entre a ciência e a religião, entre muitas formas de conhecimento. Ela funciona com aquelas formas mais profundas de conhecimento que nossa sociedade negou e pelas quais ansiamos.

A visão de mundo da Bruxaria é cíclica, em espiral. Ela dissipa as dualidades e vê os opostos como complementos um do outro. A diversidade é valorizada; ambos os polos de qualquer dualidade são sempre valorizados porque entre eles flui o movimento cíclico da energia polar que sustenta a vida. Esse ciclo é o ritmo da dança, para a qual o Caçador, o buscador, é sempre atraído.

Por fim, a Arte oferece um modelo estrutural: o coven, o círculo de amigos, no qual existe uma liderança, mas não uma hierarquia, e que é pequeno o suficiente para criar uma comunidade sem sacrificar a individualidade. A forma do ritual é circular: olhamos uns para os outros; não olhamos para um altar, um pódio ou um relicário sagrado, porque a Deusa está nas pessoas. Cada bruxa é uma Sacerdotisa e cada bruxo é um Sacerdote; não há hierofantes, ou messias, ou avatares, ou gurus. A Deusa diz: "Se o que procura você não consegue encontrar dentro de você, você nunca encontrará fora. Porque estou com você desde o início".

Quando voltarmos ao círculo, quando triunfarmos, o que seremos? Eu tenho algumas visões; talvez sejam as memórias de vidas futuras:

> As crianças acordam no meio da noite para ver a lua nascer. Nada lhes é ensinado sobre a lua até que tenham vivido com ela por um ciclo, levantando-se quando ela nasce, dormindo quando ela se põe. Elas nada aprendem sobre o sol antes de observá-lo por um ano, acompanhando seus movimentos no horizonte. Seus professores os incentivam a fazer desenhos, histórias e canções sobre a lua e o sol.
>
> Quando crescem um pouco, são expostas a um modelo do sistema solar. Elas não são instruídas sobre ele: simplesmente ficam com ele por um tempo, todos os dias, para observá-lo com a mente aberta. Para algumas delas, a compreensão vem num piscar de olhos. Para outras, não. Não importa. Depois de um tempo, elas são incentivadas a fazer perguntas. Depois de mais algum tempo, essas perguntas são respondidas.
>
> Quando são um pouco mais velhas, podem fazer uma peregrinação à lua. Algumas podem viver por algum tempo no Santuário da Face Brilhante, observando a Terra crescer e minguar. Algumas podem preferir o Lugar Sagrado Escuro, que fica diante das estrelas.
>
> O caminho às vezes é íngreme, mas não é difícil de seguir. Aradia sabe que seu mal-estar vem do fato de estar sozinha. Como outras crianças, ela caminhou

até essas montanhas e acampou aqui muitas vezes. Mas nunca tinha feito isso sozinha antes.

Ela faz uma pausa por um instante numa campina alta para sentir o calor do sol. Três dias. Ela vai viver da terra ou vai jejuar. A Festa do Primeiro Sangue, a celebração, os pratos cerimoniais de comida vermelha, os presentes embrulhados em papel vermelho que ela não usará por um ano já são memórias de uma vida passada. Agora ela está numa transição. Ela já deu suas bonecas e seus brinquedos. Sozinha nas altas montanhas, ela segue o caminho que leva ao Lago das Mulheres.

Anna espera à beira do lago. Ele fica numa cavidade das montanhas, como uma lágrima na mão. Ela bebe do silêncio; depois de tantos anos de barulho, crianças, trabalho, exigências. Depois de anos fazendo projetos de edifícios, é bom olhar as árvores, as rochas, tirar um ano de descanso. Quando as meninas chegam, ela e outras mulheres lhes ensinam coisas sobre o corpo delas, sobre vento e as pedras, sobre o fogo e a água. Elas aprendem a fiar e tecer, a produzir chamas sem fósforos, a entender a linguagem dos animais. À noite, aprendem os mistérios e canções de que as mulheres se lembram. E elas praticam magia...

É a noite do Solstício de Inverno. Em São Francisco, as fogueiras estão por toda parte: ao longo das praias, queimando nos Twin Peaks, em todos os lugares altos. Em parques e telhados, pequenos grupos se reúnem em torno de caldeirões. Não há grandes reuniões, apenas círculos.

Elas começam com um costume muito antigo: caminhar pelas terras e procurar papéis ou objetos estranhos. As Anciãs têm debatido sobre a possibilidade de acabar com esse costume; ele é antiquado. Nunca há nenhum objeto descartado para encontrar. Nada é feito para ser lançado inutilmente; nada é desperdiçado.

Do alto das montanhas, a cidade é um mosaico colorido de verde. Em toda parte há jardins. Os últimos raios de sol brilham rosados em mil painéis solares.

As bruxas dão as mãos ao redor do fogo. O vento fica mais forte, sacudindo os galhos dos eucaliptos. De um lado a outro da cidade, no auge do inverno, milhares de moinhos de vento pintados com cores alegres ganham vida, com as luzes coloridas piscantes com que são decorados. As velas se apagam, os altares são derrubados. Ninguém se importa. Elas têm tudo de que precisam para fazer magia: suas vozes, sua respiração e umas às outras.

Durante toda a longa noite, elas cantam seus nomes. Cantam hinos ao sol que acaba de nascer, à Deusa em eterna mutação. Derramam libações e agradecem, especialmente aquelas que são muito velhas e se lembram de quando as coisas eram diferentes:

"Agradeço porque nesta cidade ninguém passa fome".

"Agradeço porque nesta cidade ninguém morre sozinho".

"Agradeço por poder andar pelas ruas escuras sem medo de violência".

"Agradeço porque o ar está limpo, porque a vida voltou às águas da Baía, porque estamos em paz".

"Agradeço por todos terem um trabalho".

Pela manhã, há desfiles pela Market Street, e grupos de bairros e sindicatos apresentam seus elaborados carros alegóricos, criados pelos melhores artistas da cidade. As figuras da Virgem Maria maravilhosamente adornadas chegam do Mission District, seguidas por uma roda de luzes cintilantes do Sindicato dos Eletricistas e uma Criança Solar feita de flores amarelas, oferecida pela Guilda das Parteiras. Há palhaços, menestréis, bandas marciais; as pessoas saem de casa para dançar nas ruas. Posteriormente, haverá espetáculos, festas, bailes à fantasia e apresentações especiais de teatro.

O último dia de festa é calmo e pacífico. As pessoas fazem visitas umas às outras, trocando alimentos e presentes simples. As famílias e os covens fazem refeições juntos.

À noite, voltamos para as encostas das montanhas e reacendemos as fogueiras. Reunimo-nos para ancorar o poder da estação e deslizar entre os mundos. Além do tempo, em contato com o passado e o futuro, com todas as possibilidades, os dois mundos falam conosco. Podemos ouvi-los. Eles dizem a cada uma de nós:

"Acordem! Vocês são amor. Fazem parte do círculo dos Sábios. Não há mistério que não tenha sido revelado a vocês. Não há poder que ainda não tenham. Façam parte de todo o amor que existe".

> "Quando voltamos ao círculo,
> triunfamos.
> Devolva a dança às pulsações da Caçada."[7]

A Deusa desperta em formas infinitas e em mil disfarces. Ela é encontrada onde menos se espera; surge do nada e de todos os lugares para iluminar o coração aberto. Ela está cantando para nós, gritando, gemendo, uivando, guinchando, sussurrando para nós: para que estejamos acordados, para que nos comprometamos com a vida, para que sejamos amantes no mundo e do mundo, para que possamos unir nossas vozes numa única canção de constante mudança e criação. Porque a lei Dela é o amor de todos os seres e Ela é o cálice da bebida da vida.

Que a vida floresça, agora e para sempre!
O círculo está eternamente aberto, eternamente intacto.
Que a Deusa desperte em cada coração.
Feliz encontro e feliz partida. E bendita seja.

Notas

1. Martha Courtot, "Tribes", *Lady-Unique-Inclination-of-the-Night*, Ciclo 2, verão de 1977, p. 13.
2. Diane di Prima, "Now Born in Uniqueness, Join the Common Quest", em *Loba* (Berkeley: Wingbow Press, 1978), p. 188.
3. Carol P. Christ, "Why Women Need the Goddess", em Carol P. Christ e Judith Plaskow, orgs. *Womanspirit Rising* (São Francisco: Harper & Row, 1979), p. 278.
4. Marsha Lichtenstein, "Radical Feminism and Women's Spirituality: Looking Before You Leap", *Lady-Unique*, Ciclo 2, Verão de 1977, pp. 37-38.
5. Julian Jaynes, *The Origin of Consciousness in the Breakdown of the Bicameral Mind* (Boston: Houghton Mifflin, 1976), p. 52.
6. Jaynes, p. 53.
7. Di Prima, p. 189.

Dez Anos Depois: Comentários dos Capítulos de 1 a 13

Notas sobre o Capítulo 1

Página 48 Quando escrevi *A Dança Cósmica das Feiticeiras* pela primeira vez, os membros do meu coven sempre invocavam tanto a Deusa quanto o Deus. Agora, dez anos depois, os covens com que trabalho se mostram mais fluidos na interpretação da nossa relação com as imagens da divindade, ou talvez mais francos na compreensão das coisas que são misteriosas e nunca poderemos compreender totalmente. Agora invocamos qualquer aspecto da divindade que julguemos apropriado ou que paire ao nosso redor num dado momento. Quase sempre invocamos alguma forma da Deusa, embora nem sempre como um aspecto específico nomeado. Por exemplo, se estamos fazendo um ritual com pessoas que não são pagãs, talvez durante uma ação política, podemos simplesmente invocar os elementos ou chamar o Deus/a Deusa por meio dos nomes das pessoas presentes. Se sentimos que algum aspecto do Deus está exigindo nossa atenção, então o invocamos.

Páginas 49-55 A história apresentada aqui é uma mescla de tradição oral, interpretações de provas físicas e conhecimentos tidos como padrão. Uma apresentação completa e documentada e com notas de rodapé exigiria volumes inteiros, muitos dos quais já foram escritos por outras pessoas. Em *Truth or Dare*, explorei mais a fundo a história do Oriente Médio e a transição para o patriarcado. No apêndice de *Dreaming the Dark*, ofereço um relato muito mais elaborado sobre a perseguição europeia às bruxas. Atualmente, há muitos estudos sobre a Deusa que dez anos atrás ainda não haviam sido publicados. Consulte a seção de Leituras Recomendadas para obter referências.

Ao reler esta história, fico impressionada com o seu caráter eurocêntrico. Claro, estou rastreando a história da tradição europeia, mas é importante saber que essas tradições matrifocais, centradas na Deusa, também estão na base das culturas da Ásia, das Américas, da África e da Polinésia. As raízes africanas e asiáticas também nutriram a tradição europeia. Em muitas dessas áreas, essas tradições ainda sobrevivem. As obras de Paula Gunn Allen e Luisa Teish, assim como a antologia de Carl Olsen, são um bom ponto de partida para explorar outras tradições.

Na última década, a palavra "xamanismo" virou moda. O interesse por tradições espirituais que oferecem encontros diretos com dimensões além do comum cresceu enormemente, gerando uma indústria secundária de *workshops* e viagens exóticas. Mas o verdadeiro crescimento espiritual ocorre no contexto de uma cultura. As pessoas de herança europeia, por ter um desejo pelo que falta à sua cultura, podem se tornar mineiros espirituais, que prejudicam outras culturas, numa tentativa superficial de descobrir seus tesouros místicos.

Compreender a repressão e ancorarmo-nos no conhecimento das tradições europeias que sobreviveram pode ajudar as pessoas de ascendência europeia a não se unir à triste tribo do "querer ser": queremos ser índios, queremos ser africanos, queremos ser qualquer coisa, exceto o que somos. E, é claro, qualquer poder espiritual real que obtemos de qualquer tradição carrega uma responsabilidade. Se aprendemos com os ritmos dos tambores africanos ou com os suores dos índios Lakota, temos a obrigação de não idealizar os povos com os quais aprendemos; em vez disso, devemos participar das lutas reais pela libertação, pela terra e pela sobrevivência da cultura.

Leitores cuja própria herança preserva uma espiritualidade viva, baseada na Terra, podem encontrar paralelos e comparações interessantes aqui.

Página 51 *Nas terras antes cobertas de gelo...* É possível que a força das *ley lines* e das pedras verticais não tenha sido descoberta recentemente e que o Norte da Europa não tenha sido necessariamente o local da sua descoberta. Pedras e alinhamentos semelhantes podem ser encontrados em todo o mundo, desde as rodas medicinais da América do Norte aos monólitos da Ilha de Páscoa.

Página 52 *... cerca de nove milhões de "bruxas"...* Na realidade, as estimativas variam de um mínimo de 100 mil até esse número, que provavelmente é alto. A verdade é, claramente, que ninguém sabe ao certo quantas pessoas morreram nas perseguições. Muitos morreram na prisão e não foram incluídos nas contas dos algozes. Mas o efeito das perseguições na psique da Europa, e especialmente nas mulheres, foi um trauma coletivo. No Apêndice de *Dreaming in the Dark*, comento sobre essa questão de maneira mais completa do que é possível aqui.

Página 58 "As mulheres dão à luz os homens"... Não tenho mais tanta certeza de que existe um "lado feminino" na natureza do homem ou um "lado masculino" na natureza das mulheres. Atualmente, parece mais prático pensar em toda a gama de possibilidades humanas (agressividade, afeto, compaixão, crueldade, criatividade, passividade etc.) como algo que está disponível para todos nós, e não dividido por gênero, seja exterior ou interior.

Página 59 *A Bruxaria Moderna...* A Arte cresceu tremendamente nos últimos dez anos e provavelmente seu maior crescimento ocorreu entre grupos de autoiniciados, dirigidos cooperativamente, ecléticos e que treinam a si mesmos.

Página 63 *"A Bruxaria não é uma religião de massa...* Além dos covens, existem muitas bruxas solitárias que praticam sozinhas, seja porque não conseguem encontrar companheiras na região onde moram ou porque preferem trabalhar assim, do mesmo modo que algumas pessoas preferem viver sozinhas.

Notas do Capítulo 2

Página 68 *"Nossos semelhantes são os magos negros..."* Atualmente eu não usaria essa citação, pois sinto que o uso de "negro" e "escuro" como referência ao "mal" perpetua o racismo. Além disso, nos últimos anos, a obra de Castañeda começou a ser vista mais como ficção do que como antropologia. No entanto, ela ainda contém revelações mágicas.

Página 69 *"Talvez a maneira mais convincente..."* Hoje, pesquisas sobre os hemisférios direito e esquerdo do cérebro, tão empolgantes no final dos anos 1970, não me causam tanta empolgação. Outras culturas sempre souberam que existem diferentes estados de consciência e os valorizaram. Nos últimos cem anos da cultura ocidental, negamos tanto qualquer modo de consciência que não seja linear e racional, que precisamos elaborar metáforas científicas como "prova" de que algo mais existe. Quando aceitamos que a consciência tem muitas dimensões, saber exatamente onde elas estão localizadas no cérebro é de importância mínima, a menos que alguém tenha sofrido um ferimento na cabeça ou queira estudar neurocirurgia.

Páginas 71-72 Comentário sobre os três eu's. Eliminei deste comentário as comparações com termos freudianos e junguianos e análises transacionais como id, ego, consciência coletiva, Pai, Filho etc. Nenhum dos eu's discutidos aqui corresponde exatamente a quaisquer um desses termos, e agora creio que fazer comparações confunde mais do que esclarece.

Inicialmente, eu chamava o Eu Profundo de "Eu Superior". Mudei o termo aqui para que ele esteja de acordo com aqueles que utilizei em escritos posteriores, pois me certifico agora de que a metáfora superior/inferior para bom/mau, avançado/primitivo, evoluído/não evoluído e outros casos semelhantes perpetua a difamação subjacente da Terra, do corpo e do mundo material, o que me parece impróprio para uma tealogia da imanência.

Páginas 74-79 O mito da Criação e a questão da polaridade. O mito da Criação que abre este capítulo e no qual este comentário se baseia foi transmitido a mim por Victor Anderson, como um ensinamento wiccano oral da Tradição das Fadas. Na Arte, os mitos não são vistos como dogmas. Cada um deles nos revela outra faceta de compreensão, mas nenhum mito revela toda a verdade e a única verdade. A prova de que se trata de um verdadeiro mito é que, cada vez que você retorna a ele, surgem novas revelações e interpretações.

Antes, eu via esse mito como um ensinamento sobre a polaridade, a atração magnética dos opostos, a tensão dinâmica da diferenciação, e considerava a principal diferenciação feminino/masculino. Agora acho que o modelo não analisado que eu tinha em mente naquela época era o da atração erótica entre mulheres e homens, como o padrão básico para a compreensão da dinâmica energética do universo.

Pode haver polaridade entre mulheres e homens, entre o feminino e o masculino, e, quando isso ocorre, é uma força poderosa. Muitas tradições da Arte, e tradições espirituais fora dela, se valem dessa força e trabalham com ela. Essa é uma forma válida de entender a energia, mas é apenas uma.

Agora, vejo que o mito ensina outra coisa: que o que chamamos de "feminino" e "masculino" são designações arbitrárias de pontos que se encontram ao longo de um *continuum*, de posições numa roda. Polaridade, desejo, atração podem surgir entre qualquer combinação delas. A polaridade não é apenas uma linha reta entre dois polos; é uma malha de forças entre uma multiplicidade de nós numa esfera, cada uma contendo seu próprio oposto.

Se este comentário está ficando tão místico que está se tornando incompreensível, desenhe dois pontos e conecte-os com uma linha reta. Imagine que essa é a linha de uma força que se reverbera e flui, ao mesmo tempo, para a frente e para trás, e assim você poderá ter uma imagem de como a energia pode ser gerada. Agora desenhe um círculo maior e marque alguns pontos: por exemplo, cinco, um para cada personagem da história (a Deusa Principal, Miria, o Deus Azul, o Deus Verde e o Deus Cornífero). Agora, una-os com linhas, de todas as maneiras que puder. Você descobrirá que está desenhando um pentáculo dentro do círculo: o símbolo da Arte e da magia, um poder sutil e complexo em suas interações.

Agora, considere que o Deus Cornífero, o aspecto mais "masculino" (ou talvez devêssemos dizer "macho") do Deus, é o que está mais próximo da Deusa Principal nesse *continuum*. Considere que, se ele é a Morte, também é a Vida: o animal que alimenta a tribo, o desejo de buscar, encontrar e conhecer. Considere que, se a Deusa Principal é a Criadora, ela também é a Destruidora, porque qualquer ato de Criação desfaz o que existia antes. Considere que o amor gera criação, mas também a perda do ente querido, que é arrastado para longe e experimenta uma mudança de sexo aos olhos da Deusa.

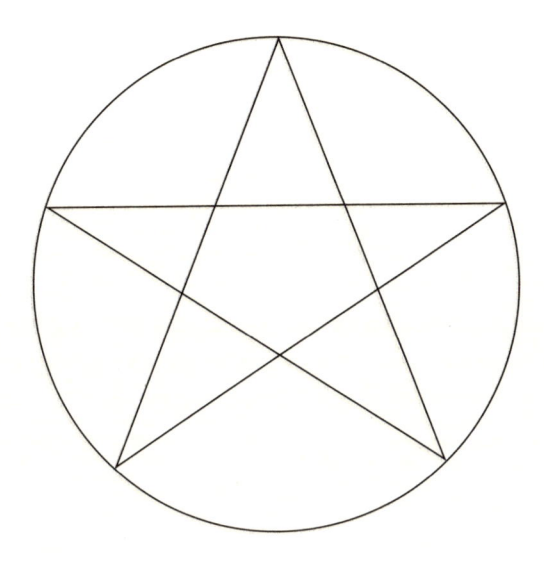

Aqui está acontecendo algo muito mais complicado do que "a mulher precisa do homem e o homem deve ter uma parceira". Esse mito agora parece dizer que o desejo, a "cola" erótica que mantém os mundos coesos, não depende de uma diferenciação de gênero, que surge de maneira única entre qualquer casal de seres, entre todos os seres que são completos em si mesmos, o que significa que estão dispostos a integrar um amplo espectro de qualidades, desde o nascimento até a morte e recomeçar. Se assim for interpretado, o mito abre possibilidades muito mais diversas e interessantes de poder e oferece um modelo que dá validade cósmica a todas as preferências sexuais.

Hoje também temos mitos da Criação, como os contados por cientistas que investigam a origem do universo. Esses mitos não estão necessariamente em conflito com nossas histórias míticas. Na história que abre meu livro *Truth or Dare*, experimentei escrever uma versão mítica da verdade contada pelos cientistas, tal como a ouvi contada pelo físico Brian Swimme, meu colega no Instituto de Cultura e Espiritualidade da Criação. O mito da Criação apresentado aqui também pode ser interpretado como uma nova narrativa poética da história da bola de fogo original que explodiu em galáxias e estrelas.

Páginas 79-84 O mito da Roda do Ano. Os mitos da Arte não são gravados em pedra. Os contos tradicionais têm muito a nos ensinar e devemos ter cuidado para não os mudar. Mas, ao trabalhar com eles e refletir sobre eles, podemos entendê-los em novas imagens e numa nova linguagem que reflete nossas próprias mudanças.

Atualmente, muitas pessoas estão trabalhando com o mito da Roda. Dentro de minha própria comunidade estendida, vários grupos e indivíduos vêm trabalhando o mito para refletir outros modelos do ciclo de mudança, além do amor heterossexual. Não que haja algo errado com o desejo entre mulheres e homens, mas parece ser um projeto bastante limitado para uma comunidade e um universo que também contém o desejo vivificante e renovador entre mulheres e mulheres, e homens e homens, bem como uma energia que é erótica, no sentido mais amplo, entre seres humanos e árvores, pedras, flores e montanhas.

Em parte, a regeneração da Arte como religião viva está ligada a uma tentativa mais ampla de criar uma cultura de vida. Nessa empresa, num momento em que a política de gêneros e a política sexual são debatidas acaloradamente, não podemos simplesmente aceitar a atribuição de certos papéis ou aspectos do Cosmos como "masculinos" ou "femininos". Na verdade, praticamente qualquer imagem de poder que possamos nomear foi vista como feminina em algumas culturas e masculina em outras.

Ao mesmo tempo, a Deusa e os Deuses são reais: isto é, quando se medita sobre o Deus Cornífero, começa a acontecer algo que é muito diferente do que acontece quando se medita sobre a Grande Mãe. Cada um deles é uma porta, ou um canal, que leva ao poder. E não podemos nos limitar a reconstruí-los de acordo com a moda política do momento. Parte do propósito de uma espiritualidade viva é nos fazer dar asas à nossa imaginação e às nossas percepções, levando-as a transcender o que pensamos ser correto.

O que podemos fazer é meditar profundamente sobre o mito, ouvir nossa intuição e nossas emoções e o que podemos aprender com os eventos reais que o mito representa. O que acontece à medida que o ano avança do inverno para o verão e depois recomeça? O que muda dentro de nós e ao nosso redor?

O mito não foi criado apenas para fornecer aos psicólogos material para reflexão. O mito é a história coletiva sobre o que realmente acontece no equivalente espiritual do mundo físico. Quando entramos num mito por meio do ritual, processos semelhantes se desenvolvem em nós. Nosso vínculo com processos semelhantes em nós. Nosso vínculo com os processos do universo e nossa conexão com a comunidade são fortalecidos.

Portanto, esta é minha própria meditação sobre a Roda do Ano como uma jornada do que é potencial, por meio da promessa e do desejo de realização, e da realização que é consumada em sua culminação, por meio da descida e da dissolução, até a renovação.

A RODA DO ANO

Nascimento, crescimento, morte, renascimento: o girar da Roda é um círculo, pois o ano é uma viagem circular que fazemos em torno do sol.

Começa na escuridão do ano, quando há uma fenda no tempo, um momento em que o véu é tênue, e aqueles que partiram antes de nós e aqueles que virão depois não estão separados de nós. Nesse momento fértil em que presente, passado e futuro se encontram, é concebida a Criança do Ano. O que é concebida é Toda Possibilidade, pois a criança ainda não está formada.

Dizemos que o céu noturno é o Útero da Deusa, porque é escuro como o útero e nos rodeia e, dentro dele, os bilhões de estrelas vivas são pontos de luz, como as almas dos mortos que nadam no caldeirão escuro do útero rumo ao renascimento. Dizemos que, no Solstício de Inverno, a Grande Mãe dá à luz o Sol. Mas o que realmente nasce? Não se trata do sol físico, essa bola de gás ígnea. É o Espírito do Sol que nasce do Espírito da Noite. É o Filho da Promessa, que desperta dentro de nós, lembrando-nos que podemos ser mais do que somos. E, à medida que o ano vai passando, a Criança que não está formada começa a adquirir personalidade, a crescer, assumindo a forma e o rosto que mostra esse ano, a nos pedir a promessa do que esse ano exige.

O que é potencial cria raízes, brota e adquire folhas. O espírito do Sol entra nas sementes da primavera. Chame a Filha Semente do Sol, porque ela crescerá até a maturidade, inchará e dará à luz ela mesma. Chame o Filho Semente do Sol, porque ele vai nascer, se espalhar e cair novamente. Ou chame a Filha Semente do Equilíbrio, porque nela estão todos os opostos. Trevas e luz, fogo e água, terra e ar, dia e noite são necessários para seu crescimento.

Onde há equilíbrio, há diferença e igualdade, e o desejo nasce delas. O desejo surge ereto, como o Mastro de Maio, e o desejo se entrelaça, dança, num arco-íris de cores, como fitas pendentes, e o desejo cintila e emite um calor que sobe e desce como as chamas da caldeira. E quando nos rendemos às marés crescentes da vida, elas nos carregam na crista da onda: a Criança amadurece; o Potencial é realizado; a Semente ganha um caule e lança galhos e dá um fruto, que tem de cair.

A Roda gira. Dizemos que o Solstício de Verão é a época de Doação do Sol. Chamamos o Sol de nossa Mãe, porque ela nos alimenta com seu próprio corpo. Chamamos o Sol de Deus que Doa a Si Mesmo, porque ele consome suas energias para gerar luz e calor. Chamamos isso de Tempo do Sol.

O que sobe deve cair para derramar sua semente. O que amadurece deve cair no chão e apodrecer. Assim, o Sol se torna o Viajante, Aquele que Desce, Aquele que Conhece o Outro Lado e nos traz um novo equilíbrio na época da colheita, quando para viver devemos nos tornar o ceifeiro da vida. Chame a colheita de Filha do Sol, pois cada fruto maduro e cada grão são uma nova matriz. Chame a colheita de Filho do Sol, pois ela é a semente que cai do raio da Roda.

Desça, assim como a semente desce ao solo. Entre no submundo, o tempo dos sonhos, o mundo do espírito. Chame o espírito do Sol de sua Nave e navegue nos oceanos imunes à luz do sol e da lua, absortos do tempo. À distância, algo brilha. É um ponto de luz; é uma única ilha na qual o presente, o passado e o futuro se encontram. Carregue o fardo do passado com você até chegar à dobra da espiral, onde a vida e a morte são uma coisa só, onde o que foi consumido pode ser renovado e Toda a Possibilidade é acelerada, pelo que foi, para se tornar uma nova vida. O ciclo chega ao fim e começa novamente, e a Roda do Ano continua girando e girando.

Página 82 "...Robert Graves..." Agora, eu não diria mais que Graves foi a principal força para o renascimento do interesse pela Deusa. Essa homenagem deveria ir para o movimento feminista como um todo, que tem levado muitas mulheres e homens a buscarem novas dimensões da sua espiritualidade. Graves foi um dos primeiros escritores, e um dos mais influentes, a oferecer informações sobre as primeiras Deusas, que me foram recomendadas quando comecei a estudar a Arte, vinte anos atrás. Felizmente, nos últimos dez anos, assistimos a um florescimento de estudos e escritos sobre a Deusa e a espiritualidade feminina.

Notas do Capítulo 3

Página 87 A estrutura do coven. Hoje em dia, muitos grupos estão começando em círculos, muito mais do que em covens. O círculo, um grupo de pessoas sem um vínculo tão forte, que realizam rituais juntas, é na verdade a única maneira de iniciar um coven. O vínculo estabelecido no coven é poderoso e kármico, e não deve ser estabelecido levianamente ou com precipitação. Muitas vezes, precisamos trabalhar num círculo com novas pessoas por um longo período de tempo, pelo menos por um ano e um dia, antes de sabermos se esse vínculo é apropriado ou não.

Quando digo "kármico", quero dizer várias coisas: que a união estabelecida tem repercussões que vão além das circunstâncias imediatas; que se mantém, em algum nível, mesmo quando os relacionamentos pessoais se deterioram; que as relações que se estabelecem no coven tendem a trazer à tona aqueles aspectos de nós mesmos que mais precisamos transformar. Isso significa que os covens nem sempre são paraísos de paz e apoio mútuo. Eles geram conflitos e confrontos, como em qualquer relacionamento verdadeiramente próximo. Neles, como nas famílias, tendemos a desempenhar papéis diferentes e expressar nossos medos. Ao longo dos anos, conforme o trabalho do grupo se aprofunda e se intensifica, as pessoas podem atingir o limiar da mudança em ritmos diferentes. Alguns grupos, como alguns relacionamentos, parecem ter uma expectativa de vida inata, sustentando seus membros até que o grupo como um todo alcance o limite de sua capacidade de crescimento. Outros duram anos e vidas inteiras.

Além dos covens e dos círculos, outros tipos de grupo podem se desenvolver. Em São Francisco, por exemplo, trabalho com um grupo chamado Reclamation, um coletivo de mulheres e homens de vários covens diferentes (e algumas bruxas solitárias), que começou quando vários membros do meu coven de mulheres começaram a ensinar juntos. Hoje, o Reclamation oferece aulas sobre a religião da Deusa, rituais públicos, oficinas e cursos intensivos de verão, além de publicar uma revista trimestral. (Consulte a seção Recursos.) Ele também serve como o núcleo de uma rede ou comunidade mais livre de pessoas engajadas na espiritualidade baseada na Terra e que trabalham por mudanças políticas e sociais.

Em outras partes do país, grupos semelhantes organizam festivais, realizam programas de treinamento, divulgam boletins informativos e se relacionam com grupos pagãos ou projetos semelhantes. Conforme a comunidade pagã cresce, cada vez mais precisamos desses grupos de trabalho para desenvolver os recursos e serviços que podem sustentar nosso movimento.

As bruxas também se estabeleceram legalmente como igrejas reconhecidas. Provavelmente, o mais extenso desses grupos é a Goddess Alliance, uma associação de covens de muitas tradições wiccanas diferentes, com conselhos regionais em muitas localidades dos Estados Unidos, Canadá e Inglaterra. Pouco tempo atrás, formou-se uma "Aliança de Pagãos Unitaristas Universalistas" entre igrejas Unitaristas, que serve como um fórum para pessoas interessadas em se reunir e explorar o ritual pagão dentro da Igreja Unitarista. (Consulte a seção Recursos.)

Página 89 ... Existem muito poucos compostos exclusivamente de homens..." Hoje em dia, parece haver mais homens interessados em covens masculinos, círculos rituais ou grupos semelhantes que surgem de outras tradições, como os índios americanos nativos. Esses grupos podem ser uma fonte de apoio e de exploração da energia particular que os homens podem gerar juntos. Eles também oferecem aos homens um lugar para ir enquanto as mulheres estão em seus grupos compostos apenas de membros do sexo feminino.

Na comunidade livre em torno do Claiming, os covens individuais (sejam de mulheres, homens ou mistos) geralmente se reúnem na lua cheia ou em encontros regulares, semanais ou bimestrais. Nos sabás, os oito festivais principais, temos reuniões mais extensas nas quais muitos covens se reúnem e celebram. Esse ritmo permite um trabalho intenso e íntimo nos nossos pequenos círculos e uma atmosfera de festa e celebração geral nas festividades sazonais.

Página 92 ... Compost e Honeysuckle. Embora os membros originais do Compost tenham se separado no início dos anos 1980, o coven continuou a existir (e ainda existe) sob a liderança de Valerie. Recentemente, a maioria de seus fundadores se reuniu para um encontro com o intuito de comemorar o décimo terceiro aniversário do grupo. Mesmo que alguns de nós tivéssemos perdido contato por anos, assim que lançamos o círculo, imediatamente sentimos o forte poder de que nos lembrávamos, como se a forma *raith* do nosso poder coletivo nunca tivesse desaparecido, mas estivesse esperando por nós até que estivéssemos prontos para ativá-lo novamente. Ainda éramos um coven. Muitos de nós continuam sendo amigos íntimos ou conseguiu restabelecer os laços de amizade.

O Honeysuckle, após mudar várias vezes de nome e passar por várias transformações, também se desintegrou em meados dos anos 1980, quando a vida de seus integrantes os levou a novos rumos e lugares distantes. Olhando para trás, percebo que, quando começamos o Honeysuckle, todos nós estávamos em momentos de transição na vida, lutando para nos estabelecer no mundo. Éramos um grupo de Donzelas apoiando umas às outras para encontrar seu poder e aprender a trazê-lo para o mundo. Ao fazer isso, criamos o Reclaiming e nossas linhas individuais de trabalho. Agora estamos todas na fase de vida da Mãe: o tempo de usar, compartilhar e ensinar nossas habilidades, para alimentar projetos criativos e iniciativas de cura e, em pelo menos dois casos, para levar filhos no útero. Ainda mantemos contato e estamos envolvidas na vida dos outros membros do coven.

Meu coven atual, o Wind Hags, surgiu de uma aula do Reclaiming ministrada por membros do Honeysuckle. Em várias ocasiões, trabalhamos juntas, ensinamos juntas, organizamos rituais públicos e ações políticas, fomos para a prisão juntas ou nos apoiamos em ações; celebramos nascimentos, casamentos e ritos de passagem, e lamentamos nossos mortos juntas, além de compartilhar o reconhecimento do nosso crescimento e das nossas conquistas. Duas de nós vivem juntas como parte de um coletivo maior. (Em determinado momento, quatro de nós morávamos juntas. Nós odiávamos isso. Quase acabamos odiando umas às outras. Quando fomos sábias o suficiente para nos mudarmos para outro lugar, conseguimos renovar nossa amizade num nível muito mais profundo. E a moral aqui é: nem todos os relacionamentos com todos e em todos os momentos são apropriados.)

Página 94 Encontre um coven. As sugestões aqui são todas boas. Além disso, muitas pessoas hoje oferecem aulas, cursos e programas públicos a partir dos quais os círculos podem ser formados. Use a seção de Recursos no final deste livro (mas, por favor, *não* escreva para mim ou para o grupo Reclaiming pedindo contatos de covens, porque não temos recursos para nos manter atualizados sobre todos os covens do país. Escreva para o Circle ou experimente o CUUPS.

Páginas 98-99 Os exercícios da Árvore da Vida e o do ancoramento. A Árvore da Vida ainda é a disciplina mágica mais essencial que pratico, o exercício que uso para iniciar todos os rituais. Muito pode ser adicionado à estrutura simples oferecida aqui. Por exemplo, quando eu espalho meus "galhos", normalmente puxo energia do céu, do sol, da lua ou da luz das estrelas, durante a lua nova. Os ramos são uma forma simbólica de ver a aura do corpo ou nosso campo de energia. Podemos torná-los mais grossos ou criar um escudo ou filtro quando precisamos de proteção, ou podemos torná-los mais finos e alongados quando nos sentimos isolados. Eu incentivo as pessoas a brincar com esse exercício, experimentando e improvisando.

O termo "ancorar" significa criar uma conexão energética com a Terra. É usado para descrever o que fazemos no início de um ritual com o exercício da Árvore da Vida ou algo semelhante: conectar nosso campo de energia com o da Terra, unir o grupo e estabelecer um fluxo de energia que percorra nosso corpo, subindo da Terra, descendo do céu e voltando novamente.

O ancoramento é também usado para descrever o que fazemos depois de gerarmos poder num ritual, devolvendo-o à Terra, deixando-o fluir através do nosso corpo e liberando-o, geralmente colocando as palmas das mãos no chão ou deitando no chão.

Página 100 Conflito de grupo. Muito poderia ser escrito sobre conflito de grupo, e escrevi mais sobre o assunto em *Dreaming the Dark* e *Truth or Dare*. Mas nenhum livro pode lhe dizer como lidar com o conflito quando ele surge. Estas são algumas das diretrizes que considero úteis.

- Veja o conflito, não como um fracasso, mas como um desafio; encontre novas maneiras de crescer e se comunicar.
- Lembre-se de que falar a verdade, tirar a sujeira de debaixo do tapete e tornar visível o invisível são as únicas maneiras de realmente resolver o conflito.
- Pare quando descobrir que está se sentindo hipócrita e começar a culpar as pessoas, e se pergunte: "Qual é o meu papel aqui?".
- Lembre-se de que não podemos consertar um ao outro, mudar um ao outro ou fazer tudo certo o tempo todo; deixe estar.
- Aceite os sentimentos das pessoas como válidos, mesmo quando não é capaz de aceitar as atitudes delas, seu comportamento ou suas palavras.
- Fale com sinceridade e de maneira aberta sobre as relações de poder.

Embora este comentário refira-se a uma líder do sexo feminino, os líderes dos círculos e dos covens também podem ser homens, e a própria liderança pode (e deve) passar por vários membros do círculo. Quando escrevi esta seção, meus covens usavam o modelo de uma pessoa com a responsabilidade primária de líder. Hoje trabalhamos coletivamente: o "líder" pode mudar várias vezes durante o ritual.

Página 100 "... O grupo pode precisar fazer um sorteio..." Muitas vezes usamos a divinação, com as cartas do tarô ou alguma outra forma de oráculo, para nos ajudar a tomar decisões que de outra forma aparentemente seríamos incapazes de tomar. Essa técnica é especialmente útil quando não temos as informações adequadas para tomar a decisão; por exemplo, ao tentar planejar um ritual ao ar livre quando não sabemos que tempo vai fazer.

Minha irmã de coven, Rose May Dance, diz que às vezes a divinação apenas esclarece o que você realmente quer. Você diz: "Vamos jogar uma moeda: cara, Joana fica; coroa, Jane fica". Sai coroa e, de repente, você percebe que, na verdade, quer trabalhar com Joana, não com Jane. Isso faz parte do processo e é melhor reconhecê-lo abertamente e continuar buscando uma decisão do que aceitar um julgamento com o qual você se sinta desconfortável.

No entanto, eu acrescentaria a ressalva de que, se você fizer uma pergunta a um oráculo, se ler as cartas ou consultar as runas ou o I Ching e obtiver uma resposta clara, é bom ouvi-la. Se você já tem uma solução secretamente em mente, diga abertamente, em vez de esperar que a Deusa a confirme por meio da magia.

Página 108 Aceitar novos membros. Muitas vezes, quando um círculo se torna um coven de laços muito estreitos, ele tem que parar de aceitar novos membros para que aqueles que já estão no grupo possam desenvolver laços ainda mais fortes. Em sua maioria, os covens precisam ser necessariamente pequenos. Hoje, há muito mais pessoas interessadas em praticar a Arte do que grupos para absorvê-las. Oferecemos cursos regularmente e incentivamos os alunos a formar seus próprios círculos.

Páginas 109-10 Disciplina diária. Certo, chegou a hora de fazer uma confissão muito sincera: eu mesma mantive essa disciplina na última década? Bem, sim e não. Quando se trata de exercícios, tive anos bons e anos ruins. Neste momento, um bom ano, estou mais convencida do que nunca da importância de permanecer ancorada, saudável e capaz de movimentar a energia.

Às vezes, sinta a necessidade de meditar ou praticar a visualização regularmente. Em outras ocasiões, essas necessidades são substituídas por demandas para escrever ou ensinar rituais. Anos de prática mágica definitivamente melhoraram minha concentração como escritora.

Lamento dizer que não mantive com regularidade um Livro das Sombras e que não registrei todos os rituais que realizei, nem todos os exercícios, meditações, transes etc., dos quais participei. Se tivesse feito isso, teria sido um documento inestimável sobre o desenvolvimento de uma tradição em mutação. Então, nesse caso, faça o que eu digo, mas não faça o que eu faço.

Notas sobre o Capítulo 4

Páginas 111-14 Descrição do Lançamento do Círculo. As páginas citadas descrevem uma cerimônia muito formal para lançar o círculo ou criar um espaço sagrado. O círculo também pode ser criado de maneira mais informal. Aqui estão algumas sugestões:

- Pense em sua cor favorita. Imagine-a como um laço de luz envolvendo o círculo. Imagine todas as cores que cada um de nós está visualizando se entrelaçando e formando uma trança com as cores do arco-íris.
- Pense numa época em que você se sentia segura e num lugar que você sentia que era seguro. Escolha uma cor, um som ou uma imagem que a lembre daquele lugar e imagine essa cor, esse som ou essa imagem nos rodeando. Ande em volta do círculo e desenhe-o com uma varinha, ou com sal, ou borrifando água salgada.
- Crie seu próprio método.

Às vezes, também usamos o que chamamos de "forma abreviada" do lançamento do círculo, uma invocação que aprendi com Victor Anderson:

> Pela terra que é Seu corpo
> E pelo ar que é Sua respiração
> E pelo fogo que é Seu espírito brilhante
> E pelas águas vivas do seu ventre,
> O círculo está lançado.

(Como Victor me ensinou originalmente: "Pelas águas do Seu ventre vivo". Infelizmente, mentes tortuosas do Reclaiming continuamente mudavam essas palavras para "Pelas águas da Sua sala de estar".† Uma piada de mau gosto é engraçada uma vez, mas, se for repetida muitas vezes, torna-se uma mera distração, então alterei a invocação.) Também poderíamos chamar os elementos simplesmente cantando e/ou dançando. Alguns dos cânticos que usamos podem ser encontrados nas fitas-cassetes do Reclaiming (consulte a seção Recursos).

Página 116 Purificação em grupo com água salgada. Certamente, a purificação mais poderosa com água salgada é um mergulho no mar. Se você não mora perto do mar, pode substituí-lo por um riacho, uma lagoa transparente, um lago, uma baía ou uma lagoa. (Se necessário, adicione alguns grãos de sal.) Mergulhamos na hora do pôr do sol, na véspera do Solstício de Inverno (nosso clima é frio o suficiente para purificar, sem ser fatal.) Às vezes também mergulhamos em outros Sabás e antes das iniciações, e as pessoas podem pular na água sempre que precisarem se purificar espiritualmente. Vá até a água, reserve um tempo para meditar sobre o que está liberando ou limpando, tire a roupa e pule nela. Cante as músicas certas e mergulhe quantas vezes precisar para se sentir plena. Quando sair, agradeça ao mar (lagoa, lago etc.) e abençoe a si mesma. Prepare roupas quentes e, se quiser, uma fogueira quente.

---

† Trata-se aqui de um jogo de palavras. Em inglês, "útero vivo" escreve-se living womb, cujo som é parecido com living room, que significa "sala de estar". (N. da T.)

Página 116 Invocações. Originalmente, o final dessas invocações era:

> Pelo poder da Mãe de toda a Vida,
> E seu amante, o Deus Cornífero,
> Que assim seja.

Hoje em dia, prefiro os termos menos antropomórficos e heterossexistas "vida, morte e renascimento".

Página 118 "O conceito do círculo dividido em quadrantes..." Esse conceito é comum aos sistemas espirituais dos índios norte-americanos, dos africanos, dos indianos orientais, dos tibetanos e de muitos outros, pois são os quatro elementos: Ar, Fogo, Água e Terra. Sabemos, evidentemente, que esses não são elementos no mesmo sentido que o hidrogênio, o hélio e o carbono, mas são as necessidades básicas para sustentar a vida. Sem ar para respirar, sem a energia radiante do sol e água para beber, sem terra para produzir comida e sustento, não poderíamos viver. Em tempos como o que vivemos, quando o ar, a água e a terra são envenenados e o elemento Fogo nos deu armas destrutivas de poder inimaginável, temos que lembrar o que realmente sustenta nossa vida.

Mesmo nas diferentes tradições da Arte, os diferentes sistemas não concordam necessariamente sobre qual elemento corresponde a qual ponto cardeal. As correspondências diferem porque se originam das características de cada lugar. No oeste da Escócia, o vento oeste será úmido e trará chuva, portanto o Oeste será identificado com o elemento Água. Na pradaria norte-americana, o vento oeste pode ser seco e, quando olhamos nessa direção, as Montanhas Rochosas parecem assustadoras e selvagens. Podemos sentir o Oeste como o elemento Terra.

Neste livro, apresento o sistema de correspondências que aprendi e com o qual ainda trabalho, pois se adapta muito bem ao clima da costa oeste da Califórnia, onde moro. A familiaridade com essas correspondências pode lhe dar uma ideia de como funciona um sistema intacto. Mas você pode querer adaptá-las às condições do terreno da sua própria região ou utilizar aquelas que tiveram origem no local onde você mora.

Páginas 119-22 Meditação sobre os elementos. A melhor maneira de meditar sobre qualquer um deles é entrar em contato com eles na realidade. Mergulhe no mar, sente-se perto de um riacho, deite-se na grama ou na terra fofa, toque uma árvore, tome sol, contemple a chama de uma vela, deixe o vento brincar com seus cabelos. Ao meditar, pense no que poderíamos fazer para conservar a vida na terra, no ar, nas águas e na biosfera. Então faça isso.

Página 120 Meditação com o athame ou a espada. Muitas pessoas não gostam das imagens da espada, vendo-a como uma arma de guerra e de violência. Pessoalmente, não tenho uma e raramente usamos espadas em nossos círculos.

Para mim, o simbolismo do athame ou da faca é muito diferente daquele da espada. A espada é, necessariamente, uma arma. Seu uso pode ter chegado à Arte numa época em que as pessoas sentiam que precisavam de armas para se proteger ou ela pode ter sido adotada por meio do contato com a Maçonaria e a magia cerimonial.

A faca, porém, com uma lâmina afiada, é um dos instrumentos mais antigos e necessários de qualquer cultura, remontando aos machados de pedra do Paleolítico. A faca pode ser uma faca de pão, uma espátula, uma faca de descascar frutas, um canivete ou um apontador de lápis, uma faca de poda ou uma faca de parteira, para cortar cordões umbilicais.

Tenha cuidado para nunca presentear ninguém com uma faca, nem mesmo uma faca ritual. Segundo o dito popular, presentear um amigo com uma faca acaba com a amizade. Se você quiser dar um athame a alguém, faça com que a pessoa pague com um centavo simbólico, para não atrair má sorte.

Página 123 O alfabeto das árvores. Você talvez queira fazer alguma pesquisa sobre as árvores da sua região, para descobrir quais delas correspondem melhor aos significados simbólicos dos nativos das Ilhas Britânicas. As religiões da Terra estão enraizadas em locais específicos da Terra e, para criar raízes lá, precisam refletir os verdadeiros poderes da terra, das plantas, das árvores e da manifestação climática particular dos ciclos de nascimento, crescimento, morte, decadência e regeneração.

Página 123 Sexo e polaridade. Leia meu comentário sobre esse tópico nas notas do Capítulo 2. O sexo e a polaridade surgem, é claro, de maneiras variadas entre aqueles que são iguais ou diferentes de nós, em muitos aspectos; o gênero é apenas um deles. Talvez, em vez de "polaridade", hoje eu diria que "a manifestação da força vital que move o universo" é o *desejo*, a atração, o impulso para o prazer, a conexão e a união.

Página 127 Outros instrumentos. Fiquei surpresa ao descobrir que neste comentário nem menciono o instrumento que agora é mais útil e fundamental para o meu trabalho do que qualquer outro descrito aqui. Estou falando, é claro, do tambor.
O tambor une a energia de um grupo e é especialmente importante para unificar um grupo grande. O ritmo altera a consciência. O som de um tambor pode induzir um transe ou nos levar a um frenesi dançante. Ajuda o círculo a se soltar e perder o controle e propicia a pulsação do ritual. O tambor nos permite ouvir as batidas do coração da Terra.

O tambor que uso é do Oriente Médio, tem forma de ampulheta e é chamado *doumbec*. Tocado com as duas mãos, ele produz uma grande variedade de sons e, com uma faixa, pode ser facilmente transportado durante o ritual. É uma forma de tambor muito antiga, que originalmente era feita de argila e agora geralmente é de metal (mais prática para bruxas peregrinas). É o tambor que Miriam tocava nas margens do Mar Vermelho e, muito provavelmente, também era tocado pelas antigas Sacerdotisas da Deusa.

Além do *doumbec*, uso um tambor de mão redondo, que pode ser a forma mais antiga de tambor sagrado. Gosto especialmente dos seus sons suaves e hipnóticos, que induzem ao transe.

Depois de tocar intuitivamente por quatro ou cinco anos, finalmente encontrei uma professora que me apresentou ao rico mundo dos ritmos e da música do Oriente Médio. Para obter mais informações sobre seus livros e fitas, consulte a seção Recursos. Muitas pessoas também gostam de tambores redondos, tocados com baquetas, e que são bons para ritmos monótonos.

A arte de tocar tambor em rituais é principalmente a arte de ouvir. Aprenda a ouvir o ritmo das canções e a energia do círculo. Siga a energia; não queira controlá-la ou dirigi-la. Comece aprendendo a manter um ritmo simples e uniforme, que acompanha as músicas. Mais tarde, quando sentir que o ritmo se tornou sólido e constante, surgirão padrões mais complexos.

É mais fácil quando mais de uma pessoa no círculo sabe tocar tambor. Duas ou mais pessoas podem reagir uma a outra e gerar mais emoção. E um único percussionista pode controlar a energia do grupo até certo ponto. Compartilhe o poder. E não se esqueça de permitir que haja momentos de silêncio no ritual.

Notas do Capítulo 5

A DEUSA – COMO EU A VEJO HOJE

A teologia central da religião da Deusa gira em torno do ciclo de nascimento, crescimento, morte, decadência e regeneração, que é revelado em todos os aspectos de um universo dinâmico e consciente. A Deusa é o corpo vivo de um Cosmos vivo, a consciência que infunde matéria e a energia que produz mudança. Ela é a vida que tenta eternamente se manter, reproduzir, diversificar, evoluir e engendrar mais vida; uma força muito mais implacável do que a morte, embora a própria morte seja um aspecto da vida.

Quando estou num estado de espírito antropomórfico, gosto de pensar que a Deusa está eternamente tentando se divertir, criando momentos de beleza, prazer, humor e drama. Para ajudá-la nesse projeto, ela evoluiu seres humanos, que são talvez seus filhos mais complexos e estranhos, pelo menos neste planeta. Como todas as crianças, fazemos coisas nas quais ela nunca teria pensado e que não necessariamente aprova. Somos dotados de liberdade, ou seja, da capacidade de errar, mesmo em escala global. Nós mesmos somos aspectos da Deusa, cocriadores e, portanto, responsáveis por limpar a bagunça que fizemos e cuidar de nossa parte no todo.

Até agora, tenho falado da Deusa como um todo, a unidade subjacente da qual todas as coisas são aspectos. Mas também existem *Deusas*, maneiras específicas de imaginar e experimentar esse todo, caminhos diferentes que levam ao centro. Todos elas são reais, no sentido de que são forças poderosas e caminhos diferentes. Comece a trabalhar com uma e você vivenciará mudanças diferentes do que aconteceria se escolhesse outra. Alguns desses aspectos também podem ser imagens masculinas: Deuses.

Claro que a Deusa, o todo, não tem genitália (ou é toda genitália). Mas prefiro usar uma palavra de gênero feminino por vários motivos. Uma delas é, simplesmente, que, neste ponto da história, acredito que, subconscientemente, ainda percebemos um mundo de gênero neutro como masculino. A Deusa rompe com nossas expectativas e nos lembra de que estamos falando de algo diferente do Deus-Pai patriarcal.

A imagem feminina também nos recorda que o que chamamos de sagrado é imanente ao mundo, corporificado (e, portanto, pode ser percebido por meio do corpo, dos sentidos, do contato com as coisas reais e por meio de metáforas baseadas no corpo). O que valorizamos é a vida trazida ao mundo, nutrida, sustentada, replicada e regenerada. A própria matéria é sagrada.

Assim, *a Deusa* nos lembra de que nossa espiritualidade não nos tira do mundo, mas nos traz totalmente para dentro dele, e que nosso objetivo é viver nele, preservá-lo, protegê-lo, lutar contra sua destruição, desfrutar dele, transformá-lo, sujar as mãos e enterrar nossos pés na lama.

Páginas 135-6 "O Chamado da Deusa". Quando escrevi este livro, não conhecia a origem de "O Chamado". Depois soube que foi escrito por Doreen Valiente, autora de vários livros sobre a Arte e colega de Gerald Gardner. No verão de 1987, tive o prazer de visitá-la, com minha amiga Lauren, em sua casa na Inglaterra. Como muitas bruxas, ela vive cercada por estantes e pilhas e pilhas de livros. Ela nos serviu chá e sanduíches e nos mostrou, entre outros tesouros, as versões originais de "O Chamado da Deusa". Ela havia escrito uma versão em verso e uma versão em prosa. Gostava dos versos, mas seu coven gostava da versão em prosa e tinham lhe enviado de volta essa versão, para ela trabalhar no texto, até que estivesse em sua forma atual. Tomei a liberdade de modernizar a linguagem, já que as formas arcaicas com que ela a escreveu soam muito acanhadas aos ouvidos americanos.

Quando conheci algumas bruxas pela primeira vez, no final dos anos 1960, elas leram "O Chamado" para nós. Senti que estava ouvindo uma expressão clara do que sempre acreditei intuitivamente e, a partir daquele momento, me senti comprometida com a Arte como meu caminho espiritual. "O Chamado" continua sendo minha liturgia favorita na Arte.

Página 145 "Para o homem, a Deusa (...) é seu próprio eu feminino oculto..." Não acredito mais que cada um de nós tenha um eu feminino ou um eu masculino. Em vez disso, eu diria que cada um de nós tem um eu complexo e multifacetado, que entende as possibilidades inerentes de muitas maneiras diferentes, incluindo o gênero. Temos eus animais e eus espirituais e, até onde eu sei, eus vegetais e minerais. Por que nossa imaginação deveria ser limitada pelo formato dos nossos órgãos genitais? Se um homem invocar a Deusa, algo poderoso acontecerá com ele.

Notas do Capítulo 6

COMO EU VEJO O DEUS HOJE

O Deus é uma figura muito mais problemática do que a Deusa. As imagens masculinas do sagrado foram extremamente distorcidas pela cultura patriarcal. As qualidades nutritivas da masculinidade foram subordinadas a um Deus Pai autoritário. O estado selvagem, a exuberância, as energias eróticas e animais foram convertidas em imagens do Diabo e identificadas com o mal. A cultura patriarcal oferece aos homens muitos caminhos para o "domínio" e poucos modelos de força baseados no "poder que vem de dentro".

Reivindicar e repensar as maneiras pelas quais o "poder que vem de dentro" poderia se revelar a nós de maneiras masculinas é uma tarefa importante, agora que estamos tentando remodelar nossa sociedade. Mas nem todos são chamados para realizar essa tarefa. Para alguns de nós, a Deusa é suficiente, é completa em si mesma. Para outros, o poder masculino foi corrompido demais pela cultura de dominação.

Quando falamos sobre a Deusa e o Deus, tendemos a vê-los como modelos cósmicos. Recorremos a eles para nos mostrar como devemos ser mulheres e homens, porque nossos papéis culturais tradicionais são impraticáveis e desconfortáveis, e a tarefa de desenvolver novos papéis inspira respeito. Mas, nas culturas indígenas, as pessoas sabiam como se esperava que se comportassem e quais papéis interpretar. (Quanto ao grau de satisfação delas com esses papéis, só podemos especular.) Elas não necessariamente viam seus deuses e deusas como modelos. Diferentemente, os seres sagrados costumavam ser vistos como definidores das forças que atuavam além dos limites do comportamento humano aceitável.

Assim, no mito sumério, quando Ereshkigal, Rainha da Morte, esfola sua própria irmã/Deusa, Inanna, que desafiou seu poder, ela não está nos ensinando algo sobre como a morte opera no mundo. Quando Raven, o Criador/Trapaceiro dos índios nativos americanos do Noroeste do Pacífico, se comporta com ganância e gula, ele não está dizendo aos homens da tribo como eles deveriam agir, mas está mostrando que a força selvagem da natureza que viola as regras é, por si mesma, uma força criativa. Nessas sociedades, a tarefa dos seres humanos não é emular o Deus/a Deusa, mas sustentar firmemente os padrões para manter a ordem pela qual os mistérios se movem.

O Deus, portanto, não trata apenas da masculinidade, embora possa nos abrir visões mais amplas do que os homens podem ser. Nem a Deusa trata apenas da feminilidade, embora ela possa nos proporcionar imagens que fortalecem as mulheres. O cerne dos mistérios da nossa tradição é que cada uma das Deusas, cada um dos Deuses, é uma outra forma de conhecer e vivenciar esse ciclo de nascimento, crescimento, morte e renascimento. E uma qualidade, ou aspecto, atribuída ao Deus ou à Deusa não elimina outra. Se o Deus é visto como um deus nutriz, isso não diminui o poder nutriz da Deusa, mas, em vez disso, expande nossa visão do que pode ser essa nutrição. Se a Deusa é forte, o Deus não precisa ser fraco em resposta a isso; em vez disso, nossa compreensão de força aumenta.

Muitas vezes o Deus é visto como aquele que passa pelo ciclo do renascimento, como a semente que cresce, é cortada, enterrada e volta a crescer, como um animal que é caçado para que outra vida continue. O Deus pode ser louvado como o Bom Provedor e aquele que propicia abundância. E muitas vezes o Deus é o Trapaceiro; o Corvo; o Louco do tarô; o Elegba do Iorubá, que abre o portão; Irmão Coelho; o Coiote do Sudoeste, cujos truques trazem muitas dádivas às pessoas.

O Trapaceiro representa a qualidade do acaso e da oportunidade no universo, sem as quais não poderia haver liberdade. Na Arte, a Deusa não é onipotente. O Cosmos, mais que perfeito, é interessante, e nem tudo faz parte de um plano maior, nem está tudo necessariamente sob controle. Compreender isso nos mantém humildes, capazes de admitir que não podemos saber, controlar ou definir todas as coisas.

O Trapaceiro também representa aquele aspecto da criação que é sempre um jogo. Considere estas perguntas: Por que existem dois sexos? Qual é a função desse arranjo? Para que a Deusa possa recompor o baralho genético a cada novo nascimento, aumentando a variedade e a diversidade da vida. O preço é que, quando concebemos e damos à luz, não sabemos exatamente o que teremos. Se todos nos reproduzíssemos por divisão celular ou partenogênese, todos (exceto os mutantes em nosso meio) ainda seriam exatamente iguais às nossas mães. Que entediante e perigoso! Pois nossa capacidade de responder de várias maneiras às mudanças em nosso ambiente seria seriamente limitada, comprometendo nossa sobrevivência como espécie.

O que é verdade para a concepção física e para o nascimento também é verdade para outros empreendimentos criativos. Qualquer trabalho criativo verdadeiramente vivo é influenciado por milhares de fatores do acaso em sua geração. Essas notas tomaram forma com as conversas que tive ontem, as redações que meus alunos decidiram fazer neste semestre, o filme que aluguei. Então, eles ainda estão vivos para mim (e, espero, para você também). O Deus como o Trapaceiro nos ensina essa verdade.

O Deus também é aquele que se dá em sacrifício. Ele é o alimento. Vivemos num corpo que precisa ingerir continuamente partes do mundo ao nosso redor, transformá-las e devolvê-las ao defecar. Não podemos existir separados de outra vida, que precisa ser tirada para nos sustentar.

A Arte não glorifica o sacrifício e a Deusa não o exige, exceto no sentido de que, mais cedo ou mais tarde, cada um de nós terá de morrer e renunciar à vida. O que o Deus está nos ensinando repetidamente é que o desapego traz renascimento, regeneração e renovação de uma nova maneira. O Deus é aquela força interior que escolhe se render ao ciclo, andar na Roda. Assim, ele também se torna o criador, o bom provedor, a carne, o cereal e o fruto, para alimentar nossa vida contínua.

Página 157 "Uma prática comum..." Na verdade, essa informação parece indicar a prática da possessão em transe por Deusas e Deuses, semelhante à forma como os iniciados das tradições afro-caribenhas, baseadas nos iorubás, são "montados" pelos orixás. O poder não é apenas dramatizado, mas também manifestado.

Página 157 "No movimento feminista, a Bruxaria diânica/separatista se tornou moda..." Essa afirmação era verdadeira na época, mas hoje o movimento feminista desenvolveu uma ampla variedade de abordagens à Wicca e outras tradições espirituais. Alguns são apenas para mulheres e outros incluem homens, ou incentivam-nos a formar seus próprios círculos. Quanto ao culto ao Deus, hoje eu diria que suas imagens podem abrir fontes de poder para mulheres e homens, mas não há razão para que qualquer mulher se sinta compelida a recorrer a essas fontes particulares, a menos que se sinta inclinada a fazer isso.

Página 158 "A Deusa é a Inclusiva..." Esse parágrafo conta uma história que funciona, mas que também pode ser contada de outra maneira. Pois a Deusa também tem aspectos em que é a protagonista da sua própria jornada. Ela é Inanna, que desce ao Mundo Subterrâneo, e Coré, que desce ao Inferno e sobe novamente para nos trazer uma única espiga. Ela não é apenas a base, mas também a protagonista de sua própria história.

E o próprio Deus tem aspectos nos quais ele é a terra, o céu ou a lua para seu sol ardente. A história que contamos é de nascimento, crescimento, morte e regeneração, mas pode ser contada de maneiras infinitas e cada uma delas revelará alguma nova faceta da verdade, da qual podemos precisar em diferentes momentos.

Página 158 "Em nossa cultura..." Essa discussão sobre homens, masculinidade e "poder" é expandida em *Truth or Dare: Encounters with Power, Authority and Mystery*.

Página 159 "Ele não tem pai; Ele é o seu próprio pai..." Nesse comentário sobre o Deus, eu estava deliberadamente tentando romper a associação entre o Deus e o Deus Pai, que é tão central para o patriarcado e na qual o Deus Pai inevitavelmente se torna o pai autoritário. Eu sentia que, até que as mulheres estivessem totalmente fortalecidas, espiritual, econômica e politicamente, não poderíamos realmente imaginar a paternidade do Deus fora de um contexto de "poder". Eu continuo pensando o mesmo.

No entanto, tive vislumbres do que poderia ser essa visão. Lembro-me de um Solstício de Verão na praia onde vi Robin, um homem da comunidade do Reclaiming, invocar o Deus enquanto carregava sua filha num canguru no peito. Como eu sabia, na época, do tempo e o cuidado que ele dedicava não só à própria filha, mas também aos filhos mais velhos da sua companheira, senti um poder surgindo que poderia chamar de *paternal,* e confiança.

O homem com quem moro, Brook, que também é um pai amoroso e dedicado, sente que reivindicar o Deus como um pai (em oposição ao Deus Pai) é de vital importância. Ele sugere que examinemos os papéis parentais que os homens podem desempenhar. Talvez possamos começar invocando "Aquele que troca fraldas sujas", ou "Aquele que inventa jogos idiotas", ou "Aquele que ensina brincando".

Não tenho uma resposta clara a oferecer aqui, mas acho importante que os círculos e famílias considerem essa discussão. Como eu disse antes, Deuses/Deusas não são apenas modelos. Pelo contrário, de certo modo nós próprios somos modelos para eles, no sentido de que, vivendo de uma determinada maneira, podemos evocar e dar vida a novos poderes.

Quando as relações de poder de dominação não forem mais a norma na sociedade e quando os homens concordarem em compartilhar de uma maneira verdadeiramente equitativa todos os aspectos da educação dos filhos, poderemos ser capazes de recuperar totalmente os aspectos de pai amoroso do Deus. Até então, esperemos que alguns homens comecem esse processo pela maneira como vivem sua vida.

Página 159 "... amor inclui a sexualidade, que também é selvagem e indomável, bem como gentil e terna." Um dos grandes desserviços que a cultura da dominação cometeu contra todos nós é confundir o erótico com dominação e violência. O Deus é selvagem, mas sua selvageria é de conexão, não de dominação. Selvageria não é o mesmo que violência. Gentileza e ternura não se traduzem em fraqueza. Quando os homens (ou, nesse caso, as mulheres) começam a desencadear o que há de indomável em nós, temos que lembrar que as primeiras imagens e os impulsos que encontrarmos muitas vezes serão os caminhos estereotipados do poder que aprendemos numa cultura de dominação. Para nos tornarmos verdadeiramente selvagens, não devemos ser expulsos do nosso caminho por dramas de poder, a sedução dos vícios ou a emoção do controle. Precisamos mergulhar mais fundo.

Nas culturas patriarcais, os homens são ensinados a adorar o falo ereto, firme e rígido. Mas seria muito chato, desconfortável e insatisfatório viver com um pênis eternamente duro. Um pênis real e vivo costuma ser mais macio do que duro. A qualidade mágica do pênis é que ele vai de macio para o duro e vice-versa, incorporando o ciclo de nascimento, crescimento, morte e renascimento, subindo, inchando, esguichando e decaindo, na melhor das hipóteses para subir novamente. É por isso que os Deuses são tão frequentemente Deuses que morrem e renascem.

Cultuar o falo congelado do patriarcado nos desconecta da possibilidade de conhecer o real poder inerente à masculinidade. É glorificar um molde de gesso em vez da coisa real. O verdadeiro poder masculino está enraizado no ciclo de nascimento, morte e renascimento, assim como manifestado no corpo masculino. Para encontrá-lo, devemos continuar nos movendo ao redor do círculo completo.

Página 160 "Para mulheres educadas em nossa cultura..." Essa discussão sobre como as mulheres poderiam trabalhar com o Deus foi baseada, é claro, em minha própria experiência na época. No início, as imagens do Deus me permitiram reconhecer e integrar qualidades que a sociedade definiu como masculinas: minha própria agressividade, minha força física e a capacidade de perseguir meus próprios objetivos. No entanto, ao tomar posse dessas qualidades, parei de identificá-las como masculinas. Elas simplesmente se tornaram qualidades às quais eu, como mulher, tive tanto acesso quanto qualquer homem. O Deus pode ser visto como "a criação que não é ela própria", mas uma filha é tão separada, e possivelmente diferente, quanto um filho.

Portanto, hoje eu diria que, para uma mulher, o Deus é o que começa a acontecer quando você o invoca, se tiver interesse em fazer isso.

Página 162 "... Em culturas de caçadores, a caça significava *vida*..." Uma cultura de caçadores era, na verdade, principalmente uma cultura de coletores. Na maioria dessas culturas, os alimentos vegetais colhidos pelas mulheres constituíam a principal dieta, que as sustentava. No entanto, a carne muitas vezes tinha um valor simbólico, assim como nutricional, e era vista como uma importante fonte de vida.

Páginas 162-3 "O Filho do Sol nasce..." Para uma versão alternativa do mito da Roda do Ano, consulte as notas do Capítulo 2 e do Capítulo 12.

Página 165 "Além disso, o homem tem de conhecer (...) seu próprio Eu feminino interior..." Como já afirmei, não considero mais útil esse conceito junguiano de um eu interior masculino e feminino equivalentes. Hoje, eu reescreveria a frase e diria: "O homem deveria conhecer em seu interior a possibilidade humana de gerar aquelas qualidades de afeto e nutrição que a sociedade patriarcal atribuiu às mulheres, para que possa nutrir e cuidar de si mesmo e de outras pessoas, e não apenas exigir dos outros".

Página 169 "Invocação à Base do Ser." Meu ex-marido e eu escrevemos isso para o nosso casamento, em 1977, como uma tentativa de sintetizar minha tradição wiccaniana com a prática dele de yoga e, ao mesmo tempo, não ofender meus parentes judeus ou os parentes alemães luteranos dele. Se você se encontrar num dilema semelhante, sinta-se à vontade para adaptá-la.

Notas do Capítulo 7

Ao reler este capítulo, fico surpresa ao descobrir que não encontro praticamente nada para mudar ou discordar. Certamente, eu acrescentaria muito material, mas o importante sobre este capítulo é que, uma vez que você tenha entendido os fundamentos da prática mágica, pode criar seus próprios feitiços, encantamentos e rituais. Para mais exemplos, leia *Truth or Dare* e você encontrará muitos feitiços e rituais de transformação política e pessoal.

No Feitiço da Bebida, mudei minha sugestão original de vinho para suco, para ser coerente com a minha decisão de não sugerir o uso ritual de substâncias que poderiam perpetuar vícios. Mas você certamente é livre para trocar o suco novamente por vinho, se achar que isso é mais correto para você.

A outra mudança importante que fiz aqui e nas Tabelas de Correspondências, na parte final deste livro, é uma mudança nos termos. Inicialmente, segui a feminização proposta por Z. Budapest, da raiz *High John the Conqueror* [O Grande João, o Conquistador] e da erva-de-são-João, mudando seus nomes para Joana, a Conquistadora e erva-de-santa-joana, em homenagem a Joana D'Arc, que a maioria das bruxas acredita ter sido uma verdadeira bruxa, sacerdotisa da Deusa. "John the Conqueror" soava militarista e masculinista.

No entanto, quando fiz a mudança, eu vergonhosamente nada conhecia sobre a cultura afro-americana e a verdadeira tradição popular da raiz de *High John the Conqueror*, que trouxe esperança e alegria para aqueles que sofriam o flagelo da escravidão. No belo ensaio de Zora Neale Hurston intitulado *The Sanctified Church*, ela descreve seu poder da seguinte maneira:

"*John the Conqueror* tornou-se um homem poderoso. Mas, no começo, ele não era um homem da natureza. Inicialmente, era um sussurro, uma vontade de esperança, um desejo de encontrar algo do qual valesse a pena rir e cantar. Então o sussurro se tornou carne (...) O sinal desse homem era uma risada e sua música-símbolo era a batida de um tambor. Não era um grito de tambor de desfile, como aquele que os soldados produzem para se exibir (...) Era algo interior com o que se viver. Você podia ouvi-lo sem trégua quando e onde o trabalho era mais difícil e a sorte mais cruel. Ele ajudou os escravos a resistir (...) Ele caminhava ao vento e se movia rapidamente. Ele podia ter estado no Texas quando o chicote estalou sobre um escravo no Alabama, mas, antes que o sangue secasse em suas costas, ele estava lá (...)

"Os milhares e milhares de pessoas humildes que ainda acreditam nele, ou seja, no poder do amor e do riso para superar, por meio de seu poder sutil, homenageiam John obtendo a raiz da planta em que ele estabeleceu seu lar secreto, "vestindo-a" com perfume e guardando-a consigo ou em algum lugar da casa. Ela serve para ajudar a pessoa a superar as coisas que sente que não poderia derrotar de outro modo e para lhe trazer a risada do dia. John nunca abandonará os fracos e indefesos, nem deixará de trazer esperança a quem já não a tem.†

A erva-de-são-joão passou a ser associada ao Solstício de Verão, época do ano em que se abrem as flores douradas dessa erva. Mas a principal razão pela qual voltei a alterar esse termo é porque há dez anos tenho recebido cartas dizendo: "Estou tentando fazer o feitiço do seu livro, mas não consigo encontrar a erva-de-santa-joana em lugar nenhum. Me ajude!".

Página 178 "A emoção é uma luz estroboscópica..." Eu poderia acrescentar uma palavra de cautela a este parágrafo. Precisamos sentir e expressar plenamente nossas emoções, sem nos preocupar com a possibilidade de magoar outra pessoa. Mas remoer obsessiva e intensamente nossa raiva ou nosso ressentimento não é bom. Melhor encontrar uma maneira de fazer circular a energia através de nós e usá-la para alguma mudança que precisamos fazer, transformando-a em energia protetora ou ação dirigida.

Nota
1. Zora Neale Hurston, *The Sanctified Church* (Berkeley: Turtle Island Foundation, 1984), pp. 69-79 (Turtle Island Foundation, 2845 Buena Vista Way, Berkeley, CA 94708).

Notas do Capítulo 8

Páginas 198-200 Rituais políticos. Na última década, realizei muitos outros rituais políticos, alguns dos quais descritos em *Dreaming the Dark* and *Truth or Dare*. Hallie Iglehart também escreveu sobre esse ritual em seu próprio livro, *Womanspirit: A Guide to Women's Wisdom* (São Francisco: Harper & Row, 1983).

Página 201 O Cone de Poder. Essa é uma das poucas partes deste livro em que realmente alterei o texto. Originalmente, eu descrevia a Sacerdotisa (ou líder) "chamando para soltar": instruindo o coven a soltar o Cone. Era assim:

"A Alta Sacerdotisa (ou quem dirige o Cone) sente o movimento da energia. Ela mantém em mente a imagem visualizada, nítida; o objeto do trabalho. Quando o poder atinge seu ápice, ela grita: "Agora!".

"(Isso requer grande sensibilidade e prática. Só se aprende por meio da experiência, o que necessariamente envolve cometer muitos erros ao longo do caminho. Se a Alta Sacerdotisa tiver medo do poder, ela vai ancorar o Cone muito rapidamente.

---

† Segundo dizem, *John the Conqueror* foi um príncipe africano que não foi dominado pela escravidão e armazenou seu poder na raiz da planta Ipomoea Jalapa. (N. da T.)

Se é indecisa, vai deixá-lo continuar por muito tempo e sua força total se dissipará. A melhor maneira é relaxar no poder e não pensar em quando o ancorar. Quando chegar a hora certa, uma Alta Sacerdotisa sensível se verá pedindo para que soltem o poder, por pura intuição, não por uma decisão consciente.)"

A verdade é que ninguém nunca ficou realmente bom nisso, incluindo eu. O que aprendemos ao longo dos anos é que a energia tem uma forma própria. Quando um grupo trabalha junto, coletivamente, todos os seus membros parecem seguir intuitivamente a energia e saber quando ela começou a decair.

Em grandes grupos, mesmo quando muitas pessoas são novatas em rituais, os poucos que sabem como canalizar a energia podem moldar o Cone visualizando-o. Mesmo uma única pessoa forte pode fazer isso. Mas modelar o Cone não é o mesmo que o controlar.

Em grupos grandes, quando a energia está no ápice, as pessoas costumam gritar e aplaudir no apogeu do cone, dissipando o poder em vez de concentrá-lo. Isso não é necessariamente uma coisa ruim, mas, se você quiser focar a energia, é preciso manter um tom nítido e uniforme enquanto visualiza claramente o Cone e o símbolo da sua intenção. Quando a gritaria parar, continue: pode se tornar um momento poderoso e surpreendente. Você também pode acabar cantando sozinha, terrivelmente envergonhada. Mas esses são os riscos que corremos quando fazemos magia.

O Cone de Poder põe em movimento energias e forças que começam a concretizar as nossas intenções. Hoje em dia, sempre trabalho com uma imagem visual ou física dessa intenção, mesmo algo tão simples quanto dizer ao grupo: "Quando gerarmos energia, imaginem-na como uma fonte de poder de cura que podemos usar". Um grupo que esteja gerando poder junto deve estar sempre ciente das intenções e imagens de cada pessoa. Usar o poder de um grupo para um propósito particular e não reconhecido (mesmo que seja positivo) é manipulação.

Notas do Capítulo 9

Páginas 215-16 Enfrentando a Sombra. Quando uso o termo *Sombra*, não quero dizer que "escuro" seja sinônimo de algo "ruim" ou "perigoso". Mantive o termo porque ele é a imagem do que é invisível, a silhueta do que nós somos, do que se projeta de nós.

Em *Truth or Dare*, exploro ainda mais a questão do que encontramos no Mundo Subterrâneo. Nesse livro, descrevo o Ódio Por Si e nomeio cinco aspectos nos quais essa Sombra geralmente aparece: o Conquistador, o Juiz, o Mandão, o Censor e o Mestre dos Servos.

Ódio Por Si não é exatamente o mesmo que Sombra, embora os dois estejam relacionados. Ódio Por Si é uma entidade que internalizamos de uma cultura baseada no poder. Ela nos divide em dois, em Eu e Sombra. Não é o Eu que Fala, nem o Eu

Mais Jovem, mas retira energia de ambos e muitas vezes joga um contra o outro. Somos possuídos por suas várias formas.

Vamos analisar um por vez:

O Conquistador, cujo tema central é a segurança, nos divide em Conquistador e Inimigo/Vítima e nos diz: "Não confie!". Ele gera medo, paranoia, distorções da realidade e a necessidade de aniquilar os inimigos. O Conquistador nos seduz fazendo com que nos sintamos especiais, às vezes grandes e virtuosos, outras vezes extremamente fracos e vitimizados.

O Juiz, cujo tema central é nosso senso de valor pessoal, nos divide em Juiz e Réu. Quando somos possuídos pelo Juiz, vivemos num mundo de comparação, competição e punição, avaliando continuamente a nós mesmos e aos outros, sentindo ciúme e culpa. O Juiz nos seduz com a falsa promessa de que podemos valer mais se obedecermos, agirmos e produzirmos.

O Mandão, cujo tema central é o controle, nos divide em Controlador e Descontrolado, e nos diz: "Não sinta", e gera ansiedade, rigidez e vícios. O Mandão nos seduz com a crença de que a ordem pode ser imposta de fora, que a resposta ao caos é uma ordem mais rígida.

O Censor, cujo tema central é o isolamento e a conexão, nos divide em Silenciador e Segredo para Guardar e nos diz: "Não fale sobre isso; não veja isso; você é a única pessoa que já sentiu isso". Possuídos pelo Censor, sentimos vergonha, confusão e culpa, muitas vezes pela vítima, ou vivemos em estado de negação. O Censor nos leva a acreditar que a dor que estamos sentindo irá embora se não dermos nome a ela ou se não falarmos sobre ela.

O Mestre dos Servos, cujo tema central é a necessidade, divide-nos em Mestre e Servo, e nos diz: "Os outros só existem para satisfazer às minhas necessidades", ou "Não tenho necessidades: só existo para satisfazer as necessidades dos outros. Quando estamos sob o controle do Mestre, nosso senso de valor é inflado e ausente. Somos seduzidos pela promessa de que os outros vão cuidar de nós sem que tenhamos que fazer isso por nós mesmos ou reconhecer nossas necessidades.

Antídotos para estruturas de poder tóxicas podem estar dentro da própria estrutura de um círculo. Para enfrentar o Conquistador, o grupo precisa oferecer segurança verdadeira: limites claros, linhas abertas de comunicação e poder, conflito aberto e solidariedade em face de perigos externos. Para enfrentar o Juiz, precisamos criar situações de não julgamento, não baseadas em atitudes de competição e punição, mas em rituais e processos de tomada de decisão que afirmem nosso valor imanente. Para enfrentar o Mandão, o grupo pode permanecer aberto ao mistério, lembrando que espiritualidade envolve maravilhas e perguntas não respondidas, sem respostas. Para enfrentar o Censor, o grupo pode encorajar seus membros a contar suas histórias, compartilhar experiências, falar o indizível e usar processos de tomada de decisão, como o consenso que apoia a voz de cada pessoa. Para enfrentar o Mestre, podemos suprimir hierarquias, compartilhar recursos e recompensas do grupo de forma justa, evitar sobrecarga e criar formas sustentáveis de atender às nossas necessidades.

Esses princípios podem nos ajudar a lidar com o que encontramos quando deixamos cair o véu entre os mundos e a manter nossos círculos funcionando de maneira saudável.

Trabalhar em transe e nos níveis restritos de intimidade que os círculos desenvolvem, quando fazem trabalhos em transe juntos, geralmente leva a encontros com o Ódio Por Si. Quando o conflito irrompe em grupos, podemos nos encontrar literalmente representando as Sombras dos outros.

Conflitos, encontros, podem aumentar nosso crescimento ou nos entrincheirar mais profundamente nos padrões de poder. Cada um de nós tem uma atitude quando está diante de um conflito, e o mesmo se aplica ao grupo como um todo. Nenhum conjunto de regras pode nos dizer a melhor maneira de resolver os conflitos que surgem quando enfrentamos nossa Sombra. As sugestões do Capítulo 3 podem ser úteis, e aqui estão alguns princípios adicionais que gosto de lembrar:

- Mais cedo ou mais tarde, todos os grupos enfrentam conflitos. Isso não é um sinal de fracasso, mas de mudança e crescimento em potencial.
- Fale sobre a Sombra; fale sobre o conflito; diga a verdade.
- Reconheça sua própria Sombra; pergunte-se: "Qual é a minha parte? Qual é a minha responsabilidade?".
- Resista à tentação de fazer outra pessoa reconhecer sua Sombra ou assumir a responsabilidade que você acha que ela deveria assumir. Deixe que ela fique onde está – mesmo que esteja presa. (No entanto, você pode optar por não trabalhar com essa pessoa por um tempo ou permanentemente. É sempre triste quando um grupo descobre que seus membros não podem mais trabalhar juntos, mas não é necessariamente trágico. Simplesmente, os membros de um grupo podem estar crescendo em diferentes direções.)
- Não tente corrigir o conflito ou as outras pessoas. Em vez disso, assuma a responsabilidade pela sua própria parte. Se você realmente não colaborou para sua perpetuação, então deixe esse conflito para lá. Se você não o criou, não pode corrigi-lo. Se cometeu erros, se magoou alguém, admita. Faça as correções apropriadas. Sinta a dor, o sofrimento, a vergonha, a culpa, passe por isso e cresça a partir disso. É um momento difícil, mas a longo prazo é melhor do que evitar a dor culpando outra pessoa, defendendo-se ou identificando-se com algum aspecto do Ódio Por Si Mesmo.

Não há espaço aqui para desenvolver mais esse assunto, que poderia ser tema de livros inteiros. Além do material em *Truth or Dare*, outras abordagens úteis podem ser encontradas no material dos programas de Doze Passos.

Página 217 Valerie... agora é Sacerdotisa do Compost." Quando escrevi isso, ainda estávamos usando o termo "Alta Sacerdotisa" e designando uma pessoa como líder oficial do coven, embora tivéssemos reconhecido a necessidade de passar esse papel para outras pessoas. Agora, os covens às quais pertenço trabalham por consenso e ninguém tem um papel formal.

Muito depois que a maioria dos membros originais do Compost seguiu caminhos separados, Valerie continuou a ser a líder, treinando muitas pessoas novas ao longo dos anos e passando o bastão várias vezes. No entanto, ele tende a voltar para ela como um bumerangue.

Página 218 Drogas e magia. Agora estou mais convencida disso do que há dez anos. Precisamos confrontar os padrões de vício tão difundidos em nossa cultura e mudá-los para poder usar substâncias que alteram a consciência na magia, sem nenhum perigo. E precisamos de círculos que sejam lugares seguros para quem está se recuperando de vícios e codependência.

Página 220 Ritmo, bateria e transe. Como mencionei nas notas do Capítulo 4, o tambor é atualmente o instrumento mais importante para mim no ritual. Certamente, um som de bateria sustentado induz ao transe e substitui algumas das induções mais elaboradas oferecidas posteriormente neste capítulo. O tambor abre a possibilidade de combinações mais fluidas de imagens, canções, movimentos e sons, que produzem estados mais profundos de consciência.

O ritmo que uso (porque parece brotar naturalmente) é um ritmo sincopado de oito tempos. Essa é uma base que funciona com a maioria de nossas músicas, já que elas tendem a ter ritmos de quatro ou oito tempos. Outras culturas usam outros estilos. Os ritmos dos índios norte-americanos nativos tendem a ser muito uniformes e não sincopados. Ritmos africanos para rituais normalmente têm seis toques, criando uma sensação hipnótica e de balanço. Experimente descobrir o que funciona melhor para você.

Tocar tambor e falar ao mesmo tempo requer alguma prática, mas as tarefas também podem ser separadas: alguns podem tocar enquanto outros orientam a visualização ou cantam os cânticos.

Página 220 Avisos sobre Advertências. Na verdade, parei de usar essas advertências porque parece que só servem para incutir em nós a ideia de que estamos prestes a fazer algo perigoso. O Eu Mais Jovem é perverso e rebelde e, muitas vezes, avisos para não fazermos alguma coisa imediatamente produzem a reação oposta. Além disso, não importa quantas vezes digamos a nós mesmos que vamos nos lembrar de tudo; a verdade é que alguns de nós vão, outros não. Nos dez anos em que oriento milhares de pessoas no transe, nunca vi ninguém que não saísse dele, embora haja quem adormeça e haja quem finja. Às vezes, elas não saem completamente do transe e permanecem um pouco sonolentas ou aéreas. Nesses casos, ancorar, comer ou fazer esforço físico ajudam a trazer a pessoa de volta ao corpo físico.

Página 221 Indução ao transe. Também aprendi ao longo dos anos que as pessoas não precisam se deitar durante o transe. Muitas pessoas, especialmente aquelas que tendem a ter experiências cinestésicas em vez de visuais, descobrem que têm mais facilidade durante o transe se ficarem de pé, movimentarem-se durante a viagem, caminharem ou dançarem. Quando as pessoas estão em pé e se movimentando, elas se sentem mais no controle e menos vulneráveis do que quando estão deitadas. Você também pode cantar, produzir sons e até falar enquanto está em transe. Na verdade, no meu caso, nem sempre uso uma indução formal, mas sim deixo o transe evoluir como uma história encenada que flui do ritual. No entanto, uma indução formal é uma boa ferramenta de prática e uma precaução importante, especialmente em grupos onde todos são relativamente inexperientes. Muita fluidez pode confundir as fronteiras entre os mundos e, como bruxas, nossa tarefa é conhecer as portas dessas fronteiras e passar por elas à vontade. No início, a demarcação clara de uma indução formal é muito útil.

Página 222 Saindo do transe. Existem três outras coisas simples que faço para ajudar as pessoas a saírem de um transe. Uma delas é pedir que deem leves batidinhas nas extremidades do seu corpo físico. A segunda é que digam o próprio nome em voz alta. E a terceira é que batam palmas três vezes.

Página 228 Festejos. Essa seção tinha originalmente o nome de "Bolos e Vinho", que é o termo tradicional para essa parte do ritual, embora ninguém ainda tenha se perguntado se mesmo os devotos dedicados da Antiguidade realmente gostavam dessa combinação. Hoje, para manter nossa maior consciência dos padrões de dependência contra os quais muitas pessoas estão lutando, mudei para "Festejos". Não há razão para que um grupo não possa compartilhar vinho, enquanto ninguém tiver problemas com isso. Mas, se isso torna o círculo ritual arriscado para alguém, é melhor substituí-lo por outra coisa. Se isso interferir muito em sua satisfação com o ritual, você pode precisar examinar mais de perto sua própria dependência do álcool.

Página 229 Despedida. Muitas vezes, o grupo se despede de cada Deusa e Deus invocado separadamente.

Página 229 A abertura do círculo. O círculo também pode ser aberto de uma "forma abreviada", cuja primeira parte aprendi com Victor Anderson, assim como aprendi a "forma abreviada" de lançar o círculo:

> Pela terra que é Seu corpo,
> Pelo ar que é Seu alento,
> E pelo fogo do Seu espírito brilhante
> E pelas águas vivas do Seu ventre,
> O círculo está aberto, mas intacto
> Que a Deusa desperte
> Em nossos corações.
> Felizes nos encontramos e felizes nos separamos
> E felizes voltaremos a nos encontrar.

Notas sobre o Capítulo 10

CONSIDERAÇÕES GERAIS SOBRE A INICIAÇÃO

Nos últimos dez anos, as iniciações em nossa comunidade se tornaram um processo mais duradouro e extenso de crescimento individual, para o qual o ritual é apenas o apogeu. Alguém que deseja ser iniciado precisa ter praticado a Arte por tempo suficiente para ter certeza de que esse é o caminho certo para si próprio. Normalmente, isso envolve pelo menos um ano e um dia – pelo menos uma volta completa da Roda do Ano.

Suponhamos que você queira ser iniciada. Você precisa escolher as pessoas cuja presença deseja na iniciação e elas devem ser bruxas iniciadas a quem você respeite e se sinta próxima, e que tenham algum tipo de conhecimento, sabedoria, poder pessoal ou qualidades que você gostaria de ter. A iniciação cria um vínculo forte e kármico, por isso elas devem ser pessoas da sua comunidade, de quem você se sente próxima, não desconhecidos ou figuras que você só admira à distância.

Cada pessoa que você convidou lhe oferecerá um desafio. Pode ser algo educativo como: "Leia cinco livros sobre a Arte" ou "Participe de cinco rituais da Arte que não sejam do seu coven". Pode ser algo pessoal: "Pratique todos os dias durante vinte minutos" ou "Aprenda a dirigir". Ou pode ser um desafio mágico: "Crie seu próprio Lugar de Poder no Mundo Subterrâneo".

Uma pessoa sendo desafiada também pode não aceitar os desafios ou estabelecer certas condições: "Não posso preparar você para a iniciação até que pare de usar drogas" ou "Não acho que você esteja pronta para se concentrar na iniciação até que termine de escrever sua tese de mestrado". Às vezes, o processo de iniciação leva anos e requer uma grande mudança nos padrões de vida. Muitas vezes, a Deusa começa a fazer surgir desafios na sua vida, que geralmente são mais difíceis do que aqueles oferecidos pelos seus amigos.

Os grupos que praticam em áreas onde não há bruxas iniciadas podem criar seus próprios rituais e tradições. Pessoalmente, acho que uma iniciação é mais válida quando vem de pessoas com quem você tem laços realmente próximos, mesmo que sejam relativamente inexperientes.

Página 231 A Deusa no Reino da Morte. Essa narrativa de um mito tradicional tem semelhanças óbvias com todos os mitos de descida ao Mundo Subterrâneo e retorno: o mito de Inanna, o mito de Perséfone, o mito de Osíris etc. Se examinarmos esses mitos variados como um todo, veremos que às vezes é uma mulher que desce e às vezes é um homem. O Regente das Terras Abaixo também pode ser uma mulher, como Ereshkigal, irmã de Innana, ou um homem, Hades. Em sua essência, todas essas histórias são sobre o processo de iniciação xamânica, a morte do antigo Eu e o surgimento do novo. Esse processo não está reservado para nenhum dos dois sexos, e o que enfrentamos no Mundo Subterrâneo não é determinado pela nossa genitália.

Notas do Capítulo 11

OS RITUAIS DA LUA

Os rituais descritos aqui podem ser usados conforme apresentados ou podem ser transformados em componentes de rituais mais complexos. A verdade é que não temos uma forma definida para realizar os rituais da lua, mas os reinventamos e renovamos a cada mês, dependendo das necessidades de cada um de nós e das forças sazonais, astrológicas e políticas que estão em movimento à nossa volta.

Atualmente, é provável que começaríamos um ritual da lua dando a volta no círculo para uma verificação: cada pessoa diria brevemente como se sente, o que aconteceu desde nosso último encontro e o que precisa obter com o ritual. Então encontraríamos uma maneira de criar o que o grupo deseja.

Notas sobre o Capítulo 12

OS SABÁS.

Como o ciclo lunar, o ciclo sazonal é uma das principais maneiras de vermos os processos de nascimento, crescimento, morte e renascimento em ação.

Os rituais desse capítulo são derivados da versão do mito da Roda do Ano que aparece no texto original. Uma versão alternativa pode ser encontrada nas notas do Capítulo 2.

Cada fato-chave do mito está ligado a um dos Sabás. No Samhain, a Criança do Ano da possibilidade é concebida. No Solstício de Inverno, a Criança nasce. Na Festa da Brígida torna-se a Promessa que fazemos para o caldeirão, que estabelece o nosso desafio para o ano. No Equinócio de Primavera, o Filho da Promessa torna-se o Filho do Equilíbrio, que cresce em Beltane, rumo ao Desejo Crescente, que culmina no

Solstício de Verão e se torna seu oposto, Aquele Que Desce, Que Se Rende, o Sonhador. Em Lammas, temos o sol moribundo e, no Equinócio de Outono, o Sonhador torna-se nosso Guia no lugar onde nascimento, morte e regeneração são uma coisa só. E, assim, no Samhain, o ciclo chega ao fim e começa novamente.

Poderíamos usar o mito genérico, mas as religiões da Terra não estão estabelecidas numa Terra genérica, mas num lugar e num clima específicos, onde o ciclo sazonal se revela de maneiras particulares. Então, por exemplo, aqui em São Francisco, a Roda do Ano poderia ficar assim:

Ela começa quando o ano fica mais sombrio e o próprio frio do inverno traz chuvas fortes que renovam a terra. Em Samhain, a Criança Do Ano é concebida e uma Possibilidade se manifesta como um milagre, tornando as colinas verdes. No Solstício de Inverno, o Ano nasce na época de gestação e, em Brígida, quando as árvores frutíferas florescem, os bulbos se abrem e os botões desabrocham, a Promessa do Ano nos é mostrada. O Equinócio de Primavera é o momento do Equilíbrio, dia e noite, sol e chuva. Em Beltane, dizemos adeus à chuva e dançamos com o Desejo quando as colinas verdejantes brilham em prata e se desvanecem em ouro. No Solstício de Verão, o Ano passa, a relva morre e fica marrom, e a terra se cobre com um manto de névoa. Em Lammas, assistimos ao Despertar do Ano e aguardamos a boa colheita, enquanto os frutos começam a amadurecer. E, no Equinócio de Outono, o sol emerge da névoa para anunciar a Estação dos Sonhos do inverno, que traz consigo o retorno da chuva renovadora da vida. E, no Samhain, o milagre se renova, justamente quando os frutos caem no chão, de modo que as novas pastagens crescem e as terras ficam verdejantes.

E assim a Roda continua girando.

Esse mito seria diferente em Minnesota, ou no Alabama, ou a uns quatro mil quilômetros mais ao leste, do outro lado da Baía de São Francisco. Experimente escrever seu próprio mito, para sua própria região. Encontre uma árvore, uma planta ou um pássaro que simbolize cada ponto da Roda.

A maneira como celebramos os festivais das estações também muda ao longo do tempo. Continuamos a realizar alguns desses rituais, ou alguns aspectos deles, de uma maneira muito semelhante à descrita aqui. Para alguns festivais, desenvolveram-se novas tradições, que se repetem ano após ano. Para outros, o ritual de cada ano é diferente. Alguns festivais incluem rituais específicos para crianças; outros não. As invocações iniciais refletem as imagens antigas baseadas na polaridade heterossexual, mas você é livre para adaptá-las. É possível que eu os reescreva um dia, depois de mais algumas voltas da Roda.

Páginas 242-48 Solstício de Inverno. Nossa tradição para esse ritual é nos encontrarmos na praia, pouco antes do pôr do sol, na véspera do Solstício. Enquanto o sol se põe, cantamos, acendemos uma fogueira, reunimos coragem e, em seguida, tiramos a roupa e pulamos no mar para nos purificar. (Aqueles que não querem mergulhar apenas fazem uma meditação sobre a água salgada.) O choque provocado pela água fria, o vento penetrante e a beleza do dia que cai no fim do ano são revigorantes.

Nós nos aquecemos no fogo e fazemos um ritual que está aberto a muitos covens, círculos e amigos interessados.

Depois nos dividimos em grupos menores, em círculos individuais. Às vezes, alguns círculos se unem. Vamos para a casa de alguém e iniciamos a nossa vigília, que dura toda a noite e combina alguns dos rituais que são apresentados aqui, com pausas para comidas e bebidas e qualquer outra atividade que seja sugerida: danças, artesanato, leitura de tarô ou lançamentos de oráculos etc.

Ao amanhecer, nos encontramos novamente com o restante da comunidade para subir uma das colinas da cidade e cantar, tocar tambor e dançar até o sol nascer (ou até que a névoa se dissipe, como é muitas vezes o caso).

Normalmente, no fim de semana antes do Solstício, temos um ritual para as crianças, em que elas decoram biscoitos redondos que representam o sol (ou fazem o que querem). Damos presentes, contamos histórias e cada criança recebe uma vela vermelha flutuante. Na noite do Solstício, elas podem acender suas velas e deixá-las acesas até pela manhã, para observar a vigília das crianças. Quando acordam, sopram as velas para apagá-las.

Na minha casa, o altar da nossa família se transforma num elaborado berçário em que, em vez de um Menino Jesus e uma Virgem Maria, colocamos uma imagem da Deusa e algo que represente o Sol. Em seguida, reunimos todos os nossos bibelôs, brinquedos, dinossauros de plástico etc., para participar do evento.

Páginas 248-49 Brígida. A Festa de Brígida, dedicada à Deusa Irlandesa do Fogo e da Água, do poço sagrado e da chama sagrada, que preside a forja, a poesia e a cura, tornou-se nosso momento tradicional de dedicação, geralmente com intenções políticas. (Em *Truth or Dare*, páginas 289-95 e 304-6, descrevo a evolução dos nossos rituais de desesperança política.)

A parte principal do ritual ocorre em torno de um pequeno caldeirão, colocado dentro de um poço de água. (Uma pequena panela de metal erguida sobre alguns tijolos, dentro de uma grande tigela cheia de água. Na panela, queimamos uma mistura de partes quase iguais de álcool e sal amargo, que provoca um fogo sem fumaça. Não deixamos o álcool congelar, pois fica difícil acender o fogo, e não reabastecemos o caldeirão enquanto ainda estiver aceso). Ao longo do ano, em nossas viagens, coletamos água de lugares sagrados e a colocamos no poço. Chamamos isso de "águas do mundo". Cada pessoa avança, contempla a chama e faz o voto do ano, uma promessa a Brígida. Não se trata de algo em que pensamos, mas algo que vem à mente no momento em que o poder do ritual é mais forte e tende a moldar o ano. Um ano, por exemplo, minha promessa foi dizer a verdade e, no final do ano, enfrentei muitos momentos difíceis em que fui desafiada a ser sincera, em vez de conciliadora ou diplomática.

Página 249 A Dança em Espiral. Originalmente, o texto sugeria que os membros do coven se beijassem quando passavam uns pelos outros. Mas isso só deve ser feito entre amigos próximos; caso contrário, seria intrusivo.

A Dança em Espiral pode ser outra maneira de aumentar o poder. Num grande grupo (de pelo menos 35 pessoas e no máximo 300 a 400), comece um círculo com todos olhando para dentro. A líder pega na mão da pessoa à sua esquerda e começa a se mover para o centro, no sentido horário.

Quando a líder se aproxima do centro do círculo, ela vira para a esquerda, olhando para a pessoa que a segue (para simplificar, vamos imaginar que a líder seja uma mulher). Ela continua a se mover, sempre seguindo sua mão esquerda. (1) Cada pessoa da espiral passa na frente das outras pessoas do grupo.

Por fim, a líder fica fora do corpo da espiral, voltada para fora. Ela deve continuar se movendo cerca de um terço do caminho ao redor da borda externa da espiral e depois se virar novamente, olhando para a pessoa que a segue. Ela então liderará a fila ao redor do lado externo do círculo, voltado para dentro. (2).

Quando ela chegar à dobra da fila de pessoas, no ponto onde virou, deve entrar entre as fileiras (3) e continuar até estar novamente no centro do círculo. Ela pode então enrolar a fila com mais força, deixando a energia aumentar e entoar um som sem palavras até que o grupo gere e ancore um Cone de Poder.

Isso pode parecer muito complicado, mas na verdade é fácil. Pratique algumas vezes para ficar mais confiante. Certifique-se de ir devagar, principalmente se for um grupo grande, porque, se a líder for muito rápida, a pessoa no final da fila pode ser puxada com muita força na direção contrária.

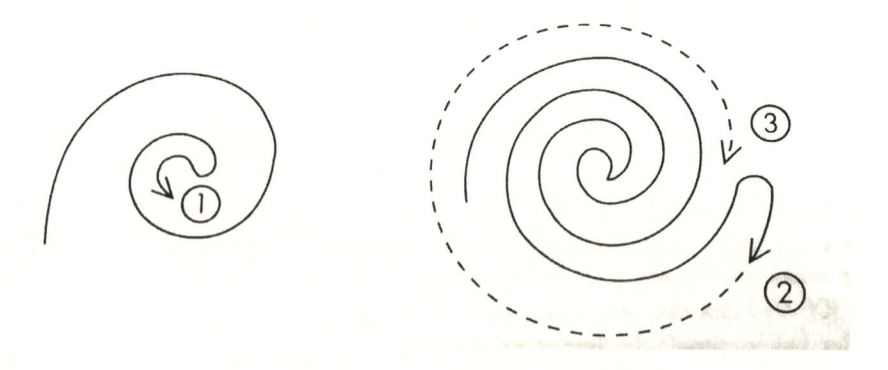

Páginas 249-50 Eostar (Equinócio de Primavera). Esse ritual varia muito de ano para ano. Normalmente temos um ritual infantil. Robin e Arachne, da Reclamation,

criaram uma cesta de Story Eggs, pintada para representar a Deusa, o Deus e uma metade preta e metade dourada para representar o Equinox Balance. Contamos histórias sobre eles e depois temos uma caça aos ovos com centenas de ovos pintados. Se a invocação inicial fosse modificada para que Coré dançasse com sua mãe, Deméter, seria mais fiel ao mito original de Perséfone.

Páginas 249-50 Eostar (Equinócio de Primavera). Este ritual varia muito de ano para ano. Normalmente temos um ritual infantil. Robin e Arachne, do Reclaiming, criaram uma cesta de Ovos de Histórias, pintados para representar a Deusa, o Deus e uma metade preta e metade dourada para representar o Equilíbrio do Equinócio. Contamos histórias sobre os ovos e depois tivemos uma caça aos ovos, com centenas de ovos pintados.

Se a invocação inicial fosse modificada para que Coré dançasse com sua mãe, Deméter, seria mais fiel ao mito original de Perséfone.

Páginas 251-52 Beltane. Celebramos esse ritual de uma forma bastante semelhante à que descrevi aqui. As crianças adoram saltar o caldeirão e nós saltamos junto com todas as pessoas com quem temos um relacionamento: namorados, casais, ex-parceiros que podem querer se livrar da amargura ou do conflito, filhos, amigos íntimos, membros do coven, membros da coletividade etc. O ritual geralmente inclui também um piquenique.

Ao longo dos anos, as imagens heterossexuais desse ritual criaram polêmica. A mudança de três palavras na invocação inicial ("Donzela" para "Promessa", "Senhor" para "Poder" e "Haste" para "Árvore") tornará essa liturgia menos exclusiva.

Páginas 252-54 Litha (Solstício de Verão). Com o passar dos anos, nossa figura do Deus se tornou uma construção imponente, grande demais para se carregar. Agora, em vez de carregá-la, depois de enfeitá-la com flores, fazemos uma fogueira embaixo dela e dançamos ao seu redor.

Ao longo dos anos, tivemos muitos debates sobre se essa figura deveria ser especificamente masculina, andrógina, masculina e feminina ao mesmo tempo, ou uma representação abstrata do sol. Na verdade, tentamos de muitas maneiras, mas sempre voltamos a lhe dar a aparência do Deus novamente.

Roy acrescentou um final espetacular ao ritual: por ser um arqueiro, no final ele acende a ponta de uma flecha com o fogo do Deus e a atira no mar. (Isso exigiu experimentos perigosos com trapos e querosene, na calada da noite, no Golden Gate Park. No final, ele decidiu usar um sinalizador preso à flecha).

Páginas 254-55 Lughnasad. Geralmente celebramos essa festa, também chamada de Lammas, de uma forma muito semelhante à descrita aqui. Quando nos reunimos na praia, às vezes moldamos um "cadáver" de areia de Lugh, o Rei do Sol celta. Especialmente as crianças gostam disso, pois adoram ajudar a construir os altares do castelo de areia para os quatro pontos cardeais.

Páginas 255-56 Mabon (Equinócio de Outono). Mabon é um bom momento para celebrar o Dia de Ação de Graças, com um Jantar da Colheita para toda a comunidade (no qual cada um traz um prato). Dependendo do clima, também é um bom momento para se fazer magia para atrair chuva.

Páginas 257-60 Samhain. Na minha casa, montamos um altar familiar com imagens dos nossos Entes Queridos Falecidos, objetos adequados, caveiras de açúcar mexicanas para El Día de los Muertos, figuras de esqueletos e oferendas de maçãs e romãs.

Atualmente, nosso ritual é bem diferente do que foi descrito neste livro, embora alguns elementos permaneçam, como a viagem à Ilha dos Mortos. Em *Truth or Dare* (páginas 206-9), descrevo um dos nossos maiores rituais públicos da Dança em Espiral para o Samhain. Para um ritual menor, de um coven, os elementos importantes parecem ser a nomeação pública de nossos Entes Queridos Falecidos, especialmente aqueles que faleceram no ano anterior, e talvez uma pequena história ou frase sobre quem foi cada um deles. Em seguida, criamos uma história, transe ou meditação com tambor, quando podemos sentir uma conexão com os mortos, honrar nossos ancestrais e receber ajuda e mensagens. Em algum momento, cantamos para expressar o que esperamos alcançar no ano que está por vir. Por fim, entoamos os nomes dos bebês que nasceram durante o ano.

Saber que teremos nosso Samhain anual é um consolo quando alguém morre, e, com o aumento da aids em nossa sociedade, todos perderam alguém ou conhecem alguém que está convivendo com a doença. Quando entoamos os nomes, quando dizemos "O que é lembrado vive", estamos dizendo que a morte não rompe nossos laços com nossos entes queridos e que a própria comunidade abrange o círculo de nascimento, crescimento, morte e renovação.

Notas do Capítulo 13

Página 266 Os grupos oprimidos e impotentes... Hoje provavelmente eu escreveria esse parágrafo e o seguinte de um modo muito diferente. Relendo, descobri que ele está a um passo de culpar a vítima, o que não era minha intenção. Tratava-se de uma reflexão sobre as maneiras pelas quais até mesmo os movimentos de libertação podem ser moldados pelas próprias formas de pensar que ele tenta desafiar. A decisão de se separar dos homens e dedicar seu tempo, sua energia, sua criatividade e seu apoio emocional às mulheres é certamente válida. Mas, às vezes, o impulso para o separatismo também gera uma ideologia que considerei e ainda considero falsa: a análise de que os homens são inerentemente violentos e tendem a dominar, enquanto as mulheres são inerentemente amorosas e cooperativas. Eu diria que o sistema é baseado na dominação, que sob ele todos nos tornamos dominadores e dominados, com homens governando mulheres, mas também homens de outras raças e classes, e que esse sistema deve ser transformado para mudar a dinâmica de poder entre mulheres e homens (e, nesse caso, entre as próprias mulheres e homens).

Nessa luta, as mulheres podem precisar de momentos de retirada. Em outras ocasiões, podem desejar trabalhar com homens que sejam seus aliados, ou enfrentar e desafiar os homens e mulheres que permanecem imersos em estruturas de dominação. Em alguns tópicos, podemos ser mais eficazes trabalhando separadamente; em outros, podemos precisar de coalizões mais amplas de pessoas diferentes de nós em muitos aspectos. Acima de tudo, precisamos de flexibilidade e fluidez, não ficar presas a nenhuma ideologia, mas ter a liberdade de mudar e crescer conforme a situação muda.

Páginas 267-68 Uma religião da Deusa ancorada na ciência. A visão de uma espiritualidade ancorada na ciência também é compartilhada por Matthew Fox, diretor do Instituto de Cultura e Espiritualidade do Holy Names College, em Oakland, onde lecionei por cinco anos. Entre os professores está Brian Swimme, um físico inspirador cujas palestras me ajudaram a reconceber nossa mitologia e cujo livro *The Universe Is a Green Dragon* vale a pena ler.

Página 270 Religiões orientais. Nos últimos dez anos, mulheres de muitas religiões orientais desafiaram estruturas de dominação e controle masculinos e investigaram as imagens e histórias de mulheres.

Página 274 "O círculo também é o círculo da comunidade." Para construir uma verdadeira comunidade que promove a diversidade num país de diversas raças, classes e culturas, também temos que lidar com a forma como internalizamos as divisões que nos mantêm separados: nosso próprio racismo sutil, nosso desconforto com as diferenças, nossas suposições de que nosso estilo de vida ou uso da linguagem ou nível de informação é a norma para todos e que os diferentes são transgressores. Precisamos perceber como nossa comunidade deixa de refletir a diversidade que nos rodeia e nos perguntar se somos pessoas sutilmente exclusivas. E talvez a nossa teologia precise de uma "opção pelos pobres" desenvolvida na teologia da libertação, que é cristã. Ou seja, precisamos perguntar: quais são os interesses dos mais oprimidos nessa situação e como podemos servi-los? Porque, se todos nós somos partes interligadas do corpo da Deusa, quando há sofrimento em alguma parte, não importa quão pequena ou distante ela seja, todos nós o sentimos até certo ponto.

Vinte Anos Depois: Comentários Sobre os Capítulos de 1 a 13

Notas Sobre o Capítulo 1

Páginas 27-32 Observe que a seção seguinte começa assim: "De acordo com as nossas lendas...". Essa é uma história mítica, não uma tese de doutorado em Arqueologia. Nessas poucas páginas se resumem meses e meses de leitura e pesquisa, mas foram meses vividos quando eu tinha 20 e poucos anos e lia as fontes disponíveis em meados dos anos 1970. Acho que ela ainda funciona bem como uma história mítica e, na verdade, acho que retrata basicamente a verdade em termos gerais, embora não em todos os detalhes.

Em *Truth or Dare* (1988), ofereci informações mais detalhadas sobre as raízes matrifocais do Oriente Médio e, em *Dreaming the Dark* (1982), fiz uma análise econômica e social da Queima das Bruxas.

Nas décadas de 1960 e 1970, quando tive contato com a Deusa pela primeira vez e escrevi os primeiros rascunhos deste livro, havia pouquíssimas informações disponíveis. *The White Goddess*, de Robert Graves, me foi recomendado pelas primeiras bruxas que conheci, e eu o li com dificuldade, obedientemente aos 17 anos. As publicações de James Mellaart sobre Catal Hüyük apareceram no final dos anos de 1960. Helen Diner, Erich Neuman e alguns outros junguianos falavam sobre matriarcados e, em 1976, o livro de Merlin Stone, *When God Was a Woman*, trouxe uma perspectiva feminista para a História Antiga. Hoje é fácil lembrar desses livros e criticar seus erros, mas naquela época eram obras radicais e esclarecedoras. Agora é difícil imaginar como era revolucionário o conceito da Deusa numa época em que não havia sacerdotisas nem rabinas, poucas pastoras e praticamente nenhum modelo para o poder espiritual e a liderança das mulheres.

A década de 1980 e o início dos anos 1990 viram um florescimento de informações sobre a Deusa. Marija Gimbutas, a principal voz das culturas das Deusas da Antiga Europa, no campo da arqueologia, publicou suas obras mais importantes. De repente, havia livros demais para catalogar todos eles. Informei-me sobre os três filmes que Donna Read fez para o National Film Board of Canada (*Goddess Remembered*, *The Burning Times* e *Full Circle*), que foram amplamente transmitidos em emissoras de TV governamentais, usados em aulas de faculdade e em programas de estudo sobre mulheres, e que por uma década estiveram entre os dez filmes mais vendidos e locados na lista da Film Board.

Atualmente, estamos vivenciando uma espécie de reação contra a Deusa nos círculos acadêmicos. Visto que um dos projetos em que estou trabalhando é um novo filme em colaboração com Donna Read sobre a vida e a obra de Gimbutas, estou muito bem informada sobre a polêmica que a cerca. Gimbutas é criticada por arqueólogos do sexo masculino e por algumas estudiosas feministas, que a acusam de tirar conclusões precipitadas e expressar suas ideias de maneira muito categórica. As mulheres mais jovens são fortemente desencorajadas a pesquisar sobre a Deusa se desejam permanecer em universidades de prestígio ou obter bolsas de pesquisa. Embora todo teórico possa ser criticado, grande parte da crítica contra Gimbutas não examinou cuidadosamente as evidências que ela apresenta, atribui a ela declarações que ela nunca fez e, em seguida, as põe abaixo, ou simplesmente a rejeita como uma autora da "Nova Era", muito feminista e muito popular.

Aqui não tenho espaço para tratar sequer superficialmente dos problemas e contraproblemas que isso acarreta. Remeto os leitores aos próprios livros de Gimbutas e ao excelente livro de Carol Christ, *Rebirth of the Goddess*, para uma discussão mais aprofundada sobre a controvérsia em torno de Gimbutas. A antologia de Joan Marler, *From the Realm of Ancestors*, também é uma referência importante. Na introdução a esta edição, menciono a interação entre história, mito e experiência para a tradição contemporânea da Deusa.

Página 56 "As imagens masculinas da divindade caracterizam tanto as religiões ocidentais quanto as orientais". Essa parte não é tão verdadeira quanto vinte anos atrás. Hoje em dia temos sacerdotisas, pastoras, rabinas e cantoras do sexo feminino, e muitas congregações tradicionais adotaram conscientemente uma linguagem neutra ou, pelo menos, termos femininos ocasionais para se referir à Divindade. Devido ao desafio que o feminismo representou para as religiões organizadas, praticamente todas as tradições tiveram que, pelo menos, confrontar esse problema nas últimas duas décadas. Até o popular escritor Andrew Greeley refere-se constantemente a Deus como "Ela". No entanto, isso está longe de ser uma inverdade. Duvido que alguém lendo isso diga: "Uau, isso não poderia estar mais errado! Porque, todas as grandes religiões de hoje estão cheias de imagens do poder feminino, existe um papa do sexo feminino, as mulheres estão mais do que equitativamente representadas em todos os mais elevados níveis de liderança em praticamente todas as tradições espirituais!" Talvez, se um dia este livro tiver uma edição do aniversário de 50 anos...

Página 58 "Como as mulheres deram à luz os homens..." Quero reafirmar a nota do aniversário de 10 anos. Hoje, continuamos não gostando das imagens do "masculino interior" e do "feminino interior".

Página 59 "A Bruxaria pode ser vista como uma religião ecológica." Eu diria que a maioria das bruxas acredita nessa afirmação em teoria, mas muitas vezes falhamos na prática. Minha orientação pessoal é tornar essa afirmação cada vez mais verdadeira, integrando a compreensão da ecologia e observando a natureza em nossos rituais e ensinamentos, visto que plantar alimentos, recuperar o habitat natural e economizar energia e água são atos tão sagrados quanto dançar e entoar cânticos num ritual. Quando vivemos mais perto da terra, os elementos tornam-se mais reais: não são apenas um conjunto de símbolos para se invocar, mas "Como planto algo nesta colina que me proteja do vento? Como considero o fogo como uma ameaça real nesta área? Como posso evitar que a água acabe com este aterro?"

A maior parte das bruxas, como a maioria das pessoas em geral, vive em cidades. Os elementos não são menos reais num ambiente urbano e os problemas ecológicos associados a eles são ainda mais vitais. Minha esperança é que as lições que podemos aprender baseando nossa espiritualidade na natureza também possam revitalizar nossas cidades.

Página 59 "O desenvolvimento da religião da Deusa deixa algumas feministas politicamente ativas um pouco desconcertadas." Para ver meu comentário sobre o ativismo político nas últimas duas décadas, veja a Introdução. Algumas feministas que se definem como radicais ou socialistas continuam a publicar críticas à natureza apolítica da tradição da Deusa, que elas justificam simplesmente ignorando todo o material que contradiz seus preconceitos. Realmente não vale a pena perder tempo ou energia tentando debater com essas pessoas.

Página 59 "Meus próprios covens são baseados na Tradição das Fadas..." Essa afirmação era mais verdadeira em 1979, quando eu estava estudando com Victor Anderson (que agora prefere grafar "Tradição Feri", para diferenciar o que ele ensina de muitas outras tradições de Fadas de todos os tipos). Hoje, minha prática faz parte do que chamamos de tradição Reclaiming, a evolução de vinte anos de criatividade e experimentação coletiva, que mescla o material da Tradição Feri com muitas outras fontes, incluindo a nossa própria imaginação.

Página 60 Vinte anos depois, o comentário a seguir sobre ética ainda me parece uma discussão sensata, bem articulada e sucinta dos nossos valores centrais. A única coisa que mudaria se eu o escrevesse hoje são algumas das afirmações sobre as religiões orientais. Com a sabedoria trazida pela maturidade, eu não ousaria mais nem comentar sobre a tradição religiosa de outra pessoa e aprecio mais as percepções e a verdade que as religiões orientais oferecem.

Página 62 A questão nazista. Toda a discussão sobre a relação dos nazistas com as ideias pagãs continua sendo um tópico importante na Alemanha, onde leciono há muitos anos e onde existe uma florescente comunidade voltada para a tradição da Deusa. Eu recomendo com veemência o livro *The Well of Remembrance*, de Ralph Metzner, para uma discussão sobre as raízes da tradição da Deusa na cultura germânica. A propósito, na Alemanha e em outros lugares existem grupos pagãos de estilo próprio, que são na verdade neofascistas. Eles não se identificam com o feminismo nem são orientados para a Deusa, além de não fazer parte de nenhuma das tradições representadas por este livro.

Página 63 "As 'bruxas solitárias' (...) são exceções." Essa afirmação provavelmente não é verdadeira. Solitários podem ser a norma na Bruxaria, mas os covens são o ideal. A estrutura da Arte mudou muito em vinte anos. Agora temos vários níveis de experiência e compromisso: bruxas que dedicam muito tempo e energia oferecendo serviços como rituais públicos para uma "congregação" maior e mais descompromissada de pessoas, que obtêm nutrição espiritual dessas reuniões, mas não têm nenhuma vontade de planejá-las, liderá-las ou carregar um caldeirão pesado até o estacionamento.

Página 63 Descrição da estrutura básica de um ritual. Depois de vinte anos, a estrutura continua a mesma. A única mudança é que agora tendemos a fazer primeiro o transe, a meditação ou o trabalho simbólico, e o clímax gerando o poder. Essa orquestração da energia parece vir com mais naturalidade, especialmente em rituais maiores e mais públicos. Nossas práticas de transe nos rituais maiores evoluíram para uma forma que chamamos de transe do tambor, na qual, basicamente, o líder ou os líderes conduzem o grupo numa jornada poética improvisada, em que os cânticos e canções se entrelaçam com a orientação do grupo e o Cone de Poder emerge do fluxo.

Página 64 "Uma pessoa dotada de imaginação (...) pode utilizá-la como um manual para começar seu próprio coven." Sem dúvida, muitos fazem justamente isto: usam este livro como base para o trabalho, o treinamento e a prática pessoal no coven. Hoje, entretanto, é muito mais fácil encontrar oportunidades de treinamento – basta pesquisar na internet! Dependendo de onde mora, você pode ter que viajar para participar de *workshops* de fim de semana ou cursos intensivos de verão, mas ninguém que realmente queira aprender precisa trabalhar sozinho.

Notas sobre o Capítulo 2

Página 69 A teoria dos hemisférios esquerdo e direito do cérebro. Como eu disse na nota de dez anos atrás, estou cada vez menos impressionada com essa teoria. Na verdade, estudos mais recentes questionam se isso se aplicaria ao cérebro feminino.

Página 69 Exercícios de Sombra e Ritmo. O Exercício das Sombras veio do meu treinamento inicial como artista e é valioso para aprimorar nossos poderes de observação e diferenciar entre o que realmente vemos (padrões de luz, sombra, linha e cor) e os objetos que nomeamos para nós mesmos. Ainda acho que uma das melhores formas de conhecer um lugar, uma coisa ou uma pessoa é desenhando.

O ritmo também é uma das minhas práticas de meditação regulares atualmente. Gosto de ir ao jardim à noite e simplesmente ouvir os padrões de som, a voz da terra. Essa voz muda a cada estação, a cada hora. Depois de mais alguns anos ouvindo esses sons, espero ser capaz de dizer que mês é, que hora do dia é e qual a temperatura no momento simplesmente pela observação do padrão de som.

Página 71 Terminologia Eu Mais Jovem/Eu que Fala. Na verdade, na Tradição das Fadas/Feri, assim como na tradição do Reclaiming, cada professor tende a desenvolver sua própria terminologia. Essa é a que eu prefiro.

Página 72 "Não é a mente consciente..." Acho essa afirmação um pouco confusa e enganosa. Obviamente, nós nos comunicamos conscientemente com a Deusa, qualquer que seja a forma como A percebemos. O que eu estava tentando expressar é um ensinamento um tanto esotérico da Tradição Feri, também compartilhado por tradições indígenas: a ideia de que nossa linguagem verbal precisa ser "traduzida" para os Deuses, que a verdadeira conexão, o trajeto dos cabos telefônicos cósmicos, passa pelo Eu Mais Jovem. Não sei se isso é verdade ou não, mas descobri que esclarecer uma intenção e incorporá-la em imagens e símbolos sensoriais tangíveis, bem como em palavras, leva a rituais mais poderosos e torna a magia mais eficaz.

Página 73 Nos últimos 20 anos, nossa comunidade aprendeu a construir e montar um Mastro de Maio. Para obter instruções, consulte *Circle Round: Raising Children in Goddess Tradition,* de Starhawk, Anne Hill e Diane Baker (Nova York: Bantam, 1998), p. 191. No entanto, sempre há um pouco de caos quando dançamos em torno do mastro. Nunca vou entender como as crianças pequenas britânicas, tão bem-educadas, fazem isso de um jeito tão ordenado na escola.

Página 74 Mito da Criação. Esse mito poderia ser visto como uma expressão poética do que os físicos acreditam atualmente sobre as origens do universo num evento único, a que às vezes se referem como o "Big Bang". As imagens se encaixam em nossa visão das origens cósmicas do grande orgasmo, ou poderíamos chamá-lo de "*she*-bang", como em *The Whole Shebang*, de Timothy Ferris (Nova York: Simon e Schuster, 1997). Eu mesma, quando quero contemplar algo verdadeiramente esotérico, medito sobre a tabela periódica dos elementos.

Página 77 Polarização feminino-masculino. Mais uma vez, essa visão de mundo foi desafiada durante os vinte anos que vivi na área da Baía de São Francisco, com nossas comunidades vibrantes e únicas de lésbicas, *gays*, bissexuais e transgêneros, que desempenharam um papel importante na formação da tradição do Reclaiming.

Certamente, a polaridade existe na natureza, no reino atômico, na dança da atração entre prótons e elétrons, mas tentar identificar um ou outro como "feminino" ou "masculino" parece simplesmente uma tolice. E agora sabemos que essa dança se dá numa interação complexa com outras forças: a força forte, a força fraca, a gravidade e certamente outras que nem conhecemos. Em vez de um universo bipolar simples, faríamos bem em imaginar uma rede de forças e energias que mantêm o Cosmos numa tensão dinâmica.

Páginas 77-78 "As forças masculina e feminina (...) não são diferentes em essência." Apresento essa declaração como prova de que, mesmo em minha juventude, nunca fui realmente uma "essencialista". Mais uma vez, acredito que faríamos bem em simplesmente abandonar as imagens do feminino/masculino.

Página 78 "Todos nós somos femininos e masculinos." Aqui, também, prefiro simplesmente falar em conter os aspectos de criação/destruição, vida/morte, em vez de qualificá-los como femininos e masculinos.

"Sexo como um fluxo polarizado de energia." Sim, é no mesmo sentido que a eletricidade é um fluxo de elétrons.

Página 78 "O Princípio Masculino é visto pela primeira vez como (...) o Deus Azul." Atualmente, interpreto os três aspectos do Deus como a personificação das três grandes estratégias que as formas de vida deste planeta desenvolveram para obter energia: fermentação, fotossíntese e respiração. O Deus Verde representa o mundo vegetal, todos os seres que geram energia através da energia solar. O Deus Cornífero é o mundo animal, todos os seres cujo sangue contém hemoglobina, que respiram oxigênio para processar os alimentos e liberar energia. O Deus Verde e o Deus Cornífero compartilham sua respiração, as plantas produzem o oxigênio, que nós de sangue vermelho respiramos; expiramos o dióxido de carbono, que ajuda a sustentar o mundo das plantas. E o Deus Azul é a terceira força que rompe os padrões da dualidade, os fermentadores que liberam energia rompendo velhas formas, os fungos que ajudam no processo do apodrecimento. O mito segue a sequência da evolução biológica: a fermentação é, de fato, o ofício mais antigo, seguida da fotossíntese e depois da respiração.

Página 79 A Roda do Ano. Para outra versão, ver T. Thorn Coyle em Starhawk, M. Macha Nightmare e Reclaiming, *The Pagan Book of Living and Dying* (São Francisco: HarperSanFrancisco, 1997), páginas 16-19.

Página 81 "... mais cedo ou mais tarde, deve servir à força vital..." A Bruxaria não é uma religião de autossacrifício ou de abnegação. No entanto, à medida que nossa comunidade amadureceu, aprendemos a importância do conceito de prestar serviço. Quando ensinamos, organizamos rituais, participamos de longas reuniões, carregamos um caldeirão pesado, ficamos acordadas até tarde e recolhemos o lixo, estamos prestando um serviço à Deusa e à comunidade, assim como quando trabalhamos, escrevemos, trocamos a fralda de um bebê, abraçamos uma sequoia para evitar que ela seja cortada, escrevemos cartas a um deputado ou compostamos o lixo. Fazemos essas coisas por amor, orgulho e agradecimento à Deusa: são os frutos que colocamos no altar.

O serviço é um conceito especialmente importante para os líderes. Quanto mais influência tivermos em nossa comunidade, mais responsabilidade teremos. Quanto mais ampla a nossa visão, mais somos chamados a nos doar.

Muitos anos atrás, me apresentei numa conferência com uma índia norte-americana chamada Inez Talamantes. Ela disse algo que nunca esqueci: "As pessoas sempre querem ter visões. Elas não percebem que, se você tem uma visão da Deusa, se você sonha com ela, você é obrigado a trabalhar para ela pelo resto da vida".

Você não poderia ter um chefe pior. A Deusa exige longas horas de trabalho, não garante seguro-desemprego, oferece recompensas muito variáveis e põe tanta ação na nossa vida que nunca ficamos entediadas. Você nunca será demitida ou descartada: ela sempre encontrará algo para você fazer. O serviço que você devota a ela é alegre. Ela nos oferece um campo no qual podemos exercitar nossos dons e talentos para enriquecer nossa comunidade e oportunidades para nos unirmos a outras pessoas no trabalho, no lazer e na invenção mútua. Ela atrai todos aqueles poderes dentro de nós que clamam para serem usados: nossa criatividade, nossa visão e nossa paixão. E nos fornece ótimas companhias.

Página 83 Ritual de simulação da morte. Poderíamos sugerir isso a senadores e deputados, como alternativa para o processo de *impeachment,* da próxima vez que um presidente popular for pego mentindo sobre sua vida sexual.

Página 83 A visão da mídia sobre a Bruxaria. Houve uma ligeira melhora, ao longo dos anos, mas não foi o suficiente. Muitos documentários e reportagens foram feitos e muitas pessoas que trabalham na mídia são pagãs, ou pelo menos simpatizantes.

Ainda assim, no rádio, no cinema e na televisão, ainda somos o equivalente pagão de qualquer outro estereótipo racista. Agora temos filmes banalizantes como *Jovens Bruxas*, além dos filmes de terror simples. Ocasionalmente, uma bruxa aparece numa série de televisão, mas geralmente é retratada como um tipo maluco da "Nova Era". Ainda estou esperando por uma bruxa da TV que por acaso seja uma mecânica de automóveis, uma engenheira ou uma bióloga molecular.

Notas sobre o Capítulo 3

Página 88 "Para ser membro de um coven, a pessoa deve ser iniciada" Isso não tem que ser necessariamente assim. Na prática, cada coven ou círculo estabelece suas próprias regras. Veja notas no Capítulo 10 para mais comentários sobre a iniciação.

Página 88 "... os membros de um coven eram as professoras e os professores...". Essa é a nossa lenda sobre o passado. Agora eu suspeito que, na realidade, indivíduos e famílias unidos eram os guardiões de tradições que iam desde antigas práticas de cura, conhecimento de ervas e cuidados com a terra até como realizar corretamente os ritos locais. Veja Clark e Roberts, *Twilight of the Celtic Gods*, para conhecer um belo relato sobre a sobrevivência das tradições familiares neste século.

Página 89 "Infelizmente, os preconceitos ainda são generalizados." Infelizmente, isso continua a ser verdade, embora muito progresso já tenha sido feito.

Página 89 "O poder de uma pessoa não reduz o de outra..." Eu poderia escrever um livro inteiro apenas sobre questões relacionadas ao poder. Pensando bem, eu já escrevi alguns! Em *Dreaming the Dark*, eu diferenciei "poder sobre" (dominação e controle) de "poder que vem de dentro" (poder criativo e capacidade criativa). Esse último é o tipo de poder que covens tentam promover. Em *Truth or Dare*, explorei um terceiro tipo de poder que chamei de "poder com": influência ou poder social, que entra em jogo especialmente em grupos que não têm estruturas de liderança hierárquicas. Outra fonte excelente são *Wicca Covens,* de Judy Harrow.

Página 92 "... covens de anciãs" Hah hah hah! Quando escrevi isso, a maioria de nós estava na casa dos 20 anos. Quem eu estava querendo enganar? Na verdade, eu estava usando a definição oficial de "ancião" da Covenance of the Goddess; uma pessoa capaz de perpetuar sua tradição. Sim, por essa definição, éramos todas mulheres idosas, mas o que essa frase me lembra agora é quão poucas mulheres idosas realmente tínhamos para nos guiar. Nos anos 1970, as pessoas que praticavam a Arte por mais de uma década eram tão raras quanto corujas-pintadas.

Atualmente, a comunidade do Reclaiming está tendo uma discussão muito ampla sobre o que significa "ancianidade", como deve ser determinada, se a idade deve servir de parâmetro e o que acontece quando alguém que para você é uma sábia anciã não passa de uma velha lunática e ranzinza aos olhos de outra pessoa. Espero que, quando chegarmos a algumas conclusões mais sólidas, eu já tenha passado da meia-idade e esteja pronta para me submeter a uma simulação de morte e servir ao Conselho.

Página 95 "... a Sacerdotisa não vai sair por aí dirigindo um Mercedes..." Caso possa interessar, atualmente dirijo uma picape Toyota 1990 ou uma van tão velha que já esqueci que ano é, e espero poder cuidar deles até que os veículos elétricos se tornem práticos e acessíveis.

Página 100 Conflito de grupo. Nem um número infinito de livros poderia fazer justiça a esse tópico, mas, se eu pudesse adicionar apenas uma reflexão dos últimos vinte anos, seria esta: Se duas pessoas num grupo têm um conflito, incentive-as a resolvê-lo em particular. Não use o tempo do grupo para tentar descobrir uma solução. Se necessário, ofereça uma terceira pessoa como mediadora. Mas, se levar o conflito para o grupo, você multiplicará infinitamente as dinâmicas e possíveis alianças, manipulações e novos conflitos. Vergonha e humilhação também entram em jogo. E-mails e quadros de avisos reforçaram esse princípio. Muitas vezes, as pessoas tentam usar o e-mail e, por extensão, a comunidade, como um tribunal, em vez de lidar de modo direto e particular com a outra pessoa. Quando os grupos são usados dessa maneira, seja um grupo presencial ou online, eles despendem energia e rapidamente perdem seus membros.

Página 100 "A crítica objetiva e construtiva..." O artista e professor Donald Engstrom formulou o que é conhecido como "As Três Regras da Crítica de Donald":

1. A crítica construtiva deve ser específica: Não diga: "Este ritual foi horrível para mim", mas: "Para mim, a meditação foi muito poderosa nos primeiros cerca de dez minutos, mas, quando você começou com a visualização da terceira rodada de dádivas e desafios, fiquei entediada". O elogio também deve ser específico: Não diga: "Adorei a invocação!", Mas sim: "Sua invocação durou o tempo certo; não foi nem muito longa, nem muito curta. Eu podia ouvir cada palavra e as imagens me emocionaram".
2. O objetivo deve ser melhorar o trabalho.
3. A ocasião em que a crítica é feita deve ser a mais apropriada. Imediatamente após o ritual, quando todos ainda estão emotivos e cansados, não é o melhor momento para criticar a Sacerdotisa ou o Sacerdote, ou o roteiro. É melhor esperar pelo menos uma noite, ou melhor ainda, 24 horas, para fazer alguma crítica ao ritual.

A isso, eu adicionaria uma quarta regra:
4. A crítica em particular pode oferecer apoio e ser útil. A crítica em público, especialmente se não tiver sido feita em particular antes, pode ser constrangedora e humilhante. Essa é a diferença entre dizer, calmamente, para um amigo: "Seu zíper está aberto" e gritar numa sala lotada: "Ei, pessoal, olhe para o Joe: A BRAGUILHA DELE ESTÁ ABERTA!". Mais uma vez, o e-mail agrava esse problema.

Página 109 Prática diária. Minha prática diária atualmente inclui passar algum tempo em algum ambiente natural, simplesmente observando o que está acontecendo ao meu redor, permanecendo na realidade física, em vez de me perder nos meus próprios pensamentos e imagens mentais. Na cidade, você pode passar cerca de dez minutos no quintal. No campo, passo uma ou duas horas caminhando (combinando isso com exercícios físicos). Quanto mais abro meus olhos e ouvidos, mais há para ver e ouvir.

Página 110 "... as informações costumam ser fotocopiadas..." Quando não são enviadas por e-mail ou postadas numa página da internet!

Notas do Capítulo 4

Página 115 "... um período de purificação..." Na prática, muitas vezes combinamos isso com o ancoramento, reservando um tempo para liberar qualquer coisa que possa interferir em nossa experiência do ritual, entregando os nossos bloqueios ao fogo do centro da Terra ou imaginando-os caindo no chão e servindo como adubo para a Árvore da Vida.

Purificação em grupo: salpicar as pessoas com ervas ou galhos mergulhados em água salgada é uma das tarefas que as crianças podem realizar facilmente durante o ritual. Recomendam-se supervisão e algumas toalhas à mão.

Página 117 Banimento. Outra maneira fácil de permitir que as crianças participem do ritual é dar a elas potes, panelas e coisas que façam barulho e deixá-las correr no sentido anti-horário, batendo nos objetos para espantar os maus espíritos.

Página 120 "... indispensáveis para abrir um vinho ritual..." Como eu disse antes, não usamos mais vinho em nossos rituais públicos e normalmente também não nos rituais privados, mas você entendeu o espírito da coisa.

Meu athame atual é uma tesoura de jardinagem suíça. Eu a uso diariamente para podar roseiras, macieiras, cortar enxertos e para fazer magia. Levo-a nas minhas viagens (nunca se sabe quando vou encontrar uma roseira que precise ser rejuvenescida!). Em vez de uma espada, cujo simbolismo não gosto, uso minha tesoura de poda com cabo extensível. Se você usa algum tipo de lâmina afiada (tesourinha, faca, serra) em seu trabalho artesanal, considere-a um instrumento mágico. Para viagens, outra boa opção é uma caneta-tinteiro (é mais poderosa que a espada e tem menos probabilidade de ser confiscada pelo controle de segurança do aeroporto).

Página 127 Outros instrumentos. Atualmente devemos incluir o computador na caixa de ferramentas das bruxas, pois ele praticamente substituiu o tradicional Livro das Sombras e, além disso, é um importante recurso de comunicação.

Notas sobre o Capítulo 5

Página 135 Hoje, vivo a Deusa principalmente como a expressão da terra e do lugar. Quando começamos a entender a Terra como um organismo vivo, a Deusa é a consciência da Terra viva, e seus vários aspectos são os reflexos do terreno, do clima, da rede ecológica de uma determinada região. Por isso, a Deusa Deméter, padroeira da agricultura e da cevada, foi homenageada em Elêusis, que já foi a planície mais fértil de toda a Grécia (hoje está entre as terras mais poluídas de todo o país). Sua irmã, Atenas, deusa da oliveira, que cresciam nas colinas rochosas, foi homenageada nas terras mais secas e altas de Atenas. As deusas e os deuses personificam as relações reais que os povos antigos tinham com a terra, os alimentos, os animais e as técnicas que sustentavam sua vida e cultura.

Os povos indígenas são bons observadores de todos os aspectos da vida ao seu redor e são bons comunicadores. Eles sabem que a terra, as plantas, os animais, os pássaros, os insetos e os micróbios que nos cercam e sustentam nossa vida estão em comunicação constante. Abrir-se à Deusa é estar atento ao que a etnobotânica Kat Harrison chama de "a grande conversa", aprender a ouvi-la e, finalmente, graças à magia, a falar.

Você pode encontrar mais meditações sobre a Deusa em *The Pagan Book of Living and Dying* e em *Circle Round*.

Páginas 139-40 O texto reflete uma mudança sutil na terminologia do pentáculo, do texto original de Robert Graves "Nascimento, iniciação, consumação, descanso e morte" para "Nascimento, iniciação, maturação, reflexão e morte". A consumação parece muito definitiva; maturação expressa mais o sentido de processo e evolução que esse estágio representa. Agora que estou chegando ao quarto estágio da vida, você pode dizer, por experiência pessoal, que "descanso" tem pouco a ver com o que acontece. "Reflexão" expressa melhor o ganho de sabedoria com a experiência.

Página 139 "... o estágio de iniciação (...) para mulheres." Consulte os livros *Truth or Dare* ou *Circle Round* para ver descrições de ritos de passagem para meninas adolescentes. *Circle Round* também inclui rituais semelhantes para meninos. Nos próximos vinte anos, espero que nossa comunidade produza mais materiais e haja mais recursos para ajudar os jovens a fazer a difícil transição da infância para a idade adulta.

Página 139 "... a iniciação final, que é a morte..." Veja *The Pagan Book of Living and Dying* para um comentário mais completo sobre nossa teologia, práticas, liturgia e rituais sobre a morte e o morrer.

Página 143 "As bruxas prestam culto nuas..." Bem, eu odeio admitir, mas como regra nós não fazemos isso, pelo menos não na fria e nevoenta São Francisco, com seu pensamento vitoriano. Independentemente disso, aceitamos a nudez quando a privacidade e as condições climáticas permitem.

Página 145 "Invocar a Deusa é despertar a Deusa interior, tornar-se, por um instante, aquele aspecto que invocamos": O poder dessa identificação imaginada pode variar de um leve sentimento de euforia a uma profunda mudança na percepção ou transe com possessão completa. Judy Harrow e Meclannen Beshderen estabeleceram quatro fases:

1. Aprimoramento: quando nossos próprios poderes criativos são intensificados; por exemplo, você toca música com mais paixão e sensibilidade.
2. Inspiração: quando algo flui através de você, a música toca em você.
3. Integração: Quando você e a Deusa são uma coisa só.
4. Possessão: Quando a música/Deusa possui você e você desaparece.

Muitas tradições indígenas, como as religiões baseadas na tradição ioruba ou balinesa, trabalham com possessão total no transe, mas nunca sem uma estrutura elaborada de segurança e limites culturais. O transe com possessão é uma das poucas coisas realmente perigosas que você pode vivenciar num ritual, e eu não recomendo. Um ritual poderoso que funciona como deve levará os participantes a um estado de aprimoramento e até inspiração – como em qualquer trabalho criativo. A identificação é um pouco mais problemática. Claro, em certo sentido, nossa teologia nos ensina que a Deusa está em cada um de nós. Falar de um ritual como a voz de um de seus aspectos pode levar à presunção, a menos que uma preparação cuidadosa tenha sido feita para isso. Precisamos ter um forte senso de identidade, o que os psicólogos chamam de "fortes limites egoicos" antes de tentarmos esse trabalho, caso contrário, podemos inadvertidamente fragmentar e desintegrar nosso ego. Para realizar uma identificação, é necessário um apoio firme, limites claros e salvaguardas, e depois um acompanhamento. "Aspectar", como diz Claim, é uma técnica mágica que realmente devemos aprender e viver, não por meio de livros, mas graças ao ensino pessoal de um mestre no assunto. E, embora possa ser uma experiência esclarecedora e transformadora para a pessoa que o realiza, pode não ser a forma mais poderosa de ritual para outras pessoas. A informação que é recebida enquanto está sendo "examinada" deve ser avaliada cuidadosamente como qualquer outra. Mesmo que "a Deusa diga" para fazer algo, devemos considerar cuidadosamente a ética e as consequências com nossa mente racional. Se aceitamos as informações ou os conselhos que nos são dados como se eles fossem Evangelhos da Deusa, o ritual torna-se algo que, em vez de nos dar poder, tira-o de nós e nos coloca à beira de um fundamentalismo pagão. O mensageiro não é a voz, e cada mensageiro influencia a mensagem com suas próprias percepções, falhas e emoções.

Página 146 Invocações. (Veja a seção Recursos para conhecer gravações de algumas dessas músicas e muito mais.)

Notas do Capítulo 6

Página 157 "... eram encarnados fisicamente nos ritos". O transe com possessão parece ter sido uma prática comum no que conhecemos da Bruxaria primitiva.

Página 159 "Ele não tem pai; Ele é seu próprio pai." Nos últimos dez anos, com o amadurecimento da tradição da Deusa, temos conseguido focar nossa atenção cada vez menos na dor da paternidade patriarcal e autoritária e mais nas possibilidades de alegria e apoio que trazem muitos pais pagãos da nossa comunidade. O livro *Circle Round* (página 221) apresenta uma "Bênção do Pai".

Página 166 Invocações. Veja a seção Recursos, onde você encontrará as gravações de algumas dessas e outras canções para o Deus.

Página 169 "O cântico a Pan" foi gravado por Aine Minogue em seu CD *Circle of the Sun,* RCA Victor.

Notas do Capítulo 7

Página 175 "...elas permitem que os dois hemisférios do cérebro se comuniquem..." Como já enfatizei, eu não me sinto mais apaixonada pela teoria de cérebro esquerdo/cérebro direito.

Página 175 "... materiais que sentimos serem os corretos..." Faço esse feitiço hoje da seguinte maneira. Primeiro, esclareço minha intenção. Posso meditar, perambular por um labirinto, ler as cartas do tarô, levar o tempo que for necessário, até que minha decisão seja clara como cristal. Aí vou dar um longo passeio no campo ou passear no jardim, com o meu athame/podador na mão, cortando um pouco disto ou daquilo, dizendo para que cada erva serve. "Vou colocar um pouco de alecrim para proteção, um pouco de sálvia para ter sabedoria, um pouco desta rosa para ter mais doçura..." Depois que eu coleto as ervas que sinto que são as certas, amarro-as com ráfia ou um cordão de material natural, concentrando a minha atenção na imagem e na intenção mágicas, e canto, recito ou sopro poder nela; depois queimo as ervas ou as enterro, ou as deixo como oferenda aos elementos, animais ou fungos para transformá-las. Chamo isso de "feitiço ecológico", pois não uso nada que não possa fazer parte dos ciclos de fertilidade.

Página 178 "Direcionar energia não é simplesmente agir com muita emoção". A intenção clara é a chave para criar um poderoso feitiço ou ritual. Me divirto quando me lembro de quantas sessões de planejamento ritual participei, nas quais as pessoas passavam horas e horas discutindo sobre quais símbolos usar ou quais cânticos utilizar sem parar e perguntar: "Qual é a nossa intenção?". Reserve um tempo para esclarecer sua intenção primeiro, reconhecer medos e liberá-los, fazer algum tipo de adivinhação, se necessário. Quando a intenção é clara, os símbolos, atos e objetos que a incorporam e personificam também ficam claros.

Página 179 "... a influência da lua sobre as energias sutis..." Os jardineiros também sabem que plantar de acordo com a lua é uma técnica comprovada pelo tempo, que tira vantagem dessas forças. Infelizmente, muitas vezes sou obrigada a plantar quando tenho tempo, seja a fase lunar apropriada ou não.

Página 189 Amuletos de ervas. Vinte anos encontrando sachês de ervas secas em qualquer uma das gavetas da cômoda ou caindo da minha escrivaninha me ensinaram a pensar em como me livrar desses amuletos. Agora sou a favor de amuletos e feitiços que incorporem seu próprio descarte ou decomposição em sua construção, como na nota da página 175. Procuro não usar coisas que não possam ser decompostas ou que não possam ser queimadas – a menos que eu decida antecipadamente que não vou me importar de encontrar uma bonequinha de plástico na minha caixa de compostagem alguns anos depois.

Além disso, uso quase que exclusivamente ervas que cultivo ou coleto na natureza. A relação que tenho com a planta é uma parte importante do poder que ela tem para mim. As folhas secas que compro numa loja de produtos naturais não são iguais as que preparo eu mesma. Sei que sou extremamente privilegiada e um tanto presunçosa sobre o assunto, mas também acho que estou certa. A magia envolve um relacionamento e uma comunicação com seus aliados e ajudantes. Se você mora num edifício que não têm campos ao redor, plante um pouco de hortelã num vaso e use-o em seus feitiços. Ajude um amigo a cuidar da sua horta ou se ofereça para cuidar da horta da escola do bairro; em troca, pegue um pouco de lavanda quando precisar. Se você comprar suas ervas, procure saber de onde elas vêm e como são cultivadas. A maioria das ervas que usamos é fácil de encontrar, mas algumas usadas na cura, como a equinácia e o hidraste, estão ameaçadas de extinção na natureza, devido à coleta em excesso.

Notas do Capítulo 8

Página 203 "Ficar ao ar livre (...) restaura a vitalidade." Aqui está uma razão pela qual todas aquelas bruxas de antigamente moravam nos arredores da cidade e passavam muito tempo na floresta. Quando lidamos com muita energia, fazemos um trabalho de cura ou, mesmo um trabalho criativo intenso, precisamos de uma forte conexão com a natureza. Se você mora na cidade e faz um trabalho psíquico intenso, deve saber que é importante para sua saúde física e emocional passar algum tempo num ambiente natural. Torne esses momentos parte da sua prática pessoal, seja fazendo um passeio diário num parque, passando uma hora no jardim ou um fim de semana por mês na casa de campo de um amigo. Não abra mão desse tempo consigo mesmo; ele não é uma opção, não é um luxo, mas uma necessidade, como comer verduras ou ter uma boa noite de sono. Se você se sente sem energia, constantemente cansado, sempre doente, passe algum tempo em contato com a natureza.

Página 203 "... Outro Lado..." Agora eu prefiro o termo "Mundo Superior", porque o reino de energia/pensamento/espíritos molda o mundo físico. Se você quiser um comentário mais completo, consulte *The Pagan Book of Living and Dying*, páginas 78-81.

Notas do Capítulo 9

Página 212 "A visão astral é sempre uma mistura do subjetivo e do objetivo." É aconselhável ter isso em mente quando se lida com visões, estados de transe, viagens ao Outro Mundo, contatos com Fadas etc. Como romancista, conheço o poder da mente para criar imagens e personagens que podem parecer, às vezes, tão vívidos e reais quanto meus amigos encarnados. Muito do que fazemos no trabalho mágico é semelhante a isso. Tanto a escrita de transe quanto a de ficção podem trazer novos *insights* e ativar o crescimento e a mudança pessoal. Mas elas são sempre influenciadas pela subjetividade. Uma cena imaginada com força pode até superar uma lembrança verdadeira; às vezes eu me pego respondendo a questões sobre a minha história pessoal com incidentes tirados da vida dos meus personagens.

Página 213 "Os estados de transe oferecem muitas possibilidades..." Escrever, tocar música, dançar ou fazer arte envolvem estados semelhantes ao transe. Cientistas, arquitetos, paisagistas e matemáticos usam a visualização em seu trabalho. Quando fazemos magia, abrimos a porta da nossa criatividade.

Página 218 Drogas e magia. Muitas sociedades tribais e indígenas usam plantas que afetam a mente em seus rituais e é bem provável que as bruxas também fizessem isso. No entanto, nessas culturas, os xamãs e as Sacerdotisas usavam plantas com as quais tinham uma relação pessoal. Eles passaram longas horas aprendendo sobre a planta, se comunicando com ela, ouvindo sua sabedoria, antes de consumi-la.

Ainda acho que misturar drogas e rituais é uma má ideia, por todas as razões que mencionei. Os rituais públicos e os acampamentos de Bruxas do Reclaiming são isentos de álcool e de drogas. Ainda assim, em nossa sociedade, há muita hipocrisia quando se trata do uso de drogas. Pessoas que consomem bebidas alcoolicas (algo extremamente destrutivo), cafeína ou nicotina (mais viciante que heroína) são muitas vezes condenadas e presas por aqueles que fumam maconha ou se automedicam com outras drogas para aliviar dores físicas ou emocionais. O ex-presidente Clinton, um homem que é obviamente viciado em sexo ilícito, se recusou a reconhecer a legalização da maconha para uso medicinal quando visitou os eleitores da Califórnia.

Hoje, não uso drogas que alteram a mente, exceto cafeína, na qual sou viciada como a maioria das pessoas em nossa sociedade; e, ocasionalmente, bebo uma taça de vinho. Mas nunca tomei drogas psicodélicas, porque, se tivesse feito isso, nunca teria me tornado uma bruxa e nunca teria escrito um livro como este aos 20 anos. Por outro lado, se eu tivesse usado mais drogas, poderia estar mendigando nas esquinas por algum trocado, com todos os meus pertences numa sacola de supermercado.

Página 220 *Disco music*. A música dançante é conhecida por induzir o transe. Na verdade, uma de suas últimas evoluções é a chamada *"trance music"* ["música de transe"].

Notas do Capítulo 10

Página 231 Ao longo dos últimos dez anos, nossa comunidade continuou a praticar iniciações, e o poder da experiência cresce. A iniciação é uma das poucas situações em que damos aos outros o poder de nos orientar, de nos desafiar, de nos conduzir. Deixamos o controle de lado e nossos amigos nos apontam direções que, de outra maneira, não teríamos seguido. A experiência tem o potencial de catalisar nosso crescimento e nossa transformação.

Mas a iniciação perde seu poder quando se torna um rótulo, uma marca de status, de quem é *"cool"* e de quem não é. Na tradição do Reclaiming, a iniciação não é um requisito para participar de rituais, ou mesmo para dar aulas. Alguns membros da nossa comunidade se recusam a participar de iniciações ou serem iniciados por acreditar que um ritual que potencialmente distingue algumas pessoas lhes conferindo um status especial não deve fazer parte de uma tradição igualitária.

Acredito que a iniciação seja uma parte válida e importante da prática da nossa Arte, mas que deve ser mantida à parte de qualquer status externo. Não deve ser usada, por exemplo, como um fator determinante na escolha de alguém para nos representar numa reunião inter-religiosa ou para falar num congresso, ou para invocar uma direção ou receber documentos de licença. Vincular a iniciação a recompensas externas esvazia seu significado, que é assumir um compromisso sincero com a Deusa e com a comunidade.

Página 235 "Eu uso pétalas de rosa..." Hoje eu uso o que quero e, como já disse, apenas as ervas e flores que cultivo ou coleto na natureza. Desidrato as pétalas de rosa durante os meses de verão, para ter um estoque delas nas iniciações realizadas no inverno.

Notas do Capítulo 11

Páginas 239 Ritual de lua cheia. A cura pela imposição das mãos descrita nesse ritual pode ser feita em quase qualquer época, pelo grupo todo, como parte de um ritual, ou individualmente, se alguém em particular precisar de cura.

Notas do Capítulo 12

Os Sabás. Os rituais, como os descrevo aqui, mudaram muito em comparação ao que escrevi há vinte anos, quando eu tinha participado da maioria deles só algumas vezes. De qualquer maneira, como rituais, eles permanecem como foram descritos dez anos atrás. É claro que, na tradição do Reclaiming, valorizamos a criatividade e a espontaneidade, e é por isso que nunca fazemos um ritual igual ao outro. Mas os atos básicos e o simbolismo do ciclo sazonal seguem o padrão delineado dez anos atrás, especialmente no que diz respeito aos rituais de Samhain, Yule, Brigit, Beltane e Litha. Os Equinócios da Primavera e do Outono e o festival de Lughnasad continuam um pouco mais fluidos, em sua forma e estrutura.

Em nossos rituais maiores, agora temos alguém que desempenha o papel que chamamos de "ancoramento" ou "testemunho profundo". Essa pessoa ou essas pessoas ficam em transe durante todo o ritual, simplesmente mantendo o círculo no plano da sua atenção. Rituais ancorados têm mais coesão. Os grandes grupos, portanto, mantêm um senso de intimidade e conexão e a atenção dos participantes fica mais focada na tarefa. Para rituais muito grandes, como nossa Dança em Espiral de Halloween, em que até 1.500 pessoas podem participar, usamos grupos de três ou quatro âncoras, que são liberados a cada hora. Os âncoras devem ser pessoas com experiência no trabalho de magia e devem ser cuidadosamente preparadas, protegidas e trazidas de volta, depois do ritual. Novamente, isso requer um treinamento e instruções personalizados.

Para rituais sazonais projetados para crianças e famílias, incluindo histórias, artesanato e receitas, consulte o livro *Circle Round*.

Páginas 242-48 Solstício de Inverno. Continuamos realizando o lindo ritual que descrevi dez anos atrás. Nosso mergulho no mar costuma reunir cerca de duzentas ou trezentas pessoas – e antes damos uma palestra sobre a segurança na água. O cântico "Vamos navegar" agora faz parte do nosso ritual de Samhain.

Continuamos a fazer a vigília em casa também. Na medida em que envelhecemos, nem todos conseguimos ficar acordados a noite toda. Também paramos de fazer artesanato às três da manhã, especialmente depois de alguns desastres com plástico derretido, que deixamos na panela por muito tempo. Em vez disso, fazemos pão. Nós o preparamos para crescer durante a noite e cada uma de nós se reveza para amassar nele nossos desejos e esperanças para o ano que está por vir. (Depois do ano em que eu coloquei uma colher de sopa de sal em vez de uma colher de chá, aprendi que, se eu quisesse fazer pão no meio da noite, era melhor testar a receita algumas vezes antes, para me familiarizar com ela.) Pela manhã, nos deliciamos com pão fresco e geleia de ameixa caseira, que é colocada em frascos de vidro durante o Solstício de Verão. As crianças participam do nosso ritual até adormecerem e eu conto a história da Mãe Inverno (ver *Circle Round*, página 101).

Páginas 248-49 Brigit. Reunimos algumas belas canções e cânticos para esse ritual. (Consulte Recursos). As "águas do mundo", a água que recolhemos ao longo do ano nas nossas viagens, tornaram-se um elemento importante nos nossos rituais de abertura de todos os Acampamentos de Bruxas e fazem parte do núcleo central do nosso ritual de Brigit. Atualmente, também criamos uma linda boneca Brigit, que fazemos com palha, gravetos, ervas e cereais; depois vestimos de branco e carregamos em procissão pelo círculo. Ela preside a cerimônia diante do poço e do caldeirão, onde fazemos nossos votos. Cada voto é selado com um golpe da bigorna. Nossa comunidade cresceu. O ritual de São Francisco costuma reunir de duzentas a trezentas pessoas e, neste ano, o Reclaiming apadrinhou mais dois rituais na área da Baía. Eu nunca planejaria um ritual em que várias centenas de pessoas tivessem que falar individualmente, mas essa cerimônia sempre teve vida própria. Assumir um compromisso, ter a comunidade como testemunha, ouvir o som metálico da bigorna dão o tom do ano todo. E, no final, dançamos para gerar o Cone de Poder. Em alguns anos fazemos uma dança em espiral, em outros apenas dançamos.

Página 249 Beijo durante a dança. Ah, como eu não gosto quando as pessoas se beijam enquanto giramos! (Como sugere o texto original.) Às vezes, deixo meu lugar na fila e ando em torno do círculo, gritando para as pessoas não fazerem isso. Num coven pequeno ou de pessoas que se conhecem bem, trocar beijos não tem nada de mais; mas, num evento público grande, com muitas pessoas, isso pode ser intrusivo e desagradável. Eu penso na Dança em Espiral como uma metáfora para a comunidade. Estamos todos ligados e o movimento de uma pessoa afeta o das outras que estão ao lado, quando alguém inclina a cabeça para beijar, ou param por um instante, e ocorre um pequeno puxão, que fica cada vez mais forte à medida que se expande na fila, até que, por fim, o braço de alguém quase se desprende do ombro.

Hoje dançamos a Dança em Espiral em vários rituais diferentes ao longo do ano. É uma forma simples e eficaz de conectar um grupo e gerar poder.

Páginas 249-50 Eostar (Equinócio de Primavera). Nosso ritual costuma ser organizado em torno de uma caça aos ovos, que preparamos para as crianças. Também gosto de trabalhar com o mito de Deméter e Perséfone.

Páginas 251-52 Beltane. A questão de como celebrar a sexualidade sem venerar a heterossexualidade foi um problema para o grupo Reclaiming da Baía de São Francisco durante anos. Atualmente invocamos a criatividade, a comunidade, o amor e a sexualidade sem nos limitarmos às imagens heterossexuais. No livro *Circle Round*, escrevi uma história infantil "A Deusa Abençoa Todas as Formas de Amor" (pp. 179-83), que explica o simbolismo das fitas do Mastro de Maio como as múltiplas formas de amor de que precisamos para tornar o círculo completo. Esse livro também explica como construir esse mastro.

Páginas 252-54 Litha (Solstício de Verão) Em nosso ritual atual, muitas vezes tomamos banho de mar, o que é mais agradável, mas menos purificador do que se fizéssemos isso no meio do inverno. Depois de vários anos em que honramos a Deus na forma de pão sagrado ou na forma de carvão em brasa, aprendemos a assar um pouco a massa e envolvê-la em papel-alumínio, que por sua vez cobrimos com uma camada de folhas de confrei e outra camada final de papel-alumínio. Com isso, obtemos o cozimento perfeito.

Páginas 254-55 Lughnasad. Este ritual funciona maravilhosamente bem quando acrescentamos alguns jogos a ele. (Veja *Cicle Round*, pp. 241, 244-45.) Nosso cântico tradicional do Lammas foi escrito por Raven Moonshadow e você pode encontrá-lo na seção Cânticos do capítulo Recursos.

Páginas 255-56 Mabon (Equinócio de Outono). O Jantar da Colheita é a nossa tradição no momento. Em *Circle Round*, escrevi a história de Mabon, filho de Modron (pp. 256-60).

Páginas 255-56 Samhain. Vinte anos atrás, a comunidade que posteriormente se tornaria o Reclaiming iniciou o costume de realizar um grande ritual público de Halloween. Como também comemoramos a publicação deste livro, nós o chamamos de ritual da Dança em Espiral. O ritual agora é um evento. Alugamos um grande espaço público em São Francisco, que às vezes recebe 1.500 pessoas. Pelo menos duzentas trabalham na organização do ritual. As invocações podem ser feitas por equilibristas na corda bamba, dançarinos, acrobatas ou aerialistas que descem das vigas do teto. Um coro canta a música que criamos (consulte Recursos). Celebramos os bebês que nasceram naquele ano e lemos os nomes das pessoas que morreram, enquanto os participantes realizam uma meditação silenciosa em vários altares onde acendem velas. Em seguida, conduzimos os participantes numa viagem de transe para a Ilha dos Mortos, e dançamos uma dupla espiral, enquanto cantamos uma canção de chamada e resposta, que carrega nossa visão do futuro. O Cone de Poder chega ao seu apogeu nesse ritual.

Apesar de toda essa atmosfera circense/extravagante, o núcleo central do ritual continua a ser a citação do nome dos nossos parentes falecidos e o apoio mútuo que damos uns aos outros em nossos momentos de pesar e amor. Aprendemos como criar um espaço íntimo em grande escala. Temos poucas oportunidades em nossa sociedade para o reconhecimento público do luto, e em nossa comunidade, que sofreu profundamente com a aids. Portanto, esse é um ato de cura.

Samhain também é o momento certo para rituais de pequena escala, em família ou em covens, como descrevemos neste livro ou em *Circle Round*. Em pequenos grupos, podemos não apenas nomear nossos entes queridos falecidos, mas também contar histórias sobre eles. Gosto de fazer um altar com fotos da minha família, a trança da minha avó, que ela cortou aos 20 anos, e dos livros do meu pai e da minha mãe. Em nossa casa, preparamos pratos tradicionais que herdamos dos nossos avós, contamos histórias e olhamos fotos antigas, quando as crianças voltam dos seus "doces ou travessuras".

O Reclaiming também participa da tradição latina de El Día de los Muertos, em 2 de novembro. Em São Francisco, há uma procissão de milhares de pessoas, muitas delas caracterizadas, carregando velas. Ela termina num parque, no coração da cidade, onde artistas e jovens criam altares fantásticos, que transformam num espaço sagrado uma região normalmente perigosa devido à violência.

E depois celebramos o período sagrado de exaustão pós-ritual, que pode durar de três dias até o Yule!

Notas do Capítulo 13

Página 264 "Se as imagens femininas fossem meramente colocadas nas velhas estruturas..." Não apenas símbolos femininos, mas, quando as próprias mulheres ganharem poder nas velhas estruturas, certamente obteremos as Margaret Thatchers do mundo. Vinte anos atrás, eu acreditava que, se você tivesse os genitais certos – quer você fosse um ser humano ou uma Deusa –, eu poderia acreditar em você. Infelizmente, descobri que a vida não é tão simples.

Página 265 Citação de Marsha Lichtenstein. O artigo dela foi um dos primeiros de uma longa série de críticas à espiritualidade da Deusa que acabou se cristalizando no termo "essencialismo" – a suposição de que homens e mulheres são diferentes em sua essência. O movimento da Deusa é acusado de ser essencialista, enquanto feministas políticas "autênticas" defendem a teoria do construcionismo social e acreditam que o gênero – não simplesmente nossa sexualidade física, mas o conjunto de traços, comportamentos e expectativas que acompanham essa sexualidade – é formado pelo condicionamento social.

Minha resposta a Lichtenstein ainda se mantém. Ela, como muitos críticos, argumenta com base nos seus próprios constructos, que refletem as antigas dualidades patriarcais, e não a complexidade e fluidez de pensamento do movimento da Deusa. Minha própria jornada fica clara neste livro, se o leitor se der ao trabalho de ler as notas (as quais passei muito tempo escrevendo, quando poderia estar colhendo cogumelos venenosos ou me dedicando a outras atividades divertidas de bruxa). Em 1979, eu ainda era influenciada pelas formulações e terminologias junguianas, como "o masculino interior" ou o "feminino interior", em parte porque, ao longo da década de 1970, praticamente ninguém, exceto os junguianos, tratava dessas questões. No entanto, há muitas afirmações no texto original que se aproximam mais da estrutura social: em 1989, meu ponto de vista já tinha mudado totalmente e eu já tinha abandonado o quadro de referência junguiano ou a visão do mundo como uma polaridade masculino/feminino.

As análises históricas que fiz em *Dreaming the Dark* e *Truth or Dare* também estão fortemente enraizadas em causas materiais e econômicas.

Certamente, há crenças muito variadas entre os adoradores da Deusa, e ninguém pode ousar falar em nome do "movimento". Mas descobri que muitos desses críticos simplesmente não se importam em ler as fontes que podem contradizer seus preconceitos. Eles praticam uma espécie de pseudoerudição que ignora as evidências e, infelizmente, isso parece ter se infiltrado no mundo acadêmico. E, embora clamem por ação política, parecem nunca mencionar que trabalho político eles estão realmente fazendo além de escrever resenhas críticas em boletins acadêmicos. Eu poderia falar mais sobre isso, mas tenho que enviar uma petição, escrever três cartas em defesa das florestas de sequoias, responder a uma pergunta sobre o projeto de El Salvador e preparar um encontro da minha comunidade com um novo viticultor para tratar alguns assuntos sobre o uso da terra.

Página 266 Dualismo. O fim da guerra fria teve um efeito devastador sobre o nosso ponto de vista cultural dualista. Podemos pensar na década de 1990 como uma busca cega, no escuro, para encontrar um novo Inimigo, outro Império do Mal: Saddam Hussein, viciados em drogas, satanistas ou um presidente com satiríase. Nenhum deles parece se esforçar para capturar a imaginação e a indignação do público. Ai da União Soviética! Um vilão tão perfeito que quase nos levou à falência nacional, enquanto buscávamos incansavelmente as armas mais poderosas para combater a ameaça comunista. Que decepção quando descobrimos que eles nem tinham o que comer!

Página 267 "... firmemente ancorada (...) no que podemos observar..." Hoje minha abordagem pessoal tem a ver com uma mensagem que recebi há alguns anos, segundo a qual eu estava "ensinando muita meditação e pouca observação". Espero que nas próximas décadas nossa comunidade seja capaz de integrar nossa espiritualidade com a ciência e com o trabalho de cura da Terra.

Página 269 "Quando a 'consciência expandida' não aprofunda nossos laços (...) ela é mais do que inútil: é a uma autodestruição espiritual". Quando não praticamos a observação e focamos nosso trabalho espiritual em nossas imagens interiores, podemos ficar enamorados das nossas próprias visões, perdidos no reino das Fadas. Uma checagem útil em nossa prática é perguntar a nós mesmos: estou aprofundando meu relacionamento com os outros? Meu amor pelo mundo vivo ao meu redor está crescendo? Minha visão está enraizada na compaixão? Nosso grupo está isolado em si mesmo? Eu passo muito tempo julgando os outros e me sentindo superior?

Página 272 Movimento de "crescimento". Provavelmente fui tão injusta nesse parágrafo quanto os críticos dos quais eu estava reclamando anteriormente. Sim, existem professores da "Nova Era" que explicam filosofias simplistas, mas também existem muitos que são criativos, pioneiros na cura ou professores que perseveraram em suas novas ideias por décadas.

Ironicamente, este livro e meus trabalhos subsequentes me colocam no campo da Nova Era. Embora a maioria dos bruxos e bruxas não se considerem da "Nova Era", o resto do mundo nos considera.

Acho que a Nova Era merece mais reconhecimento do que costuma receber. Centros de retiro e seminários ou fóruns patrocinados por grupos da Nova Era funcionam como uma universidade aberta para se continuar aprendendo cada vez mais, e eles mantêm vivas ideias e práticas que são radicais demais para o mundo acadêmico. São o modelo de educação para o qual juntamos forças nos anos 1960 – as pessoas vão apenas porque querem aprender, são responsáveis por sua aprendizagem, geralmente não há exames, nem provas, nem níveis, nem recompensas externas, e os professores não entediam seus alunos até a morte se quiserem continuar ensinando. Algumas das aulas oferecidas podem parecer triviais, superficiais ou malucas; mas esse é o preço da liberdade, da não institucionalização de um cânone do conhecimento. As ideias e os programas que tiveram o poder de se sustentar são muitas vezes aqueles que têm valor real. Sim, os eventos da Nova Era e seus seminários custam dinheiro, mas em todos os centros em que dei um curso, havia também alguma forma de bolsa de estudos ou uma política de troca de trabalho ou serviços. Em comparação com o custo de alguns cursos universitários, a maioria dos seminários da Nova Era é barata e poucos centros ou professores recebem salários altos. As pessoas muitas vezes têm o conceito errado de que os centros ou os professores da Nova Era nadam em dinheiro. Na verdade, a maioria das escolas luta para sobreviver e a maioria dos professores trabalha sem receber nem perto do salário ou dos benefícios de um professor universitário, muito menos de um programador de computador ou de um executivo de nível médio. Uma das mudanças que a meia-idade traz consigo é a compreensão de que, sim, custa dinheiro oferecer às pessoas um lugar limpo e agradável para ficar e uma refeição saudável, sem mencionar atender a meia dúzia de telefonemas. E, embora aos 20 anos, morrer de fome por seus próprios ideais seja algo que cause admiração e inspire seus seguidores, aos 40 é exaustivo, especialmente quando outra geração de 20 anos está lhe pedindo para financiar seus estudos.

Eu me pergunto por que as pessoas que estão "buscando" algo são tratadas com tanto desdém, principalmente por aqueles que afirmam que o sistema não funciona. Por que se condenam as pessoas que procuram algo diferente? Se essas pessoas nunca olharem para onde você acha que elas deveriam olhar, talvez elas encontrem algo de valor que você nunca encontrou. Se elas decidiram gastar seu dinheiro em educação e desenvolvimento pessoal, você preferia que comprassem um carro novo ou redecorassem a sala de estar? Ou será que elas deveriam dar todo seu dinheiro aos pobres? A maioria já contribui com seu tempo e dinheiro para as causas em que acredita.

É verdade que a Nova Era tem uma clientela predominantemente branca e de classe média, e muito poderia ser feito para torná-la acessível a mais pessoas. Mais uma vez, eu os lembro dos anos 1960 e 1970, quando muitos escritores saudaram "um novo modelo educacional no qual as pessoas podiam estudar durante toda a vida". Essa previsão se tornou realidade e, em vez de reclamar, gostaria que a celebrássemos e encontrássemos uma maneira de tornar esse festival de ideias e aprendizado ainda mais acessível para aqueles que mais precisam de novos recursos e novas percepções.

Página 273 "Uma religião feminista não precisa de messias mártires ou santos para mostrar o caminho". Uma religião feminista, no entanto, precisa de líderes poderosos que possam oferecer um modelo diferente das velhas estruturas de dominação, que liderem apresentando novas ideias e estejam dispostos a recuar no momento certo, para permitir que outra pessoa indique a direção a seguir. O modelo de liderança que mais gosto é o tambor. Nos rituais do Reclaiming, os percussionistas ajudam a aumentar a energia do Cone de Poder definindo a batida e aumentando sua intensidade conforme o Cone é gerado. Mas os percussionistas não direcionam o Cone nem o transformam num frenesi. Em vez disso, quando a energia é forte o suficiente para se sustentar, os percussionistas sutilmente param de tocar e permitem que as vozes combinadas das pessoas levem o Cone ao seu apogeu. Se os tocadores de tambor param de tocar muito cedo ou repentinamente, a energia diminui. Se tocam por muito tempo, as pessoas se sentem manipuladas. Para mim, uma liderança bem administrada faz o que os percussionistas fazem. Os líderes mantêm a energia e a visão até que ela ganhe vida própria e depois desaparecem, de preferência não muito cedo, nem muito tarde, deixando que outros tomem seu lugar, sabendo que a visão irá evoluir em novas direções; e ver esse processo tomando lugar é tanto um desafio quanto uma recompensa pela sua liderança.

Os líderes também precisam de apoio. O movimento feminista como um todo tem a reputação de esmagar seus líderes assim que surgem. A boa liderança precisa ser tratada com amor e confiança, com crítica construtiva (ver nota na página 100) e com compaixão pelos erros, porque, se você acha que o processo que descrevi no parágrafo acima é fácil de alcançar, isso é sinal de que você nunca tentou.

Página 275 "... um novo culto à Virgem Maria e um ressurgimento da antiga Deusa Hebraica." Vimos esse ressurgimento tanto no Cristianismo quanto no Judaísmo. Eu participei de uma cerimônia de ancianidade de uma amiga querida que é freira, participei de serviços religiosos de Yom Kippur invocando Asherah, dei seminários em Israel sobre a Deusa Hebraica e dancei com mulheres na costa do mar Vermelho. Em relação ao Judaísmo, respeito especialmente o trabalho de Marcia Flak, cujo belo livro *Book of Blessings* reconfigura as orações tradicionais para que fiquem isentas de gênero e honrem a Terra. Trata-se de um recurso inestimável para religiões baseadas na natureza, tenham ou não uma base judaica.

Página 275 "É mais fácil..." Muitas pessoas me criticaram por esse parágrafo e eu tenho que admitir que elas têm razão. Adotar uma tradição ascética não é escapar do compromisso com a vida, é simplesmente uma escolha diferente. Na verdade, eu acharia mais difícil ser celibatário do que ser sexualmente ativa, e extremamente difícil, senão impossível, fazer qualquer uma das coisas que rotulei de "mais fáceis". Viver no mundo, sentir minhas emoções, me comunicar no grupo, acreditar em mim e ajudar a criar uma criança – faço isso todos os dias. Talvez, em parte, essa seja a diferença entre ter 48 e 28 anos.

Tabelas de Correspondências

Os Elementos

AR

Direção: Leste
Regras: A mente, todo trabalho mental, intuitivo ou psíquico; conhecimento; aprendizagem abstrata; teoria; colinas varridas pelo vento; planícies; praias ventosas; picos de altas montanhas; torres; o vento e a respiração
Hora do dia: Nascer do sol
Estação: Primavera
Cores: Branco, amarelo-brilhante, carmesim, azul-claro, cores pastéis
Signos do Zodíaco: Gêmeos, Libra, Aquário
Instrumentos mágicos: Athame, espada, incensário
Espíritos: Os Silfos, comandados por seu Rei Paralda (muitos desses sistemas são extremamente orientados para os padrões masculinos; eu os incluo por seu interesse e por referência; não os use se você não gosta deles)
Anjo: Miguel
Nome do Vento Leste: Eurus
Sentido: Olfato
Gema: Topázio
Incenso: Olíbano, Gálbano
Planta: Olibano, mirra, amor-perfeito, prímula, verbena, violeta, mil-folhas
Árvore: Álamo-alpino
Animais: Os pássaros, especialmente a águia e o falcão; insetos
Deusas: Aradia, Arianrhod, Cardea, Nuit, Urânia
Deuses: Enlil, Khephera, Mercúrio, Shu, Thoth

FOGO

Direção: Sul

Regras: Energia, espírito, calor, chama, sangue, vitalidade, vida, vontade, cura e destruição, purificação, fogueiras, fogo doméstico, chama das velas, o sol, desertos, vulcões, erupções e explosões

Hora do dia: Meio-dia

Estação: Verão

Cores: Vermelho, dourado, carmesim, laranja, branco (luz do sol ao meio-dia)

Signos do Zodíaco: Áries, Leão, Sagitário

Instrumentos mágicos: Incensário, varinha

Espíritos: As salamandras, comandadas por seu rei Djinn

Anjo: Ariel

Nome do Vento Sul: Notus

Sentido: Visão

Gema: Opala-de-fogo

Incensos: Copal, Olíbano

Plantas: Alho, hibisco, mostarda, urtiga, cebola, pimentão vermelho, papoula vermelha.

Árvore: A amendoeira em flor

Animais: Dragões que soltam fogo; os cavalos, quando seus cascos levantam faíscas; leões; serpentes

Deusas: Brigit, Hestia, Pele, Vesta

Deuses: Agni, Hefesto, Hórus, Prometeu, Vulcano

ÁGUA

Direção: Oeste

Regras: Emoções; sentimentos; amor; coragem; ousadia; tristeza; o oceano; marés; lagos, lagoas, riachos e rios, fontes e poços; intuição; a mente inconsciente; o útero; geração; fertilidade

Hora do dia: Crepúsculo

Estação: Outono

Cores: Azul, azul-esverdeado, verde, cinza, índigo, preto

Signos do Zodíaco: Câncer, Escorpião, Peixes

Instrumento mágico: Cálice

Espíritos: As Ondinas, comandadas por seu rei Niksa

Anjo: Rafael

Nome do vento oeste: Zéfiro

Sentido: Paladar

Gema: Água-marinha

Incenso: Mirra
Plantas: Samambaia, lótus, musgos, algas, nenúfares e todas as plantas aquáticas
Árvore: Salgueiro
Animais: Golfinhos e botos; dragões como cobras, peixes, focas e mamíferos marinhos, cobras aquáticas, todas as criaturas aquáticas e aves marinhas
Deusas: Afrodite, Isis, Mari, Mariamne, Tiamat, Iemanjá
Deuses: Dylan, Ea, Llyr, Manannan, Netuno, Osíris, Poseidon

TERRA

Direção: Norte
Regras: O corpo, crescimento, natureza, sustento, ganhos materiais, dinheiro, criatividade, nascimento, morte, silêncio, abismos, cavernas, grutas, bosques, campos, rochas, monólitos, montanhas, cristais, joias, metais, ossos, estrutura
Hora do dia: Meia-noite
Estação: Inverno
Cores: Preto, marrom, verde, branco
Signos do Zodíaco: Touro, Virgem, Capricórnio
Instrumento mágico: Pentáculo
Espíritos: Os gnomos, comandados por seu rei Ghob
Anjo: Gabriel
Nome do Vento Norte: Bóreas, Ofíon
Sentido: Tato
Gemas: Cristal de rocha, sal
Incensos: Benjoim, estórax
Plantas: Confrei; cereais: cevada, milho, aveia, arroz, centeio, trigo; hera
Árvore: Carvalho
Animais: Bisão, vaca ou touro, cobras (que vivem na terra), veados
Deusas: Ceres, Deméter, Gaia, Mah, Néftis, Perséfone, Prthivi, Rea, Rhiannon
Deuses: Adônis, Arawn, Athos, Cernunnos, Dioniso, Marduk, Pan, Tammuz

ESPÍRITO/ÉTER

Direção: O centro e a circunferência, ao longo de e sobre
Regras: Transcendência, transformação, mudança, em toda parte e em lugar nenhum, com e sem, imanência, vazio
Hora do dia: Além do tempo, todo o tempo é um único instante
Estação: A Roda do ciclo anual
Cores: Transparente, branco, preto
Instrumento mágico: Caldeirão

Sentido: Audição
Incenso: Mástique
Planta: Visco
Árvore: Amendoeira em flor
Animal: Esfinge
Deusas: Isis, o nome oculto da Deusa, Shekinah
Deuses: Akasha, Iao, JHVH

Os Corpos Celestes

A LUA

Regras: Mulher; ciclos; nascimento; geração; inspiração; poesia; emoções; viagens, especialmente por água; o mar e as marés; fertilidade; chuva; intuição; capacidades psíquicas; segredos; sonhos.

Lua Nova ou Crescente: A Donzela, nascimento e iniciação, virgindade, começos, caça.

Lua Cheia: A Mãe, crescimento, realização, sexualidade, maturação, nutrição, amor.

Quarto Minguante ou Lua Negra: A Anciã, a mulher após a menopausa, a velhice, os segredos profundos, a sabedoria, a adivinhação, a profecia, a morte e a ressurreição, os finais

Dia: Segunda-feira
Elemento: Água
Cores:
    Nova: Branco ou prata
    Cheia: Vermelho ou verde
    Minguante: Preto
Signo do Zodíaco: Câncer
Nota musical: Si
Letra: S
Números: 3 ou 9
Gemas: Pedra da lua, pérola, quartzo, cristal de rocha
Esfera Cabalística: 9 Yesod – Fundamento
Anjo: Gabriel
Incensos: Ginseng, jasmim, murta ou papoula, sândalo, coco
Plantas: Banana, repolho, camomila, erva-de-bico, pepino, vegetais folhosos, lótus, melões, cogumelos, murta, papoula do ópio, abóbora, beldroega, azevinho-do-mar, algas-marinhas, agrião, rosa-mosqueta, plantas perenes
Árvore: Salgueiro

Animais: Gato, elefante, lebre

Deusas: Anna, Ártemis, Brizo, Ceridwen, Diana, Hathor, Hécate, Isis, Levanah, Lunah, Mari, Nimue, Pasífae, Febe, Selene

Nova: Ártemis, Nimue

Cheia: Diana, Mari

Minguante: Anna, Hécate

Deuses: Atlas, Khonsu, Sin

O SOL

Regras: Alegria, sucesso, avanço, liderança, poder natural, amizade, crescimento, cura, luz, orgulho

Dia: Domingo

Elemento: Fogo

Cores: Ouro, amarelo

Signo do zodíaco: Leão

Nota musical: Ré

Letra: B

Números: 1, 6 ou 21.

Metal: Ouro

Gemas: Topázio, diamante amarelo

Esfera Cabalística: 6 Tiphereth – Beleza

Anjo: Rafael

Incensos: Canela, cravo, olíbano, folha de louro

Plantas: Acácia, angélica, louro, camomila, frutas cítricas, heliotrópio, mel, zimbro, aipo, margarida, visco, alecrim, arruda, açafrão, erva-de-são-joão, girassol, videira

Árvores: Acácia, freixo, louro, bétula, giesta

Animais: Criança, águia, leão, fênix, falcão

Deusas: Amaterasu, Bast, Brigit, Ilat, Sekhmet, Theia

Deuses: Apollo, Hélio, Hyperion, Lugh, Ra, Semesh, Vishnu-Krishna-Rama

MERCÚRIO

Regras: Comunicações, inteligência, astúcia, criatividade, ciência, memória, transações comerciais, roubo, truques

Dia: Quarta-feira

Elementos: Ar, Água

Cores: Violeta, misturas de cores

Signos do Zodíaco: Gêmeos, Virgem

Nota musical: Mi
Letra: C
Números: 1, 4 ou 8
Metais: Ligas, mercúrio
Gemas: Opala, ágata
Esfera Cabalística: 8 Chod – Glória
Anjo: Miguel
Incensos: Noz-moscada, estórax
Plantas: Cominho, cenoura, cáscara-sagrada, endro, erva-doce, feno-grego, marroio, lavanda, alcaçuz, mandrágora, manjerona, murta, salsa, romã, valeriana
Árvores: Amendoeira, freixo ou avelãzeira
Animais: Hermafroditas, chacais ou cobras gêmeas
Deusas: Atena, Maat, Metis, Pombagira
Deuses: Anúbis, Coeus, Coiote, Elegba, Hermes, Lug, Mercúrio, Nabu, Thoth, Odin

VÊNUS

Regras: Amor, harmonia, atração, amizade, prazer, sexualidade
Dia: Sexta-feira
Elementos: Terra, Água
Cores: Verde, índigo, cor-de-rosa
Signos do Zodíaco: Touro, Libra
Nota musical: Lá
Letra: Q
Números: 5, 6 ou 7
Metal: Cobre
Gemas: Âmbar, esmeralda
Esfera cabalística: 7 Netzach – brilho
Anjo: Haniel
Incenso: Benjoim, jasmim, rosa
Plantas: Flores de acácia, óleo de amêndoa, aloés, maçã, bétula, narciso, rosa-damascena, sabugueiro, matricária, figo, gerânio, menta, artemísia, azeite de oliva, poejo, banana-da-terra, rosa, framboesa, morango, tanásia, tomilho, verbena, violeta
Árvores: Macieira, marmelo
Animais: Pombo, lince
Deusas: Afrodite, Asherah, Astarte, Beltis, Freya, Hathor, Inanna, Ishtar, Isis, Mari, Mariamne, Oxum, Thetis, Vênus
Deuses: Eros, Oceano, Pan, Robin Hood

MARTE

Regras: Fortaleza, luta, guerra, raiva, conflito, agressão
Dia: Terça-feira
Elemento: Fogo
Cor: Vermelho
Signos do Zodíaco: Áries; alguns estudiosos também nomeiam Escorpião
Nota musical: Dó
Letra: T
Números: 2, 3 ou 16, possivelmente 5
Metais: Ferro, aço
Gemas: Pedra-de-sangue, granada ou rubi
Esfera cabalística: 5 Gevurah – força, severidade
Anjo: Kamael
Incensos: Cipreste, pinho ou tabaco
Plantas: Valeriana, aloés, assa-fétida, manjericão, betônia, alcaparras, pimenta-malagueta, coentro, sangue-de-dragão, alho, genciana, gengibre, mostarda, cebola, pimenta, rabanete, salsaparrilha, estragão
Árvores: Azevinho, carvalho
Animais: Basilisco
Deusas: Anat, Brigit, Dione, Morrigan
Deuses: Ares, Crius, Hércules, Marte, Nergal

JÚPITER

Regras: Liderança, política, poder, honra, realeza, reconhecimento público, responsabilidade, riqueza, negócios, sucesso
Elementos: Ar, Fogo
Cores: Azul-marinho, roxo
Signo do Zodíaco: Sagitário
Nota musical: Sol
Letra: D
Números: 5 ou 4
Metal: Estanho
Gemas: Ametista, crisólita, safira ou turquesa
Esfera Cabalística: 4 Chesed – Perdão
Anjo: Tzadkiel
Incensos: Cedro, noz-moscada
Plantas: Agrimônia, erva-doce, freixo, bálsamo, betônia, raiz-de-sangue, borragem, rosa-canina, trevo, dente-de-leão, hissopo, bagas de zimbro, tília, hortelã, visco, noz-moscada, sálvia

Árvores: Carvalho, oliveira ou terebinto
Animal: Unicórnio
Deusas: Hera, Isis, Juno, Themis
Deuses: Bel, Eurymedon, Júpiter, Marduk, Thor, Zeus

SATURNO

Regras: Obstáculos, limitações, amarras, conhecimentos, morte, construções, história, tempo, estruturas
Dia: Sábado
Elementos: Água, Terra
Cores: Preto, azul
Signos do Zodíaco: Capricórnio
Nota musical: Fá
Letra: F
Números: 7 ou 3
Metal: Chumbo
Gemas: Pérola, ônix ou safira-estrela
Esfera Cabalística: A Esfera Cabalística
Anjo: Tzaphkiel
Incensos: Civete, *ironwood*, mirra
Plantas: Acônito (existem várias plantas com esse nome), beterraba, bistorta (sangue-de-dragão), confrei, cipreste, heléboro, cicuta, cânhamo, meimendro, cavalinha, mandrágora, maconha, papoula do ópio, dulcamara, patchouli, selo-de-salomão, tomilho, teixo
Árvores: Amieiro, romãzeira
Animais: Corvo, gralha
Deusas: Cibeles, Demeter, Hécate, Hera, Isis, Kali, Néftis, Rhea
Deuses: Bran, Cronos, Ninib, Saturno, YHVH

Aspectos da Vida

AMOR

Elementos: Água, Terra
Planeta: Vênus
Hora de invocar:
    sexta ou segunda-feira
Lua Nova a Cheia em:
    Touro: amor terreno e sensual
    Câncer: casa e família

Libra: idealista
Escorpião: sexual

Cores: rosa-choque, verde, laranja para atração
Metais: Cobre ou prata
Números: 5 ou 7
Incensos/Perfumes: Benjoim, jasmim, rosa; para paixão sensual, civeta, almíscar, patchouli
Plantas: Todas as ervas de Vênus, especialmente as flores de acácia, aloés, Bálsamo de Gileade (se carregá-lo com você, você curará seu coração partido), ciclame (se você colocar um vaso com essa planta em seu quarto, seu casamento será longo e feliz), helênio, gardênia, jasmim, lavanda, rainha-dos-prados, visco, mirra, murta, rosa, tanásia, tuberosa, valeriana, verbena, violeta
Afrodisíacos (renomados): raiz de Beth (*trillium erectum*), cravo, coentro, damiana, algas-vermelhas, fo-ti, ginseng, capuchinha, pervinca, loimbina
Deusas: Afrodite, Asherah, Astarte, Beltis, Branwen (pode conceder ou a união com o verdadeiro amor ou a cura de uma paixão não correspondida), Diana, Freya, Hathor, Ishtar, Isis, Maia, Mari, Mariamne, Oxum, Vênus
Deuses: Adônis, Cernunnos, Eros, Pan, Robin Hood

DINHEIRO E NEGÓCIOS

Elementos: Terra, Ar
Planetas: Júpiter, Mercúrio, Sol
Hora de invocar:
  Quinta, quarta ou domingo
  Do quarto crescente à lua cheia para aumentar, nos:
  Signos de Terra: o ganho material
  Signos de Ar: ideias, planos
  Signos de Fogo: energia, crescimento
  Virgem: trabalhos que envolvem detalhes
  Capricórnio: cautela ou superar obstáculos
  Leão: a energia solar
  Sagitário: expansão, viagens
  Áries: iniciar um novo projeto
Cores: Verde, ouro, prata
Números: 1, 4, 8 ou 7
Incensos/Perfumes: Cedro, canela, louro, noz-moscada ou estórax
Plantas: Melissa, borragem, raiz de *High John the Conqueror*, lavanda, mandrágora, folhas de carvalho, açafrão, sálvia, erva-de-são-joão, sementes de girassol, valeriana, gaultéria

Deusas: Deméter, Deusas da Terra, Hera, Juno
Deuses: Deuses da Terra, Hermes, Júpiter, Lug, Mercúrio, Zeus

TRABALHO CRIATIVO

Elementos: Todos
Planetas: Terra, Mercúrio (para a comunicação), Lua (para a inspiração), Sol
Hora de invocar:
    Segunda, quarta ou domingo
    Lua Crescente: para iniciar
    Perto da lua cheia: inspiração
    Signos de Ar: trabalhos mentais
    Signos de Terra: artesanato e trabalhos manuais
    Signos de Fogo: a energia criativa
    Signos de Água: a expressão das emoções
Cores: Ouro, prata, roxo, amarelo, misturas de cores
Números: 1, 3, 4, 6 ou 9
Incensos/Perfumes: Bagas de louro, canela, ginseng, noz-moscada, estórax
Plantas: Louro, lavanda, murta, escutelária, valeriana
Deusas: Atena ou Minerva (para conhecimento, sabedoria), Brigit (Deusa Tríplice da cura, da poesia e da forja), Ceridwen (Guardiã do Caldeirão da Inspiração), Mnemosina (Mãe da Musa Tríplice)
A Musa Tríplice:
    Calliope – "rosto bonito"
    Erato – "o amado"
    Urânia – "o celestial"
As Nove Musas:
    Calíope – poesia épica
    Clio – história
    Euterpe – poesia lírica
    Melponeme – Tragédia
    Terpsicore – Dança, Erato – poesia erótica e mímica
    Polihymnia – poesia sagrada
    Urânia – Astronomia
    Thakia – Comédia
Qualquer forma da Deusa Tríplice
Deuses: Apollo (música e poesia); Orfeu (música); Ogma (poesia); Hermes, Mercúrio e Thoth (conhecimento e comunicação); Credne, Gobniu e Hefaesto (para todos os trabalhos manuais, forja)

CURA

Elementos: Todos
Planetas: Sol, Lua, Terra
Hora de invocar:
  Domingo ou segunda-feira
  Lua crescente à lua cheia: para aumentar a saúde
  Quarto minguante ou Lua Negra: para banir, mandar embora a doença
  Nos signos de Terra ou Água
Cores: Azul, verde, dourado, laranja
Números: 1, 3, 7 ou 9
Incensos/Perfumes: Louro, canela, eucalipto, olíbano, sândalo
Plantas: Todas as plantas medicinais
Deusas: Ártemis, Hebe, Hygeia, Deusas da Terra e da Lua
Deuses: Asclépio, Apollo, Dianchecht

LEI E JUSTIÇA

Elementos: Terra, Ar
Planetas: Júpiter, Sol, Mercúrio, Saturno, Marte
Hora de invocar:
  Quinta-feira: para o sucesso, para garantir que a justiça seja feita
  Domingo: para obter liberdade
  Sábado: apanhar um criminoso, limitar a liberdade de alguém ou levar uma pessoa à justiça, para ser julgada
  Terça-feira: para ter força durante o conflito
Cores: Azul-marinho, roxo, vermelho, preto, marrom
Números: 4 ou 8
Incensos/Perfumes: Cedro, cipreste, olíbano, pinho, sândalo
Plantas: Alho (para proteção), ervas dos poderes planetários apropriados, raiz de *High John the Conqueror* e erva-de-são-joão (para ser invencível), urtigas ou trepadeiras (para amarrar)
Deusas: Aradia (para proteger os pobres), Atenas (especialmente para obter o perdão), Maat, Nemesis (para obter justiça contra aqueles que nos ferem), Themis
Deuses: Dagda, Júpiter, Osíris, Thoth, Zeus

PROTEÇÃO

Elementos: Todos
Planetas: Lua, Sol

Hora de invocar:
   segunda ou domingo
   Do quarto crescente à lua cheia: para realizar trabalhos de proteção
   Quarto Minguante: para banir o mal
Cores: prata, branco, azul
Metal: Prata
Números: 4, 5, 3, 9 ou 8
Incensos/Perfumes: Louro, canela, alecrim
Plantas: Assa-fétida, avens (estrela-da-terra), manjericão (afasta o mal), raiz-de-sangue, giesta (para colocar na água e usar para purificação), bardana, rosa-canina, matricária (protege contra doenças e acidentes), alho (usar os dentes no bolso ou pendurar a réstia sobre a soleira para afasta o mal), raiz de *High John the Conqueror*, hissopo, louro, mandrágora, urtiga (para amarrar), patchuli, beldroega, alecrim (plante perto da soleira para proteger a casa), serbal (especialmente contra forças psíquicas malignas), selo-de-salomão (usado em exorcismos), erva-de-são-joão, raiz-de-unicórnio (*aletris farinosa*), verbena (apanhada com a mão esquerda quando a estrela Sírius sobe no céu)
Deusas: As Deusas da Lua, especialmente Artemis (protege as crianças), e Arádia, Hera
Deuses: Cuchilain, Dagda, Júpiter, Thor

TRABALHOS PSÍQUICOS

Elementos: Ar, Água, Fogo
Planeta: Lua
Hora de invocar:
   Lua Cheia – para obter o máximo do poder psíquico
   Lua Negra – para segredos ocultos e profundos ou misteriosos
Cores: Prata, Branco, Preto
Números: 3 ou 9
Incensos/Perfumes: Canela, açafrão, absinto, outras plantas apropriadas
Plantas:
   Relaxamento: erva-doce, erva-gato, camomila, dente-de-leão, lúpulo, lavanda, tília, menta, noz-moscada (coloque o óleo nas têmporas), salsa, cravo-vermelho, sálvia, estragão, tomilho (sivestre), valeriana (encha um travesseiro com ele), verbena
   Visualização: Ginseng, *gotu cola*, artemísia, escutelária
   Travesseiro para ter um bom sono: lavanda e tília
   Concentração e memória: Valeriana, eufrásia, erva-cidreira, manjerona, noz-moscada, salsa, óleo essencial de *petitgrain*, alecrim, sálvia

Mental e estabilidade: aipo, camomila e alecrim juntos

Energia: Ginseng, *gotu cola*, aipo (um banho com essa planta revigora as faculdades psíquicas), erva-mate

Ter bons sonhos: Folhas de freixo, artemísia, camomila e escutelária (tudo misturado num chá, para beber antes de dormir)

Para evitar pesadelos e visões que causem medo: camomila, alecrim, casca de betônia (coloque alguns pedaços embaixo do travesseiro)

Trabalho de adivinhação e transe: flores de acácia, *Persicaria bistorta,* ginseng, folhas de louro (mastigadas pelas sacerdotisas de Delfos), artemísia (beba um chá para ter vidência), noz-moscada, açafrão (chá ou incenso), absinto (o incenso que é queimado no Halloween para poder ver o retorno do espírito dos mortos).

Psicodélicas: Melhor evitá-las quando começar a desenvolver a mediunidade, pois elas tendem abrir os centros psíquicos muito rapidamente e de forma descontrolada, às vezes com resultados destrutivos.

Deusas: Todas as Deusas da Lua, Ceridwen, Cibele, Hécate (para adivinhação e feitiços), Hera (para profecia), Néftis, Pasífae (para oráculos em sonhos)

Deuses: Asclépio (para oráculos de sonhos que tenham a ver com a cura), Gwydion, Hermes, Math, Merlin, Thoth.

Bibliografia Selecionada

Anderson, Victor. *Thorns of the Blood Rose*. San Leandro, Calif.: Cora Anderson, 1970.

_____. *Anima, An Experimental Journal*, 1975, 1 (2).

Bartlett, Lee. "Interview-Gary Snyder". *California Quarterly 9* (primavera de 1975): pp. 43-50.

Beasant, Annie e C. W. Leadbeater. *Though-Forms*. Wheaton, Ill.; Theosophical Publishing, 1969.

Blanc, Alberto C. "Some Evidence for the Ideologies of Early Man" *in* Sherwood L. Washburn, org., *The Social Life of Early Man*. Chicago: Aldine Publishing Co., 1961, p. 124.

Bonewitz, P. E. I. *Real Magic*. Berkeley, Calif.: Creative Arte Books, 1979.

Braidwood, Robert J. "The Agricultural Revolution". *Scientific American* 203, n. 48 (setembro de 1960): pp. 130-34.

Breuil, Henri e Raymond Lantier. *The Men of the Old Stone Age*. Trad. B. B. Rafter. Londres: Harrap, 1965.

Brown, Barbara. *"New Mind, New Body"*. Nova York: Harper & Row, 1974.

Buckland, Raymond. *Witchcraft from the Inside*. St. Paul, Minn.: Llewellyn, 1971.

Budapest, Z. *The Feminist Book of Lights and Shadows*. Venice, Calif.: Luna Publications, 1976.

Campbell, Joseph. *The Masks of God: Creative Mythology*. Nova York: Viking Press, 1970.

_____. *The Masks of God: Oriental Mythology*. Nova York: Penguin Books, 1970.

_____. *Myths to Live By*. Nova York: Bantam Books, 1973.

_____. *The Masks of God: Primitive Mythology*. Nova York: Penguin Books, 1976.

Carruth, Hayden, org. *The Voice That Is Great Within Us: American Poetry of the Twentieth Century*. Nova York: Bantam Books, 1971.

Castañeda, Carlos. *The Teachings of Don Juan: a Yaqui Way of Knowledge*. Berkeley e Los Angeles: University of California Press, 1968.

_____. *A Separate Reality: Further Conversations with Don Juan*. Nova York: Simon & Schuster, 1971.

_____. *Tales of Power*. Nova York: Simon & Schuster, 1974.

Chadwick, Nora K. *Celtic Britain*. Nova York: Praeger, 1963.

Chicago, Judy. *The Dinner Party: A Symbol of Our Heritage*. Garden City, N.Y: Anchor Press/Doubleday, 1979.

Christ, Carol P. e Judith Plaskow, orgs. *Womanspirit Rising*. São Francisco: Harper & Row, 1979.

_____. *Chrysalis, A Magazine of Women's Culture*. Los Angeles: Solstício de Inverno, 1978.

Claiborne, Robert. *Climate, Man and History*. Nova York: Norton, 1970.

Clark, Grahame, e Stuart Piggot. *Prehistoric Societies*. Londres: Hutchinson & Co. 1967.

_____. *The CoEvolution Quarterly* 12 (verão de 1976).

Commoner, Barry. *The Closing Circle*. Nova York: Knopf, 1971.

Courtot, Martha. "Tribes" *Lady-Unique-Inclination-of-the-Night*. New Brunswick, N.J: Sowing Circle Press, 1977, Ciclo 2, pp. 12-13.

Crawford, O. G. S. *The Eye Goddess*. Nova York: Macmillan, 1958.

Crowley, Aleister. *Magick in Theory & Practice*. Nova York: Dover, 1976.

Cummings, E. E. "I thank you God". *Poems* 1923-1954. Nova York: Harcourt Brace Jovanovich, 1954.

Daly, Mary. *Beyond God the Father: Toward a Philosophy of Women's Liberation*. Boston: Beacon Press, 1973.

_____. *Gyn/Ecology: The Meta-Ethics of Radical Feminism*. Boston: Beacon Press, 1978.

Davis, Elizabeth Gould. *The First Sex*. Nova York: Putnam's, 1971.

Diner, Helen. *Mothers and Amazons*. Nova York: Anchor Press, 1973.

Dinnerstein, Dorothy. *The Mermaid & the Minotaur: Sexual Arrangements and Human Malaise*. Nova York: Harper& Row, 1976.

Di Prima, Diane. *Loba*. Berkeley: Wingbow Press, 1978.

Ehrenreich, Barbara, e Deirdre English. *Witches, Midwives, and Nurses: A History of Women Healers*. Old Westbury, N.Y: Feminist Press, 1973.

Ehrenzweig, Anton. *The Hidden Order of Art*. Londres: Paladin, 1967.

Eliade, Mircea. *Rites & Simbols of Initiation*. Trad. William R. Trask. Nova York: Harper&Row, 1958.

Eliot, T. S. *The Waste Land and Other Poems*. Nova York: Harcourt Brace Jovanovich, 1958.

Eogan, George. "The Knowth Excavations". *Antiquity* 41 (dezembro de 1967): pp. 302-4.

Evans, Arthur. *Witchcraft and the Gay Counterculture*. Boston: Fag Rag Books, 1978.

Evans-Wentz, W.Y. *The Fayri Faith in Celtic Countries*. Secaucus, N.J: University Books, 1966.

Forfreedom, Anne, org. *Women Out of History: A Herstory Anthology*. Venice, Calif.: Anne Forfreedom, 1972.

Fortune, Dion. *Moon Magick*. Nova York: Weiser, 1972.

Frazer, *sir* James. *The New Golden Bough*. Org. Theodor H. Gaster. Nova York: Criterion Books, 1959.

Freund, Philip. *Myths of Creation*. Nova York: Washington Square Press, 1965.

Gardner, Gerald B. *Witchcraft Today*. Cavendish, Suffolk, Grã-Bretanha: Ryder, 1954.

_____. *High Magic's Aid*. Nova York: Weiser, 1975.

Garfield, Patricia. *Creative Dreaming*. Nova York: Simon & Schuster, 1975.

Glass, Justine. *Witchcraft, The Sixth Sense*. North Hollywood California: Wilshire, 1965.

Goldberg, Herb. *The Hazards of Being Male*. Nova York: New American Library, 1977.

Goldenburg, Naomi. *The Changing of the Gods*. Boston: Beacon Press, 1979.

Graves, Robert. *The Greek Myths*. Vols. I-II. Londres: Hazell Watson & Viney, 1955.

_____. *Food for Centaurs*. Nova York: Doubleday, 1960.

_____. *The White Goddess*. Nova York: Farrar, Straus & Giroux, 1966.

Gray, Louis Herbert, e George F. Moore. *The Mythology of All Races*, Vols. 1, 3, 8, e 10. Nova York: Cooper Square, 1964.

Grieve, M. A. *Modern Herbal*. Vols. 1 e 2. Nova York: Dover, 1971.

Griffin, Susan. *Woman and Nature: The Roaring Inside Her*. São Francisco: Harper & Row, 1978.

Gurdjieff, G. I. *Meetings with Remarkable Men*. Nova York: Dutton, 1969.

Harding, M. Esther. *Women's Mysteries: Ancient and Modern*. Nova York: Pantheon, 1955.

_____. *The Way of All Women*. Nova York: Harper & Row, 1975.

Harris, Marvin. *Cows, Pigs, Wars and Witches: The Riddles of Culture*. Nova York: Random House, 1974.

Harrison, Jane Ellen. *Prolegomena to the Study of Greek Religion*. Cambridge, Inglaterra: Cambridge University Press, 1922.

Hartley, Christine. *The Western Mystery Tradition*. Londres: Aquarian Press, 1968.

Hawkes, Jaquetta. *The First Great Civilizations*. Nova York: Knpf, 1973.

Hawkins, Gerald S. *Beyond Stonehenge*. Nova York: Harper & Row, 1973.

_____. *Heresies*. "The Great Goddess Issue" (primavera de 1978) [Nova York].

Hitching, Francis. *Earth Magic*. Nova York: Morrow, 1977.

Hoyle, Fred. "Stonehenge, An Eclipse Predictor". *Nature* 211 (1966): pp. 456-58.

Ingalls, John D. *Human Energy: The Critical Factor for Individuals and Organizations*. Reading, Mass: Addison-Wesley, 1976.

Jaynes, Julian. *The Origin of Conciousness in the Breakdown of the Bicameral Mind*. Boston: Houghton Mifflin, 1977.

Kenyon, Kathleen. "Ancient Jericho" *Scientific American* 190, n. 22 (abril de 1968): pp. 76-82.

KRIPPNER, STANLEY, e DANIEL RUBIN. *The Kirlian Aura: Photographing the Galaxies of Life*. Nova York: Doubleday, 1974.

_____. *Lady-Unique-Inclination-of-the-Night*. Ciclo 1. New Brunswick, N.J: Sowing Circle Press, 1976.

_____. *Lady-Unique-Inclination-of-the-Night*. Ciclo 2. New Brunswick. N.J: Sowing Circle Press, 1976.

Laming, Annette. *Lascaux*. Trad. Eleanore Frances Armstrong. Harmondworth, Middlesex: Penguin Books, 1959.

Leadbeater, C.W. *Man Visible and Invisible*. Wheaton, Ill.; Theosophical Publishing, 1971.

Leek, Sybil. *Diary of a Witch*. Nova York: Signet, 1968.

Leguin, URSULA K. *A Wizard of Earthsea*. Nova York: Bantam Books, 1975.

Leland, Charles. *Aradia, Gospel of the Witches*. Nova York: Weiser, 1974.

Leroi-Gourhan, Andre. "The Evolution of Paleolithic Art". *Scientific American* 218, n. 17 (1968): 58-68.

Lichtenstein, Marsha. "Radical Feminism and Women's Spirituality: Looking Before You Leap". *Lady-Unique-Inclination-of-the-Night*. New Brunswick, N.J: Sowing Circle Press, 1977, Ciclo 2, pp. 36-43.

Lilly, John C. *The Center of the Cyclone*. Nova York: Julian Press, 1972.

Long, Max Freedom. *The Secret Science Behind Miracles*. Santa Monica, Calif.: Devorss, 1954.

Mander, Anica Vesel e Anne Kent Rush. *Feminism as Therapy*. Berkeley, Calif.: Bookworks, 1974. Maringer, Johannes. *The Gods of Prehistoric Man*. Trad. Mary Ilford. Nova York: Knopf, 1974.

_____. e Hans-George Bandi. *Art in the Ice Age*. Nova York: Frederick A. Praeger, 1953.

Maslow, Abraham H. *Toward a Psychology of Being*. Princeton, N.J: D. Van Nostrand, 1962.

Mathers, S. L. Macgregor. *The Great Key of Solomon*. Chicago: De Lawrence, 1914.

Mellart, James. "Hacilar, Neolithic Village Site". *Scientific American* 205, n. 27 (agosto de 1961): pp. 86-97.

_____. *Catal Hüyük, a Neolithic Town in Anatolia*. Nova York: MacGrawHill, 1967.

Millet, Kate. *Flying*. Nova York: Ballantine Books, 1974.

Monroe, Robert A. *Journeys Out of the Body*. Nova York: Doubleday, 1973.

Morgan, Robin. *Going Too Far*. Nova York: Random House, 1977.

Murray, Margaret A. *The God of The Witches*. Nova York: Oxford University Press, 1970.

_____. *The Witch-Cult in Western Europe*. Nova York: Oxford University Press.

Noteskin, Wallace. *A History of Witchcraft in England*. Nova York: Crowell, 1968.

Ornstein, Robert E. *The Psychology of Consciousness*. São Francisco: W. H. Freeman, 1972.

Ostrander, Sheila, e Lynn Schroeder. *Psychic Discoveries Behind the Iron Curtain*. Nova York: Bantam Books, 1970.

Patai, Raphael. *The Hebrew Goddess*. Philadelphia: Ktav, 1967.

_____. *Quest: A Feminist Quarterly*. (Washington DC), I, n. 4 (1975).

Rainer, Tristine. *The New Diary*. Los Angeles: Tarcher, 1978.

Renfrew, Colin. "Carbon 14 and the Prehistory of Europe". *Scientific American* 225, n. 12 (outubro de 1971): pp. 63-70.

Ringgren, Helmer. *Religions of the Ancient Near East*. Trad. John Srurdy. Philadelphia: Westminster Press, 1973.

Rose, Jeanne. *Herbs & Things: Jeanne Rose's Herbal*. Nova York: Grosset & Dunlap, 1973.

Rothenberg, Jerome, org. *Technicians of the Sacred*. Nova York: Doubleday, 1969.

Rothovius, Andrew E. "The Adams Family and the Frail Tradition: The Untold Story of the Dragon Persecution." *East-West* 7, n. 5 (maio de 1977): pp. 24-30.

_____. "The Dragon Tradition in the New World". *East-West* 7, n. 8 (agosto de 1977): pp. 42-54.

Ruether, Rosemary R. *New Woman/New Earth: Sexist Ideologies and Human Liberation.* Nova York: Seabury Press, 1975.

Rush, Anne Kent. *Moon, Moon.* Berkeley, Calif.: Moon Books/Random House, 1976.

Scholem, Gershom G. *Major Trends in Jewish Mysticism.* Nova York: Schocken Books, 1971.

Scot, Reginald. *The Discoverie of Witchcraft.* Nova York: Dover, 1972.

Sheba, Lady. *The Book of Shadows.* St. Paul, Minn: Llewellyn, 1973.

Showerman, Grant. *The Great Mother of the Gods.* Chicago: Argonaut, 1969.

Simos, Bertha. *A Time to Grieve: Loss as a Universal Human Experience.* Nova York: Damily Service Association Press, 1979.

Spretnak, Charlene. *Lost Goddesses of Early Greece.* Berkeley, Calif.: Moon Books, 1978.

Squire, Charles. *Celtis Myth & Legend.* North Hollywood, Calif.: Newcastle, 1975.

Stern, Philip Van Doren. *Prehistoric Europe: From Stone Age Man to the Early Greeks.* Nova York: WW Norton, 1969.

Stone, Merlin. *When God Was a Woman.* Nova York: Dial Press, 1976.

Thom, Alexander. "Megaliths and Mathematics." *Antiquity* 40 (1966): pp. 121-28.

Torrey E. Fuller. *The Mind Game, Witchdoctors and Psychiatrists.* Nova York: Bantam Books, 1973.

Valiente, Doreen. *An ABC of Witchcraft, Past and Present.* Nova York: St. Martin's Press, 1973.

Von Cles-Reden, Sibylle. *The Realm of the Great Goddess.* Englewood Cliffs, N.J: Prentice-Hall, 1962.

Waldo Schwartz, Paul. *Art and the Occult.* Nova York: Braziller, 1975.

Watkins, Alfred. *The Old Straight Track.* Nova York: Ballantine Books, 1973.

Wedeck, Harry E. "A Treasury of Witchcraft." Secaucus, N.J.: Stuart, 1972. *Womanspirit Magazine* (Wolf Creek, Oregon).

Leituras Recomendadas

(Tantas coisas foram publicadas sobre a Deusa, a Bruxaria ou a Espiritualidade Feminista nos últimos vinte anos que nenhuma bibliografia poderia abranger tudo isso com justiça. O que você encontrará a seguir é uma seleção muito pessoal de algumas de minhas leituras favoritas. Os livros marcados com um asterisco incluem um artigo meu ou uma entrevista).

Abbott, Franklin, org. *New Men, New Minds: Breaking Male Tradition*. Freedom, Calif.: Crossing Press, 1987.

Abram, David. *The Spell of the Sensuous*. Nova York: Pantheon, 1996.

Adair, Margo. *Working Inside Out: Tools for Change*. Berkeley, Calif.: Wingbow Press, 1984.

Adler, Margot. *Drawing Down the Moon*. Boston: Beacon Press, 1986.

Allen, Paula Gunn. *The Woman Who Owned the Shadows*. São Francisco: Spinster's Ink, 1983.

_____. *The Sacred Hoop: Recovering the Feminine in American Indian Traditions*. Boston: Beacon Press, 1986.

Allione, Tsultrim. *Women of Wisdom*. Nova York: Routledge & Kegan Pauk, 1986.

Anderson, William. *Green Man: The Archetype of Our Oneness with the Earth*. Londres, San Francisc: Harper Collins, 1990.

Arthur, Elizabeth. *Binding Spell*. Nova York: Doubleday, 1988.

Atwood, Margaret. *The Handmaid's Tale*. Boston: Houghton Mifflin, 1986.

Ausubel, Kenny. *Seeds of Change: The Living Treasure*. São Francisco: HarperSanFrancisco, 1994.

_____. *Restoring the Earth*. Tiburon, Calif.: H.J. Kramer, 1997.

Baker, Mariam. *Woman as Divine: Tales of the Goddess*. Novato, Calif.: Crescent Heart Publishing, 1982.

Baring, Anne e Jules Cashford. *The Myth of the Goddess: The Evolution of an Image*. Nova York: Viking Arkana, 1991.

Begg, Ean. *The Cult of the Black Virgin*. Nova York: Routledhe & Kegan Paul, 1985.

Benjamins, Eso. *Dearest Goddess: Translations from Latvian Folk Poetry*. Arlington, Va: Current Nine Publishing, 1985.

Berger, Pamela. The *Goddess Obscured: Transformation of the Grain Protectress for Goddess to Saint*. Boston: Beacon Press, 1985.

Bly, Robert. *Iron John: A Book About Men*. Reading Mass: Addison-Wesley, 1990.

Bolen, Jean Shinoda. *Goddesses in Everywoman: A New Psychology of Women*. Nova York: Harper & Row, 1984.

Bondoc, Anna e Meg Daly, orgs. *Letters of Intent: Women cross the Generations to Talk About Family, Work, Sex, Love and the Future of Feminism*. Nova York: Free Press, 1999.

Bradley, Marion Zimmer. *The Mists of Avalon*. Nova York: Knopf, 1983.

Broker, Ignatia. *Night Flying Woman: an Ojibway Narrative*. St.Paul; Minnesota Historical Society Press, 1983.

Budapest, Z. *The Holy Book of Women's Mysteries*. Vols. 1 e 2. Berkeley, Calif.; Wingbow Press, 1986.

_____. *The Grandmother of Time*. São Francisco: Harper & Row, 1989.

_____. *The Goddess in the Office*. São Francisco: HarperSanFrancisco, 1993.

_____. *The Goddess in the Bedroom*. São Francisco: HarperSanFrancisco, 1995.

_____. *Summoning the Fates: A Woman's Guide to Destiny*. Nova York: Harmony, 1998.

Cahill, Sedonia e Joshua Halpern. *The Ceremonial Circle, Shamanic, Practice, Ritual and Renewal*. Londres: Harper Collins, 1991.

Caldecott, Leonie e Stephanie Leland, orgs. *Reclaim the Earth*. Londres: Women's Press, 1983.

Cameron, Anne. *Daughters of Copper Woman*. Vancouver: Press Gang, 1981.

_____. *Earth Wind*. Madeira Park, British Columbia: Harbour Publishing, 1985.

Carey, Ken. *Flat Rock Journal*. São Francisco: HarperSanFrancisco, 1994.

Carson, Anne. *Feminist Spirituality and the Feminine Divine: An Annotated Bibliography*. Freedom, Calif.: Crossing Press, 1986.

Chernin, Kim. *The Obsession: Reflections on the Tyranny of Slenderness*. Nova York: Harper & Row, 1981.

_____. *In My Mother's House*. Nova York: Harper & Row, 1984.

_____. *The Flame Bearers*. Nova York: Harper & Row, 1986.

Chesler, Phyllis. *Women and madness*. Nova York: Avon, 1972.

Christ, Carol. *Diving Deep and Surfacing: Women Writers on Spiritual Quest*. Boston: Beacon Press, 1980.

_____. *Laughter of Aphrodite: Reflections on a Journey to the Goddess*. São Francisco: Harper & Row, 1987.

_____. *Odyssey with the Goddess: A Spiritual Quest in Crete*. Nova York, Continuum, 1995.

_____. *Rebirth of the Goddess*. Reading, Mass.: Addison-Wesley, 1997.

Clark, David, e Andy Roberts. *Twilight of the Celtic Gods*. Londres: Blandford, 1996.

Clifton, Chas, org. *Witchcraft Today: Book One: The Modern Craft Movement; Book Two: Modern Rites of Passage; Book Three: Witchcraft & Shamanism*; and *Book Four: Living Between Two Worlds*. Minneapolis, Minn.: Llewellyn, 1992-95.

Condren, Mary. *The Serpent and the Goddess: Women, Religion, and Power in Celtic Ireland*. São Francisco: Harper & Row, 1989.

Craighead, Menrad. *The Mother's Songs: Images of God the Mother*. Mahwah, N.J: Paulist Press, 1986.

Curot, Phyllis. *Book of Shadows*. Nova York: Broadway, 1998.

Daly, Mary. *Gyn/Ecology: The Metaethics of Radical Feminism*. Boston. Beacon Press, 1978.

_____. *Pure Lust: Elemental Feminist Philosophy*. Boston: Beacon Press, 1984.

_____ e Jane Caputi. *Webster's First New Intergalactic Wickedary of English Language*. Boston: Beacon Press, 1987.

Davis, Angela. *Women, Race and Class*. Nova York: Vintage, 1983.

Davis, Elizabeth e Carol Leonard. *The Women's Wheel of Life*. Nova York: Viking Arkana, 1996.

De Grandis, Francesca. *Be a Goddess!* São Francisco: HarperSanFrancisco, 1998.

Demetrakopoulos, Stephanie. *Listening to Our Bodies: The Rebirth of Feminine Wisdom*. Boston: beacon Press, 1983.

Dexter, Miriam Robbins. *Whence the Goddess: A Sourcebook*, Nova York: Teachers College Press, 1990.

Diamond, Irene e Gloria Orenstein. *Reweaving the World: The Emergence of Eco-feminism*. São Francisco: Sierra Club Books, 1990.

Di Prima, Diane. *Loba*. Nova York: Penguin, 1973, 1998.

Downing, Christine. *The Goddess: Mythological Images of the Feminine*. Nova York: Crosroad, 1981.

Dunning, Joan. *From the Redwood Forest: Ancient Trees and the Bottom Line: A Headwaters Journey*. White River Junction, Vt: Chelsea Green Publishing, 1998.

Dunningham, Elizabeth. *The Wild Mother*. Barryntown, N.Y: Station Hill Press, 1993.

Durdin-Robertson, Lawrence. *God the Mother: The Creatress and Giver of Life*. Irlanda: Cesara Publications, 1986.

Edwards, Carolyn Mcvickar. *Sun Stories: Tales from Around the World to Illuminate the Days and Nights of Our Lives*. São Francisco: HarperSanFrancisco, 1995.

Eisler, Riane. *The Chalice and the Blade: Our History, Our Future*. São Francisco: Harper & Row, 1987.

Eller, Cynthia. *Living in the Lap of the Goddess*. Boston: Beacon Press, 1993, 1995.

Estes, Clarissa Pinkola. *Women Who Run with the Wolves*. Nova York: Ballantine, 1991.

Falk, Nancy Auer e Rita M. Gross. *Unspoken Worlds: Women's Religious Lives in Non-Western Cultures*. São Francisco: Harper & Row, 1980.

Farrar, Janet e Stewart Farrar. *Eight Sabbats for Witches*. Londres: Robert Hale, 1981.

_____. *The Witches Goddess*. Custer, Wash.: Phoenix Publications, 1987.

Fat, Suellen M. *Celebrations of Daughterhood*. Daughter Culture Publications, 1985.

Ferris, Timothy. *The Whole Shebang*. Nova York: Touchstone, 1997.

Fox, Matthew. *Sheer Joy: Conversations with Thomas Aquinas on Creation Spirituality*. Nova York: HarperCollins, 1991.

_____. *Original Blessing: A Primer in Creation Spirituality*. Santa Fe, N.M; Bear & Co. 1983.

Gadon, Elinor. *The Once and Future Goddess*. São Francisco: Harper & Row, 1989.

García, Jo e Sara Maitland. *Walking on the Water: Women Talk About Spirituality*. Boston: Virago Press, 1983.

Gearhart, Sally Miller. *The Wanderground*. Boston: Alyson Publications, 1984.

Gearhart, Sally e Susan Renne. *A Feminist Tarot*. Boston: Alyson Publications, 1981.

Genetti, Alexandr. *The Wheel of Change Tarot*. Rochester, Vt; Destiny Books, 1997.

Gero, Joan M. e Margaret W. Conkey. *Engendering Archaeology, Women and Prehistory*. Cambridge, Mass; Blackwell, 1991.

Giles, Mary E. *The Feminista Mystic an Other Essays on Woman and Spirituality*. Nova York: Crossroad, 1982.

Gilligan, Carol. *In a Different Voice*. Cambridge, Mass: Harvard University Press, 1982.

Gimbutas, Marija. *The Goddess and Gods of Old Europe: Myths and Cult Images*. Berkeley e Los Angeles: University of California Press, 1982.

_____. *The Languaje of the Goddess*. São Francisco: Harper & Row, 1989.

_____. *The Civilization of the Goddess: The World of Old Europe*. São Francisco: HarperSanFrancisco, 1991.

Gleeson, Judith. *Oya: In Praise of the Goddess*. Boston: Shambhala, 1987.

Gonzalez-Wippler, Migene. *Santeria: African Magic in Latin America*. Nova York: Original Products, 1984.

Gotlieb, Lynn. *She Who Dwells Within: A Feminist Vision of a Restored Judaism*. São Francisco: HarperSanFrancisco, 1995.

Grahn, Judy. *Another Mother Tongue: Gay Words, Gay Worlds*. Boston: Beacon Press, 1984.

_____. *The Queen of Wands*. Freedom, Calif.: Crossing Press, 1982.

_____. *The Queen of Swords*. Boston: Beacon Press, 1987.

Green, Rayna, org. *That's What She Said: Contemporary Poetry and Fiction by Native American Women*. Bloomington: Indiana University Press, 1984.

Greer, Mary K. *Tarot for Yourself. A Workbook for Personal Transformation*. North Hollywood, Calif; Newcastle, 1984.

_____. *Tarot Constelations*. North Hollywood, Calif.: Newcastle, 1987.

_____. *Tarot Mirrors: Reflections of Personal Meaning*. North Hollywood, Calif.: Newcastle, 1988.

_____. *Women of the Golden Dawn: Rebels and Priestesses*. Rochester, Vt.; Park Street Press, 1995.

Griffin, Susan. *Pornography and Silence: Culture's Revenge Against Nature*. Nova York: Harper & Row, 1981.

_____. *Made from This Earth*. Nova York: Harper & Row, 1982.

_____. *A Chorus of Stones*. Nova York: Doubleday, 1992.

Hall, Nor. *The Moon and the Virgin: Reflections on the Archetypal Feminine*. Nova York: Harper & Row, 1980.

Harrow, Judy. *Wicca Covens*. Secaucus, NJ; Citadel, 1999.

Hopman, Ellen Evert, e Lawrence Bond. *People of the Earth: The New Pagans Speak Out*. Rochester, Vt: Destiny Books, 1996.

Hughes, K. Wind e Linda Wolf. *Daughters of the Moon, Sisters of the Sun: Young Women and Mentors on the Transition to Womanhood*. Gabriola Island, British Columbia: New York Society Publishers, 1997.

Hurcombe, Linda. *Sex and God: Some Varieties of Women's Religious Experience*. Nova York: Routledge & Kegan Paul, 1987.

Hurston, Zora Neale. *Mules and Men*. Bloomington: Indiana University Press, 1978.

_____. *Dust Tracks on a Road: An Autobiography*. Urbana: University of Illinois Press, 1984.

_____. *The Sanctified Church*. Berkeley, Calif.: Turtle Island, 1984.

Iglehart, Hallie. *Womanspirit: A Guide to Women's Wisdom*. São Francisco: Harper & Row, 1983.

Jensen, Derrick, org. *Listening to the Land: Conversations About Nature, Culture and Eros*. São Francisco: Sierra Club Books, 1995.

Johnson, Buffie. *Lady of the Beasts*. São Francisco: Harper & Row, 1988.

Johnson, Elizabeth A. *She Who Is: The Mystery of God in Feminist Theological Discourse*. Nova York: Crossroad, 1995.

Johnson, Sonia. *Going Out of Our Minds: The Metapgysics of Liberation*. Freedom, Calif.: Crossing Press, 1987.

Judith, Anodea. *The Truth About Neo-Paganism*.

_____. *Wheels of Life*. St. Paul. Minn: Llevellyn Publications, 1987.

Lacks, Roslyn. *Women and Judaism: Myth, History and Struggle*. Nova York: Doubleday, 1980.

Lamb, Cynthia. *Brigid's Charge*. Corte Madera, Calif.: Bay Island Books, 1997.

Lee, Susan/Susanah Libana. *You Said, What Is This For, This Interest in Goddess, Prehistoric Religions?* Austin, Tex: Plain View Press, 1985.

Leland, Charles. *Aradia, Or The Gospel of the Witches*. Trads. Mario Pazzaglini e Dina Pazzaglini. Blaine, Wash: Phoenix Publishing, 1999.

Lerner, Gerda. *The Creation of Patriarchy*. Nova York: Oxford University Press, 1986.

Lorde, Audre. *Sister Outsider*. Freedom, Calif.: Crossing Press, 1984.

Lovelock, J. E. *Gaia: A New Look at Life on Earth*. Oxford: Oxford University Press, 1982.

Luke, Helen M. *Woman, Earth and Spirit: The Feminine in Symbol and Myth*. Nova York: Crossroad Publishing, 1985.

Macy, Johanna. *Despair and Personal Power in the Nuclear Age*. Philadelphia: New Society Publishers, 1993.

Marler, Joan, org. *From the Realm of the Ancestors: An Anthology in Honor of Marija Gimbutas*. Manchester, Conn: Knowledge, Ideas and Trends, 1997.

Matthews, Caitlin. *Sophia, Goddess of Wisdom: The Divine Femine from Black Goddess to World-Soul*. Londres. Aquarian/Thorsons, 1992.

Mcallister, Pam, org. *Rewaving the Web of Life: Feminism and Nonviolence*. Philadelphia: New Society Publishers, 1982.

Metzner, Ralph. *The Well of Remembrance*. Boston e Londres: Shambala, 1994.

Middleton, Julie Forest, org. *Songs for Earthlings: A Green Spirituality Songbook*. Philadelphia: Emerald Earth Publications, 1998.

Mills, Stephanie. *In Service of the Wild: Restoring and Reinhabiting Damaged Land*. Boston: Beacon Press, 1995.

Mollison, Bill. *Introduction to Permaculture*. Tyalgum, Australia: Tagari, 1991, 1995.

Monaghan, Patricia. *Goddesses and Heroines*. St.Paul, Minn: Llewellyn Publications, 1997.

Moon, Sheila. *Changing Woman and Her Sisters*. São Francisco: Guild for Psychological Studies, 1985.

Motaga, Cherrie e Gloria Anzaldua. *This Bridge Called My Back*. Writings by Radical Women of Color. Watertown, Mass: Persephone Press, 1981.

Noble, Vicci. *Motherpeace. A Way to the Goddess Through Myth, Art and Tarot*. São Francisco: Harper & Row, 1983.

_____. *The Motherpeace Tarot Playbook: Astrology and the Motherpeace Cards*. Berkeley, Cali: Wingbow Press, 1986.

_____. *Down Up is for Aaron Eagle*. São Francisco: HarperSanFrancisco, 1993.

Ochs, Carol. *Women And Spirituality*. Totowa, N.J: Rowman & Allanheld, 1983.

Ochshorn, Judith. *The Female Experience and the nature of the Divine*. Bloomington: University of Indiana Press, 1981.

Oda, Mayumi. *Goddesses*. Volcano, Calif.: Volcano Press, 1988.

Olsen, Carl. Org. *The Book of the Goddess Past and Present*. Nova York: Crossroad, 1985.

Orenstein, Gloria Feman. *The Reflowering of the Goddess*. Elmsford, N.Y: Pergamon Press, 1990.

Orlock, Carol. *The Goddess Letters: The Myth of Demeter and Persephone Retold*. Nova York: St. Martin's Press, 1987.

Outwater, Alice. *Water: A Natural History*. Nova York: Basic Books, 1996.

Paris, Ginette. *Pagan Meditations: The Words of Aphrodite, Hestia, Artemis*. Dallas. Spring Publications, 1986.

Perera, Sylvia. *Descent to the Goddess*. Toronto: Inner City Books, 1981.

Piercy, Marge. *The Moon is Always Female*. Nova York: Knopf, 1985.

Plant, Judith. *Healing the Wounds*. Santa Cruz, Calif.: New Society Press, 1989.

Plaskow, Judith. *Standing Again at Sinai: Judaism from a Feminist Perspective.* São Francisco: Harper & Row, 1990.

Plaskow, Judith, e Carol Christ. Orgs. *Weaving the Visions: New Patterns in Feminist Spirituality.* São Francisco: Harper & Row, 1989.

Postman, Stevee. *The Cosmic Tribe Tarot.* Rochester, Vt: Destiny Books, 1998.

Potts, Billie. *Witches Heal.* Ann Arbor, Mich: DuReve, 1988.

Preston, James J. Org. *Mother Worship: Theme and Variations.* Chapel Hill: University of North Carolina Press, 1982.

Quinn, Daniel. *Ishmael.* Nova York: Bantam, 1992.

Rakusin, Sudie. *Dreams and Shadows: A Journal.* Brooke: Sudie Rakusin Journal, 1984.

Ranck, Shirley A. *Cakes for the Queen of Heaven.* Boston: Unitarian Universalist Association, 1986.

Ray, Paul. *The Integral Culture Survey: A study of the Emergence of Transformational Values in America* (Research Report). Sausalito, Calif.: Institute of Noetic Sciences, 1996.

Redmond, Layne. *When the Drummers Were Women.* Harmony Books, 1997.

Reed, Ellen Cannon. *The Witches' Quabala: The Goddess and the Tree.* St. Paul, Minn.; Llewellyn Publications, 1986.

Reis, Elizabeth. Org. *Spellwound: Women and Witchcraft in America.* Wilmintong, Del: Scholarly Resources, 1998.

Rohrlich, Ruby. "State Formation in Summer and the Subjugation of Women", *Feminist Studies* 6, n.1. (Primavera 1980): pp. 77-102.

_____ e Elaine Hoffman Baruch, Orgs. *Women in the Search of Utopia: Maverick and Mythmakers.* Nova York: Schoken Books, 1984.

_____ e June Nash. "Patriarchal Puzzle: State Formation in Mesopotamia and Mesoamerica", *Heresies 4* (1981), n. 1, Edição 13: pp. 60-63.

Roszak, Theodore, Mary E. Gomes e Allen D. Kanner, Orgs. *Ecopsychology: Restoring the Earth, Healing the Mind.* São Francisco: Sierra Club Books, 1995.

Ruether, Rosemary Radford. *Sexism and God-Talk: Toward a Feminist Theology.* Boston: Beacon Press, 1983.

_____. *Womanguides: Readings Toward a Feminist Theology.* Boston. Beacon Press, 1985.

_____ e Rosemary Skinner Keller. Orgs. *In our own Voices: Four Centuries of American Women's Religious Writing.* Nova York: Harper Collins, 1995.

Ryan, M. J. Org. *The Fabric of the Future: Women Visionaries Illuminate the Path to Tomorrow.* Berkeley, Calif.: Conari Press, 1998.

Sahtouris, Elisabeth. *EarthDance: Living Systems in Evolution*. Alameda, Calif.: Metalog, 1996.

Shulman, Alix Kates. *Drinking the Rain: A memoir*. Nova York. Farrar, Straus & Giroux, 1995.

Sjoo, Monica, e Barbara Mor. *The Great Cosmic Mother. Rediscovering the Religion of the Earth*. São Francisco: Harper & Row, 1987.

Spretnak, Charlene. *Lost Goddesses of Early Greece: A Collection of Pre-Hellenic Myths*. Boston: Beacon Press, 1981.

_____. *States of Grace: The Recovery of Meaning in the Postmodern Age*. São Francisco: HarperSanFrancisco, 1991.

_____. *The Politics of Women's Spirituality*. Garden City, Nova York. Anchor, 1982.

Starhawk. *Dreaming the Dark: Magic, Sex and Politics*. Boston. Beacon Press, 1982.

_____. *Truth or Dare: Encounters with Power, Authority and Magic*. São Francisco: Harper & Row, 1987.

Stein, Diane. *The Kuan Yin Book of Changes*. St. Paul, Minn: Llewellyn Publications, 1985.

_____. *The Women's Book of Healing*. St. Paul, Minn: Llewellyn Publications, 1987.

_____. *The Women's Spirituality Book*. St. Paul, Minn: Llewellyn Publications, 1987.

Steinem, Gloria. *Revolution from Within*. Boston: Little, Brown, 1993.

Stewert, R.J. *Earthlight*.

Stone, Merlin. *Ancient Mirror of Womanhood*. Boston: Beacon Press, 1979.

_____. *Three Thousand Years of Racism: Recurring Patterns in Racism*. Nova York: New Sibylline Books, 1981.

Streep, Peg. *Sanctuaries of the Goddess: The Sacred Landscapes and Objects*. Boston: Little, Brown, 1994.

Swinne, Brian. *The Universe Is a Green Dragon*. Santa Fe, N.M: Bear and Co, 1985.

Teish, Luisah. *Jambalaya: The Natural Woman's Book of Personal Charms and Practical Rituals*. São Francisco: Harper & Row, 1985.

_____. *Carnival of the Spirit*. São Francisco: HarperSanFrancisco, 1994.

Teubal, Savina J. *Sarah the Priestess. The First Matriarch of Genesis*. Athens, Ohio: Swallow Press, 1984.

Tucker, Naomi, Org. *Bisexual Politics, Theories, Queries and Visions*. Nova York: Haworth Press, 1995.

Valiente, Doreen. *Natural Magic*. Custer, Wash. Phenix Press, 1978, 1986.

_____. *Witchcraft for Tomorrow*. Custer, Wash: Phoenix Press, 1978, 1987.

Vaughn, Genevieve. *For-Giving: A Feminist Criticism of Exchange*. Austin, Tex: Plain View Press, 1997.

Volk, Tyler. *Gaia's Body: Toward a Physiology of Earth*. NY: Copernicus, 1998.

Waldherr, Kris. *The Book of Goddesses*. Hillsboro, Oreg: Beyond Words Publishing, 1995.

Walker, Alice. *The Color Purple*. NY: Harcourt Brace Jovanovich, 1982.

_____. *In Search of Our Mother's Gardens*. Nova York: Harcourt Brace Jovanovich, 1983.

_____. *The Temple of My Familiar*. San Diego: Harcourt Brace Jovanovich, 1989.

Walker, Barbara G. *The Secrets of Tarot*. São Francisco: Harper & Row, 1983.

_____. *The Woman's encyclopedia of Myths and Secrets*. São Francisco: Harper & Row, 1983.

_____. *The Crone: Woman of Age, Wisdom and Power*. São Francisco. Harper & Row, 1985.

_____. *The I Ching of the Goddess*. S. Francisco: Harper & Row, 1986.

_____. *The Skeptical Feminist: Discovering the Virgin, Mother and Crone*. São Francisco: Harper & Row, 1987.

_____. *The Woman's Dictionary of Myth and Symbol*. São Francisco: Harper & Row, 1988.

Waskow, Arthur. *Seasons of Our Joy: A Celebration of Modern Jewish Renewal*. Toronto: Bantam, 1982.

Weigle, Marta. *Spiders and Spinsters: Women and Mythology*. Albuquerque: University of New Mexico Press, 1982.

Weinstein, Marion. *Positive Magic: Occult Self-Help*. Custer, Wash: Phoenix Publishing, 1984.

_____. *Earth Magic: A Dianic Book of Shadows*. Custer, Wash: Phoenix Publishing, 1984.

Whitmont, Edward C. *Return of the Goddess*. NY: Crossroad Publications, 1982.

Wolkstein, Diane e Samuel Noah Kramer. *Inanna, Queen of Heaven and Earth: Her Stories and Hymns from Sumer*. Nova York: Harper & Row, 1983.

Worth, Valerie. *The Crone's Book of Words*. St. Paul, Minn: Llewellyn Publications, 1986.

Wynne, Patrice. *The Womanspirit Sourcebook*. S. Francisco: Harper & Row, 1988.

Zahava, Irene. *Hear the Silence: Stories of Myth, Magic, and Renewal*. Freedom, Calif.: Crossing Press, 1986.

Recursos

Existem tantas organizações, publicações, revistas e sites pagãos neste mundo que nem consigo imaginar a possibilidade de oferecer aqui uma lista representativa. Aqui proponho alguns grupos aos quais pertenço ou com que trabalhei e algumas páginas da internet, caso você queira entrar em contato com algum deles.

Reclaiming
P.O. Box 14404
San Francisco, CA 941147

(A grande rede de grupos para a qual ensino e com a qual trabalho. Publicamos uma revista trimestral e em muitos estados dos Estados Unidos é possível encontrar nossas comunidades afiliadas, que oferecem aulas ou rituais públicos):

Site: www.reclaiming.org/cauldron/

(Este site oferece um link para a minha página pessoal, para a nossa página do livro *Pagan Book of Living and Dying* e para muitos outros. Você também encontrará um calendário de atividades planejadas para todas as nossas comunidades afiliadas e informações sobre o Acampamentos de Bruxas, seminários intensivos de fim de semana etc.; fazemos ambos nos Estados Unidos, no Canadá e na Europa.)

Covenant of The Goddess
P.O. Box 1226
Berkeley, CA 94701

(Federação de covens e pessoas de todos os Estados Unidos. Além de ser uma igreja legalmente reconhecida nesse país.)

O site de Rowan para o Northern California Local Council da COG é altamente recomendado e uma boa fonte de informações gerais:

www.conjure.com

Covenant of Unitarian Universalist Pagans (CUUP)
P.O. Box 640
Cambridge, MA 02140
(A federação de pagãos dentro da Igreja Unitarista)

Serpentine Music
P.O. Box 2564
Sebastopol, CA 95473
Telefone: 707-823-7425
www.serpentinemusic.com/serpentine/

Uma grande fonte de informações sobre música pagã, onde você encontrará gravações de cânticos e músicas rituais do Reclaiming.

Mary Ellen Donald
Mary Ellen Books
P.O. Box 7589
San Francisco, CA 94120-7589
Telefone: 415-826, DRUM

Mary Ellen Donald é minha professora de percussão. Esse é o endereço onde é possível encontrar suas gravações, seus livros e vídeos para aprender o estilo de percussão do Oriente Médio.

Outra boa referência de percussão é Layne Redmond; você pode contatá-la pelo site: www.layneredmond.com, onde ela oferece seu livro, suas gravações e seus vídeos.

Belili Productions
P.O. Box 410187
São Francisco, CA 94141-0187
www.webcom.com/gimbutas/

Essa é a pequena produtora de vídeo que fundei com Donna Read para fazer um documentário sobre a vida de Marija Gimbutas.

Outras páginas da internet que recomendamos:
www.circleround.com

Nosso site para o livro *Circle Round: Raising Children in Goddess Traditions* e onde você encontrará informações e recursos sobre a paternidade e a maternidade de um ponto de vista pagão.

The Witches Voices
www.witchvox.com

Notícias atualizadas sobre a grande comunidade pagã mundial, informações sobre questões jurídicas, redes e muito mais.

Sobre a Prefaciadora

MIRELLA FAUR é de origem romena, naturalizada brasileira. É estudiosa e praticante de antigas tradições místicas, mágicas e oraculares, empenhada na reverência e divulgação de princípios e valores espirituais ancestrais para as mulheres contemporâneas. Em Brasília, iniciou e desenvolveu um trabalho pioneiro ao promover celebrações públicas dos plenilúnios e da Roda do Ano, e ao realizar diversos ritos de passagem e jornadas xamânicas. Criou vários grupos de estudo e dirigiu círculos sagrados femininos, orientando a formação e a condução de grupos também em outras cidades. Inspirada nas mitologias celta, nórdica, greco-romana, oriental, afro-brasileira e norte-americana nativa, Mirella atua como catalisadora do que ela chama de Tealogia – a tradição milenar feminina adaptada para as mulheres do Brasil por meio de seus livros, palestras e vivências. É também autora de *Mistérios Nórdicos – Deuses. Runas. Magias. Rituais* e *Ragnarök – O Crepúsculo dos Deuses*, ambos publicados respectivamente pelas editoras Pensamento e Cultrix, além de outros livros e artigos em várias publicações nacionais e estrangeiras.

Impresso por :

Graphium
gráfica e editora
Tel.:11 2769-9056